高等学校劳动与社会保障专业核心课程系列教材

Gaodeng Xuexiao Laodong yu Shehui Baozhang Zhuanye Hexin Kecheng Xilie Jiaocai

编审委员会名单

高等学校劳动与社会保障专业核心课程系列教材

医疗保险

仇雨临 主编

Health Insurance

中国劳动社会保障出版社

图书在版编目(CIP)数据

医疗保险/仇雨临主编. —北京：中国劳动社会保障出版社，2008
高等学校劳动与社会保障专业核心课程系列教材
ISBN 978-7-5045-7315-5

Ⅰ.医… Ⅱ.仇… Ⅲ.医疗保险-中国-高等学校-教材 Ⅳ.F842.684

中国版本图书馆CIP数据核字(2008)第158705号

中国劳动社会保障出版社出版发行
（北京市惠新东街1号 邮政编码：100029）
出 版 人：张梦欣
*
中国铁道出版社印刷厂印刷装订 新华书店经销
787毫米×1092毫米 16开本 28.25印张 2插页 473千字
2008年10月第1版 2019年7月第6次印刷
定价：39.00元
读者服务部电话：（010）64929211/84209101/64921644
营销中心电话：（010）64962347
出版社网址：http：//www.class.com.cn

总　序

劳动与社会保障专业，是在劳动人事专业的基础上，因中国社会保障制度变革的促进而逐步成长起来的一个新专业。随着我国社会保障制度的确立和社会保障事业的发展，各级劳动保障行政机关、事业单位、研究机构以及经营单位，对劳动和社会保障专业人才的需求不断增加，据不完全统计，目前全国已经有 80 余所高校开设了劳动与社会保障专业。为满足迅速发展起来的劳动与社会保障专业教学需要，有关部门及高校组织编写了一系列教材，为这一专业的教学、人才培养、学科发展作出了贡献。但应该看到，由于劳动与社会保障专业设立时间不长，我国劳动和社会保障事业发展变化较大，教材编写人员水平参差不齐等原因，劳动与社会保障专业教材建设从总体上讲还相当薄弱，存在体系不健全、内容陈旧、大量交叉重复等问题。这些问题不解决，不仅影响教学活动的顺利进行，而且影响这一专业的健康发展。

鉴于以上背景，基于对劳动和社会保障专业及这一专业人才培养高度负责的精神，中国劳动学会劳动科学教育分会、中国人民大学劳动人事学院联合中国劳动社会保障出版社，在全国劳动和社会保障领域著名专家学者的支持和共同努力下，发起“高等学校劳动与社会保障专业核心课程系列教材”建设工程，并于 2002 年年底正式启动。

该系列教材在编写伊始，即确定了六条编写原则：

1. 根据劳动与社会保障专业人才的培养目标及其对知识体系的要求，确立完整的课程体系与教材体系，充分满足该专业的学历教学和专业人员知识培训的需要。

2. 以服务于全国所有开设劳动与社会保障专业的院校为目标，动员国内一流的专家学者编写本专业的核心课程教材。

3. 理论与实践相结合。每种教材既系统地阐述该专业课程的基本原理、基本知识，又与各国尤其是中国的劳动和社会保障实践紧密结合。

4. 立足现实，反映前沿，力求创新。在教材建设中，既反映已经成熟或公认的理论与学术思想，又能够反映具有代表性的劳动和社会保障领域的最新理论、最新技术和方法，在理论体系、结构框架、体例格式和写作风格上有自己的特色。

5. 避免教材与教材之间的过多重复。作为一套完整的专业教材体系，虽然教材之间内容有所重复难以完全避免，但各门课程的设置又必然具有自己的核心内容和知识要点。因此，教材与教材之间强调相互配合，重点突出，避免以往教材之间内容大量重复的现象。

6. 立足高起点、权威性。在中国人民大学劳动人事学院以往出版的劳动人事、劳动经济、社会保障系列教材和中国劳动社会保障出版社出版的有关教材，以及其他高校零散出版的相关教材基础上，立足高起点、权威性来建设“高等学校劳动与社会保障专业核心课程系列教材”。为确保这一目标的实现，专门成立了由内地和香港在劳动与社会保障专业领域治学严谨的知名专家组成的编审委员会，召集人为曾湘泉教授（劳动领域）、郑功成教授（社会保障领域），老一代著名专家赵履宽教授、陈良瑾教授分别担任劳动领域与社会保障领域的首席编审专家，一批著名专家学者担任教材编审委员会委员（见名单）。为使对各门课程所涉领域素有研究的专家承担教材建设的任务，在确立核心课程教材目录的基础上，编审委员会采取招标或邀标的方式，确定合适的主编与主审人选，并实行主编负责制。

经过各位教材编写者的辛勤努力，包括《劳动经济学》《劳动关系学》《职业生涯规划》《社会保障学》《社会保险》《劳动法与社会保障法学》在内的首批六种教材已经在2005年出版，它作为代表我国劳动与社会保障学科领域最新、最权威研究水准的教科书，不仅适用于高等学校劳动与社会保障专业的教学需要，同时也适用于经济、管理、人口及社会学专业的师生选用，一出版就受到了众多高校的欢迎。2007年推出的《社会保险精算》（列入教育部普通高等教育“十一五”国家级规划教材项目）、《社会救助与社会福利》《工伤保险》等第二批教材，使这一套凝聚着国内众多一流劳动与社会保障专家学者心血的教科书基本形成了体系，它将能够更好地满足开设劳动与社会保障专业的高校师生的需要。

在本套教材陆续分批出版之际，我们期望着，这套教材能够以科学且丰富的内容、相互配合却又较少交叉重复的体系以及创新的结构体例，满足各高等院校不断发展的劳动与社会保障专业的需要。同时，我们也期望着，各位劳动与社会保障专业同仁能够提供有益的批评意见，以使我们进一步修订、完善该系列教材。

我们衷心祝愿我国的劳动与社会保障专业能够真正获得健康、长足的发展，在劳动与社会保障专业领域深造的众多学子能够在本系列教材的引导下茁壮成长起来。

高等学校劳动与社会保障专业
核心课程系列教材编审委员会
2007.5

主编简介

仇雨临，北京人。现任中国人民大学劳动人事学院社会保障系主任，教授，博士生导师。1983年毕业于北京大学经济学系，获经济学学士学位；1986年毕业于北京大学社会学系，获法学硕士学位；2003年毕业于中国人民大学劳动人事学院，获经济学博士学位。1998年在法国孟德斯鸠大学做访问学者，研究欧盟国家社会保障制度。2001年在加拿大马尼托巴大学做访问学者，研究加拿大社会福利制度。

主要教学和研究领域：医疗保险、社会保障、社会保障国际比较、员工福利管理、企业年金。出版的主要著作有：《医疗保险》《员工福利管理》《加拿大社会保障制度的选择及其对中国的启示》等。发表医疗保险方面的学术论文30余篇。

社会兼职有：中国社会保险学会常务理事、中国社会保险学会学术委员会委员、中国医疗保险研究会理事、劳动和社会保障部中国—欧盟社会保障合作项目中国社会保障论坛专家、国务院城镇居民基本医疗保险试点工作评估专家(2007.10—2010.12)、卫生部城市医疗保障制度研究协作委员会委员、北京市劳动和社会保障学会常务理事、北京市第二届社会保险监督委员会委员。

内容提要

本书共分为十二章。第一至三章介绍医疗保险相关理论和医疗保险基本知识，包括医疗保险导论、医疗服务市场、医疗保险中的道德风险与逆选择。目的是使读者对医疗保险的理论基础有一个基本了解，为全面认识和掌握本书的内容打下一个坚实的基础。第四章社会医疗保险模式纵览，全面介绍目前国外几种典型的社会医疗保险制度模式，使读者从总体上了解在不同国家中社会医疗保险制度运行体制、机制和方式。第五至十章具体介绍医疗保险制度的构成要素，包括社会医疗保险基金、社会医疗保险费用偿付方式、社会医疗保险费用控制、社会医疗保险法律制度、社会医疗保险的管理与监督、补充医疗保险。第十一至十二章，分城镇和农村两个区域梳理和分析了中国社会医疗保险制度的历史沿革和改革发展。

与同类教科书相比，本书有以下三个特色：一是体系新。借鉴现有医疗保险教材的经验，结合我国医疗卫生体制和医疗保险制度发展现状，本书在篇章内容的设计上有所突破，增加了卫生经济学方面的知识和健康医学方面的知识。二是内容新。目前中国医疗保障制度改革进程加速，继2003年开始新型农村医疗保险制度试点以来，2007年又开始了城镇居民医疗保险制度的试点，“全民医保”的目标即将实现。本书全面反映了制度的变迁过程和现状。三是编排得当。每一章除了系统介绍医疗保险的理论内容外，还精心选取了若干案例进行剖析，使读者学以致用，学会用所学知识分析现实问题。

前 言

我国的社会保障制度改革正在全面加速推进，在社会保障制度中，尤其医疗保障制度的改革和发展更加引起社会各界的广泛关注。党和政府明确提出了医疗保障制度的建设目标，即到2010年，在全国初步建立基本医疗卫生制度框架，努力缓解城乡、地区、不同收入群体之间的基本医疗卫生服务差距扩大的趋势，有效缓解人民群众看病就医过程中的突出问题。到2020年建立覆盖城乡居民的基本医疗卫生制度，形成多元办医格局。“全民医保”正在加速实现。本书正是在这样的背景下编写的，因此具有很强的现实意义。

本人曾经于2001年出版了一部劳动和社会保障专业教材《医疗保险》（由中国人民大学出版社出版）。与其相比，本教材进行了较大的改动，不少章节是新添加的。一是视野更加开阔。由于医疗行为的复杂性，涉及医、保、患三方关系，因此，要想认识医疗保险，就必须了解医疗服务市场和医疗服务体制。本书增加了这些方面的内容。二是在医疗保险内容的介绍方面，也比以前的教材更加细致和深入，力图全面系统反映医疗保险制度运行管理的全貌。三是与时俱进。及时反映我国“医保”和“医改”的改革进程，突出体现了理论与实践的结合。

本书由本人拟定编写大纲并撰写了第四章、第七章和第十一章，赵林海撰写第一章、第十二章，翟绍果撰写第二章、第三章，赵永生撰写第六章、第八章和第九章；庄琦撰写第五章、第十章。在各章作者完成初稿的基础上，本人集中进行了通稿、修订和最终定稿。

本书浸透了编写者们的努力和汗水，在此表示深深谢意。书中一定还有不足和不妥之处，希望得到读者们的指教，以期不断修订完善。

仇雨临

2008年5月19日于北京

目　录

第三章　医疗保险中的道德风险与逆选择　（81）

第四章　社会医疗保险模式纵览　（121）

第五章　社会医疗保险基金　（151）

第一章

医疗保险导论

■ **学习要点**

通过本章的学习，重点掌握医疗保险的含义、分类、性质和特征；熟悉医疗保险的建立原则和医疗保险的功能；了解医疗保险的产生和发展历史。

■ **关键概念**

疾病风险　社会保险　社会保障　医疗保障　社会医疗保险　商业医疗保险

▶第一节　健康与疾病风险

一、健康与疾病

健康是人类美好的追求，是每一个人最基本的人权。对于个人来说，健康是幸福人生的基石；对于国家来说，健康是社会经济发展、民族兴旺发达的基本保证。1946年，世界卫生组织（WHO）在其章程中就明确指出："实现每一个民族的健康目标是赢得全世界和平与安宁的最基本的保证。"在今日飞速变化发展的世界中，人类对健康的认识也日趋全面，从最初的单纯的生理层面的"无疾病或不虚弱"到"身体上、精神上和社会适应上的完好状态"，形成了一个整体健康观。[①] 同时越来越多的人也认识到：政治、经济、文化、医疗、环境、行为以及生物因素等都影响着个人、国家乃至全球的健康水平。

疾病是非健康状态的一种类型，或者说是一种较为严重的非健康状态。疾病与健康相互伴随，是一对矛盾。从生理或生物医学的角度看，疾病是一个医学概念，表明身体的某一部分或系统在功能上的缺失；从生态学的观点看，疾病是人与生态之间关系不适应和不协调的结果；从社会观点看，疾病是个体偏离了正常的身体或行为的状态；从保险学的角度看，疾病是人们不期望发生的非正常状态或损失，它的发生存在不确定性，由此形成疾病风险。

二、风险

风险的存在是保险产生的前提，对风险的识别与估测是保险费率测算的基础。因而风险与保险之间存在着密切的联系，即所谓的"无风险，无保险"。

（一）风险的概念和特征

"风险"一词的由来，最为普遍的一种说法是，在远古时期，以打鱼捕捞为生的渔民们每次出海前都要祈祷，祈求神灵保佑自己能够平安归来，他们在长期的捕捞实践中，深深地体会到"风"给他们带来的无法预测、无法确定的危险，因此有了"风险"一词。经过两百多年的演绎，风险一词越来越

① 龚幼龙．社会医学．北京：人民卫生出版社，2001

被概念化，并随着人类活动的复杂性和深刻性而逐步深化，并被赋予了从哲学、经济学、社会学、统计学甚至文化艺术领域的更广泛更深层次的含义，且与人类的决策和行为后果联系越来越紧密。在与保险有关的风险研究中，较常见的一种是将风险定义为：在一定的客观条件下、在特定的期间内不幸事件发生的可能性，或潜在损失发生的可能性。风险一般具有以下特征：

1. 风险存在的客观性

风险是一种客观存在，即从整体上看，无论人们是否意识到风险的存在，它总是存在且是必然会发生的，通常不以人们的意志为转移，是独立于人的意识之外的客观事实。人类虽然一直希望认识这些客观规律和控制风险，但直到现在也只能在有限的时间和空间内改变风险存在和发生的条件，降低其发生的频率和减少损失程度，而不能也不可能完全消灭风险。

2. 风险存在的普遍性

人类面临着各种各样的风险，如自然灾害、意外事故、疾病、死亡等。人类为了生存与发展，不得不和各种各样的风险进行斗争。结果虽然一些风险得到了控制和抑制，但同时又会产生新的风险。尽管人类与风险的斗争促进了生产力的提高以及社会的进步，但随着科学技术的发展，风险不是减少了，而是增加了，风险所造成的损失也越来越大。如今，风险已渗入到社会和个人生活的方方面面。例如，企业面临着自然风险、市场风险、技术风险和破产风险；个人面临着失业、意外事故、疾病和死亡等风险。风险无时不在，无处不在。

3. 风险发生的损失性

损失是指价值的减少或消失。风险是与损失密切联系，不幸事件一旦发生，都会或多或少地给人们带来损失，如火灾带来的财产损失、意外事故带来的人身伤亡、患病就医带来的经济损失等。通常所涉及的损失大部分是经济损失，但也存在一些无法用经济方法计算或衡量的损失，如患病以后给人带来的躯体上的痛苦或精神上的损害等，均无法用货币的形式来衡量。在保险中所涉及的损失通常是经济损失。

4. 风险发生的不确定性

风险虽然客观存在，但风险是一种随机现象。就某一具体风险或对某一个体来说，它的发生是偶然的，风险发生后造成的损失也是不确定的，人们无法准确预测出某一具体风险或对某一个体的风险何时会发生，以及发生后所带来的后果。风险发生的不确定性意味着在时间上具有突发性，在后果上具有不可预料的灾难性，从而给人们的心理和精神带来了忧虑和恐惧，这是人们参加保险的主要原因。

5. 大量风险发生的规律性

虽然风险相对于个体来说具有不确定性，但根据大数法则，大量由个体构成的总体中，其风险发生率却相对稳定，即从整体上看，风险的发生具有一定规律。如果对许多个体的风险事件进行统计学处理，则可以比较准确地反映出风险发生的规律，进而对风险的发生进行预测，这也是保险费率测算的基础。

（二）风险的分类

风险以多种形态存在，风险类型相互交叉和交融。根据分类的基础不同，风险可以分为许多种类。根据风险的损害对象，可将风险分为人身风险、财产风险和责任风险；根据风险的起源与影响，可将风险分为基本风险和特定风险；根据风险所导致的后果，可将风险分为纯粹风险和投机风险。

1. 人身风险、财产风险与责任风险

人身风险是指因人的死亡、疾病、残疾、失业或年老无依无靠而遭受损失的不确定状态。这种与人生命现象有关的风险称为人身风险。财产风险是指因财产发生损毁、贬值或灭失而使财产的所有者遭受损失的不确定状态。如企业的厂房、机器设备、家庭个人的房屋、家具等遭受火灾、洪水等风险，都会导致财产的实质性损失。责任风险是指人们因过失或侵权行为造成他人财产损毁或人身伤亡后，在法律上必须负有经济赔偿责任的不确定状态。如驾驶车辆不慎撞伤行人、产品质量不符合标准引起消费者的财产损毁或人身伤害等，都带来了需承担经济赔偿责任的风险。

2. 基本风险与特定风险

基本风险是指由非个人的或不可抗力的因素所引起的、通常带来较大范围损失的不确定状态。基本风险往往影响到较大范围的一群人，甚至整个社会。由于导致这类风险发生的因素往往是复杂的、综合作用的，而且是难以控制的，因而这种风险从本质上来说是不易防止的。例如，失业、通货膨胀、战争、地震、洪水等均属于基本风险。特定风险是指由特定因素引起的、通常是由某些个人或某些家庭承担损失的不确定状态。这类风险的发生仅局限于较小的范围，且导致风险发生的主要原因比较明确，因而从本质上来说相对较易控制。例如，由于失窃所引起的财产损失、产品质量不佳所引起的责任风险等均属于特定风险。

3. 纯粹风险与投机风险

纯粹风险是指只有损失机会而无获利机会的不确定状态。纯粹风险所导致的后果只有两种：或者损失，或者无损失，而没有获利的可能性。如患病以后，通常会给人带来经济方面的损失及躯体上的损害，人们不可能因患病而获利，是无利可得的风险。投机风险是指既存在损失可能性也存在获利可能性的不确定状态。投机风险所导致的后果有三种：损失、获利和无变化（既无损失，也未获利）。例如，购买股票就存在着投机风险，因为买进股票以后面临着三种可能的结果：股票价格下跌，持股人遭受损失；股票价格不变，持股人无损失（不考虑机会成本）；股票价格上涨，持股人获利。

对纯粹风险和投机风险的区别是十分重要的。一般来说只有纯粹风险才可能是可保风险，是本书研究和关注的范畴。

（三）纯粹风险的处理和可保风险的特征

1. 处理纯粹风险的方法

通常处理纯粹风险的方法有以下几种：

（1）回避风险

当存在风险时，人们的自然反应是避险，即采取各种措施来躲避不幸事件的发生，躲避产生风险的行为或环境，力图与有风险的事件或环境保持一定的距离。采取这种方式处理风险，通常只能尽可能降低风险，而不能够完全消除风险。

（2）防损与减损

防损与减损是指通过对风险的分析，采取预防性措施，以防止损失的发生，或降低损失发生的可能性，或减轻损失的严重程度。例如，采取预防性措施预防疾病的发生，或减少疾病的发生，或在疾病发生以后采取措施控制疾病的进程，防止病情恶化，以降低因病情加重而带来的损失。

（3）自留风险

自留是指由个体来承担风险的方法。通常人们在三种情况下会自留风险：一是对风险的严重性估计不足。一些人对自己承担风险所带来的损失抱有侥幸心理，认为自己不太可能会遭受这些风险所带来的损失。如在我国农村地区，一些农民抱着“万一不患病”的侥幸心理，不愿意参加合作医疗。二是经过慎重考虑后决定自己承担风险。一些风险造成的损失在经济上微不足道，这种损失即便发生，也不会产生较大的经济负担，个人可以承担。三是通过对风险的分析与权衡，决定是部分承担风险，还是全部承担风险。对于一些风险既可以采取措施来承担或减少风险，又可以通过购买保险的方式来转移风险。在这种情况下，人们就会权衡哪一种方法对自己更为有利，而选择在经济上损失最小、更为合算的方法。例如，一个人患病以后，可以采取自保的方法也可以采取保险的方法来处理风险。前一种方法可以促使个人主动地对风险进行控制，如尽可能避免影响健康的因素出现，从而使风险降低到最低水平，在一定程度上可以减少个人在健康方面的支出，但转移风险的能力不足，一旦发生大病，给个人所带来的经济负担将十分沉重。后一种方法可以有效地转移风险，但个人日常的支出将会有所增加。究竟选择哪一种方法，取决于个人对患病所带来损失预测的准确程度、损失发生的概率和损失发生后个人的承受能力。

(4) 转移风险

转移风险是指通过一定的方式将风险从一个主体转移到另一个主体，即将风险转移给他人来承担。与回避风险不同之处在于前者是躲避产生风险的行为或环境，而对于后者，人们仍然参与有风险的活动，但将风险转移给其他人来承担。转移风险的方法有多种，保险就是其中的一种方法。在形式上，是通过购买保险，投保人将可能发生的风险转移给承保人来承担；实质上，是通过承保人的组织集中资金，使个体风险由参加保险的群体来承担，达到共同抵御风险的目的。

2. 可保风险的特征

作为可保风险，从广义上讲，指可以利用风险管理技术来分散、减轻和转移的风险；而从狭义上看，则仅指只能通过保险方式来处理的风险。只有纯粹风险才可能是可保风险。作为可保风险应满足以下几项要求：

(1) 风险的发生应具有随机性和非故意

随机性指风险发生与否与发生的时间、地点、原因以及造成的破坏程度都具有不确定性。非故意是指风险损失不是由被保险方的故意行为或是不采取合理防止措施所引起的。

(2) 风险发生的低概率性和高损失性

某种风险发生的频率和损失程度之间的关系有四种：①发生频率高，损失程度大，如非洲某些国家的艾滋病病毒感染；②发生频率高，损失程度小，如患感冒；③发生频率低，损失程度大，如意外事故、患病住院；④发生频率低，损失程度小，如皮肤的小伤口。对于损失不大的风险，被保险人购买保险并不经济，保险人也不会提供这类保险，完全可以通过风险自留来解决。对于损失较大的风险，如果发生频率很高，如80%的人都需要住院，则保险人不愿意提供这类保险，因为大多数人都发生风险，就不可能将风险带来的经济损失分摊给其他人。因此，通常发生频率不高，但损失程度较大的风险才是可保风险。例如，医疗保险中的住院保险或大病保险。[①]

(3) 风险损失测定的货币性

如果风险不能够用货币来衡量，如精神伤害，则保险人无法承保这类风险。

(4) 大数法则

保险是以大数法则作为保险人建立保险基金的数理基础，只有大量的统计和观察才能使保险人有可能估计出比较精确的损失概率并作为它制定保险费率的依据。

三、疾病风险

疾病风险（disease risk）指人类由于患病和意外损伤所产生的风险。疾病风险一方面具有可保风险的共同特征，同时还具有区别于其他风险的特殊性。

（一）疾病风险的共性特征

1. 疾病风险的客观性

疾病风险在一定程度上可以被认识、管理和控制，但不能完全排除，总是按其自身的规律发生和存在。

2. 疾病风险的损失性

疾病风险会给个人、家庭以及社会造成损失和伤害，包括躯体、精神、经济等诸多方面的损害。

3. 个体疾病的不确定性

从纵向上看，人的一生中总会患有这样或那样的疾病；从横向上看，人与人之间由于存在个体差异以及生存环境不同，会遭受各种各样的疾病风险。因此难以对个体疾病发生的具体时间、空间、类型、严重程度进行准确预测。

4. 某些群体疾病风险的可测性

就人群总体而言，有些疾病风险是一种随机现象，服从概率分布。根据数理统计的原理，可以对特定时期人群疾病风险的频率和损失等进行推测。

5. 疾病风险的发展性

疾病风险的发展性包含了两个方向的变化：一方面随着医疗技术水平的提高，某些疾病的风险被大大降低甚至消除；另一方面随着政治、经济、文化、自然环境和人类生活方式改变，会出现新的疾病风险，人类疾病谱也会

---

① 吴明．医疗保障原理与政策．北京：北京大学出版社，2003

发生变化。

（二）疾病风险的特殊性

1. 疾病风险影响因素的复杂性

与其他风险相比，影响疾病风险的因素不仅类型多样，而且类型之间存在交互作用；疾病风险的发生不仅与个体生理、心理和生活方式有关，而且受自然、社会、政治和经济等多种因素的影响。

2. 疾病风险的外部性和社会性

疾病风险不仅直接危害个人健康，同时由于疾病的外部性可导致对他人和社会整体利益的损害。比如某些流行病的暴发流行，这种疾病风险的社会性危害远大于个人疾病风险。

3. 疾病风险补偿数额的不确定性和补偿方式的多样性

其他风险（如财产风险）在出险后可以采取经济上定额补偿的办法，减轻和消除风险的损失。但疾病风险危害的对象是人，在出险后不能采取定额补偿的办法。原因有两个：一是健康的损失难以用货币来衡量；二是在发生疾病风险后每个人的损失主要是在治疗过程中所花费的医疗费用，而费用的发生由于个体差异和疾病的不同存在很大的不确定性。因此为了避免道德风险（moral hazard），降低医疗费用支出，医疗风险的补偿方式与其他风险相比更为复杂。

根据疾病风险的特点，降低疾病风险需要个人和社会共同努力，需要卫生部门、劳动保障部门等多部门共同配合。从医学的角度看，健康的生活方式、积极的预防保健和及时的治疗康复是降低和消除疾病风险的最根本措施；从劳动保障的角度看，要使疾病风险降到最低水平，必须针对社会人群建立完善的社会医疗保险体系，保障人群的基本医疗需求，降低疾病损失；从全局的角度看，降低疾病风险要具备两个基本前提：一是要拥有充足的提供预防保健和医疗康复的卫生服务机构和卫生资源，这是必需的物质技术供给条件；二是卫生服务的需要者拥有获得这些物质技术的能力，这是必需的物质技术的需求条件。历史的经验和各国的实践表明，医疗保险制度是满足这两个条件的有效制度，它可以实现从供给到需求的均衡结合，优化卫生资源配置；可以有效地依靠国家、单位和个人的经济力量，筹集卫生费用，积极发展各类卫生保健事业，加强重大疾病的防治，降低疾病风险。

▶第二节　医疗保险原理

一、医疗保险及其相关概念

要明确医疗保险的概念和内涵，我们首先要熟悉以下与此相关的众多概念。

（一）保险

保险（insurance）是指保险人与被保险人签订保险合同，并依据有关法令收取保险费，建立保险基金。在结合众多具有同样风险的被保险人的基础上，当被保险人遭遇保险合同约定的风险时，用货币形式补偿被保险人的损失的经济补偿制度。对保险人和被保险人来说，要遵循诚信原则、可保利益原则、近因原则和比例分摊原则。

（二）社会保障

关于社会保障（social security）的定义至今仍存在争议。郑功成在综合其他学者提出的社会保障定义以及对社会保障本质特征研究的基础上，对社会保障提出了具有归纳性的界定，即社会保障是各种具有经济福利性的、社会化的国民生活保障系统的统称，是国家或社会依法建立的具有经济福利性的国民生活保障和社会稳定系统。[①] 主要包括社会保险、狭义社会福利、社会救助和社会优抚 4 个子系统。

（三）社会保险

社会保险（social insurance）作为现代社会保障制度的主体，是国家通过立法形式确定并强制实施的一种保险形式。它通常以劳动者为保障对象，以劳动者的年老、疾病、伤残、失业、死亡等特殊风险事件为保障内容，即主要通过互助共济、风险分担的形式为社会中在劳动能力、生活状况以及健康状况等方面偏离“正常”的劳动者（主要包括失业、家庭收入较低、疾病和损伤、老年及其他丧失劳动能力的状况）提供经济支持，以增强被保障者抵御风险的能力。社会保险强调受保障者权利与义务的结合，采取的是受益

① 郑功成．社会保障学．北京：中国劳动社会保障出版社，2005，7～8

者与雇佣单位共同供款的方式，即要求符合条件的劳动者必须参加并承担相应的缴费义务，形成专门的保险基金，用于解决劳动者（或其家属）未来的风险问题。对于社会保险，缴费是受益的条件，通常受益水平与劳动者的收入水平直接关联，因而是一种收入关联保障制度。

社会保险主要包括养老保险、失业保险、医疗保险、工伤保险和生育保险，一些国家和地区还建立了护理保险和灾害保险等，这些社会保险项目共同构成了一个国家或地区的社会保险系统，并作为社会保障系统的一个子系统发挥着解除劳动者后顾之忧、维护社会稳定的作用。

（四）医疗保障

医疗保障是指劳动者或公民在发生疾病、意外伤害或其他自然事件（如生育）时，能够享受必要的医疗服务的社会保障制度。我们知道，社会保障主要包括社会保险、狭义社会福利、社会救助和社会优抚 4 个子系统，实际上，每一个子系统都包含有医疗保障方面的具体内容，因此，从保障对象的角度也可以将医疗保障看作社会保障系统的一个子系统，是社会保障系统的一个重要组成部分。在我国随着社会的发展，这种医疗保障制度由多种形式构成，如公费医疗、劳保医疗、医疗保险、统筹医疗、合作医疗以及其他形式。社会医疗保障系统应该包括社会医疗保险、社会医疗救助、补充医疗保险等子系统。它们既可作为社会保障各个子系统的具体项目，也可以看作是医疗保障系统的子系统，在对社会成员的健康保障方面发挥着各自的作用，且功能互补，通过不同的途径和方式为社会成员提供不同类型的基本医疗保障，以满足社会成员对医疗服务的基本需求。

此外，医疗保障系统中还应包括非社会保障性的医疗保障，如商业医疗保险、社区医疗保障、企业医疗保障、慈善事业及其他非社会保障性福利。在有些国家，这种非社会保障性的医疗保障甚至是该国医疗保障的主流形式，如美国以商业医疗保险作为医疗保障的主要模式。

（五）健康保障

与医疗保障有关但又有所区别的另一概念是健康保障，它所保障的内容不仅是与减少医疗服务利用障碍有关的项目，而且还包括了预防、保健、康复服务的保障以及其他维护和促进健康的相关保障（如补偿因疾病损失的工资收入等），即是一种减少卫生服务利用障碍以及促进健康的保障。医疗保障只是健康保障系统中的一个重要组成部分。但是，由于健康本身是一个具有发展性和相对性的难以操作化的概念，且影响健康的因素广泛存在，因而人们很难界定健康保障的内涵与外延。所以，理论上健康保障应该是与健康有关的保障，即通过健康保障达到保护生命和健康不受侵害的目的，但在实际中很难给出健康保障的操作性定义。在某种意义上讲健康保障应该是更高层面的事物。从目前各国在此方面的实践看，只有少部分经济发达的国家提供了这样或那样的健康保障项目，但对于大多数国家（包括我国），在资源有限的情况下，只能提供最基本的保障。因此，本书主要介绍医疗保障，其中又以医疗保险为重点。

（六）医疗保险

从医疗保险所保的范围来看，可以分为广义的医疗保险和狭义的医疗保险。国际上一般将医疗保险称为“health insurance”，即“健康保险”，它是人身保险的一个组成部分，所包含的内容要比医疗保险广，包括死亡、人身伤害和疾病。发达国家的健康保险不仅补偿疾病给人们带来的医疗费用等直接经济损失，也补偿由疾病导致的收入下降等间接经济损失。也有些国家的健康保险包含了预防保健、健康促进等方面的内容。狭义的医疗保险单纯指对疾病和意外伤害发生后所导致的医疗费用的补偿，称为“medical insurance”。然而广义的和狭义的医疗保险概念之间并无严格的界限，只是保险范围和程度的差异。从我国的现状来看，医疗保险主要是狭义的概念。广义医疗保险中的疾病预防等内容在我国定位为国家和地方政府所提供的公共卫生服务。

本书的医疗保险是指以社会保险形式建立的，为公民提供因疾病所需医疗费用资助的一种保险制度。它是通过国家立法，强制性由国家、单位、个人集资建立医疗保险基金，当个人因病获得必需的医疗服务时，由社会医疗保险机构提供医疗费用补偿的一种社会医疗保险。对超出上述范围的医疗保险，称为补充医疗保险。

医疗保险与其他几个相关概念的关系如图 1—1 所示。

二、医疗保险的分类

由于疾病风险和其他风险相互交织，因此医疗保险和其他保险也存在错综复杂的关系。如医疗保险与工伤保险、生育保险等虽同属社会保险，但相互有别；商业人身保险中的健康险与医疗保险虽然都是针对人身风险所设立的保险，但保险内容不同；社会医疗保险与商业医疗保险同时并存，共同构成医疗保障的基石，但二者也存在明显区别。因此有必要根据不同分类标准对医疗保险进行归类。

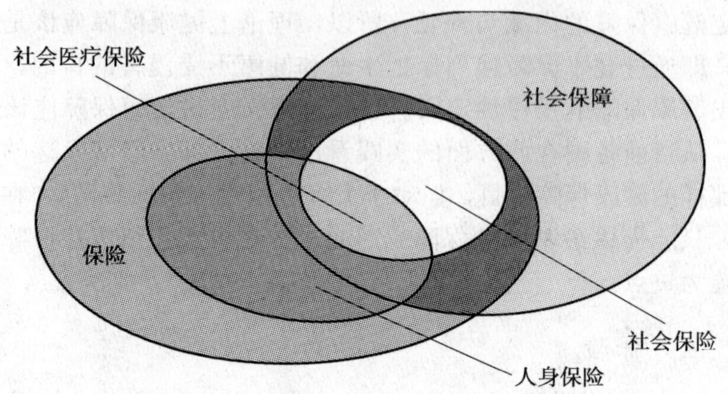

图 1—1　医疗保险与其他相关概念的关系

（一）社会保险中的医疗保险、工伤保险和生育保险

根据我国的现行制度，社会保险主要包括养老保险、失业保险、医疗保险、工伤保险和生育保险五大类。其中医疗保险、工伤保险和生育保险所承保的风险类型均涉及医疗服务，因此必须加以区分。

1. 工伤保险

工伤保险是社会保险制度中的重要组成部分。它是指国家和社会为在生产、工作中遭受事故伤害和患职业性疾病的劳动者及亲属提供医疗救治、生活保障、经济补偿、医疗和职业康复等物质帮助的一种社会保障制度。劳动者的这种权利由国家宪法和劳动法给予根本保障。

2. 生育保险

生育保险是通过国家立法规定，在劳动者因生育子女而导致劳动力暂时中断时，由国家和社会及时给予物质帮助的一项社会保险制度。我国生育保险待遇主要包括两项：一是生育津贴，用于保障女职工产假期间的基本生活需要；二是生育医疗待遇，用于保障女职工怀孕、分娩期间以及职工实施节育手术时的基本医疗保健需要。

3. 医疗保险

医疗保险是国家社会保障制度的重要组成部分，也是社会保险的重要项目之一。医疗保险是由国家立法，通过强制性社会保险原则和方法筹集医疗保险基金，当参保人生病或受到伤害时，由国家或社会提供医疗服务和经济补偿的一种社会保险制度。

从上面的定义可以看出，这三种社会保险项目的补偿对象、保障范畴均有不同。就医疗保险本身来说，它是对劳动者（随着我国医疗保险覆盖面的扩大，参保人员也逐渐包括非劳动者）因伤病所需的医疗费用给予的补偿，其补偿对象范围广泛，但保障范畴仅限于医疗费用；对工伤保险来说，其补偿对象只是在生产和工作中遭受事故或患职业病的劳动者及其亲属，但保障范畴更大，包括提供医疗救治、生活保障、经济补偿、医疗和职业康复等；生育保险的补偿对象目前仅限于生育的女性，保障范畴包括生育津贴和生育医疗待遇，既保障女职工产假期间的基本生活需要，也保障她们在怀孕、分娩期间以及职工实施节育手术时的基本医疗保健需要。

（二）基于保险覆盖范围分类

根据覆盖范围的不同，医疗保险可分为基本医疗保险和补充医疗保险。

基本医疗保险是指在生产力、社会经济承受能力、卫生资源和卫生服务等达到一定水平的条件下，为参保人提供基础性的、必不可少的医疗服务的一种医疗保险。在我国，这种基本医疗保险在药物、诊疗项目和医疗服务设施的范围上均有详细规定。一般而言，基本医疗保险是强制性社会医疗保险，但为了扩大社会医疗保险的覆盖面，我国也建立了以城镇居民（非劳动者）为保障对象的基本医疗保险制度，采取的是较为灵活的自愿参保原则。

补充医疗保险是指参保人根据自身收入水平和卫生服务需求，自愿参加的一种医疗保险。补充医疗保险是与基本医疗保险相对的一个概念。由于国家的基本医疗保险只能满足参保人的基本医疗需求，超出基本医疗保险范围之外的医疗需求可以通过其他形式的医疗保障获得满足。显然，补充医疗保险是基本医疗保险的一种补充形式，也是我国建立多层次医疗保障的重要组成部分。补充医疗保险包括企业补充医疗保险、大额医疗费救助、个人账户过渡性补助、公务员医疗补助和商业医疗保险。

在建设基本医疗保险制度的同时，发展补充医疗保险，有利于提高城镇职工的医疗保障水平，从而促进社会的稳定与发展。

（三）基于经营性质分类

从经营性质来看，医疗保险可分为社会医疗保险和商业医疗保险。

社会医疗保险是社会保险的重要组成部分，一般由政府部门设立经办机构运营，政府以经济、行政、法律等手段强制实施和组织管理，不以营利为目的。

商业医疗保险是商业保险（commercial insurance）中人身保险的一个组成部分。所谓人身保险，是以人的寿命和身体为保险标的一类保险。当投保人缴付保险费后，被保险人在保险有效期内因疾病或意外事故而伤残、死亡，或保险期满时，保险机构按约给付保险金的一种保险。人身保险一般可分为人寿保险、意外伤害保险和健康保险（疾病保险）等。健康险是一种广义的概念，商业健康险一般由多种保险险种构成，如伤残收入保险（disability income insurance）、长期护理保险（long-term care insurance）、医疗费用保险（medical expense insurance）等。一般来说，我们所指商业医疗保险是指商业健康保险中的不能由社会医疗保险承担的医疗费用保险。

社会医疗保险与商业医疗保险在以下方面有所区别：

1. 保险性质不同

社会医疗保险强调福利性和公平性，不以营利为目的。它是通过国家立法强制实施的一种社会保障制度，其目的是满足人们医疗卫生服务需求，促进卫生资源优化配置，从而达到保障人民健康的目标。而商业医疗保险以商业保险公司为经营主体，以营利为目的，并采取自愿参保原则。

2. 保险关系不同

社会医疗保险中的保险人与被保险人以法律为依据建立保险关系；商业医疗保险中的保险人与被保险人则是根据保险合同确定双方权利与义务，二者之间是契约关系。

3. 保险对象不同

社会医疗保险的保险对象为符合法律、政策规定应纳入社会医疗保险的人；商业医疗保险的保险对象为自愿投保并符合投保条件的自然人或法人。一般情况下，签订保险合同的投保人即为被保险人，但也可以是法律所许可的对保险标的具有经济上的利害关系的其他人。

4. 保费负担程度不同

社会医疗保险的保费一般由国家、企业和个人三者分担；商业医疗保险的保费全部由投保人负担。

5. 保险金的给付标准不同

社会医疗保险以保障参保人基本医疗需求为给付标准，保险金额一般根据疾病或伤害的具体情况而定，社会医疗保险体现的是一种互助共济关系，着眼于“保障”；商业医疗保险的保险金给付主要以投保人所缴纳保险费的数额而定，按保险合同定额给予补偿，是一种等价交换关系，着眼于“偿还”。

虽然社会医疗保险和商业医疗保险存在很多区别，但正是这些区别使二者相互补充，共同发挥着医疗保障的作用。构建包括社会医疗保险、补充医疗保险和商业医疗保险在内的多层次医疗保障体系，不仅是国外开展社会保险的成功经验和一贯做法，也适合我国社会主义初级阶段和适应社会主义市场经济体制需要。通过逐步发展和完善以基本医疗保险制度为主体的多层次医疗保险体系，可以切实保障人们不同层次的医疗需求。此外，在社会医疗保险和商业医疗保险的共同发展中，二者可以互通有无。在社会医疗保险的管理中可以引进商业医疗保险的管理经验和办法，如在封顶线以上，社会保险可以以再保险的方式和商业医疗保险共同负担；商业医疗保险也可以利用社会医疗保险中的基础数据，在保险精算的基础上对公司的经营管理进行完善。

三、医疗保险的性质

正确认识我国现阶段社会医疗保险的性质，对构建符合我国国情的社会医疗保障体系和建设医疗保险学科具有重要作用。医疗保险的性质，从根本上说，决定于社会生产力发展的水平和社会的经济制度、政治制度，同时与医学科学技术的发展和卫生事业在国民经济中的地位、作用等因素直接相关。因此，在不同的国家，医疗保险具有不同的性质，由此形成不同的医疗保险模式。如英国的国家医疗保险、德国的社会医疗保险、美国的商业医疗保险和新加坡的储蓄医疗保险。

我国现阶段的医疗保险是一种混合模式，它除了具有社会保险所共同具有的普遍性、强制性、互济性、补偿性等性质外，还具有以下性质：

（一）福利性

福利性是我国医疗保险的本质属性，是指国家、社会和企事业单位对劳动者因伤病所需的医疗费用提供的帮助和照顾。具体含义为：第一，医疗保险是所有劳动者享有的基本权利，也体现了政府和社会的责任和义务。第二，医疗保险不以营利为目的。其宗旨是全心全意保障劳动者的健康，其医疗基金是“取之于民，用之于民”。第三，医疗保险费用由个人、单位、政府三方负担。对劳动者个人来说，不与劳动状况、社会贡献等挂钩，个人虽负担部分费用，但不与保险金额挂钩，不是等价交换，因而医疗保险具有互助共济的性质。第四，医疗保险制度也是一种分配关系。在社会主义“按劳分配”原则下，医疗保险是一种“按劳分配”的补充形式。但因为受制于我国的经济发展水平等客观条件，我国医疗保险的福利性还存在某些局限，国家、社会对劳动者伤病医疗费用的照顾和帮助，不能理解为全部包下来。从医疗保险的覆盖人群上来说，目前只能逐步覆盖；从费用负担来说，个人尚需承担一定比例；从医疗服务内容上看，目前只能满足基本医疗。

（二）经济性

社会医疗保险作为一种对疾病和意外伤害所造成损失的经济补偿方法，

既是一种社会保障制度，又是一种分配制度，具有经济性质。其主要表现在：第一，从社会再生产来看，医疗保险的实施可使劳动者恢复劳动能力，从而直接参与劳动力的社会再生产过程，起到了保护和增强劳动能力的重要作用，成为整个社会再生产过程的一个重要组成部分。第二，医疗保险在某种意义上是被保险人之间国民收入的再分配。通过风险分担，将筹集的保险基金用于帮助遭遇风险、发生经济困难的人，不仅减少了劳动者个人因疾病造成的经济损失，也减少了社会经济损失，有利于社会生产的正常运行。第三，医疗保险能促进卫生保健资金的良性运作。在医疗保险基金的运作中，通过集聚和融通资金，一方面为医疗机构提供足够的基金以满足劳动者的基本医疗需求；另一方面，提高社会医疗保险基金的管理效率，将基金节余用于疾病预防或健康教育，从长远来看可降低基金的消耗，保证基金的可持续发展。

（三）公益性

公益性是医疗保险不同于其他保险的一种特有属性。医疗保险的公益性主要表现在：医疗保险制度的实施具有较好的外部性，这种制度的建立不仅有利于患病的劳动者，同时也关系到整个社会的利益；不仅能使患病的劳动者本人及时得到治疗和恢复，也有助于减少疾病流行，避免更大损失，使整个社会都受益。正是基于这一点，医疗保险的资金募集应由国家、企事业单位和个人三方共同承担。

四、医疗保险的特征

医疗保险是各类保险中的一种，因而它既有其他形式的保险所具有的特点，也有医疗保险本身所独有的特征，归结起来主要有以下几点：

（一）医疗保险对象的普遍性

每个人都难以避免疾病风险，因此，社会医疗保险的覆盖对象应该是全体居民。而养老、失业、工伤、生育等保险的覆盖对象只是部分人群或特殊人群，因为不是每个人都会发生失业和工伤的损失，而养老保险和生育保险也只是保障人生特定时期的风险。因此随着社会医疗保险的发展和完善，它将是社会保险体系中覆盖面最广、使用最频繁的险种。

（二）医疗保险涉及面的广泛性和复杂性

第一，社会医疗保险发展与生产力及社会发展水平有关；第二，社会医疗保险涉及医药机构、参保人、用人单位以及政府等多方之间复杂的权利和义务关系；第三，社会医疗保险必须掌握医疗服务的需求和供给信息，引导和控制医疗服务的需方和供方行为，确保医疗保险资源和卫生资源的合理利用。

（三）医疗保险赔付的短期性和经常性

因为疾病的发生具有随机性与突发性，所以社会医疗保险提供的补偿具有短期性、经常性和相对独立性。不像其他社会保险具有长期性或偶然性，比如养老保险规定参保人按法定年龄长期享受养老金，生育保险一般在参保人生育后一次性给付保险金。

（四）医疗保险补偿形式的特殊性

社会医疗保险机构支付给参保人的补偿数额与参保人缴纳的保险费数额没有直接关系，而是与参保人实际发生的疾病状况和医疗需求密切相关。医疗保险机构按照实际发生的医疗费用的一定比例补偿给参保病人，不同于其他社会保险实行的定额支付。由于疾病的发生频率、疾病的严重程度以及患病后所带来的医疗费用与年龄密切相关，因此老年人的医疗费用通常高于年轻人的医疗费用。在这种情况下实行现收现付形式的医疗保险，易产生医疗费用的代际转移问题，即上一代人的大部分医疗费用将由下一代人来承担。

（五）医疗保险费测算的复杂性

每个人都会多次遭遇疾病风险，而且疾病风险强度不同。医疗保险通常是按照病情的严重程度及由此而引起的医疗费用的多少进行补偿。由于医疗服务存在着信息不对称、不确定性、供方主导性等特点，易出现医疗服务的过度消费和过度提供现象，从而推动医疗费用的上涨。医疗费用的增加意味着保险方成本的升高，保险人应采用有效的支付手段来约束供需双方的行为。因此，相对于其他社会保险项目，医疗保险在风险的预测和费用的控制等方面更为复杂而困难。

五、医疗保险的基本原则

根据医疗保险的性质和特征，医疗保险的实施必须遵循以下基本原则：

（一）社会化原则

在传统农业经济社会，医疗保障以家庭为主体。而社会化大生产中的劳动者不仅是家庭的劳动力，更是社会的劳动力。劳动者的身体状况和家庭经济状况直接影响着劳动力再生产，而劳动力再生产又是社会再生产的重要条件之一。因此，劳动力的修复也应该依靠社会力量。就个体而言，仅靠个人、家族或小型团体难以抵御重大疾病风险，只有依靠社会筹集的雄厚资金才足以化解部分人的巨额疾病损失。在现代社会，企业的规模、经营状况，职工健康状况等都存在差异，企业的医疗费用负担轻重不一，通过社会医疗保险可以加强企业间的共济互助，减轻单个企业负担，使现代化的企业能将更多力量集中在生产和创新领域。

（二）广泛覆盖，强制参保原则

从经济学的角度看，医疗保险如果采用自愿参保的方式将难以避免“逆向选择”的难题，即风险越大的人员越希望参加保险，从而造成赔付率过高，出现经营风险。为了解决这个难题，最简单的途径是采用广泛覆盖、强制参保的原则。采用这项原则可以避免“逆向选择”难题，同时参保人员越多，风险池越大，抵御风险的能力越强。

广泛覆盖、强制参保原则有三层含义：一是无论单位性质、经济状况，凡是政策规定的用人单位都必须参保；二是所有职工和居民都必须参保，用工形式（正式工、固定工、临时工、离退休职工等）和户口类型（常住户口、蓝印户日、临时户口等）都不应该是划分是否参保的根据；三是无论身体状况和年龄，凡是规定的职工和居民都必须参保，即无论是病人还是健康人、老年人还是年轻人，都必须参加社会医疗保险。

（三）保障基本医疗需求原则

对于个体来说，基本医疗是指个体为了挽救生命、延长寿命、提高生存质量从而使个人效用最大化所最需要利用的和最优先利用的医疗服务或医疗措施。对于整个社会来说，基本医疗是指对改善全体社会公民健康、提高国民素质、推动社会发展贡献最大、最应该为全体公民所享受的医疗服务或医疗措施。

基本医疗对于医疗服务供方来说，应该是有能力提供的；对医疗服务需方（患者）来说，它应该是必需的；对保险方来说它应该是有能力支付的。从政策的执行层面上看，对基本医疗的界定主要体现在政策规定的基本用药、基本诊疗技术、基本设施和基本服务上。但是在不同经济状况或不同时期，基本医疗的标准会随着社会的发展而改变，它与经济和社会发展水平相适应。

（四）公平和效率相结合的原则

公平和效率相结合的原则是制定社会医疗保险制度的基本原则。社会医疗保险既要体现效率，又要兼顾公平。公平可以理解为：参保人无论年龄、职业、职位、用工形式以及身体状况都按相同比例缴纳医疗费用，并享有同等保险待遇。效率主要体现在社会医疗保险费的筹集、使用和对卫生服务的利用等方面。参保单位和个人缴纳医疗保险费的积极性越高，筹集医疗保险基金的效率越高；医疗机构执行因病施治、合理检查、合理用药、合理治疗等原则越严格，医疗保险基金使用的效率越高。公平和效率相结合，要求在保证公平的前提下，提高效率。

（五）财政专户管理、专款专用原则

财政专户管理、专款专用原则是我国社会医疗保险基金管理的重要原则。基本医疗保险基金纳入财政专户管理，实行“收支两条线”，基金的收支必须经过财政预算的编制、审批、执行、检查等过程，严格审核基金的预算执行情况。

（六）费用三方分担原则

费用三方分担原则是我国城镇职工基本医疗保险筹资的基本原则，即国家、单位、个人三方共同筹资。其原因在于：第一，医疗费用的迅速上涨使医疗保健支出成为居民生活开支的重要方面，单由某一方（国家、单位或个人）难以承担医疗费用之重负；第二，有利于扩大保险基金的筹集渠道；第三，有助于培养患者的费用意识，个人参与筹资对减少不合理医疗消费有一定的积极作用。

（七）以支定收，量入为出，收支平衡，略有结余原则

以支定收，量入为出，收支平衡，略有结合原则是社会医疗保险基金运作的基本原则。第一，征收社会医疗保险费应根据“以支定收”的原则，往年医疗费用的实际支出，尤其是医疗费用的上涨速度等因素是综合确定筹资标准的重要依据。第二，基金的使用应遵循“量入为出”的原则，社会医疗保险机构一定要根据筹集到的基金数量、基金的偿付能力来决定偿付标准。第三，“收支平衡”是社会医疗保险基金运营的基本条件，无论是支付医疗费，还是制定保值增值方案，都必须以基金的安全为前提，不能透支。第四，“略有结余”是社会医疗保险基金运作的计划目标，积累部分结余资金，一方面是防备疾病爆发、流行等突发事件；另一方面是出于医疗费用不断上涨等因素的考虑。

（八）权利与义务对等原则

权利与义务对等是我国社会医疗保险费需方支付的重要原则，是贯穿医疗保险的一条主线，谁参加了医疗保险，谁就享受相应的医疗保险待遇。谁缴费谁受益，早参保早享受，这是权利与义务对等的充分体现。权利和义务需要在五个方面都对等：一是缴费和收益之间；二是在缴费水平和统筹待遇上；三是在筹资基数与比例上；四是在职时缴费基数与退休后划拨个人账户基数之间；五是在基金的列支渠道上，要体现公平原则。谁参保、谁受益原则要求加强基金管理，采取措施杜绝医疗保险证转借他人的现象，防止冒名就诊、住院，从而减少医疗保险基金的流失，使医疗保险基金真正用到参保的患者身上。

（九）属地化管理原则

属地化管理原则是社会医疗保险管理的重要原则。它将社会医疗保险由单位自管转化为社会管理，法律或政策规定的单位及其职工必须参加所在统筹地区的基本医疗保险。统筹地区执行统一的政策，实行基金的统一筹集、使用和管理。

社会医疗保险属地化管理的作用在于：第一，明确了政府和单位对职工医疗保障所承担的责任，有利于保证基金及时足额给付。其二，避免了行业统筹的弊端，减轻了用人单位的负担。过去养老保险实行行业统筹，没有减轻困难企业负担，反而使共济能力削弱了。有些效益好的单位参加行业统筹而不参加地方保险，主要原因是其收入水平和医疗消费水平普遍高于当地其他行业，如果参加地方社会统筹，必然要增加支出，降低待遇水平。而困难企业筹集的资金数额少且不稳定，难以化解疾病风险。因此，只有在统筹地区实行统一筹集、使用和管理基本医疗保险基金，才能保证基本医疗保险实现广覆盖，均衡所有企业的负担，提高基金的共济能力。其三，有利于加强统筹区域内职工就医管理，方便职工就近就医。①

六、医疗保险的功能

医疗保险是社会保险中最早产生的一个险种，由于其保障内容的特殊性，医疗保险对社会发展的作用和功能可以从两个方面来分别探讨：一是从社会保障和经济发展的角度来看待其基本功能；二是从医疗卫生的角度来看待其

① 卢祖洵．社会医疗保险学．北京：人民卫生出版社，2003

所具有的特殊功能。

（一）社会医疗保险的基本功能

社会医疗保险是社会保险的一种，它具备社会保险的基本功能：

1. 稳定社会经济生活

医疗保险制度的建立和实施，集聚了政府、企业单位和个人的经济力量，对患病的劳动者给予物质上的帮助，为他们提供基本医疗保障，其社会化程度高，有利于劳动力流动，减轻企业社会负担，促进企业体制改革，建立现代企业制度，适应市场经济体制要求。与此同时，医疗保险制度还可以解除劳动者的后顾之忧，激励劳动者积极工作，有助于消除社会不安定因素，稳定社会秩序，从而保证经济体制改革的顺利进行和社会生活的稳定。

2. 促进公平和效率的统一

医疗保险并不与劳动者的劳动数量、劳动质量直接挂钩，而是保障劳动者在患病后有均等的就医机会，并依据其病情提供基本医疗服务、给予必要的医疗保障。社会医疗保险制度强调被保险人的受益以缴纳社会医疗保险税（费）为前提，积累大量社会资金，然后根据被保险人是否发生医疗消费以及该消费是否符合医疗保险范围，支付医疗费用。这在一定程度上具有个人收入再分配的功能。在医疗保险税（费）按个人收入一定比例征缴前提下，医疗保险的实施有利于缩小贫富差别、促进社会公平，从而有助于合理调节社会分配关系，实现效率与公平的结合和统一。

3. 扩大有效需求

社会医疗保险是医疗需求管理的重要工具。当有效医疗需求不足时，医疗保险部门支付保险金会增加医疗服务的利用，进而带动医药行业的发展。而且，由于穷人的医疗消费倾向比富人高，社会医疗保险作为一种再分配制度可以将富人收入的一部分转移给穷人，从而提高穷人的有效医疗需求。

4. 保障社会再生产

劳动力是社会生产的基础，是社会生产力中最活跃的因素。医疗保险制度的实施，可以有效地保障劳动者身体健康，提高劳动者身体素质，从而对于提高劳动生产率，促进生产的发展发挥着重要作用。医疗是劳动力再生产的必要条件，医疗费用是劳动力再生产的必要费用。医疗保险制度的实施，为劳动者减少疾病、生病后得到及时治疗、尽快恢复健康并以健康的体魄投入生产劳动提供了重要保证。

（二）社会医疗保险的特殊功能

与其他社会保险项目相比，社会医疗保险具有一些特殊的功能：

1. 降低或消除疾病经济风险，保障居民健康

当参保人患病需要医疗保健服务时，利用卫生服务的重要制约因素——经济因素的限制作用明显减小，这有利于改善卫生服务的可获得性，保障参保人的健康。

2. 规范卫生服务供方和需方的行为

与其他社会医疗保健制度相比，社会医疗保险对卫生服务供方和需方有较强的规范管理力度，这有利于合理使用卫生资源，提高卫生服务的效率。在发达国家，由于社会医疗保险部门在医疗服务管理上发挥着重要的作用，卫生行政部门便将工作重点放在公共卫生上，而不是医疗服务管理上。

3. 促进医疗卫生服务社会化

医疗卫生服务社会化是现代医学的发展方向，社会医疗保险制度促进医疗卫生服务社会化的作用主要体现在两个方面：第一，有利于聚集社会卫生经济资源，促进卫生事业的发展；第二，有利于社会化的医疗保健服务的开展，如预防保健服务、重大疾病的控制等。

▶第三节　医疗保险的产生与发展

一、医疗保险产生和发展的原因与基础

医疗保险是社会保险的重要组成部分，医疗保险的出现是社会保障发展到一定阶段的产物。因此，只有结合社会保障和社会保险的缘起和变革，才能了解社会医疗保险产生和发展的原因与基础。

（一）生产力的发展

社会保险是由政府举办的，它的资金来源于收缴的税费，是社会一部分剩余产品的聚集。生产力的发展为社会保险包括社会医疗保险的产生提供了物质基础。随着社会生产力的发展，社会生产在满足人们正常的生活需要之外，还有相当数量的剩余产品，这是社会保险产生的最基本条件。因此，只有当生产力有较大发展，社会剩余产品增多，国家才能掌握足够的物质和货币资源开展社会保险。社会保障的内容、水平和范围与生产力水平密切相关，社会保障的物质基础是社会储备基金。社会储备基金是国家从社会财富或国民收入中事先提存、积累并用于援助、补偿保障对象的资金。社会生产力水平越高，国民收入越多，社会储备基金积累越丰富，社会保险的范围、保险

项目的数量和待遇标准才可能越有利于参保人。

（二）生产社会化的需要

生产社会化是社会医疗保险产生的直接动力。在社会化大生产条件下，劳动者不再是分散的、自给自足的小生产者，而是无生产资料的雇佣劳动者。他们一旦失去劳动能力（患病、伤残、年老）或劳动机会（失业）就等于失去了生活来源。单靠家庭、亲友接济或群众团体的帮助解决不了社会化大生产带来的这些问题，只有国家、政府通过强制性保险筹集资金，共同分摊意外事故与疾病造成的损失，才能帮助劳动者抵御风险。此外，生产社会化使职业危险因素增加。职业病、伤残事故层出不穷，客观上要求建立医疗保险、工伤保险，以保障劳动力再生产。同时，生产社会化引起家庭结构的变化。社会化大生产和现代化的生活方式促使家庭结构发生变化，比如多代同堂的家庭减少，核心家庭、丁克家庭增加，个人之间、家庭之间的独立意识增强，家族情感较以前淡漠等。这些变化使家庭、亲友与社会团体的保障功能大为削弱，因此人们面临生老病死等风险时需要国家、政府和社会提供生活保障。更重要的是，劳动者参与社会化大生产，为社会创造并积累财富，享受基本医疗保障是他们的基本权利，政府必须给予保障，这是政府的责任。

（三）政治统治的要求

许多国家的政府都将医疗保险作为社会政治、经济稳定发展的重要手段，通过建立完善的医疗保险制度来减少或分散疾病损失，避免社会成员因疾病、意外事故等不幸事件而陷入绝境，发挥其保障、稳定、再分配、风险分担等功能。因此，许多执政党均把包括医疗保险在内的社会保障作为政府稳定统治的手段加以推崇，把它誉为“社会稳定器”或“减震阀”。

（四）理论基础

社会医疗保险是经济和社会发展到一定阶段的产物，它的形成和发展具有深厚的思想和理论基础。

1. 以德国新历史学派为代表的福利国家理论

19 世纪末，在资本主义社会矛盾日益尖锐、工人阶级反对资产阶级的斗争日益高涨的形势下，社会改良思潮兴起。具有代表性的是德国新历史学派的古斯塔夫·冯·施穆勒（Gustave von Schmoller）、布伦坦诺（Franz Brentano）等人提出的福利国家理论，它对传统的经济学理论进行了修正。传统经济学理论认为，国家的职责就是维护社会秩序和国家安全，而不是干预经济活动。新历史学派则强调国家的经济作用，认为国家除了维护“社会秩序和国家安全”，还有一个“文化和福利的目的”，而且主张由国家兴办一些公共设施来改善国民生活。例如，实行社会保险，发展公共教育，改善卫生服务等。

2. 以英国经济学家庇古为代表的福利经济学

从1912年起，英国经济学家阿瑟·塞西尔·庇古（Arthur Cecil Pigou）撰写了《财富和福利》《福利经济学》等专著，系统论述了福利经济学理论。其基本观点之一就是收入均等化，他认为一个人收入越多，货币收入的边际效用越少；反之，收入越少，货币收入的边际效用就越大。他还认为，收入转移的途径就是由政府向富人征税，补贴给穷人。补贴的方法可以采取建立各种社会服务设施、养老金、免费教育、失业保险、医疗保险、房屋供给等。庇古的福利经济学理论为“福利国家”提供了新的理论依据。此后，福利经济学和福利国家理论几经演变并广为流传，为社会保障制度的建立奠定了理论基础。

3. 凯恩斯主义

20世纪30年代爆发了席卷资本主义世界的经济危机。西方主要资本主义国家工业凋敝，失业剧增，社会矛盾激化。在这种形势下，传统的古典经济学的地位受到挑战。英国经济学家约翰·梅纳德·凯恩斯（John Maynard Keynes）在其代表作《就业、利息和货币通论》一书中提出：通过国家干预、扩大公共福利支出和公共基础设施建设等措施刺激需求增长，实现充分就业；同时他还提出建立累进税制和最低工资制等观点。这成为第二次世界大战后西方国家制定经济政策和重建社会保障制度的理论基础。

4. 贝弗里奇报告

1942年英国经济学家威廉·贝弗里奇（Willam Beveridge）提出了一份社会保险和社会服务的报告，制定了一整套对英国全体公民实行福利制度的指导原则，设计了“从摇篮到坟墓”的福利措施。报告建议社会保障应包括：社会保险——满足居民的基本需要；社会救济——满足居民在特殊情况下的需要；自愿保险——满足那些较高收入的居民的需要。报告还提出六条原则：即基本生活资料补贴标准一致的原则；保险费标准一致的原则；补助必需充分的原则；全民和普遍性原则，即社会保障应覆盖全体居民并包括他们不同的保障需要；管理责任统一的原则；区别对待的原则。第二次世界大战以后，英国在贝弗里奇计划的基础上建立了覆盖全体国民、内容广泛的高福利制度，其中包括完善的社会医疗保险制度。

（五）组织基础

17世纪末18世纪初，在资本主义原始积累时期，产业工人的收入极其微薄，并且他们时刻处于失业、工伤、疾病等劳动风险的威胁之下，一旦遭遇重大劳动风险，很容易陷入困境。为此产业工人自发创立了互助互济基金组织，聚集会员的力量，组织会员之间扶危济困。各种互助组织的发展是社会医疗保险产生的最初组织基础。互助组织在保障工人基本生活、维护社会安定及缓解政府的经济负担方面发挥了一定的作用，因此政府对互助组织多持肯定态度。政府举办社会保险也是从鼓励、支持互助组织开始的，后来才定位在社会保险制度上。这种以抵御劳动风险为目的的互助组织，在机构属性、管理形式、项目设置、责任承担等多方面，都为保险制度的产生提供了组织经验和基础。总之，各种互助组织的发展是社会医疗保险产生的组织基础。

（六）技术基础

商业保险的理论和经验为社会医疗保险提供了重要的技术支持。以财产保险、人身保险为主体的商业保险具有悠久的历史，尤其是人身保险建立了一套科学的适用于人身风险测量的技术体系，如风险评估技术、保费精算技术等。17世纪，英国著名天文家爱德华·哈雷（Edward Halley）根据居民死亡统计资料，较精确地计算出不同年龄的死亡概率，并编制出完整的寿命表；1756年，英国的詹姆斯·道同（James Dalton）提出了“自然保险费”法及“均衡保险费”法，这些都对促进寿险的发展有重要意义。

从广义上讲，社会医疗保险也是为人身风险提供保险，从而与商业人身保险有相同之处。因此，商业人身保险的技术方法对社会医疗保险具有特别重要的参考价值，社会医疗保险也在很大程度上借鉴了人身保险的经典理论和实践经验。

社会医疗保险的产生不是偶然的，是社会在经济、政治、理论、组织和技术等方面发展的必然结果。生产力高度发展产生的大量剩余产品是社会医疗保险产生的物质基础；生产社会化是它产生的直接动力；社会政治条件是它顺利施行的重要保证；“国家干预”“刺激需求”“福利经济”等理论是它发展的思想基础；工人阶级力量的壮大及统治者维护政权稳定的需要则是它产生和发展的政治与社会动因。[①]

---

① 卢祖洵．社会医疗保险学．北京：人民卫生出版社，2006

二、医疗保险的形成与发展

西方国家社会保险制度的建立，大多从医疗保险起步。医疗保险的建立始于1883年德国颁布的《劳工疾病保险法》，其中规定某些行业中工资少于限额的工人应强制加入医疗保险基金会，基金会强制性征收工人和雇主应缴纳保险费。这一法令标志着医疗保险作为一种强制性社会保险制度的产生。20世纪上半叶，这项政策逐渐在整个欧洲推广开来，奥地利、挪威、法国等不少国家也都相继有了医疗保险的立法。特别是1929—1933年世界性经济危机发生之后，医疗保险立法进入全面发展时期。这个时期的立法，不仅规定了医疗保险的对象、范围和待遇项目，而且对与医疗保险相关的医疗服务也进行了立法规范。其中，英国颁布的《国民健康法》是这一制度全面发展的典型，并为美、德、法等国家所效仿。1927年国际劳工组织通过了第24号公约《工商业工人及家庭佣工疾病保险公约》和第25号公约《农业工人疾病保险公约》，分别要求在工商业和农业实行强制疾病保险制度，这对各国制定相关的政策和立法具有指导意义。1944年国际劳工组织通过的第69号建议书《医疗保健建议书》呼吁各国政府满足公民对医疗服务和设施的需要，以便恢复健康和预防疾病进一步恶化，减轻疾病所带来的痛苦，进一步保护和改善健康状况。[①] 这项建议表述了医疗社会保险的新观念，即综合地、普遍地保护健康。这一观念被许多国家采纳，并在本国通过立法付诸实践。此后，1963年国际劳工组织通过的《医疗护理与疾病津贴公约》和1969年通过的《医疗照顾与疾病津贴建议书》又扩大了疾病保险的适用范围。目前，世界上有160多个国家建立了不同形式的医疗保险制度，包括所有发达国家和部分发展中国家。

新中国成立后，我国也逐步建立起城镇职工的医疗保险和农村居民的合作医疗制度。按照医疗保险费用来源的不同，可以将我国的医疗保险制度分为两个时期：一是国家医疗保险时期；二是社会医疗保险时期。从20世纪50年代到80年代为国家医疗保险时期；20世纪80年代至今为社会医疗保险时期。目前，我国的医疗保险制度正在不断地改革和完善。（这部分内容详见本书的第十一章和第十二章。）

---

① 候海元．关于我国医疗社会保险制度的思考．兰州交通大学学报．2006，2

本章小结

本章作为全书的开篇，首先从健康和疾病风险入手，使读者对医疗保险的产生根源有一个基本了解；接着系统而详细地介绍了医疗保险及相关概念，如保险、社会保险、社会保障、医疗保障等，并分析了医疗保险与这些相关概念的相互关系；然后对医疗保险的分类、性质、特征、基本原则、功能以及社会医疗保险与商业医疗保险的区别和联系进行了全面的论述；最后对医疗保险的产生和发展的历史过程进行了回顾。本章是全书的引子，是对医疗保险的一个概括性的说明。通过本章的学习，读者应对整本教材有一个清晰的了解和把握。

复习思考题

1. 什么是疾病风险？疾病风险有别于其他风险的特殊性表现在哪些方面？
2. 简述社会医疗保险和商业医疗保险的区别和联系。
3. 社会保障、社会保险、医疗保障和社会医疗保险之间的关系是什么？
4. 我国医疗保险的性质、特征及其建立的原则是什么？

案例讨论

美国民主党总统参选人希拉里公开了自己的医疗改革方案，这项计划要求所有美国人都有医疗保险，并且提供联邦津贴帮助人们减少医保费用。

据新加坡《联合早报》报道，这项号称每年花费 1 100 亿美元的“美国人健康选择计划”是希拉里实现全民医疗制度的重要一步。1994 年在她丈夫克林顿的总统任期内，虽然希拉里也曾极力推动医疗系统改革，结果却以失败而告终。那次改革差点断送了克林顿的总统生涯，也帮助共和党战后近 50 年来第一次从国会少数党变成了多数党。

这位前第一夫人表示，自己吸取了上次的教训。她的助手也说，新方案抛弃了复杂和不确定的东西，选择强调简单、控制成本和消费者可选择的计划。

新计划的核心是“个人强制医保”，要求人人有医疗保险，就像大多数州要求司机必须买保险一样。另一个候选人爱德华兹的方案也包括个人强制医保，但奥巴马的计划却没有。

希拉里的首席政策顾问坦登说：“这就像通过提供较多选择和降低费用，把消费者置于司机的位置上。如果满意现有计划，你可以保留，如果你是 4 700万没有医保的美国人之一，或不喜欢现在的配套保险政策，你可以挑选新计划，并获得减税帮你付保费。”

这一计划以现有的雇主提供医疗保险为基础。从公司得到医保的人维持原状，而老板应该为雇员提供医保，或者给他们购买政府设立的保险。计划还为小商家减税，帮他们支付员工医保的花费。

助手们还说，希拉里会提出特别措施为全民医保买单，包括停止布什时代实行的、为年收入超过 25 万美元的人减税的措施。

（原载：中国新闻网，2007—9—18）

案例分析：

美国是世界上实行市场主导型医疗保障体制国家的典型代表，其医疗保障体制具有市场化、分散性、复杂性和混合性等特点，但同时面临着医疗费用急剧上涨、效率相对低下和公平性不足等问题。为解决这些问题，美国医疗保障体制处于不断改革之中。美国的总统候选人在总统选举中总会提出一些关系到国计民生的改革措施，以此作为选举成功的法宝。这次希拉里以全民医疗保险作为突破口，间接说明即使在以私人医疗保险为主的美国，也有顺应时代潮流走社会医疗保险的道路的趋势。

第二章

医疗服务市场

■ **学习要点**

通过本章的学习，应当了解医疗服务必须作出的基本选择；熟悉医疗服务的产品特征、产权属性和交易方式；理解医疗卫生服务及医疗服务市场的特殊性；掌握医疗保险的供给、需求与供需平衡；把握医疗服务市场的失灵以及政府对医疗服务市场的干预。

■ **关键概念**

医疗服务　产品特征　外部性　产权属性　医疗服务市场
医疗保险供给　医疗保险需求　供需均衡　诱导需求
信息不对称　市场失灵　政府干预

▶第一节　医疗服务及市场概述

健康、减少身体痛苦和生存同别的任何事物相比都具有特殊的无可比拟的价值。为了增进健康，任何一个社会都必须作出的一个重要决策是，要把它有限资源的多少用于医疗服务。不论决策是由政府还是由消费者个人作出，在任何医疗体系中要作的决策是一样的，即决定希望在医疗服务上花费多少以及生产和分配医疗服务的最佳方式，这是医疗服务必须作出的基本选择①。

一、医疗服务必须作出的基本选择

（一）医疗服务产出的决定

医疗服务产出的决定，即应分配多少资源给医疗服务，医疗服务的构成如何？在一个以市场价格机制配置资源的医疗服务体系中，消费者和医生的决策决定了医疗服务的数量和质量。从理论上讲，消费者将会选择那些在其给定的收入和不同服务价格情况下，使他满意度最大化的服务。若运用非市场的方式决定分配给医疗保健多少资源，则要求一个替代机制来行使价格的功能——即要给消费者提供一个激励机制，使他们把服务的使用限制在服务成本等于其价值的这一点上。

（二）如何以最佳方式生产医疗服务

在任何卫生体系中必须作出的第二组决策就是如何选择生产一定数量医疗服务的最佳方法。如果医疗服务的提供者有使成本最小化的激励因素，他们将按照相对成本和生产率来使用不同的卫生人员和设备的投入组合。当一种投入的边际生产率与工资之比等于其他投入的边际生产率与价格之比时，厂商提供医疗服务的成本就最小化了。

（三）医疗服务的分配

在医疗服务分配方面有两个主导性的价值判断：第一个是消费者是否应

① 关于医疗服务必须作出的基本选择，卫生经济学对此有详细的研究，具体可参见：［美］保罗·J·费尔德斯坦．卫生保健经济学（第4版）．费朝晖等译．北京：经济科学出版社，1998.4～8；［美］雷克斯福特·E·桑特勒，史蒂芬·P·纽恩．卫生经济学——理论、案例和产业研究（第3版）．程晓明等译．北京：北京大学医学出版社，2006．5～10

该决定自己在医疗服务上花多少钱；第二个是对低收入消费者应采取怎样的补贴方式和补贴多少，因为这些低收入消费者使用的医疗服务低于社会所认为应达到的水平。根据不同的价值判断取向，社会可以免费为全体人民提供医疗保健，也可以按照消费者对医疗服务的支付意愿来分配医疗保健。对于那些收入较低，难以得到社会公认的、必要的、适当的医疗保健的人，也可以增加他们对医疗保健的使用。

卫生资源、医疗服务是按需要和公民权原则分配，还是按财富和身份地位原则分配，是世界性的核心问题。[①] 一个注重消费和生产的经济效率的医疗体系会按照满足消费者偏好的原则来选择在医疗服务上花多少钱；它会按照最低成本的原则确定提供服务的方式；它会按照消费者偏好的原则来选择医疗服务再分配的方式和数量。医疗服务若按需要分配，医疗服务的价值以及满足那些需要的资源是集中决定的。因为资源不能够满足所有的需要，所以要有另外一个决策规则让决策者选择哪些需要以及哪些人群应给予优先考虑。医疗服务的经济分析，可以阐明不同选择方式的成本并使这些选择背后的价值观凸显出来，从而使选择过程更为合理。在一定的稀缺经济资源条件下，社会通常以最低生产成本的方法生产最佳医疗产品和服务的组合。由于存在资源的稀缺性，每一个社会对医疗服务的生产和消费都必须作出艰难的选择，替代常常存在于公平和效率的目标之间。一个国家医疗卫生保健制度的设计通常反映该国社会已经选择的平衡效率和公平关系的道路。

二、医疗服务的产品特征和产权属性

（一）医疗服务的分类及特征

医疗服务是医疗机构提供给市场的、用于满足人们医疗保健需要的、以服务形式存在的消费品，属于无形产品。医疗服务的具体内容，包括医疗服务机构对患者进行检查、诊断、治疗、康复和提供预防保健、接生、计划生育方面的服务，以及与这些服务有关的提供药品、医用材料器具、救护车、病房住宿和伙食等业务。医疗服务可以分为基本医疗卫生服务和特需医疗服务。基本医疗卫生服务包括两大部分：一是公共卫生服务范围，包括疾病预防控制、计划免疫、健康教育、卫生监督、妇幼保健、精神卫生、卫生应急、急救、采血服务以及食品安全、职业病防治和安全饮水等12个领域；二是基本医疗，即采用基本药物，使用适宜技术，按照规范诊疗程序提供

① ［美］威廉·科克汉姆．医学社会学．杨辉等译．北京：华夏出版社，2000．265～267

的急慢性疾病的诊断、治疗和康复等医疗服务。基本医疗卫生服务由政府、社会和个人三方合理分担费用，特需医疗服务由个人付费或通过商业健康保险机构支付。

作为医疗服务供方——医疗机构，要想立足市场，开展正常的服务营销活动，就必须建立三个相互支持的系统：一是核心技术系统；二是技术支持系统；三是后勤供应系统。医院提供的服务就是医疗产出，包括医疗服务的实体及其质量，它们能够满足人们对医疗服务使用价值的需要。这种非物质形态的服务主要包括服务态度、服务承诺、医院形象、社会声誉等，可以给病人带来附加利益和心理上的满足感及信任感，能满足人们精神上及心理上的需要。作为医疗服务的需方——患者，所需要的服务也包括三个方面，一是核心服务，二是形式服务，三是附加服务。

与物质商品不同，医疗服务具有下列四个基本特征：(1) 无形性 (intangibility) ——服务在很大程度上是抽象的和无形的；(2) 变异性 (variability) ——服务在很大程度上又是非标准化和高度变异的；(3) 不可分割性 (inseparability) ——典型服务的生产和消费过程总是同时进行的，并有顾客参与这一过程，医生替患者治病的过程也是患者消费的过程；(4) 不可储存性 (imperishability) ——服务是具有消逝性的产品，随时间消失而逝去，通常是无法储存的。

(二) 医疗服务的产品属性

公共经济学理论根据经济资源效用的可否分割性、消费的是否竞争性和受益的是否排他性及其程度三个角度把经济资源划分为公共产品、私人产品和介于两者之间的俱乐部产品。非竞争性是指增加一个人对该物品的使用，所增加的边际成本为零；非排他性指的是限制他人使用该物品的成本过大或者理论上可行，但实际无法做到。完全具备这两个特征的物品为公共产品，现实中此类物品较少；具有完全竞争性和排他性的物品为私人产品；还有较多的物品介于公共产品和私人产品之间，我们称之为准公共产品。

公共产品是那种不论个人是否愿意购买，都能使整个社会每一成员获益的物品。公共产品的特性在于其消费上的非排他性和非竞争性。无疑，公共产品应由政府免费提供，产品属性的判断可直接依据它的提供方式而作出。这正如布坎南所认为的，公共产品是任何集团或社团为任何原因决定通过具体组织提供的产品或服务。同样，医疗卫生服务的产品属性也依赖于其被提供的方式。根据产品的经济特性可以将医疗卫生服务产品分为公共产品、准公共产品和私人产品。

（1）公共卫生服务属于公共产品，即不论人们的收入水平如何都应该消费的或得到的公共卫生保健服务。其内容包括对重大疾病尤其是地方病和传染病的预防、监控和医治；对食品、药品、公共环境卫生的监督管制以及相关的卫生宣传、健康教育、免疫接种等。由于其公共产品的属性，其提供者应为政府。

（2）基本临床医疗卫生服务属于准公共产品，主要包括孕产妇围产期卫生服务、儿童预防保健、计划生育服务、小伤小病的治疗等。这一类医疗服务如果完全放任市场提供，会危及整个社会的人力资本，因此政府有责任保证所有人口获得基本临床医疗卫生服务。

（3）随意选择的临床医疗卫生服务属于私人产品，主要包括大的疾病的治疗，例如心脑血管疾病、糖尿病等疾病的治疗和康复。此类卫生服务的费用应由个人承担，但是国家应采取措施将个人的疾病风险进行分散，比如实行社会强制性医疗保险措施和举办商业医疗保险，来保障人们的随意性临床医疗卫生服务的获得。

那些被社会认为是人人应该得到的卫生服务是卫生服务中的必需消费品，这类服务的价格弹性比较小，一般有显著的疗效，成本—效益好，比如急症就诊、接生、阑尾炎手术等；那些被大多数人认为可有可无的卫生服务，有钱可以消费，无钱可以不消费，这类医疗服务属于特需消费品，其价格弹性大，没有确切的治疗和防病效果，成本—效益差，例如整形美容、豪华病房、器官移植等。

按照保罗·萨缪尔森（Paul A. Samuelson）的观点，外部性（externalities）使得公共产品的消费呈现不特定的多数人共同消费的特点。外部性是指企业或个人向市场之外的其他人所强加的成本或利益。[①] 外部性的存在源于人们之间的经济联系与昂贵的交易成本。无疑，医疗卫生服务能够为他人乃至社会带来健康的劳动力资源，也即是为他人或社会带来利益，具有外部性。外部性的严重程度不同，市场的外部性有的能够自己克服，而有的外部性会带来“市场失灵”，需要政府干预。在医疗卫生服务领域中具有外部效应最典型的例子是计划免疫接种。在一个社区范围内一部分人接种了麻疹疫苗，接种者患麻疹的可能性会大大减小，同时由于社区发病率的下降，非接种者受到传染的机会也会减少，结果接种者受益，不接种者也受益。正外部效应的另一个例子是传染病的治疗服务，如果一个人得了疟疾并就医治疗，这个人利用了传染病治疗服务可以使自己早日康复，同时其周围的人（如邻居、同

① ［美］保罗·萨缪尔森，威廉·诺德豪斯. 经济学（第17版）. 萧琛主译. 北京：人民邮电出版社，2004. 29

学、同事等）由于这个患者的及时治疗而避免了被传染的可能性而从中受益。虽然对此类医疗服务的消费可以使消费者个人和社会同时受益，但是个人收益率低于社会收益率，存在明显的利益外溢性现象。这种外部性的存在使市场中的消费者只会考虑到个人成本或个人收益，却不会顾及社会成本或社会收益，在经济理性下进行决策，会出现对该类医疗服务的需求不足和社会总消费低于社会最优水平。

根据医疗服务的产品特征，政府首先要平衡好国家的财政承受能力与公民基本医疗卫生服务的范围，准确界定哪些医疗卫生服务为公共产品；其次政府要加大对属于公共产品范围的医疗卫生服务的财政投入，建立对公立医院的福利性医疗卫生服务的有效补偿机制。对于医疗卫生服务中的私人产品部分，要强调市场化运作，政府应重市场监管而非直接参与市场。

（三）医疗服务的产权属性

1. 医疗筹资的七种模式

从医疗保障的发展史看，人类所发明的医疗保障制度包括七种筹资模式，具体见表 2—1：

表 2—1　　医疗筹资的模式

公　　共	民间
公费医疗　强制保险　自愿保险　公共救助　个人账户	商业保险　社区筹资

资料来源：顾昕．走向有管理的市场化．中国改革．2005，10

右边的商业保险和社区筹资两种模式均基于自愿原则，由民间组织提供医疗保障，保障者要么是商业性保险公司，要么是非营利性社区组织，在这两种模式中医疗服务具有私人产权或俱乐部产权的属性。左边的五种模式均有国家介入，其中仅有“自愿保险”一种模式坚持自愿性原则，其他的均实施强制性原则，在这五种模式中医疗服务具有公共产权或准公共产权的属性。

2. 医疗体制的八种类型

医疗筹资模式的不同导致医疗体制的类型也出现多样化，按照购买者与支付方式的不同可以划分为八种类型，具体见表 2—2：

表 2—2　　医疗体制的类型

项目	自愿性筹资（民间筹资）	强制性筹资（公共筹资）
自付	自愿自付模式 （消费者自己直接支付医疗费用）	强制自付模式 （这一类型在现实世界不存在）

续表

项目	自愿性筹资（民间筹资）	强制性筹资（公共筹资）
报销	自愿报销模式 （自愿性医疗保险机构为参保者的医疗费用报销）	公共报销模式 （公费医疗或者强制性医疗保险机构为参保者报销）
契约	自愿契约模式 （自愿性医疗保险机构同医疗服务提供者订立契约为参保者服务）	公共契约模式 （政府或者强制性医疗保险机构同医疗服务提供者订立契约为参保者服务）
集成	自愿集成模式 （自愿性医疗保险机构同医疗服务提供者建立联合体为参保者服务）	公共集成模式 （国家建立公立组织同时负责医疗筹资和医疗服务提供）

资料来源：顾昕．走向有管理的市场化．中国改革．2005，10.（在此有所改动）

在表 2—2 医疗体制的八种类型中，产权形态随着购买者和支付方式的不同呈现出多样性。自愿自付模式和强制自付模式下，医疗服务具有个人私有产权的形态；自愿报销模式和公共报销模式下，参保者只有参加了该种制度，才能报销医疗费用，是一种俱乐部产权形态；而在契约模式以及自愿集成模式下，产权形态呈现出多样化，涉及医疗保险机构、医疗服务提供者以及参保者等众多利益主体，它们之间的利益博弈关系是复杂的，这在目前世界各国医疗体制存在的问题中可以得到印证；在公共集成模式下，由于是国家公立组织同时负责医疗筹资和医疗服务提供，医疗服务表现为公共产品的性质，具有公共产权的形态。可见，在医疗体制中，医疗服务具有多样化的产权形态，只有厘清医疗保险各利益主体的产权关系，界定清楚权责、利益、义务关系，才能在医疗保险产权利益主体合作共赢的前提下，实现医疗保险制度保证参保者生命安全以及维持提高参保者医疗健康水平的目的。

3. 医疗服务的产权属性和交易方式

在医疗体制公私产权形态的比较分析中，可以看出，医疗体制改革的核心是明确医疗服务的产品属性，处理好医疗保险的公私产权关系。根据医疗服务产品特征和产权属性的不同，可以设计出各种医疗服务供求组合的交易方式，具体见表 2—3：

表 2—3　　医疗服务产品特征、产权属性和交易方式

产品特征		产权属性	交易方式
供给面	需求面		
私人产品	非基本需要	私人产权	营利性医疗卫生企业生产，居民独立购买，按市场原则交易

续表

产品特征		产权属性	交易方式
供给面	需求面		
私人产品	基本需要	私人产权	营利性或非营利性医疗卫生机构生产，居民自行购买，财政预算向低收入阶层提供收入补贴，按市场原则交易
准公共产品	基本需要	准公共产权	营利性或非营利性医疗卫生机构生产，居民自行购买，财政预算向生产者和低收入阶层提供收入补贴
公共产品	基本需要	公共产权	营利性医疗卫生机构生产，政府购买；或者政府投资的非营利医疗卫生机构生产，直接向居民分配

资料来源：杨瑞龙主编．国有企业治理结构创新的经济学分析．北京：中国人民大学出版社，2001．432（根据其分析总结整理而成）

依据所提供医疗卫生产品的性质，国有医疗卫生机构可以划分为营利性医疗卫生机构与非营利性医疗卫生机构。非营利性医疗卫生机构提供不具有消费排他性的公共产品，其生产经营费用由政府预算支出，医疗服务产品由政府向消费者分配。其余提供私人产品、准公共产品以及具有消费排他性公共产品的国有医疗卫生机构大多为营利性医疗卫生机构，按照企业化经营，进行与其他产业中国有企业改革相同的现代企业制度改造。对应于组合 4 的满足基本需要的医疗卫生公共产品，应该由公共部门提供，其中不具有消费排他性（生产与消费无法分离）的医疗卫生产品必须由财政预算投资的非营利医疗卫生机构生产，不具有消费竞争性（生产与消费能够分离）的医疗卫生产品应该由财政预算向营利性医疗卫生机构购买。这就有利于医疗卫生资源的合理使用和医疗卫生机构的生产经营，有利于医疗卫生的服务水平的提高。

三、医疗卫生服务的特殊性

医疗卫生服务与其他行业服务相比存在着显著差异，具有不可选择性、不可逆转性和信息不对称性，而且医疗消费具有或然性，这些差异性和特殊性导致医疗卫生服务的提供具有垄断性。

（一）医疗卫生服务的不可选择性

针对患者而言，医疗卫生服务即为医疗消费。在一般商品和服务性消费中，消费者可以依据市场供求情况和自己的需求欲望、经济状况，理性选择合适的消费时间段或具体的消费时间。该时间段或时间一般要做到价格、需求欲望与经济承受能力的平衡。尽管需求欲望强烈，如果经济上承受不了，消费者会压抑自己的消费冲动而延迟到合适的时间消费或选择价格低廉的替代性消费品。在医疗消费中，消费者（患者或患者的亲属）对消费的时间和替代性消费品的选择余地较小，有时基本上没有选择余地，此即为医疗卫生服务的不可选择性，医疗消费“基本上可以看成是人的生理需求，只要生了病就必须得到满足，没有选择的余地”。这又加重了医疗卫生服务卖方市场的特性，而进一步弱化了消费者的地位。同时这也使医疗服务市场的价格机制发生扭曲，医疗消费的价格弹性较小。可见，单靠市场机制很难形成医疗市场中较为公平的价格机制，需要政府采用指令性与指导性相结合的手段来形成适合当前经济发展水平与老百姓消费水平的医疗服务价格。

（二）医疗卫生服务的不可逆转性

对于一般商品与消费性服务，消费者具有主导权，不满意可以按照合同约定要求退货（或换货）或重新提供服务，具有明显的可逆转性。而医疗服务消费过程与生产过程不可分离，消费者不能试用，医疗消费者一旦接受了医疗服务，就要承担已发生的治疗后果，因为已吃进胃里的药吐不出来，已实施手术的身体不可能恢复如初；即使消费者发现没有得到满意的治疗而更换医生或医院，但是最佳的治疗时机已过或原先的治疗造成的严重后果已不可消除，这就是医疗消费的不可逆转性。为降低机会成本，医疗消费者或潜在的医疗消费者都会背离一般商品与服务消费中的“市场需求与市场供给的层次性对应规律”，而在生病时都会选择最优与最安全的治疗。源于医疗服务的技术性，医疗市场的准入门槛较高，程序较为烦琐，医疗卫生服务的供给是有限的，而最优医院与最优医生的供给就更为有限。可见，完全竞争情况下医疗市场必然形成畸高的均衡价格，并且最优供给永远处于拥挤状态。无疑，人们在选择医院和医生时，会特别在意医院和医生的质量。这样，医疗卫生资源极易发生错配，即最有经验的医生给了最有购买力的富人，却治疗了最简单的病；最没有经验的医生却给了最没有购买力的穷人，需要面对的是最复杂的病。以上分析表明，针对医疗服务市场，特别是优质市场的供给有限性，一方面需要政府通过多种途径去增加医疗卫生服务的供给，另一方面需要政府去诱导医疗消费者形成理性的消费需求，避免过度和畸高的医疗消费而导致医疗卫生资源的浪费。

（三）医疗卫生服务的信息不对称性

在一般商品与服务的消费中，提供者与消费者之间地位差异性的主要表现之一即为信息的不对称性。鉴于信息收集与传递需要成本，加之信息的拥有者为了维持自己的信息优势而人为封闭信息，可以说信息不对称是任何市场的常态，也是任何商品与服务消费中的常态，人们只能尽量消减信息的不对称程度，而不能完全消除信息不对称性。医疗卫生服务中包含着高科技的内容，医疗消费者对医疗服务的相关信息知之甚少，加之医患双方委托代理关系的特点与疾病发生、疾病治疗的不确定性，服务的提供者与消费者之间信息的不对称程度远远超过一般商品与服务消费。由于医疗市场的卖方市场特性，对于信息极度不对称性的消减，仅仅借助于医疗服务提供者的自律是极其有限的，需要政府通过立法强化医疗服务提供者的信息传递义务，强制医院将医疗服务单项价格、单病种所需检查与费用、医疗方案选择等直接涉及患方利益的信息公开，并加大对欺骗医疗消费者行为的查处。

四、医疗服务市场的特殊性

医疗卫生服务市场是医疗卫生服务产品交换的场所或领域的总称，是各相关经济主体之间全部交换关系的总和，更是一种卫生经济资源配置的调节机制和手段。无论从市场构成或运行机制看，医疗卫生服务市场具备一般商品市场的共性。同时，由于医疗卫生服务产品不同于一般的商品或服务，使得医疗卫生服务市场是一个不完全的市场，有其本身的特殊性。

（一）医疗服务市场与普通商品市场的比较

经济学效用理论表明，在一般产品及服务市场环境下，消费者可以根据自己的知识、经验，按照自己的意愿有针对性地购买产品或服务，从而获得最大效用。但是，这种情形并不能简单移植到医疗服务市场中。经济学家斯蒂格利茨（Stiglitz）把医疗服务市场和一般商品市场进行比较后，发现医疗服务市场具有较强的特殊性，认为信息不对称是医疗服务市场的主要特征之一。医疗服务市场的特殊性主要表现在信息、供给、产品、目标和费用五个方面，具体见表2—4：

表2—4　　医疗服务市场与普通商品市场的属性比较

	普通商品市场	医疗服务市场
信息	需求方信息比较充分	需求方信息不充分，高度不对称
供给	存在很多供给方	医院数量受到限制
产品	具有同质性	有异质性
目标	利润最大化	大多数医院是非营利医院
费用	消费者支付	消费者可能仅支付一部分费用

资料来源：Stiglitz J. E. Economics of the Public Sector. 2nd edition. New York：W. W. Norton & Company，Inc. 1998：290. Table 11-1

（二）医疗服务市场的非完全市场化

1. 从医疗服务产品来看

由于存在非排他性和非竞争性的典型特征，大多数卫生服务产品具有公共产品属性。公共卫生服务是一类不适宜私人占有或提供的服务，因而通常由公众共同占有、使用、消费和生产。因此，公共卫生服务的供给不能以追求最大化利润为市场取向，而应把追求社会效益最大化放在首位，谋求社会效益和经济效益的统一。

2. 从医疗服务的公平性看

生命权和健康权是人的基本权利，而医疗服务为这种基本权利提供了保障。如果缺乏公共干预，医疗服务完全市场化，则会形成社会收入状况的差距决定卫生服务利用的差距，相应地决定健康水平差距，并由此决定收入状况差距的耦合共生关系。市场竞争的结果必然是收入分配的两极化，而收入分配的两极化又必然造成严重的卫生服务、健康乃至社会公平问题。

3. 从医疗服务供求效益的外部性看

对于存在外部正效应的医疗卫生服务，如预防保健，由于社会效益大于卫生机构效益也大于消费者私人效益，不仅消费需求价格弹性大，而且卫生机构的产量决策只考虑机构利益，因而医疗服务的市场化会使卫生机构不愿意或较少生产供给这类医疗服务，使这类医疗服务的供给少于社会需要量或最优产量；医疗服务市场的外部性是市场机制本身难以解决或不能解决的问题，需要强有力的公共干预。

（三）医疗服务市场的非完全竞争性

市场竞争的完全性或充分性，既表现为市场主体数量的充足性和结构的多元性，又表现为市场主体间的充分、自由竞争的实现。在西方经济学中，从亚当·斯密的“看不见的手”的原理一直到目前的完全竞争模型，都在强调竞争的有益作用。但是，卫生经济学表明，医疗服务市场与一般商品市场有明显不同，它不是完全竞争的行业。在医疗卫生服务市场中，因为医疗卫生行业的进入门槛较高，加之配套性优惠政策和措施的缺乏、投资回报率低，社会资本进入医疗卫生服务市场步履维艰，很难形成与公立医院相抗衡的民营医院，导致市场主体数量不充足，结构较为单一，满足不了医疗卫生服务需求市场，属于明显的卖方市场。同时，卖方与卖方之间的良性竞争机制基本没有形成，大多是借助行政性权力的袒护而形成的行政垄断。公立医院在经济上既享有政府的投入和“政策性优惠”，又在营利性医疗卫生服务中与私立医院进行“不平等的市场竞争”。从某种角度看，医疗卫生服务市场的竞争仅仅限于买方与买方之间。买方与买方之间的竞争结果必然是形成卖方垄断市场和价格畸高，从而导致富人排斥穷人，最后只能是穷人看不起病。①

（四）医疗服务市场的非普遍性

市场的不普遍主要表现为价格机制的缺位。在医疗卫生服务市场中，医院越多价格越高，似乎竞争带来的不是医疗服务价格的下降而是价格的持续上扬，这就是医疗服务市场的特殊性所导致的价格形成机制的缺失。医疗服务的高科技性，加之医患双方的委托人与代理人的关系特点，反映到医疗服务市场就表现为信息的严重不对称性。通常，由于消费者具备的医疗服务信息不完全，对医疗服务需求的数量、种类、质量、服务乃至价格缺乏了解，很难事先作出正确判断和理性选择，使消费的盲目性和选择成本增加。同时，由于供方拥有足够的信息从而居于主导地位，并以需求者“代理人”和“服务提供者”的身份对服务作出需求选择，并可能创造需求或诱导需求，从而使医疗服务需求存在明显的被动性和求助性；另外，由于医疗服务产品是非物质产品，医疗服务的生产与消费过程具有时空同一性，从而决定了医疗服务产品的生产既不能提前进行，也不能运输或储存，这就增加了消费者的选择成本和被动性。

市场中的竞争过程表现为利益群体的博弈过程。在医疗服务市场中，药商和医院的博弈导致形成了“同谋式”利益集团，二者共同应对医疗服务的买方。其实，这种“以药养医”的现象在本质上即为上下游企业间的垄断。同时，各类医疗保险的运作模式主要是通过限制患者来控制医疗费用，而不是政府和医保部门、商业保险机构去和医院对抗，这样就更加削弱了本来就在医患关系中处于弱势的患方，自然而然地就导致了医疗服务中第三方购买者的缺失，也就导致了医疗服务消费者的真正缺位，患方的消费就必然成为“供方诱导的过度消费”。在政府投入不足的情形下，医院与医生结为创收共同体，医院形成内部人控制的局面，对医生增加患方医疗成本的行为不闻不问，甚至通过给医生或科室下达创收指标，迫使医生进行权力寻租。在现行医院管理体制中，公立医院是由卫生行政管理部门代表政府出资，并由其监督管理，不少公立医院乱收费等违法违规行为是屡查屡犯。以上众多因素不

---

① 杜仕林．医改的抉择：政府主导还是市场化——基于医疗卫生服务及其市场特殊性的分析．河北法学．2007，5

难解释医疗卫生服务市场价格畸高、价格形成机制缺失的原因。①

▶第二节 医疗保险的需求与供给

在医疗卫生服务市场中主要存在三个要素：一是医疗卫生服务，通常包括医疗服务、预防服务、保健服务和康复服务等；二是医疗服务的供方，包括各级各类卫生服务机构、团体和个人；三是医疗服务的需方，包括患者及其他被服务者。

医疗服务及市场的特殊性，决定了医疗保障体系的复杂性。作为参与医疗服务过程的第三方，社会基本医疗保险和商业医疗保险的作用日益受到人们的关注。医疗保险的供给与需求是影响医疗保险系统运作的主要因素。了解消费者购买医疗保险的影响因素，分析医疗保险商提供医疗保险的行为，可以更准确地预测医疗服务的需求与供给，为制定医疗保障政策及符合实际的医疗保险方案提供依据。

一、医疗保险的需求

（一）医疗保险需求的概念与形成条件

1. 医疗保险需求的概念

医疗保险需求是指在一定时期内、一定价格水平下消费者愿意并且能够购买的医疗保险服务量，即医疗保险机构所提供的一定价格条件下的经济保障需要量，用货币计量单位表示即为医疗保险金额。医疗保险需求的主体即医疗保险消费者，医疗保险的被保险人，既是医疗保险市场中的买方，又是医疗服务的消费对象。在一定费用条件下，被保险人抗疾病风险的情况、健康状况以及他们对医疗保险方案的满意程度，是衡量和评价一种医疗保险制度或方案最根本的标准。

2. 医疗保险需求形成的条件

这里的需求是指有效需求。消费者对医疗保险的需求必须具备三个基本条件②：

（1）医疗保险消费意愿。人们对医疗保险的需求，是源于对自己生命安

① 杜仕林. 医改的抉择：政府主导还是市场化——基于医疗卫生服务及其市场特殊性的分析. 河北法学. 2007，5

② 卢祖洵主编. 社会医疗保险学. 北京：人民卫生出版社，2003. 35

全和健康保障的需要，因此，医疗需求是由健康需求派生的。当无法预料的突发疾病和意外事故发生时，会给人们造成身心伤害，带来经济损失，影响人们的正常生活。这就会使人们在心理上产生一种对患病的担忧和恐惧，并促使他们寻找某种手段来避免、应付或减少疾病发生时所造成的损失。因此，人们一般都具有购买医疗保险以求平安、稳定、正常的愿望，这种消费意愿成为购买医疗保险的首要因素。

(2) 医疗保险支付能力。在商品经济条件下，保险机构与参保人之间也是一种商品交换关系。人们要想获得保险，必须支付一定量的保险费。人们对医疗保险需要的满足，受到其货币支付能力的限制。因此，医疗保险需求就是人们在一定的保险费率（premium rate）（医疗保险金）条件下由货币支付能力决定的对医疗保险的需要量。

(3) 医疗保险需求者所投保的标的物符合医疗保险机构的承保要求。即参保人想投保的医疗保险险种和保险机构设计的险种相吻合，这是构成医疗保险需求的必备条件。如果需求者所投保的标的是保险机构在技术上难以承保的，也不能构成有效的医疗保险需求。

总之，缺少上述三个条件，人们想得到的医疗保障需要就不能或难以转化为真正有效的医疗保险需求。

（二）医疗保险需求的经济理论

消费者为什么要购买医疗保险，经济学家对医疗保险需求提出了两个基本假设。①

1. 消费者追求效用最大化（maximize utility）

因为疾病是随机事件，是不可预见的，个人无法预测自己什么时候患病以及患病的严重程度，一个人患病后，因疾病造成经济损失的大小取决于疾病的严重程度。由于消费者无法预料到自己是否会得病以及得病之后的花费，因此为了使效用最大化，消费者必须在以下两种办法中作出选择：

(1) 自我保险。自我保险会使消费者面临两种可能性：一是因患病将蒙受较大的经济损失，这种概率较小；二是不患病而没有任何经济损失，这种概率很大。

假定消费者拥有财富 W_2，这笔财富给消费者带来的相应的效用为 U_2。消费者一旦生病，但又没有购买医疗保险时，则需要自己承担因治疗疾病所发生的一切医疗费用，其拥有的财富量将会从 W_2 减少到 W_1，所对应的效用

① 仇雨临主编. 医疗保险. 北京：中国人民大学出版社，2001. 36～38

值也将由 U_2 减少到 U_1。

患病与否是随机事件，疾病发生的概率 P_i 在 0～1 之间，因为是个概率事件，不能用效用表示，只能计算患者的预期效用。该患者的预期效用的计算公式为：

$$E_u = P_i U_1 + (1 - P_i) U_2$$

公式中，E_u 为预期效用；P_i 为患病概率；U_1 为患病造成经济损失后的效用；U_2 为未患病时拥有的财富带给消费者的效用。

预期效用用图形表示即为一条连接 A（W_1，U_1）和 B（W_2，U_2）两点的线段 AB（见图 2—1）。

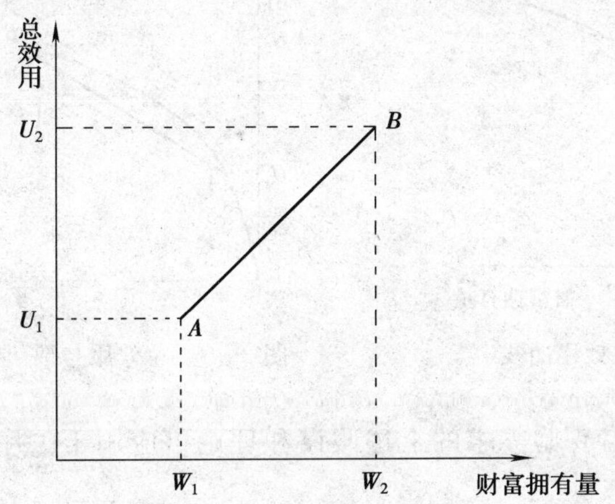

图 2—1　预期效用曲线示意图

（2）购买医疗保险。购买医疗保险可以使消费者只蒙受一笔小额经济损失，即支付的保险金。这笔保险金是在患病之前就要预先支付的，因此这一经济损失为确定事件。如果消费者在支付了医疗保险金之后的财富拥有量为 W_2，那么相应的效用就是 U_2。

为了确定消费者是否会因为不确定性的病伤事故而购买医疗保险，就必须对上述购买医疗保险和自我保险两种选择带给消费者的效用进行比较分析，即比较 U_2 与 E_u 的大小，分析哪一种选择给消费者带来的效用更大。如果自我保险的预期效用大于购买医疗保险的效用，根据消费者追求效用最大化理论，消费者会选择自我保险，反之亦然。

2. 财富所带给消费者的效用服从边际效用递减法则

尽管人们对财富的偏好存在共性，但是随着人们的财富不断增加，尽管财富带给消费者的总效用也在不断增加，但财富的增加带给人们的边际效用将会递减。因财富的额外增加所获得的满足程度与个人所拥有的财富多少有关。根据这一假设，可以用一条曲线表示总效用、边际效用与财富之间的关系（见图 2—2）。即随着个人财富拥有量的增加，其效用也随之增加，但是总效用的增加速度将越来越慢，边际效用越来越小。这条曲线就是财富的效用函数。

如果将图 2—1 预期效用曲线和图 2—2 总效用曲线画在同一个示意图中，就可以得到图 2—3 所示的图形。从图 2—3 中可以看出，预期效用曲线上的两个端点 B（W_2，U_2）和 A（W_1，U_1）是总效用曲线上的两个点，而且预期效用曲线总是在总效用曲线之下。

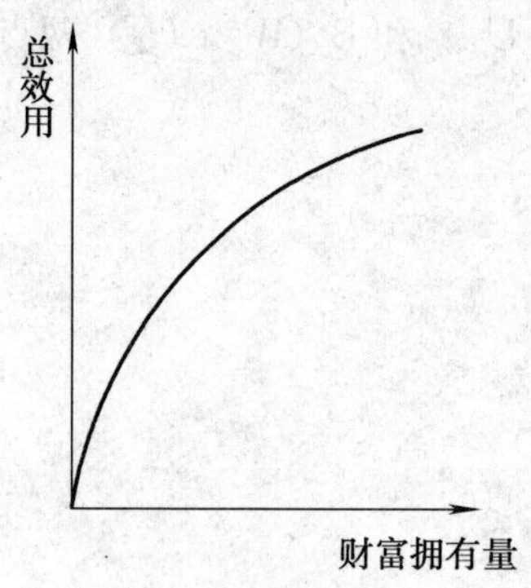

图 2—2　总效用曲线

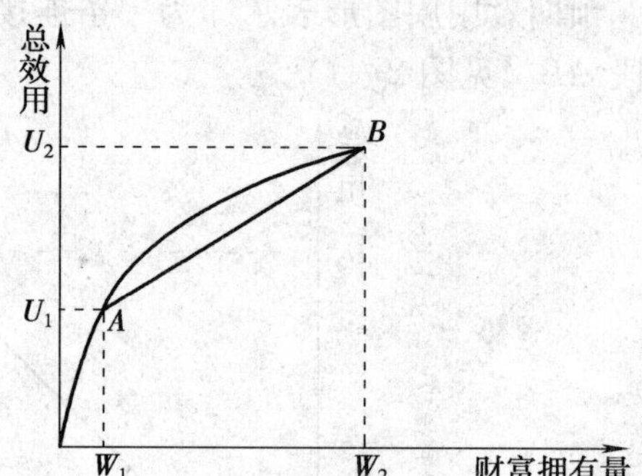

图 2—3　总效用与预期效用曲线示意图

经济学对医疗保险需求的上述假设和理论可应用于医疗保险的有效需求分析。①

【例 1】假定某个消费者处于两种状态：①生病之前，个人拥有财富为（W_3）10 000 元，该财富带给消费者的效用为（U_3）100 个单位，即平均每 100 元可带给消费者 1 个单位的效用；②生一场大病，又没有医疗保险，医疗费用为 8 000 元，消费者将全部支付这笔医疗费用，于是消费者的财富从原来的 10 000 元下降到 2 000 元（W_1），效用也随之下降到（U_1）20 个单位。如果消费者的患病概率为 0.025，假定在自我保险的情况下，求其预期效用。

$$
\begin{aligned}
E_u &= P_i U_1 + (1-P_i) U_2 \\
&= 0.025 \times 20 + (1-0.025) \times 100 \\
&= 0.5 + 97.5 \\
&= 98
\end{aligned}
$$

在预期效用值为 98 个单位时，所对应的财富为 W_2，而 W_2 等于 9 800 元（98×100 元），其预期损失的财富为 200 元。

① 程晓明主编. 医疗保险学. 上海：复旦大学出版社，2003. 51～52

如果消费者购买了医疗保险，而且保险公司是按纯保险费来收取的，那么消费者支付的保险费为 200 元，即纯保险费＝患病概率×因患病所带来的经济损失＝0.025×8 000＝200，这个数值与预期效用的数值相等。消费者在支付了保险费之后，财富的拥有量为 9 800 元，这时财富所对应的效用为 U_2 即 98 个单位。但是由于总效用曲线高于预期效用曲线，所以购买医疗保险的效用大于自我保险的预期效用（见图 2—4），对消费者是有利的，所以消费者会选择购买医疗保险。

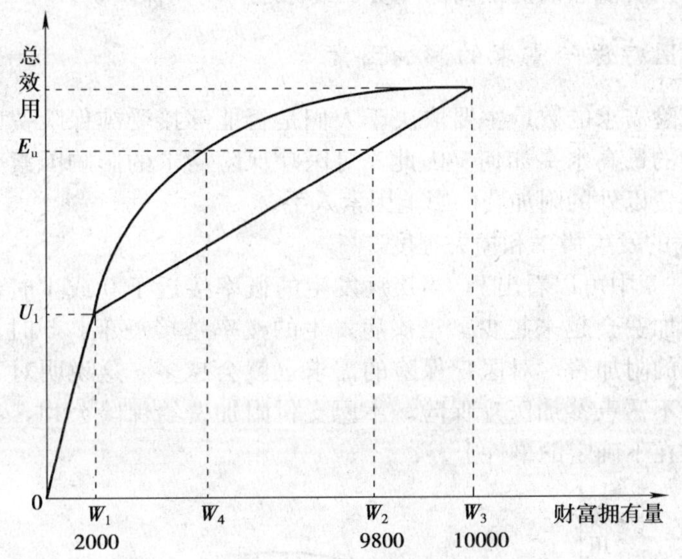

图 2—4　总效用和预期效用与财富的关系

如果消费者的行为符合上述两个基本假设，而且保险费是根据“纯保险费”来确定的，消费者就一定会购买医疗保险。因为购买医疗保险所带来的效用要大于自我保险的预期效用。这里所谓的纯保险费是指保险公司用来支付医疗费用的钱，纯保险费的计算公式为：纯保险费＝患病概率×因患病所带来的经济损失，而不包括保险公司的管理费、利润等。

总而言之，只要消费者支付保险费后个人拥有则富的实际效用仍然大于预期效用，消费者就愿意购买医疗保险。然而，保险公司不会按纯保险费出售医疗保险，因为公司运营还包括管理费、索赔手续和利润等其他费用。所以保险公司向消费者出售医疗保险的价格除纯保险费之外，还要再加上一些附加的费用。如果这样，消费者还会不会购买医疗保险呢？以下是对消费者是否愿意购买医疗保险以及消费者最高愿意支付多少保险金的分析。

根据例 1，随着保险公司收取的保险费用的提高，消费者支付保险金后的总财富将会减少，其对应的实际效用也随之减少。当实际效用减少到等于自我保险的预期效用时，该消费者对是否购买医疗保险就无所谓了。如果保费的继续增加和总财富的减少，使实际效用下降到预期效用水平之下，那么消费者就不愿意损失那么多财富来购买医疗保险，就会选择自我保险。因为此时的自我保险的预期效用高于购买医疗保险的实际效用。

因此从图 2—4 中可以看出，当实际效用等于预期效用时所对应的财富为 W_4，W_2 与 W_4 之差就是消费者所愿意支付的最高附加费用，W_3 与 W_4 之差就是保险公司所能收取的最高保险费，或称之为均衡保险费。

（三）医疗保险需求的影响因素

医疗保险需求的数量主要取决于人们是否能够接受纯保险费以外的附加费以及接受的最高水平如何。因此，对医疗保险需求的影响因素分析主要从分析纯保险费以外的附加费的影响因素入手。

1. 疾病的发生概率和损失程度

从图 2—5 中可以看出[①]，当疾病发生的概率接近于 0 或 1 时，消费者愿意支付的附加费会越来越少。当疾病发生的概率越接近于 0.5 时，人们越愿意支付更多的附加费，对医疗保险的需求也就会越多。这说明对于确定的事件，消费者不愿意参加医疗保险，不愿支付附加费给保险公司，消费者更愿意把钱支付在不确定的事件上。

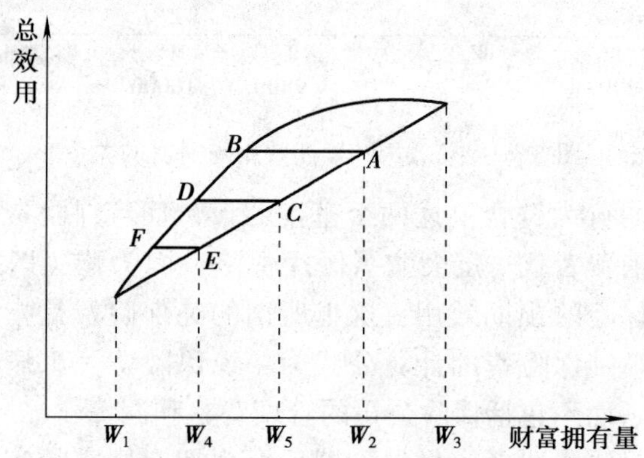

图 2—5　不同疾病发生概率下消费者愿意支付的附加费水平

① ［美］保罗·J·费尔德斯坦. 卫生保健经济学（第 4 版）. 费朝晖等译. 北京：经济科学出版社，1998. 82

如图2—6所示①，总效用曲线和预期效用曲线之间的面积在较大预期损失情况下要比较小预期损失情况下大得多。当人们面临大、小预期损失概率相等时，消费者在纯保险费外愿意支付更多的附加费来降低大笔损失的风险。所以疾病的预期损失越大，对医疗保险的需求也越大。

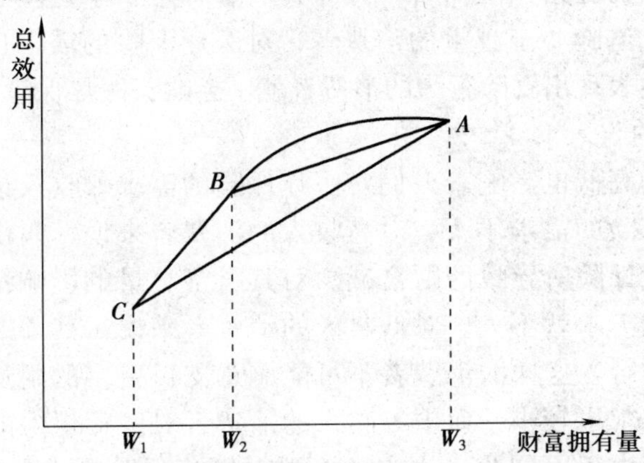

图2—6 不同预期损失下消费者愿意支付的附加费水平

疾病的发生不仅带来躯体上的痛苦，而且导致经济上的损失，有时这种经济损失是难以承受的。医疗保险承保的是疾病风险，疾病风险的存在是医疗保险需求存在的前提和基础。医疗保险需求强度与疾病风险的存在程度成正比，疾病风险发生的可能性越大，程度越高，给人们带来的经济损失越大，人们购买医疗保险的积极性以及愿意支付的医疗保险费就会越高，医疗保险需求也就越大；反之，医疗保险需求就小。因此，疾病的发生概率和损失程度是影响消费者购买医疗保险的主要因素。随着人口老龄化进程的加速以及疾病模式的改变，医疗费用不断增高，人们对医疗保险的需求也会越来越大。

2. 医疗保险的价格

以上分析表明，保险公司会根据病伤概率大小而设定不同的保险费用。当疾病损失较大和较小两种情况发生的概率相等时，人们愿意支付的附加费在损失大时比损失小时要多，所以对于损失大的疾病其保险费也会较高。医疗保险的需求量与医疗保险的价格呈反比关系。如果医疗保险费率即医疗保险的价格较低，可刺激医疗保险需求量的增加；相反，如果医疗保险的价格偏高，消费者就会无力或不愿支付昂贵的费用而削减自己的医疗保险需求。所以制定合理的医疗保险价格，不仅能使医疗保险机构的收支达到平衡，又可吸引更多的人参加医疗保险。

---

① ［美］保罗·J·费尔德斯坦．卫生保健经济学（第4版）．费朝晖等译．北京：经济科学出版社，1998．82

3. 消费者的避险心态

不同的消费者对待风险态度是不同的，他们对风险的心态因事物的性质而异。一般认为，人们对风险的心态有三类：避险的心态、对风险抱中立态度、喜欢风险。对健康风险而言，大部分消费者是属于避险心态的，都会表现出避险行为。避险心态越重的消费者，对医疗保险的需求也就越大。与此相反，面对风险表现出冒险行为的消费者就不会购买医疗保险。

4. 消费者的收入

收入水平的高低也影响着人们对医疗保险的需求。收入很高或很低的消费者，对医疗保险的需求不大。对高收入的消费者来说，病伤所导致的财富损失和购买医疗保险所导致的财富减少对其财富总量的影响都不大，所以他们对医疗保险的需求就不大。对低收入的消费者来说，其预期效用曲线和总效用曲线基本重合，这样的消费者不可能愿意支付更多的附加费，所以他们对医疗保险的需求也较小。而中等收入的消费者对医疗保险的需求比高、低收入者都要大。由于不同收入水平的人群对医疗保险需求量的这种差异性，对医疗保险的提供者来说，提供可以满足不同收入水平的多层次医疗保险服务，将是提高医疗保险需求的关键。

5. 医疗费用的负担方式

不同的医疗费用负担方式影响着人们对医疗保险的需求。自付的医疗费用比例越高，人们参保的积极性就越低，反之亦然。实际上，即使医疗保险的价格不高，但如果疾病发生后，自付医疗费用的比例较高，也会给患者带来较大的经济负担，会使参保人（尤其是低收入者）产生较大的心理压力，认为医疗保险并不能够解决他们患病以后的经济负担问题，其结果将会抑制这部分人对医疗保险的需求。

6. 医疗服务的供给

医疗保险的需求受医疗服务的价格、种类、医疗费用水平以及医疗服务提供者的服务态度和质量的影响。随着医疗服务价格及医疗消费水平的提高，医疗支出在家庭总支出中所占的比重不断增大，人们对医疗保险的需求就会更加迫切。如果医疗服务的种类及质量不能满足人们对医疗服务的需求，即使参加了医疗保险，也不能够获得人们所需要的、满意的医疗服务，那么就会影响人们对医疗保险的需求。

7. 其他

除上述影响因素以外，消费者的健康状况、年龄、性别、职业、文化水平等以及医疗技术的发展水平、医疗保障制度的设计、对医疗服务提供方的补偿方式等都会对医疗保险的需求有一定的影响。例如健康状况对医疗保险需求的影响，一般来说应该是健康状况越差的人，参加医疗保险的可能性越大；相反，可能性越小。但一些研究结果与上述假设相反。造成这种现象的原因，一方面是由于收入、文化水平等原因，没有参加医疗保险，以致小病得不到及时的治疗，造成健康状况差；另一方面是由于保险公司把那些身体状况极差的人排斥在保险之外。

二、医疗保险的供给

（一）医疗保险供给的概念和方式

1. 医疗保险供给的概念

医疗保险供给是指在一定时期内、一定价格水平下医疗保险机构愿意并且有能力提供的医疗保险产品的数量。购买医疗保险的人，可以从医疗保险机构得到一种支付承诺。一旦参保人患病，医疗保险机构就要根据这种承诺，支付参保人就医所花费的部分或全部医疗费用。严格地讲，医疗保险供给是指在一定的社会经济条件下，从事医疗保险经营的机构或组织愿意并且有能力提供的医疗保险服务的总量。

2. 医疗保险供给的方式

医疗保险供给的行为主体是各级各类医疗服务机构。医疗保险供给的实现方式主要是医疗服务。医疗保险机构为参加医疗保险的人提供医疗服务的形式一般有三种：（1）医疗保险机构将医疗经费直接支付给提供医疗服务的医院、诊所、医师、药品供应者及其代理人，由医疗保险机构与之签订定点协议，而参保人与之不直接发生经济和财务关系。（2）被保险的患者先行垫付医疗服务过程中所需要的一切费用，然后由医疗保险机构予以补偿，其补偿范围一般为治病所需费用，或按事先规定的比例补偿。在契约中一般规定最高补偿限额，或者附有各项医疗服务费用表，按表中规定标准补偿。（3）医疗保险机构自行设立医疗服务机构，直接为参保人服务，或者是采用由医疗保险机构与各类医院签订合同，将其作为附属的医疗机构，直接为参保人服务。总之，医疗保险供给所提供的医疗服务种类要因地制宜。①

（二）医疗保险供给理论

在市场经济条件下，商业性医疗保险供给者的行为与其他产品供给者的行为是一致的，其目标都是追求利润的最大化。

① 卢祖洵主编. 社会医疗保险学. 北京：人民卫生出版社，2003. 39～42

就一般产品而言，供给者的利润是总收入与总成本的差额，而总收入取决于产品销售量和产品价格，总成本取决于生产要素投入量和要素价格，因此供给者的经济行为就是在各种限制条件下为追求利润最大化而采取的行动。由于保险产品的特点，保险供给者在追求利润最大化的过程中表现出特有的经济行为①：

（1）在保险产品生产成本中，除用于生产的要素量和要素价格之外，很大一部分是用于补偿投保人的医疗保险费用，即纯保费。保险供给者可以通过“风险选择”的方式，尽量吸收收入高、支付能力强且健康状况好的人群参保，扩大保费收入与医疗费用补偿之间的差别，从而获取更大的利润。

（2）在医疗保健系统中，医疗保险市场与医疗服务市场是不可分割的整体。保险成本中最重要的部分，即医疗费用补偿金的多少主要取决于医疗服务的运作情况。由于医疗服务市场的介入，医疗保险与服务市场由“两角形”变为“三角形”关系。在这种模式下，医疗服务供需双方的成本意识下降，保险机构的成本上升。为此，医疗保险机构会采取多种形式提高医疗服务供需双方的成本意识，如对需方采取多种费用分担机制和对供方采取多种费用支付方式，用以控制医疗成本的上涨。

（3）由于人们对医疗服务的需求不断增长，医疗服务手段不断进步，现有资源无法向人们提供所有的医疗服务。因此，保险机构往往对承保内容加以限制。

（4）保险机构除了具有组织经济补偿职能外，还有融通资金的金融职能。因此，保险机构还表现出金融机构所具有的行为规范，把积累的暂时不需要偿付的保险基金用于短期贷款、流动性较强的投资和一部分中长期投资，以此来降低保险机构积累保险基金的机会成本，增加盈利；同时也为降低保险费提供物质条件。

（三）医疗保险供给行为的影响因素

医疗保险供给的产生是为了满足人们对医疗保险的需求，没有医疗保险的需求，也就不会存在医疗保险的供给。因此，医疗保险需求水平是影响医疗保险供给的根本因素。除此之外，医疗保险供给还受到诸多因素的影响和制约，主要包括以下几类：

1. 医疗保险价格

医疗保险的价格受到医疗保险供给和需求的影响，同时它也影响着医

① 仇雨临主编．医疗保险．北京：中国人民大学出版社，2001．44～46

疗保险的供给。保险商品供给量与价格呈正相关关系，即价格越高，保险供给者愿意提供的保险商品量越多；反之，则越少。它的前提是：（1）在任何价格水平上供给都能满足需求；（2）价格下降到边际收益等于边际成本时，停止增加供应。关于第一个前提，供给要受保险公司承受能力的限制。第二个前提，保险价格下降到临界点或以下受到保险机构融资收益水平的影响。医疗保险的价格越高，所收的医疗保险费越高，这就会刺激医疗保险的供给。如果医疗保险价格较低，则会抑制医疗保险的供给。

2. 医疗保险成本

医疗保险成本是指在承保过程中的一切货币费用支出，包括医疗费的偿付、医疗保险机构人员的工资、房屋租金、设备及管理费用等。一般情况下，医疗保险成本高，其保险费率就高，对参保人来说，会影响其对投保的需求；对医疗保险机构来说，成本高就意味着偿付率高和各种开支大，所得的经济效益就会相应减少，于是医疗保险的供给也会减少。因此医疗保险成本高，医疗保险供给就少；反之，医疗保险供给就大。医疗保险成本的高低与医疗保险供给有直接的关系。

3. 缴费能力

医疗保险机构是运用从全体参保人手中集中起来的医疗保险基金向社会提供经济补偿的。个人和单位缴纳医疗保险费的能力直接影响医疗保险的供给，而个人和单位缴费能力的决定因素在于经济和收入水平。参保人缴费能力强，医疗保险供给就充足。反之，医疗保险供给就匮乏。两者之间是正相关关系。实际上，参保人缴纳的医疗保险费是衡量医疗保险供给量的主要指标。

4. 承保能力

承保能力是指医疗保险机构提供医疗保险服务的能力，是决定医疗保险供给的主要因素之一。承保能力的大小主要取决于：（1）保险经营资本（自有资本＋公积金）；（2）纯保险收入，取决于参保人的缴费能力；（3）保险机构数量及其分布的合理程度；（4）医疗保险机构人员的数量及素质；（5）保险业的效率和信誉程度。此外，医疗保险机构的承保能力还体现在所提供的医疗保险服务是否能够满足参保人对医疗保险的需求。如果医疗保险机构所提供的医疗保险项目不能满足人们的需求，则会降低人们参保的积极性，从而影响到医疗保险供给。

5. 医疗服务因素

医疗保险供给主要是通过医疗服务的形式实现，医疗服务的数量和质量对医疗保险供给有着非常重要的影响。医疗保险机构对参加医疗保险的患者所提供的医疗服务应适当而有效，即医务人员对病人要因病施治、合理检查、合理用药，而且疗效要明显，这样就可以节省和降低用于医疗服务部分的医疗保险基金的开支，从而相应地扩大了医疗保险的供给。相反，如果因医疗服务质量差、医药资源浪费以及医疗风险等人为因素，造成医疗费用开支失控，就会削弱医疗保险基金的偿付能力，也就相应减少了医疗保险的供给。

6. 政府行为因素

政府行为因素包括政府的政策、法规和法制建设等，这在很大程度上决定着医疗保险的发展。在政府不同的医疗保险政策指导下，医疗保险供给的总量会发生变化，而健全的法制建设能使医疗保险供给维持在应有的正常水平。此外，社会环境和经济秩序的稳定、政府对医疗保险的大力扶持和有效管理，都有利于扩大医疗保险供给的规模。

三、医疗保险供给与需求的均衡

医疗保险供需均衡是指提供医疗保险服务一方的供给量与需要医疗保险一方的需求量在某一价格水平上相等。此时，参保人对医疗保险的需求在这一价格水平都能够得到满足，同时医疗保险机构在这一价格水平上愿意并且能够提供的医疗保险量都已经实现。但是，医疗保险供给与需求的均衡是暂时的，当医疗保险的需求量与供给量不等时，原有的供需均衡被打破。此时，在市场竞争中，需采取一定的措施，使供给与需求达到新的平衡。医疗保险系统的运行就是不断地寻找需求与供给保持平衡的状态。影响医疗保险供需平衡的因素有多种，凡上述影响医疗保险需求和医疗保险供给的各种因素，都会在不同的程度上影响医疗保险的供需均衡。由于医疗保险供需关系的失衡，将会对医疗保险的需方（如多支付医疗保险费；补偿水平降低）和供方（如医疗保险机构的保险业务受到影响，甚至发生亏损）产生不利影响。因此，应尽可能避免这种现象的发生。实现医疗保险供求均衡的主要措施是了解影响医疗保险供给量与需求量的各种因素，及其对供给量与需求量的单独作用和综合作用，并对它们的变化进行预测，从而尽可能准确地估计出医疗保险供给量与需求量的变化，为医疗保险的决策提供依据。①

▶第三节　医疗服务市场失灵

健康作为人类生存的一种状态，是生活质量的重要标志。医疗服务作为

① 卢祖洵主编. 社会医疗保险学. 北京：人民卫生出版社，2003. 42～44

恢复健康的手段，与人们的生活息息相关。对于医疗服务供需特点和医疗服务市场的正确认识，将有助于我们正视医疗服务市场失灵的严重性和复杂性，并为寻求对策找到理论依据和方向。

一、医疗服务供需特点

医疗服务供给是有限的，具有专业性和技术性等特点；医疗服务需求是刚性和被动性的，具有不确定性和效用外延性等特点；医疗服务供需存在费用支付多源、信息不对称、供需边界模糊等现象。在某种意义上，医疗服务是一种“信任物品”[①]，医疗服务需求者与供给者之间在一定程度上首先是救助与被救助的信任关系，其次才是服务与被服务的交换关系，这是医疗服务供给需求与一般商品市场供给需求的重要区别。

（一）医疗服务供给的专业性、技术性和有限性

医疗服务作用的对象是具有异质性的、宝贵的人体，而且医疗服务消费具有不可逆转性。鉴于医疗服务的这种高风险性，医疗服务行业必须具有较高的知识、技术进入门槛，只有接受过正规医学专业多年教育并获得行医资格的人以及具有完备设施和准入资质的医院，才有资格提供医疗服务。在一定的时间内，医生的供给是有限的，优秀的医生供给更为有限且无法复制，医院的总供给量也是有限的，而拥有高超医术的医生、先进诊疗设备和高效管理方法的优秀医院的供给更为有限，因而医疗服务的供给量难以在短时期内有较大幅度的改变。而且医疗服务供给还要受到社会经济发展水平的制约，因此相对于日益增长的医疗服务需求而言，医疗服务社会总供给量不足。具有公共产品性质的医疗服务，如对空气污染和水污染的控制、控制疾病传播的生物媒介和健康教育等在消费上具有非竞争性和非排他性，不付费的人可以“搭便车”，致使医疗服务供给者因无利可图而缺乏提供的动力，造成市场无法提供。[②]

（二）医疗服务需求的刚性、被动性和不确定性

医疗服务是维持生命健康最基本、最重要的消费，具有刚性和不可替代性。医疗服务需求的刚性源于健康的价值，人们总会把以消除病痛、恢复健康为目的的医疗服务消费置于重要地位，即便暂时不具备就医条件，医疗服

---

① Emons，W. Credence goods and fraudulent experts. RAND Journal of Economics，1997，28：107～119

② 唐芸霞．论我国医疗服务市场的失灵及对策．理论月刊．2007，5

务需求也会因其不可替代性而一直处于隐性状态，不会转移和消失。信息不对称性使得医生在医疗服务的选择上占据主导地位，他们作为患者的代理人作出各种决定而患者在治疗过程中往往只是被动地接受。医疗服务需求的被动性原因有二：一是因为医学的专业性和技术性较强，大多数消费者并不掌握关于自身疾病的医学知识；二是由于患者因生理或心理上的病痛而对自身观察力、判断分析力产生了疑虑，再加上减轻痛苦、恢复健康甚至挽救生命的迫切期望，他们到医疗机构就诊时往往带有求助心理，对医院和医生抱有一种信任与依赖，希望通过医护人员所提供的服务来恢复、保持和增进健康。通常情况下，人们对医疗服务的需求是不确定的，难以根据自己的意愿安排消费的时间、种类和数量。虽然某些医疗服务譬如生育服务是可以预见的，但是大多数需要即时和集中医疗护理的疾病和伤害是不可预见的。医疗服务的需求因人而异、因时而异，人们难以预测具体的患病时间、疾病类型、严重程度和需要医疗服务的类型与数量等。

（三）医疗服务费用支付多源性

医疗服务需求的不确定性使得每个社会成员都可能面临难以预测的重大疾病的风险。因此，出于规避财务风险的考虑，大多数人都愿意支付医疗保险费，将自己的医疗保险费用与其他医疗保险购买者支付的费用集中在一起，以此抵御患病时可能出现的财务风险。不确定性所导致的对保险的需求，使得医疗服务市场在消费者和供应者之间加入了一个第三方——保险者，这也是医疗服务市场与一般产品、服务市场的主要差异之一。此外，为了使社会成员能够获得基本的医疗服务以及解决贫困人口医疗服务可及性较低的问题，政府和一些社会组织也会在医疗服务上有所投入。因此，医疗服务费用是由政府、社会、保险机构和个人共同支付的。医疗服务费用支付的多源性改变了医疗服务消费者的消费行为以及医疗服务供给者的供给行为，最终带来的是医疗服务需求数量、质量和医疗费用等方面的变化。[①]

（四）医疗服务需求的信息不对称性

医疗服务是供给者主导市场，存在供给诱导需求的现象。在医疗服务领域，医生和患者之间存在严重的信息不对称。医疗服务提供者凭借其技术垄断处于信息优势地位，对有关疾病的治疗方法、预期效果的知识和经验丰富，而患者在自己的身体不适感受之外对医疗服务产品及其价格“无知”，他们并

① 陈凯，汪晓帆．市场导向理论在医疗服务领域的适用性研究．当代经济管理．2007，3

不了解医生的能力、水平、职业道德、药品的适应病症和疗效、医疗产品和服务的价格。在医疗服务消费过程中，患者与医生形成了一种委托代理关系，患者是委托人，将疾病的诊断和治疗决策权交给医生，听从医生的安排，医生是代理人并处于主导地位。在一定程度上医疗服务提供者的收入和利润与医疗费用的增长有不可割裂的正相关关系，物质诱惑和刺激使其具有过度供给与诱导需求的动机。诱导行为能否成功取决于两个方面：第一，消费者的收入预算约束或价格考虑。然而医疗服务的需求刚性使它失去了本该发挥的影响力，同时医疗保险引入的第三方付费机制更进一步弱化了这种约束。第二，对医疗服务提供者机会主义行为的惩罚机制。医疗服务质量的难以确定使委托人对代理人没有直接评价机制也无法对代理人进行事后的惩罚。医生即便成功地诱导了需求，也无需担心承担声誉损失风险，患者缺乏对医生的制约。因此，医疗服务市场上供给诱导需求现象普遍。医疗服务市场上的供给者主导市场，供给诱导需求，结果就是给有经济承受能力的需方提供高额的、不必要的服务而造成卫生资源的浪费和低效率，而经济困难者因经济原因无法产生有效需求，得不到应有的医疗服务，造成社会公正的缺失。同时卫生服务供给相对过剩、资源无法合理配置和有效地使用也有损效率。医疗服务既缺乏效率又缺乏公正。

（五）医疗服务供需边界的模糊性

由于在医疗服务的利用选择上，医疗服务的提供者——医生处于主导地位，他们是患者的代理人，并利用专业知识和经验作出各种需求决策。因此，医疗服务的选择是否合理通常取决于医疗服务供给者。这样，医疗服务供给方同时扮演了服务需求决定者的角色，供需双方边界有所重叠，难以准确划分。在这种对供给方有利的情况下，医疗服务提供者可能会出于利益动机而依靠其掌握的知识鼓励过度消费，或者相反，根据适用的激励制度拒绝使用某些服务，而患者因缺乏专业知识和经验处于被动地位，难以质疑医疗服务提供者的建议。

从医疗服务供给和需求的特点可以看出医疗服务市场上供给和需求之间的矛盾以及消费过程中供给方的强势地位。当前我国“看病难”主要表现为部分人群的医疗服务可及性差、大医院就医难与专家号难挂。前者是由于医疗服务供给的结构不均衡，卫生资源配置集中于经济发达地区、城市和部分医疗机构，后者是由于医疗供给的有限性，尤其是高质量的医疗服务供给更为有限，具有明显“质量偏好”且又缺乏足够信息的患者在寻求医疗服务时追逐大医院和有名的医生，造成医疗服务消费拥挤。

二、医疗服务市场的诱导需求理论

诱导需求理论（induced demand theory）[①] 是20世纪70年代首先由美国斯坦福大学Tuchs教授和加拿大Evans教授研究提出。该理论认为，医疗卫生服务市场有需求被动和供方垄断的特殊性，供方医生对卫生服务的利用具有决定性作用，能左右消费者的选择。在这种患者对医学知识缺乏，而医生具有自身经济利益的服务中，医生既是顾问又是服务提供者，因此可以创造额外需求，即供方创造需求（supply creates demand）。于是出现一种现象，即如果增加某一地区的医生数，那么提供卫生服务的数量就会随之增加。

医疗服务市场供需关系的特殊性表现为医疗服务需求函数的不同。一般产品或服务的需求函数可表述为$Q=F(P)$，需求量受价格影响而不用考虑供给方行为。但是在医疗服务的供需关系上，Q不仅受P的影响，而且受供给方提供医疗服务数量和质量的能力和意愿的影响，医疗服务需求函数可以表述为$Q=F(P, D)$，D表示医生提供医疗服务数量和质量的能力和意愿。该函数表明，医疗服务需求曲线的变化可能是由于供给方行为造成的，医疗服务提供者有能力根据自身意愿对医疗服务的需求进行调节，从而形成了医疗服务市场供求规律的特殊性，这种特殊性源于供给方决定需求条件下的诱导需求。医疗服务市场偏离一般产品市场规律的程度主要取决于诱导需求的程度，而诱导需求的程度则主要取决于供给方诱导需求的意愿、条件和能力。其中，诱导需求意愿的关键是供给方的动机和目标；条件是医患双方信息不对称的程度；能力主要是供给方提供服务或产品的差别性和患者对于供给方作为需求代理人的信任程度。医疗服务市场供需规律的特殊性可表示为图2—7医疗服务市场供需关系图。[②]

在一般产品市场中，供给增加将导致产品价格下降；而在医疗服务市场中，由于医患信息高度不对称，医生可以利用信息不对称进行诱导需求，因此随着医疗服务供给的增加，医疗服务价格可能会出现下降、不变以及上升的变化趋势。以图2—7为例，假定初始状态医疗服务的供给曲线、需求曲线分别是S_0和D_0，均衡点是E_0，均衡价格和数量分别是P_0和Q_0。在医疗服务需求不变的情况下，如果医疗服务供给增加，医疗服务的供给曲线S_0将会向右移动到S_1，使均衡点由E_0移动到（S_1，D_0），导致医疗服务的价格下

① ［美］舍曼·富兰德等．卫生经济学（第3版）．王庆等译．北京：中国人民大学出版社，2004．218～231

② 陈凯，汪晓帆．市场导向理论在医疗服务领域的适用性研究．当代经济管理．2007，3

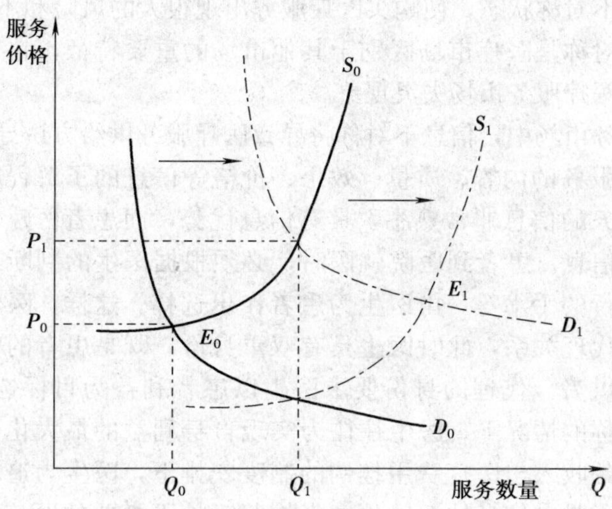

图 2—7 医疗服务市场供需关系图

降。然而，医疗服务提供者为了维护自身利益，可以利用所拥有的信息优势向患者提供诱导需求，使得患者的需求曲线 D_0 向右移动到 D_1，形成新的均衡点 E_1，从而阻止了医疗服务价格的下降甚至会使价格有所上升。

加拿大和美国的经济学家的一些实证研究结果表明，这种供给决定需求的供求规律在加拿大和美国都存在，其现象包括医生密集度越高的地区，医生价格越高以及医生工作量与医生密度没有什么关系。我国医疗服务市场也在一定程度上反映出供给创造需求的规律。①

三、医疗服务市场失灵的主要原因

医疗服务供给和需求的特点以及供给诱导需求的供需规律决定了医疗服务市场与完全和完善的市场相去甚远，存在着严重的市场失灵，即通过市场机制不能实现资源配置的优化，社会需要不能得到充分的满足，资源不能得到有效的利用。医疗服务市场失灵的主要原因包括信息不对称、公共产品的外部性、医疗服务产品较差的同质性、市场垄断以及不公平性等。

（一）医疗服务市场信息不对称导致市场失灵

诺贝尔经济学家保罗·萨缪尔森指出，医疗市场中医、患和第三方供给

① 毛中正．中国城市医疗服务系统的现状与变化趋势．卫生经济研究．2000，2

者之间的信息不对称状态，使购买医疗服务出现很大的风险和不确定性。[①] 医患信息高度不对称是医疗市场区别于其他市场的重要特征，它导致了道德风险和逆选择等医疗服务市场失灵现象。

在医疗服务市场中，信息不对称将导致医疗服务供给方诱导需求。[②] 医生和患者对医疗服务的内容、质量、效果、价格等信息的了解程度不同，医生往往对医疗服务的信息非常熟悉，具有信息优势，而患者医疗信息匮乏，不能获得充分的信息。患者到医院就医时，必须根据医生的判断来购买所需的药物、接受可行的手术等，由医生为患者作出选择。这样，医生和患者之间就形成委托—代理关系，此时医生具有双重身份，既是患者的代理人，又是医疗服务的提供者。代理的身份要求医生以患者利益为目标选择治疗方案，但在信息不对称的情况下，医生往往为实现自身利益的最大化而损害患者的利益。在医生的收入与医疗费用挂钩的制度安排下，医生为追求医院和自身的经济利益，通常向信息缺乏的消费者推荐额外不必要的医疗服务，如开大处方、做不必要的检查、延长住院时间等。结果患者对于医疗服务的需求量随着供给量的增加而增加。这种供给诱导的需求，正是医生利用其信息优势所产生的，它侵蚀了患者的利益，其直接后果是卫生费用的不合理上涨和稀缺卫生资源的浪费，从而没有实现资源的最优配置。

另外在医疗服务市场中，医院的医疗服务质量之间存在很大差别，那些质量比较低的医院会将医疗服务质量特征的真实信息掩盖起来。由于医患信息不对称，患者缺乏医疗服务质量的真实信息，只能根据自己对医疗服务市场中医疗服务质量的主观判断进行决策，按照平均质量支付价格。当不同质量的医疗服务被患者以同样的态度对待时，低质量的医疗服务由于成本优势，可能会占据上风。当患者发现实际的医疗服务并没有预期的好时，就会进一步降低对整个市场中医疗质量的估计水平，降低愿意支付的价格水平，如此循环反复，就有可能将成本比较高但质量也比较好的医院淘汰出局，留下的只是质量较差的医疗服务提供者。因此，在医患信息不对称的情况下，当医院提供低质量医疗服务时，它不仅影响了患者对整个医疗服务市场的平均质量的判断，而且降低了患者愿意为平均质量的医疗服务所支付的价格水平，这对于提供高质量医疗服务的医院来说是一种打击。逆选择说明了医患信息不对称的后果，低质量医疗服务的提供者不仅损害了患者的利益，而且破坏

---

① ［美］保罗·萨缪尔森，威廉·诺德豪斯. 经济学（第 17 版）. 萧琛主译. 北京：人民邮电出版社，2004. 325～326

② Robert G. Evans. Supplier Induced Demand：Some Empirical Evidence and Implications. The Economics of Health and Medical Care. New York：Heal Stead Press，1974：162—173

了正常的医疗服务市场秩序。

（二）公共产品的外部性导致医疗服务市场失灵

大多数医疗服务属于公共产品，是全社会每个成员不论是否购买都要享用的产品，由市场提供是缺乏效率的。对一个孩子提供免疫服务，保护的不仅仅是接受免疫的孩子，而且也保护了孩子周围的人。预防和控制传染病传播的措施——比如，环境卫生项目、疾病监测等——对整个社区都有益。由于很难将个人排除在受益者之外，因此在完全市场机制下，这类项目和服务的提供往往不足。如果政府对生产医疗服务产品的部门投资不足，将导致医疗服务在“看不见的手”的调节下供给不足，因为没有一家私人企业能够不以利润最大化为目的而向消费者提供免费或低费用的医疗服务产品。

如图 2—8 所示，假设医疗服务的市场需求为 D，医疗服务提供者的初始供给为 S_1，均衡点是 E_1，均衡价格和均衡产量分别为 P_1 和 Q_1。由于医疗服务产品的外部性，使得医疗服务提供者获益甚微，于是医疗服务提供者通过提高医疗服务产品的价格和减少产量来增加收益，这种行为使供给曲线向左移动，从而达到新的均衡 E_2（P_2，Q_2），但此时医疗服务市场上产品的供给却严重不足，从而产生市场失灵。

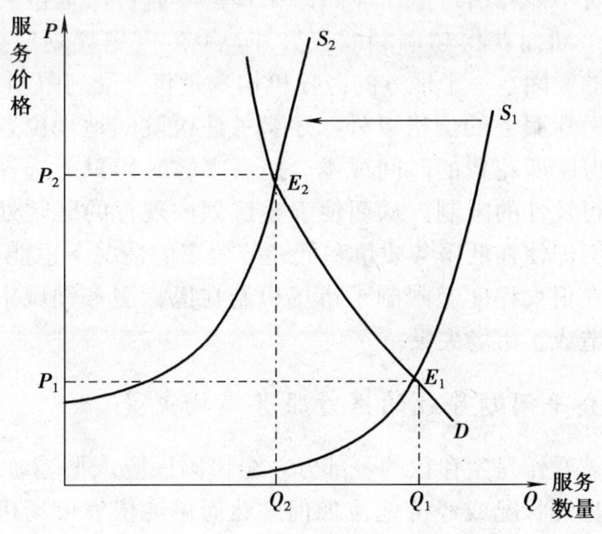

图 2—8 医疗服务市场的供给不足

（三）医疗服务产品的同质性差导致医疗服务市场失灵

一般说来，在医疗服务市场中，医疗服务由于供方在医疗设施、技术、服务等方面的差异以及需方在身体状况、疾病严重程度和并发症等方面的巨大差异，不能满足“产品同质性”的要求。例如“阑尾炎手术服务”，因为同是阑尾炎手术服务，从这一意义上说应该是同质的，但这种服务又不具有完全同质性，表现在：当医疗设施好，技术水平高，医生经验丰富时，此手术带给患者的痛苦就会减小，风险也可能减小；当患者体质很差，病情严重时，可能会增加手术的复杂程度。因此尽管医院提供的都是“阑尾炎手术服务”，但却不是完全同质的，其替代性较差。对于更加复杂的医疗服务，它们在服务的内容、质量、疗效以及患者就医可能承担的风险等方面存在更大的差异。因此医疗服务产品同质性差增加了患者对“质优价廉”服务的选择成本，限制了患者的选择范围，减少了医疗机构之间的竞争，形成了医疗市场较弱的竞争环境。这种较弱的竞争环境没有充分发挥市场机制的作用，从而没有使资源达到最优配置，导致了市场失灵。

（四）市场垄断导致医疗服务市场失灵

医疗服务市场垄断主要表现在两个方面：进入障碍和区域垄断。首先是市场进入障碍导致的垄断。在医疗卫生服务领域，由于受到行医执照的限制，医疗服务提供者不能自由进入市场，结果使已具有行医资格的人可以利用自己的资格进行垄断而获得超额利润。另外，卫生区域规划造成领域内垄断。由于规模经济的原因，一个地方的医疗机构数量将会受到限制。一般情况下，患者除了关注医疗服务的价格以外，还会关注医院的地理位置、从自己居住地区前往各家医院所花费的时间成本。患者多数时候只能选择较近的医院就医，受到地理可及性的限制。从而使卫生区划内现存的医院处于一种垄断地位，保证了它们即使在低服务质量和低经济效率的情况下也能获得超额利润。垄断的存在，在很大程度上限制了市场机制在医疗服务领域中的作用，妨碍了竞争，从而造成了市场失灵。

（五）不公平问题导致的医疗服务市场失灵

医疗保健被看作是生存权的一部分，全体国民应该平等地获得该项权利，而不管他们的生活状况或经济地位如何。然而单纯依靠市场机制的作用难以实现公平。WHO 在 1996 年的倡议书《健康与卫生服务的公平性》中强调，公平意味着生存机会的分配应以需要为导向，而不是取决于社会特权，每个社会成员在需要时均有相等的机会获得医疗服务，达到基本生存标准。因此，在医疗服务领域必须考虑公平性问题。由于每个人的自然禀赋、竞争能力和机遇不同导致部分人竞争失败、企业倒闭、个人失业甚至陷入贫困等“不平等”的结果。为了维护市场和社会稳定，政府除了有责任提供“公共产品”和“准公共产品”，还要为贫困人口等弱势人群提供具有“私人产品”性质的医疗服务。当贫困人口染上一种流行性极强的传染病，若不去治疗将会危害到他人，甚至是社会的稳定。因此在医疗服务市场中，政府必须介入并对其进行管制。

四、医疗服务市场失灵的主要表现

在医疗服务市场上，由于医院或医生与病人之间存在着信息不对称，导致医生不一定是从病人的角度着想，而是从自身利益出发，诱导病人进行过度消费。正是由于医疗服务市场中存在的信息不对称，以及公共产品的外部性，导致了医疗服务市场的不完全，存在着道德风险、逆选择和诱导需求等市场失灵情况，具体表现如下①：

（一）卫生垄断降低了医疗服务效率，使卫生技术进步缓慢，并使疾病经济负担增加

由于医疗服务产品不能满足“商品同质性”要求，增加了患者的选择成本，限制了患者的选择范围，弱化了卫生机构之间的竞争环境；再加上医疗服务市场存在较高的准入门槛以及卫生机构规模经济、医患代理关系等原因，使医药集团处于垄断地位；同时，不同卫生服务产品的可替代性和竞争性不同，使卫生机构即便在低质、低效、低量的前提下运行，也能获得超额垄断利润，从而限制了市场竞争的作用，降低了市场配置资源的效率和卫生福利水平，致使市场竞争失效，需要政府的干预。

（二）信息的不对称影响卫生资源利用效率的提高

因为卫生服务供求间存在显著的信息不对称，使医患之间不仅存在“委托—代理关系”，也存在医患双方“激励”不相容的市场缺陷，容易导致服务提供者诱导需求的现象，使卫生服务费用不合理上涨，造成稀缺卫生资源的浪费或低效，也降低了卫生服务的可及性与可得性。2003 年，第三次国家卫生服务调查结果显示：有 48.9％的人应就诊而未就诊，有 29.6％的人应住院而未住院，说明“看病难、吃药难、住院难”已是横亘在民生面前的巨大障碍。同时，卫生服务需求者与筹资机构之间以及卫生服务提供者和管制者之间均存在显著的信息不对称现象，影响卫生资源的配置和使用效率。显然，

① 周绿林．医疗保险学．北京：人民卫生出版社，2003．72～73

要提高卫生资源的配置效率和公平性，卫生服务的强有力监管是政府不容推卸的责任。

（三）效益的外部性影响市场调节对卫生服务供给和资源最优配置的效力

由于社会居民对公共卫生服务的“需求不足”，同时公共产品具有边际收益递增的特性和自然垄断倾向，使私人市场的竞争非但不能提高供给效率，而且卫生服务的市场化和政府职能弱化，易于造成具有正外部性的卫生产品供给不足，如公共预防，而具有负外部性的卫生产品过度供给，如抗生素的大量使用，导致卫生资源配置的扭曲和效率的低下。目前，全国县级以下公共卫生机构存在生存困难，使公共卫生服务的供给要么远远低于社会需要，要么过于商品化。在农村，不仅计划免疫控制以外的某些传染病、地方病等在很多地方还没有得到有效控制，而且，绝大多数地区缺乏有计划地开展慢性非传染病的防治工作，以至于一些西部农村的基本医疗保健服务指标难以达到国家规定的最低限标准，从而使农村地方病、传染病、妇幼疾病大有蔓延扩张之势，这就要求政府提供强有力的公共支持。

（四）市场竞争会导致卫生服务利用与健康状况的“不平等”，并产生收入不平等的恶性循环

卫生服务市场是以支付意愿和支付能力为基础配置卫生资源的，卫生服务的分配取决于消费者的收入水平。高收入者由于具有高购买能力而对卫生服务具有高需求、高利用，从而具有高健康质量，并形成高水准的人力资本，由此获得高收入而形成良性循环。对低收入者而言，卫生服务只能是高需要、低有效需求、低利用，以致低健康，影响生产能力，从而影响收入水平，形成恶性循环。这两种循环导致卫生服务分配的不公平扩大，健康公平问题突出。目前，我国城乡卫生服务分配不公从而导致健康差距和收入差距的不断加剧即是证明。另外，卫生服务的市场化必然出现寡头垄断，加上地理可及性以及医疗服务的价格和收入弹性问题，不断加剧卫生服务的公平分配问题。人人享有获得基本卫生服务的权利，而公共财政支持与政府干预是实现医疗卫生保障公平和健康公平的有力保证。

（五）市场调节不能解决宏观卫生资源的配置效率与总量平衡问题

目前，中国医疗改革前的卫生服务体系基本瘫痪，现行的“重医疗、轻

预防”的卫生服务体系的发展严重滞后。公立医疗机构普遍存在医疗资源的配置效率和技术效率低的问题，而且缺乏质量和竞争意识，对病人的反应性差。同时，许多乡村医疗机构存在着生存问题。在农民未就诊率、未住院率居高的同时，卫生机构重叠与卫生资源闲置浪费并存，有限的卫生资源不能被有效利用。因此，宏观卫生资源的配置效率与总量平衡只有依靠政府制定与实施区域卫生规划，通过全行业系统管理来实现。在经济转轨中，无论采取哪种改革模式，都不可能在短期内创造出统一、开放、竞争、有序和完善的卫生服务市场体系。市场机制不仅本身存在缺陷，而且由于我国的市场体制还处在转轨中，因而存在功能缺陷，特别是目前的卫生服务市场更多地表现为缺乏竞争、缺乏统一和秩序，需要政府主导下的改革促进。

五、医疗服务市场失灵的主要对策

在如何克服市场失灵的问题上，理论界主要有两种基本观点：一种观点产生于20世纪60年代以前，认为市场失灵必须通过政府的行动来消除，即在完全市场上由市场来配置资源，在不完全市场上由政府来配置资源。市场失灵的存在通常被认为是“对集体或者政府采取行动来改变资源配置的效率提供一个理由”。另一种观点是20世纪六七十年代以来由罗纳德·科斯、哈罗德·德姆塞茨、詹姆斯·布坎南等经济学家提出的“市场失灵并不是把问题转交给政府去处理的充分条件”，认为市场失灵虽然是市场自身产生的问题，但是从一种动态的角度来说，市场自身也存在自动矫正缺陷的力量和机制，尽管市场机制也存在自我调整但还必须用政府机制才能矫正。

医疗服务市场存在着严重的市场失灵，一方面需要政府的干预，另一方面也要重视市场的自矫正力量和其他非市场力量。因为政府的管制也许会导致“越位”，伤害市场自身的修复能力和陷入“大政府”的模式，既给财政造成压力，也降低了效率，使政府陷入“出力不讨好”的尴尬局面。因此，治理医疗服务市场失灵的主要对策体现在以下几个方面[①]：

（一）政府干预具有公共产品性质的医疗服务，提供并充分重视非政府和非市场力量的作用

“免费搭车”问题直接导致医疗服务公共产品不可能由市场交易实现最优配置，也无法由私人生产和供给，需要政府干预改变其供给不足的状况。政府在提供公共医疗服务时要综合考虑并决定：提供哪些种类的产品和服务、

① 唐芸霞．论我国医疗服务市场的失灵及对策．理论月刊．2007，5

它们的数量和质量；是政府直接生产还是以合同的方式购买私人部门的产品或服务；如果自己生产，如何来生产；生产出来的产品或服务在各种人群中如何分配等。为防止“搭便车”行为，可通过各种排他设置和排他安排来激发受益主体真实地显示私人偏好，并利用利润机会的方式来刺激医疗服务生产者采取行动，实现有效率的供给。在现实世界中，日益活跃的非市场部门和非政府组织，包括家庭、教会、宗教与人权组织、俱乐部、工会等多种形式，都能够在提供同样产品和服务方面，与市场、政府展开竞争。这种非市场和非政府力量是医疗服务公共产品供给的不可或缺的辅助与补助形式，若能积极有效地利用，可极大地缓解政府的压力、提高供给效率并以分散化与多元化方式形成对供应大有作用的市民规范和职业伦理。

（二）以市场为基础，政府根据准公共产品效益外溢的程度和轻重缓急合理选择干预方式或激励程度

虽然科斯指出在信息完全和谈判成本为零的情况下，两个经济主体对彼此的外部性活动水平可以通过谈判达成相互有利的协议，表明在解决外部性效应的情况下政府并不总是必需的，然而完全满足科斯条件的情况是非常少的，实践也证明他所提出的市场解决办法在现实中很少发生。因医疗服务效益外溢所导致的需求不足，政府必须进行干预，可以采取提供或激励的方式降低消费者个人的边际成本，从而在一定的价格水平下扩大消费量。政府行为要进行成本和收益衡量，政府应根据医疗服务效益外溢的程度和轻重缓急区别对待，合理选择干预方式或激励程度，利用最少的医疗卫生资金投入获得最大的经济和社会效益。此外，外部性所导致的市场失灵也并不意味着政府应该完全垄断纠正外部效应的领域，只有政府与市场共同努力，并且在政策上实施以市场为基础的政策，才是纠正外部效应问题的合理途径。具有外溢性的医疗服务，政府干预应尊重市场规律，把握好干预的界限和力度。

（三）清除政府人为设置的壁垒，保持医疗服务市场开放竞争

医疗服务市场是垄断竞争市场，垄断分为自然垄断和政府垄断。真正在医疗服务市场中产生破坏效应、扭曲资源配置并导致市场低效率的垄断是稳定和长期的政府垄断。在政府所办的公立医院中，少数医院凭借着政府的长期扶持已经集中了最优等的卫生资源，占据多数公立医院都无法竞争的强势的垄断地位。竞争是实现消费者利益最大化和限制垄断权力的最重要的机制。政府应当放开限制，让越来越多的民间资本投资的营利性医疗机构进入市场，

同时将市场机制引入到公立医疗机构的经营机制改革中，明晰产权、加强监管并减少不当干预，培育公平竞争的市场体系。只要不存在政府人为设置的壁垒，保持医疗服务市场的开放竞争，现实与潜在的竞争必然会制约垄断主体滥用垄断力量的不当行为。

（四）提高医疗服务市场竞争程度，推动信誉机制发挥作用，并大力发展医疗服务信息中介机构

医疗服务市场信息的严重不对称极大地影响患者的利益，而改变其状况的难度和成本都很大。信息不对称在一定程度上是可以由市场自身来解决的。一般而言，信誉机制就是市场规避信息不对称的重要手段。信誉机制要发挥作用必须满足四个条件：博弈必须是重复的；当事人必须有足够的耐心，考虑长远利益；当事人的不诚实行为能够及时被观察到；当事人必须有足够的积极性和可能性对交易对手的行为进行惩罚。虽然在这四个方面都存在着一定的限制，医疗机构建立信誉机制要经历比较长的时期，但这毕竟是一个有效的发展方向。由于竞争环境对信誉机制的发挥有重要影响，因此应提高市场的竞争程度。另外，市场内生的以医疗服务相关信息的搜寻与提供为谋利手段的社会中介机构，也是解决信息不对称问题的一种有效机制，值得大力发展。

▶第四节　政府对医疗服务市场的干预

市场竞争机制在资源配置方面的失灵使公共部门介入经济获得了最为直接的理由。对于医疗服务市场而言，由于医患双方信息的不对称、医疗服务产品的外部性、医疗服务产品的同质性差、市场垄断以及不公平性等原因，导致医疗服务市场产生道德风险、逆选择、诱导需求以及供给不足等市场失灵现象。同时，医疗服务的需求者承担医疗风险的能力比较低，所以政府必须干预医疗服务市场，解决医疗服务市场信息不对称的问题并向弱势群体提供医疗救助。

一、政府干预医疗服务市场的理论基础

市场失灵是政府干预医疗服务市场的重要原因。政府在各类医疗服务市场中发挥着重要作用，而且在许多方面直接或间接地影响居民的健康。例如，规制和税收政策影响一些产品（如处方药、麻醉药、酒和烟草）的生产和消

费，并因此对居民的健康产生正面或负面的影响。规制还能改变医疗服务的价格、数量和质量，以及抑制或提高资源配置的效率。通常有两种观点或模型描述为什么政府要对基于市场的卫生保健系统进行干预，即政府行为的公共利益规制理论和利益集团规制理论。①

（一）公共利益规制理论

公共利益规制理论认为政府是公众利益的保护者，利用规制政策纠正市场偏差具有合理性，规制可能提高社会福利，其理论基础是市场失灵。根据公共利益规制理论，政府服务于全社会的整体利益，并通过政策选择增进效率与公平。当市场不能有效率地配置资源或公平地分配收入时，政府采取的校正措施则服务于公共利益。在市场失灵时，政府试图通过鼓励竞争、提供消费者信息、减少不利的外部性，以及进行社会再分配等措施恢复效率和促进公平。因此，政府行为的公共利益模型认为法律、规制及其他政府行为能够增进效率与公平。公共利益规制理论还认为，医疗服务领域的市场失灵不容易通过某些形式的竞争得到纠正，应当强化对医疗服务市场的政府规制。规制能够实现“公共利益”目标，即公平、公民更好的健康状况、医疗资源更有效的配置。

（二）利益集团规制理论

利益集团规制理论假设政府的基础性资源是能使社会福利在不同人之间转移的强制权，规制的需求方和供给方都是理性的“经济人”，他们可以通过选择行为实现效用最大化。该理论强调特殊利益集团在公共政策形成过程中的重要作用，认为利益集团通过寻求政府规制来增进其利益，一些特殊利益集团的获益是以牺牲普通大众的利益为代价的。因而政府规制是利益集团驱动的结果，是为满足特定利益集团追求其成员收益最大化的需要而实施的。在有些情况下，政府的干预纠正了市场失灵从而促进效率与公平。而在其他情况下，政府政策虽然增进了特定集团的福利，但却是以社会整体的成本增加为代价的，并因而造成资源配置的无效率以及收入分配的不公平。政府规制限制了竞争，增加了特殊利益集团的收益，所以该理论主张放松甚至取消规制，包括医疗服务市场领域的规制，并认为通过自由的市场机制能够实现医疗服务领域的效率。

---

① 相关更多的讨论请参见：［美］雷克斯福特·E·桑特勒，史蒂芬·P·纽恩．卫生经济学——理论、案例和产业研究（第3版）．程晓明等译．北京：北京大学医学出版社，2006．242～245；李丽．医疗服务市场政府规制研究述评．产业经济研究．2006，5

单纯的市场机制并不能保证医疗服务领域的效率和患者权益。市场机制发挥作用并实现效率是有条件的，最基本的条件是消费者知晓所要购买的商品或服务的价值和成本，自己作出购买决策，得到所购买商品的全部价值并承担全部成本。但是在医疗服务市场中，需要在专业知识背景下迅速作出相应的治疗决策，患者没有足够的时间评价他所享受的医疗服务的价值，而且也缺乏相应的决策能力，这导致医疗服务的类型和成本主要由供给者决定，患者对医疗服务的选择受制于供给者；此外，第三方支付制度的存在使得患者并不承担所有成本。所以，上述三个条件中的任何一个都不能在医疗服务市场中得以满足，故市场机制不能保证效率的实现。加之医疗服务市场与人们的生命健康直接相关，通常用“人命关天”来形容它，因此需要通过政府规制保障患者的权益。从医疗服务市场的特殊性以及目前的实践来看，在该领域还没有达到不需要规制或者完全取消规制的阶段。目前的问题在于如何将公共利益规制理论和利益集团规制理论的观点有机结合，通过设计更适宜的制度框架使规制行为尽可能地符合公众利益，降低规制俘获的可能性，而不是将上述两种理论完全对立。

二、社会医疗保险机制的介入及合理性

医疗保险市场由于健康风险的非均质性以及信息不对称带来逆选择问题，高风险人群（例如年老体弱者）的保费要高于低风险人群。当市场失灵严重以致私人保险不能提供足够的保险项目时，很可能需要由社会保险即由政府提供的强制性保险来发挥作用。[①] 考虑到公平性的原则，解决医疗保险市场失灵的一个比较常见的办法是政府提供全民保险计划，它既可以通过一个社会保险计划来直接实现，也可以通过由公共机构向大众提供免费或有补助的（补助来自税收）医疗服务来间接实现。这类计划一般不仅意在促进医疗服务的可及性，还旨在将保险出资额与支付能力挂钩。在这种情况下，政府就可以进入这一领域，并提供更广泛的保险范围。政府具有税收和调节权力，加上有能力通过扩大社会保险的覆盖面以避免逆向选择，因而政府提供保险能够成为增进社会福利的举措。

（一）政府介入医疗服务市场的原因

出于外部性、不完全信息、不确定性以及社会公平的需要，在医疗服务

① ［美］保罗·萨缪尔森，威廉·诺德豪斯．经济学（第17版）．萧琛主译．北京：人民邮电出版社，2004．173

市场上天然地存在着市场失灵，因此就需要政府的适度、合理的介入与干预。[①]

1. 正的外部性的存在使得发展医疗保险成为政府的一项主要职能，必须主要由政府来实施

根据经济学的相关理论，在社会上的每一种物品的社会边际收益等于社会边际成本时，资源的配置会达到帕累托效率状态。从医疗服务的效应来看，它是一种具有明显正的外部性的商品或服务，在正常情况下，正的外部性可使得医疗服务这种商品的提供低于正常均衡时的数量。因此，就需要政府对医疗服务进行干预。医疗服务的外部性主要表现在以下几个方面：（1）医疗卫生机构通过对病人的诊断、治疗，可以使病人免除或者是避免了病痛，甚至拯救其生命，对于改善人们的生活质量提供了巨大的帮助。（2）对于传染性疾病的防治是公共卫生医疗服务的一个主要内容，它会对整个社会产生影响，其正的外部性是显而易见的。（3）医疗服务以及医疗卫生知识的传播，可以影响到人们的生活方式和行为方式，促使人们改善自己的生活环境和卫生安全，这对于促进人们的健康、提高劳动力素质、促进社会的安定和进步都具有重要意义。

2. 医疗及其相关的保险服务中存在的信息不对称性决定了政府必须介入

在医疗保险及其医疗服务的过程中，牵扯到三方当事人：医疗服务的提供者、医疗服务的受益者以及医疗费用的承担者。在这三方当事人之间，都存在着信息不对称的现象。医疗服务的提供者（医生）和医疗服务的受益者（病人）之间的信息不对称，医疗服务的提供者（医生）对治疗过程更多信息的占有和对疾病更多的了解，容易导致不是出于病人利益，而是从医疗服务的提供者（医生）本身利益出发的诱导需求。这种信息不对称是一种信息的垄断，它使医疗服务的提供者（医生）可以谋取到“垄断利润”，而造成效率损失。另外，在医疗费用的承担者（如社会医疗保险机构、商业性保险公司）与医疗服务的受益者以及医疗服务的提供者之间也存在着信息不对称，由此产生医疗服务的受益者以及医疗服务的提供者因医疗保险而过度使用医疗服务的道德风险，以及高风险人群倾向于选择保险和大额保险，而低风险人群可能因此而不选择保险或选择小额保险的逆选择问题。因此需要政府的介入。

3. 人们对医疗服务需求的不确定性决定了政府必须介入

医疗服务虽然也是一种商品，但这种商品不同于一般商品。一方面消费

① 杨新民. 二元医疗保险问题研究. 厦门大学博士论文. 2005. 14～17

者对这种商品的需求有很大的不确定性，因为疾病的发生是随机的，医疗服务干预后的结果也是随机的，即不同医生治疗疾病后的效果是不确定的。不确定事件引导着医疗服务中的个体行为，同时导致医疗保险的发展，后者又反过来控制和引导整个医疗资源的利用；另一方面消费者对这种商品的需求又是不以人们的意志为转移的，人们并不能确定何时、何地消费以及消费多少这种商品。因此，如果没有一种医疗保障机制，极有可能会导致病情的恶化甚至危及生命，并且会因为医疗支出超出了家庭或个人的实际承受能力而使家庭陷入困境，甚至使一些家庭“因病致贫”。从这个意义上说，医疗服务是一种优质品，但在完全依靠市场机制的情况下，由于有相当一部分消费者存在风险偏好，所以这种优质品往往存在着需求不足。因此，政府必须介入医疗服务市场。

4. 出于社会公平的目的也需要政府的介入

医疗服务往往与社会追求收入平等、社会公平等目标相联系。由于一人的健康状况（或疾病）直接影响其收入能力和生活质量，如果完全由市场来决定医疗资源的配置，低收入人群在疾病的打击下极易陷入贫困，从而加剧收入的不平等性。享有医疗服务应该是公民的基本权利，因此政府有必要进行干预使人人能享受基本医疗，这就是许多西方福利国家设计各种福利性医疗服务和保险制度的主要原因。

（二）社会医疗保险机制的合理性

为什么公共部门要参与医疗保险的提供而不能像其他家庭保险那样完全交由私人部门来管理呢？这是由于社会保险机制的介入，不仅可以弥补私营保险市场的一些缺陷，还可以产生比私营保险市场更好的效应，主要体现在以下两个方面[①]：

1. 避免逆选择

保险市场的一个显著特点就是逆选择。购买保险的投保人或被保险人比保险人更了解其面临的风险，更清楚自己的健康状况和可能需要的医疗服务，而那些面临最大风险，即健康状况最差的人也是最迫切要求得到保险保障的人。私营保险市场特别容易受到逆选择的困扰，因为根据等价交换的原则，体弱多病者必须支付较高的保险费才能购买到医疗保险，但由于信息不对称，逆选择的结果是高风险的人隐瞒其真实风险状况，以平均的保险费率购买到保险，使保险人承担的风险高于平均风险，导致保费收不抵支，经营亏损。

① 郑荣鸣．社会医疗保险的经济学分析．经济学动态．2004，7

而社会医疗保险的强制性要求凡是符合规定的对象，不论其健康状况如何，都必须参加保险，从而有效地避免了逆选择。由于是强制性保险，医疗保险基金是由所得税或缴费构成的。这样，各种健康状况和收入水平的被保险人之间就可以进行“交叉补贴”，均摊风险，使风险得到分散，从而保障保险基金的安全性和有效性，使社会福利损失降至最低。

2. 减少交易费用，降低交易成本

私营医疗保险市场的交易费用被认为高于社会医疗保险的交易成本，其中部分原因是前者的会计成本和诉讼成本占了相当大的比例，而会计成本和诉讼成本的高昂主要是由于信息不对称和逆选择造成的。而强制性的社会医疗保险可以有效地避免逆选择，从而可以减少由此产生的费用。而且通过社会保险机制提供医疗保险，能够有效地增加医疗保险的社会需求，实现规模经济效应，从而使社会能以较低的成本提供健康保险服务，这是在竞争条件下的私营保险公司所无法做到的。

三、政府干预医疗服务市场的目的和手段

市场竞争机制在资源配置方面的失灵使公共部门介入经济获得了最为直接的理由。市场失灵大致包括外部效应、公共产品、信息不完备、竞争不完全、收入分配不公平和优效品。对于医疗服务市场而言，外部性与公共产品的理论为开展公共卫生服务项目提供了经济学的理由。因为医患双方信息的不对称和医疗服务的需求者承担医疗风险的能力比较低，所以政府必须进行干预。政府干预医疗服务市场的目的在于促进公平，最大限度地接近帕累托最优状态，并解决当自由市场导致低效率社会产出时所导致的市场失灵，解决医疗服务市场上患者与医疗服务机构之间的信息不对称等问题，向弱势群体提供医疗救助。政府在选择干预医疗服务市场的手段时，需要权衡干预成本（包括政府支出所带来的影响）与收益情况（某项政策在多大程度上缓解了它所针对的市场失灵）。①

（一）解决医疗产品的外部性并提供公共产品

政府应如何解决医疗产品的外部性和公共产品问题呢？至少，政府应该为相关的有成本效益的活动提供资金。在中国，为公共卫生机构带来私人收入的主要是公共卫生项目。政府对儿童免疫服务以及对其他传染病的干预服务付费。政府的政策促使公共卫生机构少提供或提供低质量的公共卫生活动，

① 世界银行驻中国代表处. 改革中国的卫生系统. http：//www.worldbank.org/china.

也导致公共卫生机构享受国家补助却不提供这些补助本应资助的活动，只专注于能带来额外利润的服务项目。

对任何政府来说，唯一符合经济学逻辑的选择是对优先公共卫生项目提供全额资助。对中国来说，这就必然意味着政府要加大对公共卫生的投入。从边际效用最大化的角度来说，政府希望用最少的纳税人的钱，提供适度的、质量适宜的公共卫生活动。政府对于“个人”公共卫生服务，例如免疫和其他针对特定个人的干预活动，可能要依据事先商定并符合实际的价格，向医疗机构支付他们的服务费用，同时要建立核定服务质量的监督机制。国际经验表明，可以安排初级保健机构和医院提供公共卫生服务，而不必特意寻求专职公共卫生服务机构。对于面向人群的公共卫生服务，比如并非针对特定个人的监测与监督项目，政府可以与服务提供者或其代理机构（这些医疗机构或其代理机构可能是专职公共卫生机构）签订协议。政府补贴的支付水平要与各种绩效指标的完成程度挂钩，而且应该禁止它们获得政府补贴以外的其他收入。

（二）应对医疗服务市场的信息不对称

医生与患者之间的信息不对称是政府干预卫生领域的另一个理由。医生相对于患者的信息优势使医生有机会滥用职权，提供不必要或不适当但有利可图的服务，或降低服务质量。解决这个问题政府要设置各种机制，如规制私人医疗机构，包括给医师颁发执照，建立质量保证过程，建立患者寻求赔偿的机制、诉求的渠道以及其他措施等。但是，这种干预的方式实施起来可能既困难成本又高。因此有些国家选择“软化”医疗机构的利益驱动——或者创造条件建立非营利性医疗机构，或者通过公立医疗机构提供服务（例如济困医院、平价医院等）。在弱化利益动机的同时，增强医疗机构的成本意识。规制公共卫生系统，包括审批和颁发执照、制定行业标准、通过医疗机构组织促进自我规制，以及监督和控制药品的处方权和销售价格，可削弱医疗机构利用其信息优势为己牟利的动因。

（三）向弱势群体提供医疗救助

政府干预医疗服务市场的另外一个手段是向弱势群体提供医疗救助。对弱势群体提供医疗救助需要花费成本，国际上基本有两种解决模式。

1. 市场主导模式

市场主导模式主要以美国为代表，它是以市场为主导实施商业医疗保险。这样，商业医疗机构一方面通过保险向弱势群体提供救助；另一方面通过商业保险机构来对医疗提供机构进行监督制衡，降低医疗供给方的败德行为，从而政府不用再向患者提供信息，节省了政府解决医疗市场信息不对称的成本。但是对于一些贫困人口，政府也提供相应的医疗救助。这种模式其实是政府将成本转嫁给商业保险机构。

2. 国家福利模式

国家福利模式主要以英国、加拿大为代表，其特点是国家推行福利政策，实行国家卫生服务制度，卫生经费主要来源于税收和社会慈善经费，居民享受近乎免费的医疗服务。这种模式是将医疗服务这种私人产品当做公共产品来提供。这样，一方面医疗服务不用市场提供就不会产生信息不对称，政府也就不再花费收集信息和提供信息的成本；另一方面通过将医疗服务当做公共产品由政府提供，居民近乎享受免费的医疗服务，也解决了政府要向弱势群体提供救助的问题。这种模式是一种有效的解决方式但是却容易产生官僚成本。西方国家为了完善这种模式，给这种模式引入了竞争机制，即采用公共部门与私人部门的伙伴关系模式，也称为 PPP 模式。它是指公共部门根据社会对公共产品的需求，提出建设项目，通过招标确立私人部门合作伙伴关系，由私人部门负责项目的设计、建设、运营和维修。即以契约约束机制，由私人部门提供公共服务的生产，公共部门（或政府）向私人部门付费作为对其生产成本的补偿和收益的回报。这样可以将政府供给公共产品的职能和企业生产高效率的优势结合起来，实现政府高效率、高质量地提供公共服务。这种方式可以有效地降低公共产品供给过程中产生的官僚成本。英国 1992 年就开始在原来的医疗体制模式上进行 PPP 模式的改革，但还是把医疗服务当做公共产品来提供，以解决医疗服务市场信息不对称和救助弱势群体的问题。但是政府不再生产医疗服务产品而是通过招标、付费的方式从社会各个提供者手中购买医疗服务产品作为公共产品，以达到效率与公平兼顾目的。

四、政府在医疗服务市场中的职能和作用

由于医疗保险系统中诸多问题以及医疗服务市场失灵现象的存在，政府在医疗保险系统中的作用显得尤为突出。政府有效干预医疗服务市场应该把握以下几个原则：第一，能由市场机制解决的问题尽量由市场去解决，政府干预只作用于市场不能解决而政府能有效解决的问题。第二，政府干预的方式和力度应是灵活的，应随客观经济形势的变化而变化。一般来说，在市场经济不够发达，市场调节还不够强大或者市场发生失衡时，应适当加大政府干预力度；而当市场体系比较完善，市场调节力量强大时，就应放松政府干

预的力度，以充分发挥市场机制的调节功能。具体来说，政府在医疗保险领域中应发挥以下作用。[①]

（一）负责制定医疗保险制度的法律、法规、政策和有关规定，设计和规范医疗保险市场

医疗保险涉及各个单位和部门，关系到每一位居民的切身利益，影响并改变着所有医疗服务消费者的就医行为。医疗保险的每一项法律、法规、政策和有关规定的出台都必须慎重，并且由医疗保险系统中的任何一方制定都不大合适，只有政府才能代表患方的利益作出科学的决策。因此医疗保险各项法律、法规、政策和有关规定的制定必须由政府完成。

医疗保险市场由于其所交换“商品”的特殊性，很难随着商品交换的过程而不断发展完善起来。这一市场的建立一定要有政府的参与和指导。医疗保险法律、法规、政策和有关规定的出台涉及方方面面的利益，政府应该考虑当地的政治、经济、文化、医疗卫生状况等因素，适时地设计和规划医疗保险市场的一些总体规则。例如，规定总体医疗保险制度的结构，明确社会医疗保险与商业医疗保险各自的作用范围、结合方式，医疗保险的模式、覆盖范围、参加方式、筹资形式、保障水平、发展规模等，为医疗保险市场的建立提供总的依据，进而从宏观上把握发展方向。政府通过政策、法律、行政、经济手段的形式对医疗保险三方的地位、权利、责任和相互关系作出总体规定，如对医疗保险机构及医疗服务提供者实施外部监督，尽可能使各方受到的利益损害减至最小，同时使医疗保险各方的行为规范在一个基本框架中，最终建立一个既相互独立又相互联系、既相互协调又相互促进的医疗保险体系。

（二）负责筹集、运行和分配医疗保险基金，监督和控制医疗保险市场运行

政府在筹集医疗保险费用中起到了很大作用。对于机关公务员和事业单位在职职工的医疗保险费，应以政府财政支付为主，政府通过对税收的二次分配由财政部门将医疗经费随工资基金拨款到单位，再由单位缴费投保，个人仅支付少量部分。对于企业职工的医疗保险费，政府应允许通过税收减免进行补贴，医疗保险经费记入企业的成本而不需要纳税，对于个人缴费部分，政府通过建立个人账户进行明补。此外，政府还通过对一部分服务实行低价

① 卢祖洵主编．社会医疗保险学．北京：人民卫生出版社，2003．45～47

的手段对职工提供暗补，以减少参保人的医疗保险费用和自付的医疗费用。随着医疗保险改革的开展和深入，医疗保险基金也会逐渐产生一定的资金沉淀。保险基金的保值和增值问题将成为一个重要问题。政府应采取倾斜政策，在保证医疗保险基金发挥补偿损失和资金给付职能的前提下，发挥医疗保险基金的融资功能，适当安排安全、可靠的投资项目，保证医疗保险基金的保值增值。

政府部门要重点监督医疗保险基金的使用，保证医疗保险基金专款专用，不被擅自挪用；政府部门还必须监督参保人的基本医疗是否得到了保障等。医疗保险市场的特殊性使得它在运行过程中存在着许多不规范的市场因素，很容易导致违规行为的发生。如被保险人的欺诈行为、医疗供方的诱导需求行为、保险方与医疗供方的合谋行为等。政府应该成立专门的机构和组织，建立严格的法律制度，利用强有力的行政监控手段，尽可能地减少各种违规行为，保持医疗保险市场的正常运转。同时，要避免多头管理、多头监督、互相推诿或者管理与监督机构合一的局面，监督机构要统一而且要独立于相关各方。

（三）组织医疗保险工作，促进和协调医疗保险市场的发展

开展广泛的医疗保险工作，实行群体抵御疾病风险，任何个人或群体都难以单独承担这项工作。政府采取行政手段要求各个单位全员参保，并要求按实际工资总额缴纳医疗保险费，这在一定时期内是扩大社会医疗保险覆盖面的有效措施。在医疗保险的建立和运转过程中，保险市场中的三方往往缺乏自觉性。保险方往往感到医疗保险风险大、利益小而缺乏积极性；被保险人缺乏保险意识和知识；医疗服务提供方担心失去垄断地位，可能产生抵触情绪。有关部门可运用法律、行政和经济手段，甚至有时用行政干预，努力使市场各方处于平等的地位，保持市场的均衡状态并按正常轨道发展。政府的作用包括进行医疗保险的宣传教育、政策扶持、经济支持、行政命令等。政府可以通过建立医疗信息系统和普及医疗保健知识来使消费者在信息占有上的弱势地位得到改善；通过制度规定使医药分业，削弱医务人员凭借信息优势滥开处方的动机；通过建立强制性的社会医疗保险将更多人群纳入保险范围以规避逆选择。此外，政府还应当制定信息披露制度，要求有关各方就医疗服务和保险制度的内容向社会公众公布和解释，以提高信息透明度，减少信息不对称，促进市场有效运行。

（四）提供医疗救助，参与和弥补医疗保险市场的不足

医疗保险市场作为一种特殊市场，存在着一些不规范的市场因素和市

场失灵，因此政府有必要直接介入，以弥补市场机制的不足。市场竞争难免会造成医疗资源配置上的不公平，使医疗资源的配置不是以“需要”为标准而是以“支付能力”为标准，从而造成了医疗资源利用的不平等性。例如，居民中有些医疗问题（如某种疾病的预防）是不能用保险方式解决的；某些人群（如贫困人群）无法参加保险等。政府应该针对这些弱势群体拟定出一个制度化的保险计划，如组织卫生防疫（减少疾病的发生）为某些病人直接提供医疗服务，为特困人口直接提供医疗救助以保障这些弱势群体的基本医疗需求，努力提高医疗保险与服务的公平性。建立完善的医疗保险市场是提高医疗资源配置效率、控制医疗费用、提高人们健康水平的重要手段。

本章小结

医疗服务是医疗机构提供给市场的、用于满足人们医疗保健需要的、以服务形式存在的消费品，属于无形产品。基本医疗卫生服务包括两大部分，一是公共卫生服务范围，二是基本医疗。医疗服务具有下列四个基本特征：无形性、变异性、不可分割性、不可储存性。医疗服务必须作出的基本选择包括医疗服务产出的决定、如何以最佳方式生产医疗服务产品以及医疗服务的分配。

根据产品的经济特性可以将医疗卫生服务产品分为公共产品、准公共产品和私人产品。根据医疗服务产品特征和产权属性的不同，可以设计出各种医疗服务供求组合的交易方式。医疗卫生服务与其他行业服务存在着差异，具有不可选择性、不可逆转性和信息不对称性，而且医疗消费具有或然性，这些差异性和特殊性导致其具有垄断性。

医疗卫生服务市场是医疗卫生服务产品交换的场所或领域的总称，是各相关经济主体之间全部交换关系的总和，更是一种卫生经济资源配置的调节机制或手段。医疗卫生服务产品不同于一般的商品或服务，使得医疗卫生服务市场是一个不完全的市场，有其本身的特殊性，表现为非完全市场化、非完全竞争性以及非普遍性。

医疗保险需求是指在一定时期内、一定价格水平上消费者愿意并且能够购买的医疗保险服务量。消费者对医疗保险的需求必须具备三个基本条件：医疗保险消费意愿、医疗保险支付能力、医疗保险需求者所投保的标的物符合医疗保险机构的经济技术的要求。医疗保险需求的影响因素主要有：疾病的发生概率和损失程度、医疗保险的价格、消费者的避险心态、消费者的收入、医疗费用的负担方式、医疗服务的供给以及其他因素。

医疗保险供给是指在一定时期内、一定价格水平上医疗保险机构愿意并且有能力提供的医疗保险产品的数量。医疗保险供给的实现方式主要是医疗服务。医疗保险需求水平是影响医疗保险供给的根本因素。除此之外，医疗保险供给还受到诸多因素的影响和制约，例如医疗保险价格、医疗保险成本、缴费能力、承保能力、医疗服务因素和政府行为因素。

医疗保险供需均衡是指提供医疗保险服务一方的供给量与需要医疗保险一方的需求量在某一价格水平上相等。此时，参保人对医疗保险的需求在这一价格水平都能够得到满足，同时医疗保险机构在这一价格水平上愿意并且能够提供的医疗保险量都已经实现。

医疗服务供给是有限的，具有专业性和技术性等特点；医疗服务需求是刚性和被动性的，具有不确定性和效用外延性等特点；医疗服务供需存在费用支付多源、信息不对称、供需边界模糊等现象。由于信息不对称、公共产品的外部性、医疗服务产品的同质性差、市场垄断以及不公平性等原因，医疗服务市场存在失灵，主要表现为道德风险、逆选择和诱导需求等现象。治理市场失灵需要政府干预，清除壁垒，重视市场的自矫正力量和其他非市场力量，提高市场的竞争开放程度，推动信誉机制和信息中介机构的建立和发展。

政府基于公共利益规制理论和利益集团规制理论，出于外部性、不完全信息、不确定性以及社会公平的需要干预医疗服务市场，以社会保险机制的形式介入，可以避免逆选择，减少交易费用，降低交易成本，进而解决外部性和应对信息不对称。政府在医疗保险领域中应设计和规范、监督和控制、促进和协调、参与和弥补以及完善医疗保险市场。

复习思考题

1. 如何理解医疗服务包括的内容和必须作出的选择？
2. 如何界定医疗服务的产品特征和产权属性？
3. 医疗服务及其市场的特殊性表现在哪些方面？
4. 医疗保险需求和供给的影响因素有哪些？
5. 医疗服务市场失灵的原因、表现及对策是什么？
6. 政府干预医疗服务市场的原因、手段及作用是什么？

案例讨论 1

医疗改革：政府财政补供方与补需方的平衡①

最近，大家总在讨论新方案能不能出台的话题，虽然对政府主导达成一致的看法，但是也有业内专家在议论政府财政应当是“补供方”还是“补需方”展开了议论。其实这个话题陈竺部长在人大会议上已经基本做了回答：供需双方兼顾。

在中山大学岭南学院与新快报联合组织的第四届“中国医院发展论坛”中，多名参与医改方案制定、讨论的专家和卫生管理官员称，未来医改方案有可能改变以往补贴“供方”即医疗机构的做法，转而补贴“需方”即患者。其实片面地强调“补供方”或“补需方”都是不对的。对于最基本的医疗卫生服务、医学教育和高度医疗技术的研究与开发，需要“补供方”，而对于“大病”与“专科性疾病”，主要“补需方”。

其实，政府的财政补贴投向何处？投入多少？最重要的还是要根据政府的职责。因此，对于医疗卫生服务的提供，政府应当承担怎样的责任与义务，就决定了政府财政的投入对象与程度。同时，政府财政的投入程度与分配的状况，也从某种程度上体现了医疗卫生政策的优先度。

那么，政府的医疗卫生政策的优先度是如何体现的呢？政府对医疗保险的负担比例、对不同的医疗卫生机构的定位以及管理的模式、对医疗卫生服务的定价等方面，都能体现出政府对医疗卫生事业的参与方式与程度。

首先，政府需要承担最基本的医疗卫生服务、医学教育和高度医疗技术的研究与开发等方面的基本费用；其次，政府需要支付医疗保险制度中按比例承担的部分费用；再次，政府需要提供多层次、可供选择的医疗卫生服务的建立所需的政策环境，尤其是在针对营利性医疗卫生机构方面，提供优惠的政策。最后，还可以通过对个人所得税方面的调控手段，鼓励更多的人利用民间的医疗保险。

同时，各级政府应当在充分认识各自职责的基础上，明确各种医院的定位与管理机制，规划各种层次的国立医院、地方公立医院、营利性医院之间的合理比例、规模与配置，确保国立医院、地方公立医院的有效运转与医疗卫生事业的可持续发展。

因此，从医院的性质、公益性的高低、对社会所应承当的职责与任务及其贡献的大小，来决定医院应当享受的优惠政策的幅度、应当得到的财政支持与补贴的幅度是公平合理的。当然，在决定医疗卫生服务的价格体系方面，也应当相应体现政府定价、政府指导价和自主定价的不同作用。完全由政府财政负担的采用政府定价，政府在医疗保险中按照一定比例负担费

① 案例来源：第一财经日报，2007－11－13

用的采用政府指导价，政府财政不提供补贴的采用自主定价的方式是比较合理的。

过分地强调“补供方”。政府通过财政拨款支付维持国有、公立医疗机构运转的成本，这些医疗机构则按政府的要求，给消费者提供低价的服务。但是，近年来医疗技术的进步与医疗成本的大幅度提高，再也无法回到过去的水平，低价医疗很难实现。同时，过分地“补供方”有可能会造成医疗机构的“低效率”。

过分地强调“补需方”。政府通过社会保障机构，向各类医疗服务提供者购买医疗服务，需要政府和消费者一起对各类医疗服务提供者进行监督。然而，医疗问题的专业性以及由此导致的在选择医疗服务过程中的医生作用的特殊性与不可替代性，对医疗卫生服务费用的最后支出会产生非常重要的影响。而且，“补需方”并不能消除医疗信息不对称的负面效应，甚至可能导致医疗服务费用的不合理上涨。

确保人人享有最基本的医疗卫生服务的权利，按照一定的比例负担医疗保险的费用，通过医疗卫生准入制，提供多层次、可供选择的医疗卫生服务，对医疗卫生机构进行指导与监督，这些都是政府的职责。因此，政府根据自己的职责定位，按照国情与卫生事业发展的客观规律，合理地进行“补供方”与“补需方”的财政投入，提高医疗卫生服务的效率与人民在这方面的满足度。同时，政府身兼数职，既是公立医疗机构的开办者，又是医疗行业的监管者、医疗保险制度中的支付者。今后，如何顺利实现政府对医疗机构的管办分离是一项非常重要的工作。

案例讨论 2

政府应该直接提供还是购买医疗服务[①]

无论是财政增加投入，还是公立医疗保险提高筹资水平，总之政府有了更多的钱。问题是，政府究竟应该直接提供还是购买医疗服务？在 2007 年的全国两会上，一些代表曾提出，新医改方案应该根据不同地区的情况，兼顾政府提供和政府购买医疗服务这两种方式：在经济发达地区，可以更多地考虑政府购买，而在落后地区则要更加注重政府提供。

政府提供医疗服务，我们最为熟悉，也最令人头痛，就是事业单位模式。政府财政拨款，直接建机构雇人，为民众提供医疗服务。简言之，“养供方”。事业单位模式是计划经济体制的遗产。所有公立医疗机构，都是一个大的行政等级体系的一份子，其管理者拥有特定的行政级别，所有的正式雇员在人事管理制度上都是所谓的“干部”。主管机构，既是资源配置者，又是业务监

① 案例来源：21 世纪经济报道，2008—02—26

管者，还是人事安排决策者，有时甚至是所管机构的运营决策者。最近，在医疗领域流行一种所谓“收支两条线”管理，即公立医疗机构可以收费，但是所有收费均需上缴，然后主管部门把缴上来的钱再加上财政拨款，根据综合平衡以及各种复杂考核的结果，再下拨给各医疗机构。

在这样的体制下，医疗机构的管理者绝对会眼睛向上看。在“收支两条线”的管理体制下，主管部门手中掌握着五颜六色的指挥棒，医疗机构为了多拿钱，自然会围着指挥棒转。主管部门把各种大权集于一身，难免会滋生官僚主义甚至腐败。在计划经济时代，这样的游戏发生在几乎所有的社会经济领域，但这样的游戏带给我们的绝对是社会公害。

实际上，在发达的市场经济国家，也有很多公立机构，包括医院和社区卫生服务中心等。但同我国不同，这些公立机构不是行政体系的一部分，而是独立的法人，由董事会或理事会控制。它们要同民营机构相竞争，而其管理者乃是职业经理。他们更加关心其业绩，以便在职业经理这个劳动力市场上具有更大的竞争力。出资建立这些机构的政府会派人进入公立医疗机构的董事会，影响其战略决策，以期符合政府的施政目标。政府也可以通过不与这些机构签订合同，或者不予续约，来迫使公立机构更多地追求“社会公益性”。

这就是政府购买服务的基本思路。在这一思路下，政府购买服务一般不限于公立机构。不管是公立还是民营，不管是营利性还是非营利性，只要医疗服务机构满足政府要求，按合同办事，政府就可以同它们签约或续约。

我接触到的不少政府官员甚至一些学者对此感到纳闷：政府自己办了公立医疗机构，总之要给它们钱，通过合同给钱和直接拨款，结果不是一样吗？但是，政府购买模式至少有三大优势：第一，促使公立医疗机构同民营医疗机构展开竞争，提高其工作效率。第二，更为有效地配置有限的公共资源。在那些民营资本愿意进入的地区，例如大城市，政府就没有必要建立很多公立机构。第三，政府可以担当超然的监管者角色，而不必像原来那样，整天为公子爷（直属机构）的不良表现而头痛。

因此，在很多发达国家和发展中国家，政府购买公共服务，包括医疗服务，成为公共管理变革的核心。从政府直接提供服务到政府购买服务，是我国政府转变职能、实现服务型政府的关键环节之一。这一公共管理模式的转变，同一个地区经济是否发达无关。不发达地区，无非是政府购买的金额小一些罢了。当然，如果实在小，以致购买服务的交易成本凸显出来了，直接提供也不失为一个权宜之计。

第三章

医疗保险中的道德风险与逆选择

■ **学习要点**

通过本章的学习，了解医疗保险系统的基本构成及医、保、患三方关系，掌握医疗保险中道德风险的表现、成因及控制，熟悉费用控制及第三方支付机制，理解医疗保险中逆选择的产生原因、主要表现以及规避控制。

■ **关键概念**

医疗保险系统　医患关系　道德风险　第三方支付　费用控制
费用偿付　守门人制度　逆选择　风险选择　团体保险

▶第一节　医疗保险系统——医、保、患三方关系

医疗保险系统由医疗保险机构、被保险人、医疗服务提供者组成，三者之间及与政府的相互作用和联系构成了医疗保险系统运作的主体。了解医疗保险系统的构成，分析影响医疗保险活动过程的各要素之间的关系及其在医疗保险系统运行中的作用，是医疗保险制度建立和发展的基础。

一、医疗保险系统的基本构成

一般来说，系统是由相互作用、相互联系、相互依赖的若干组成部分结合起来的具有某种或几种特定功能的有机整体。医疗保险系统（medical insurance system）是一个以维持医疗保险的正常运转和科学管理为目的的，主要由被保险人及其单位、医疗保险机构、医疗服务提供机构等要素组成的，以规范医疗保险费用的筹集、医疗服务的提供、医疗费用的支付为功能的有机整体。[①]

医疗卫生服务与一般商品或服务有所不同，具有福利性和公益性，在医疗服务市场上存在着逆选择和道德风险等现象。要使全体居民的健康得到有效保障，还需要政府的作用，尤其是在基本医疗和预防保健服务领域。现代社会医疗保险作为保护医疗服务正常运转的保障系统，必然要受到政府的干预。因此，在现代社会医疗保险系统中，形成了一种由保险人、被保险人、医疗服务提供方和政府组成的四方三角关系，其中，被保险人既是医疗保险的需求方，也是医疗服务的需求方。[②] 现代社会医疗保险系统的构成要素及其相互关系可用图 3—1 表示。

（一）被保险人

在医疗保险中，被保险人（insured）是指由投保人为其缴费的、人身健康受到医疗保险合同的保障，在其生病、受伤需要治疗时，可以在医疗保险合同规定的范围内，由国家或社会向其提供必需的医疗服务或经济补偿的人。被保险人即医疗保险的需求者和医疗服务的需求者，他们按规定向医疗保险机构缴纳保险费并签订医疗保险合同，是医疗保险合同的受益人。

---

① 周绿林．医疗保险学．北京：人民卫生出版社，2003．29～30

② 卢祖洵主编．社会医疗保险学．北京：人民卫生出版社，2003．25

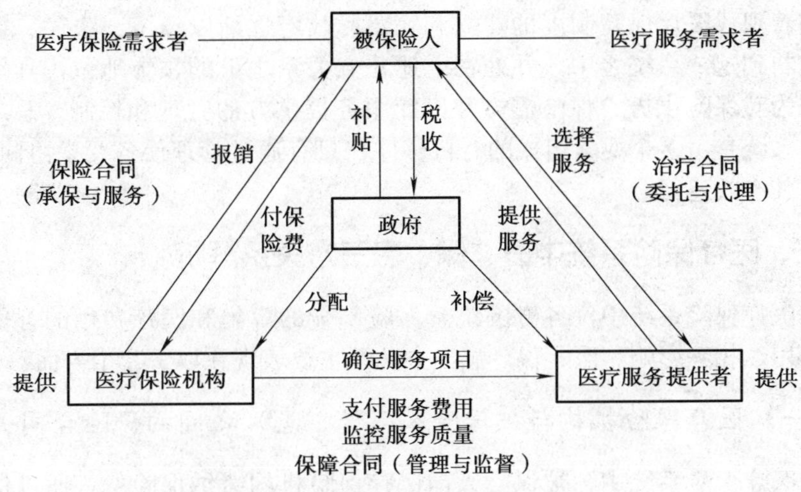

图 3—1 社会医疗保险系统关系示意图

（二）医疗保险机构

医疗保险机构是指在医疗保险工作中具体办理医疗保险业务的机构。医疗保险机构还有依法对参加医疗保险的个人及其单位进行监督管理的权力。对单位进行监督管理的主要内容有：审核单位的参保资格，检查其是否为符合条件的雇员办理医疗保险、所报送的有关报表是否属实、是否拖欠医疗保险金、是否存在违反医疗保险制度的行为等。医疗保险机构对参保个人派发保险证并对其可能存在的道德风险和违反医疗保险制度的行为进行管理和监督。

（三）医疗服务提供者

医疗服务提供者是指为参保人员提供诊断治疗的医疗机构，它们被称为“保险诊疗机构”或“定点医疗机构”。要成为“保险诊疗机构”，医院必须向有关部门提出申请，通过劳动保障部和卫生部、财政部等部门的资格审定，并与医疗保险机构缔结合同，明确各自的责任、权利和义务。参保人必须到与医疗保险经办机构有合同关系的医院、药店就诊、配药，否则医疗费用不予支付。

患者就诊后，医疗机构按照医疗保险合同规定的服务项目对医疗费进行计算，并提交医疗保险机构审议支付。医疗保险机构收到医疗机构的支付申请后，组织专家审查医疗机构的医疗服务是否符合规章、医疗处理是否合理。若发现疑点，则将申请退回医疗机构，要求医院再核实、更正或作出合理解释。对那些符合规章、在医疗保险范围内的医疗费用则给予支付。

随着现代医疗保险制度的建立和完善，政府逐渐以经济、法律、行政等手段参与到这一系统之中，并处在上述几方关系之上的领导地位，其作用主要表现为对保险供方、保险需方和医疗服务提供方的管理和控制。总之，医疗保险系统是由多个要素组成的有机整体，只有通过管理使各要素协同作用，才能使其有效运行。

二、医疗保险系统中医、保、患三方关系解析

在医疗保险系统中，各方围绕着保险基金的筹集和医疗费用的补偿问题相互作用、相互影响。医、保、患三方关系主要表现在以下几个方面：

（一）医疗保险机构与被保险人（保、患）之间的保险合同关系

在医疗保险系统中，被保险人向医疗保险机构缴纳保险费，通过保险合同向其保险机构要求获得保险服务，医疗保险机构以保险给付清单等形式提供保险服务。保险人即为医疗保险经办机构，有些地方也称为医疗保险局或医疗保险中心，隶属或独立于卫生行政部门；大多数地方成立了社会保险事业管理局。

（二）医疗保险机构与医疗服务提供者（保、医）之间的保障合同关系

除了医疗保险机构的传统融资作用，即在参保人患病情况下对财产损失的保险作用之外，保险机构还常常担负起保障和保证提供服务的作用。在这种情况下，纯粹的医疗费用报销原则得到了扩展，在医疗保险和提供医疗服务之间存在一个附加的合同关系，它以保障合同或供养合同为主要形式。[①] 在保障合同及供养合同中，医疗保险机构与医疗服务提供者之间必须就对被保险者提供哪些医疗服务达成协议。这些合同关系既可以是集体议定的，即针对所有参与者统一议定的，也可以是个别议定的。后者被称作选择性协议。在此，医疗保险机构不仅作为费用报销机构，而且作为病人所委托的代理人承担了选择服务提供者的任务。

医疗保险机构为参保人确定医疗服务的范围，并通过一定的支付形式向医疗服务提供者支付医疗费用，同时还要对医疗服务质量进行监督。医疗保险机构通过确定承保范围为被保险人提供基本医疗服务，以保障他们的健康；通过改变支付方式使医疗服务提供者进行自我约束，同时还采取一些外部监督措施，

① ［德］彼得·欧伯恩德等．卫生经济学与卫生政策．钟诚译．太原：山西经济出版社，2007．25

以达到既保障医疗服务的质量又能够控制医疗费用的目的。影响两者之间联系的主要因素是服务范围的大小、项目的多少和费用的支付方式等。

（三）医疗服务提供者与被保险人（医、患）之间的治疗合同关系

治疗合同用以对病人与其所选择的服务提供者的行为加以调控。被保险方从医疗服务提供者那选择自己所需要的医疗服务，支付一定费用，接受医疗服务提供者所提供的服务。在这一环节中，医疗保险方通过社会统筹和个人账户的费用分担方式，使消费者进行自我约束，审慎地选择所需要的服务种类及服务量，以达到控制医疗费用的目的，其主要影响因素是被保险方选择服务的自由程度、被保险人直接支付服务费用的多少等。

医患关系的核心内涵是共御疾病而结成的目标和利益共同体，在这一共同体中，双方的相互信任、理解与协调配合，是有效防治疾病的基本条件。根据患者症状的严重程度，医患互动可以分为三种模式，即主动—被动模式、指导—合作模式以及相互参与模式。①

（1）主动—被动模式适用于急症抢救治疗情况，此时患者病情严重，因受重伤或意识丧失而相对无助。尤其是在患者病情严重，医生处于要稳定患者病情的高度紧张状态时。决策权和两者关系的决定权全都在医生一方，而患者是被动的，在互动中起的作用很小或者根本不起作用。

（2）指导—合作模式大多出现在病人患有急性感染性疾病如流感或麻疹时，此时患者了解病情进展，并能与医生合作，听从医生指导，但由医生来作决定。

（3）相互参与模式应用于慢性疾病管理中，患者完全参与到医生的工作中，共同合作来控制疾病。一般是患者通过调整饮食或生活习惯来修正他的生活方式，并根据规定日程服药和进行定期检查。糖尿病或心脏病的治疗适用此模式。

（四）政府与医疗保险系统医、保、患三方的关系

政府对保险方、被保险方和医疗服务提供者均起到管理和控制的作用。根据《国务院关于建立城镇职工基本医疗保险制度的决定》（国发［1998］44号），职工医疗保险实行属地化管理原则，要求中央、省级机关和所属企业、事业单位都参加所在地的职工医疗保障制度改革试点，执行当地统一的医疗保险实施方案。根据分税制财政体制确定中央与地方事权和财权相统一的原则，地方单

① ［美］威廉·科克汉姆. 医学社会学（第7版）. 杨辉等译. 北京：华夏出版社，2000. 165

位医疗保险属地方事权与财权范围，地方单位参保人员的医疗费用开支应由地方财政、用人单位和职工个人三方负担，中央财政不予补贴。

三、医疗保险系统的特点

医、保、患三方的相互影响、相互作用的复杂关系使得医疗保险系统运行机制极其复杂。

第一，医疗保险制度的保障范围很广泛，它关系到人民的生命健康和国家的长治久安。医疗保险制度的建立受到多方面因素的制约和影响，比如国家的经济发展水平、人口结构、人均收入水平、国家管理方式、信息传递的渠道和方式等。所以医疗保险制度的建立和完善是一个不断改革、不断进步的过程。

第二，医疗保险市场存在严重的信息不对称。与其他保险相比，社会医疗保险涉及的各方关系比较复杂，在社会医疗保险市场上，主要有四方交易主体：政府、医疗保险机构、医疗服务机构、投保人。四方之间存在严重的信息不对称，四者之间的关系表现出各自的目的和价值取向，它们之间的关系很复杂，从而导致了一系列的问题。

第三，社会医疗保险的支付方式是“第三方付费”。社会医疗保险的“第三方付费”是指投保人在获得医疗服务后，由医疗保险机构向医疗服务提供方支付费用的一种支付制度。医疗保险所承担的功能都是通过其支付投保人的医疗费用来实现的，也是医疗保险过程中涉及保险各方利益的最直接、最敏感的环节，是医疗保险制度最重要的组成部分，也是医疗保险研究的重点。医疗保险费用的支付最初是一种简单的双向经济关系，即投保人直接向医疗服务机构支付医疗费用，然后从医疗保险机构获得相应的补偿。中国目前所采用的报销制形成的博弈格局，使患者利益很容易受到侵害。患者在看完病付了全款后还要再到医保机构去报销，这可以看作是患者与医疗机构、医保机构之间的双重博弈。患者作为个人在两次博弈中均存在着严重的信息不对称，因此，患者的利益受到侵害也就顺理成章。如果能够改变这种博弈结构，就可能出现对患者较为有利的结果。

四、医疗保险系统与医疗卫生系统的关系

医疗保险系统只是社会大系统中的一个子系统，它与其他社会系统有着广泛的联系，其中与医疗卫生系统的联系最为密切。医疗卫生系统是为社会人群提供预防、保健、医疗等卫生服务，保护人们健康的社会子系统。在市场经济条件下，随着财政体制的改变，筹集经费成为卫生系统主要任务之一。

没有经费作保障，医疗卫生系统难以运行。国外实施社会医疗保险制度的国家，医疗保险经费是医疗卫生系统的主要经费来源。随着我国医疗保险制度的建立与完善，医疗保险系统也将成为医疗卫生系统的主要筹资来源之一。因此，医疗保险系统和医疗卫生系统密不可分，前者是后者的经费提供方，后者是前者实施的载体，是医疗服务的提供方。没有医疗卫生系统，医疗保险系统难以实施；没有医疗保险系统的支持，医疗卫生系统也难以生存和发展。

但是，医疗保险系统和医疗卫生系统又有相对独立性：一方面，两者在工作内容上存在着相对独立和不可替代的部分，医疗保险系统具有金融保险行业的特点；医疗卫生系统的工作范围除医疗之外，还包括疾病控制、妇幼保健等多方面内容，其经费来源除医疗保险系统外，还包括国家和个人等筹资渠道。另一方面，在实际运行过程中，为了形成一定的竞争环境，提高医疗保险系统和医疗卫生系统的效率，达到相互监督控制的目的，维护医疗市场的效率和公平，常常也需要两个系统相对独立地运行。因此，医疗保险系统与医疗卫生系统既有密切联系，又有相互的独立性。

▶第二节　医疗保险中的道德风险

由于医疗服务市场中的信息不对称和医疗保险系统中医、保、患三方的博弈关系，在医疗保险领域中存在一种非理性的医疗服务供给和消费行为，这就是所谓的“道德风险”。道德风险不仅加剧了医疗价格的攀涨和医疗费用的激增，破坏了医疗资源的合理配置，而且对社会医疗保险基金的安全和稳定造成了巨大冲击。因而分析道德风险的形式及其产生原因，找出化解策略显得十分迫切。

一、医疗保险中道德风险的产生原因

（一）道德风险及根源

道德风险，一般指一种无形的人为损害或危险。它也可表述为从事经济活动的人，为最大限度地增进自身效用而做出不利于他人的行动。它还泛指由于市场交易中的一方难以观测或监督另一方的行动而导致的风险。[①]

道德风险产生的内在根源是人的自利性与机会主义倾向。根据经济学理

① 赵曼．社会医疗保险费用约束机制与道德风险规避．财贸经济．2003，2

论，人是理性的经济人，自利是人类行为的一个基本出发点，人们在选择行动方案时会更多地考虑自身的利益，并力图使自我利益最大化。机会主义倾向指人们借助不正当的手段谋取自身利益的行为倾向。它不仅引起了人们之间的效用冲突，而且还影响了市场效率。机会主义行为有“事前”与“事后”之分。事前的机会主义被称为“逆向选择”，即在达成契约前，一方利用信息优势诱使另一方签订不利的契约。事后的机会主义被称为道德风险，也可称为“败德行为”。机会主义倾向以有限理性假设为前提，强调人追求自身利益的动机是强烈而又复杂的。

由于人的自利性与机会主义倾向是不能被根除的，因而道德风险也是不能被杜绝的。但是，道德风险的不可杜绝性并不意味着道德风险在社会生活中的分布是均匀的。事实上，在不同领域，道德风险发生的概率和程度差异甚大，这种差异的形成，是由以制度环境为核心的内外部条件的差异性引起的。从本质上说，道德风险属于经济环境外生的不确定性，或者说它是经济外在性的表现形式之一。它的存在，破坏了市场均衡或导致市场均衡的低效率。具体来说，引起道德风险分布不均衡的条件主要包括[①]：（1）相关利益主体的信息不对称程度。信息不对称程度越高，道德风险就越容易发生。（2）成本和收益在不同利益主体之间转移空间的大小。转移空间越大，道德风险就越容易发生。（3）委托—代理关系的复杂程度。委托—代理关系越复杂，道德风险就越容易发生。（4）制度的约束力度。约束力度越弱，道德风险就越容易发生。

（二）医疗保险市场中道德风险的产生原因

在医疗保险市场上交易主体有三个：医疗保险的供给方（即保险机构），医疗服务的提供方（即医疗服务机构）和医疗保险的需求方（即医疗保险的消费者，也是接受医疗服务的消费者或患者）。所以，医疗保险市场实际上包含着两个市场，即保险市场和医疗服务市场。被保险人无论在保险市场还是医疗服务市场都属于需求方，而保险机构和医疗服务机构在不同的市场上其属性是不同的。在保险市场上，保险机构是供给方，医疗服务机构与患者存在许多共同的利益，其属性偏向需求方；而在医疗服务市场上，医疗服务机构是供给方，保险机构则是需求方的付款人，所以其属性偏向需求方。正因为医疗保险市场存在着这么一个错综复杂的供求关系，加之保险机构、医疗服务机构和消费者三方之间信息严重的不对称，道德风险很高，由此给医疗

① 黎民．社会保障领域的道德风险及其规避．社会科学研究．2004，5

保险市场低成本、高效率运行带来障碍。[①]

1. 医疗保险市场中存在信息不对称

信息不对称会导致医疗服务供给方诱导需求，这是医疗保险市场道德风险产生的根源。医疗服务中存在着严重的信息不对称现象，医疗服务是一种专家服务，具有非同质性和供方信息垄断性。医疗服务是一种投入，产出是患者治疗后的健康状况，投入可以用医疗费用支出计算，但产出的“健康”的标准却很难界定和度量，所以对“健康”的边际收益很难估算。医生对疾病严重程度、治疗手段的有效性、医疗服务的适度性等信息更为了解。相比之下，患者（委托人）不仅由于个体收集、吸收和处理医疗信息的能力有限，而且由于信息传递的不完全和不充分，往往处于医疗信息的劣势地位。患者由于缺乏医学知识和对疾病的恐惧心理对医生往往持服从态度。这种由于产品的特殊性及信息不对称导致的交易地位的不平等，加剧了医疗服务市场价格的扭曲，并且很容易产生由过度供给引致的扩张性需求。

医生处于特殊的垄断地位，使得医生有诱导需求的能力。医生诱导需求的能力大小取决于医疗市场信息不对称的程度，信息不对称程度越高，医生诱导需求的能力越强。同时，医疗机构（或医生）具有诱导需求的内在动力。这是因为“以药养医”的体制使得他们的收入与医疗费用的高低成正相关关系，因此从效用最大化的角度出发，医疗机构有动力促使医疗费用上升。而保险机构不直接参与诊疗过程，对医疗机构的行为更缺乏了解。在这种情况下，作为患者的代理人，兼具服务建议者和服务提供者双重身份的医疗机构（医生）就可以很方便地实施诱导需求，由此就产生了医疗服务提供方的道德风险。

如图 3—2 所示，假设初始医疗服务的供给、需求分别是 S_1 和 D_1，均衡价格和数量是 P_1 和 Q_1，由于医院具有增加对医疗服务供给的动机，提供过量的医疗服务导致医疗服务的价格会有所下降，这意味着医院面临收入的下降。为了维持和增加医院的收入，在信息不对称的情况下，医院会诱导需求，使得患者的需求曲线也向右移动，形成新的均衡（P_2，Q_2）。医疗服务的诱导需求是医院道德风险的一种表现形式，在医患信息不对称的情况下，由于医院诱导需求的存在，医疗服务供给的增加，不但不会使价格下降，而且会使价格和医疗服务的数量上升。从这个角度可以很好地解释中国目前医疗费用急剧增长的现象。

2. 医疗保险市场的参与者结构

---

① 刘维娜. 我国医疗保险市场的道德风险及其控制. 西南财经大学，2007 年硕士毕业论文. 12～16

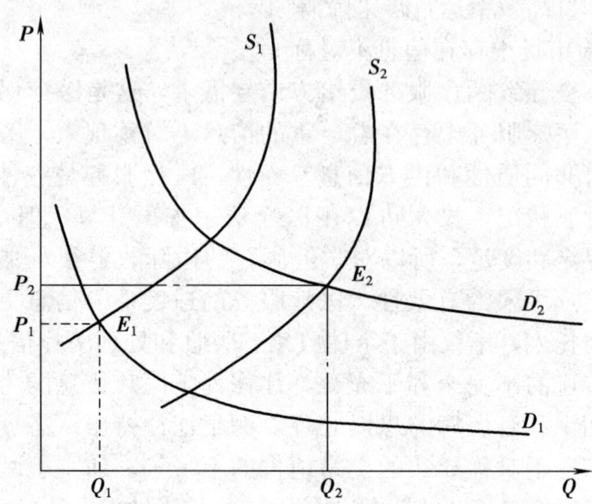

图 3—2 医疗保险市场的道德风险

医疗保险市场中的道德风险问题与医疗保险市场的参与者结构有很大关系。医疗保险市场三方参与者之间的关系如图 3—3 所示。首先由被保险人（或投保人）向保险机构支付保费，获得医疗保险承诺；当其患病时由医疗机构提供相应服务；其间发生的医疗费用则由保险机构负责支付，医疗机构得到补偿。由此可见，保险机构最终支付的医疗费用高低取决于三个因素：一是疾病的发生频率和严重程度，二是被保险人的就医行为，三是医疗机构的服务行为。第一个因素具有客观性，不为保险机构所控制；而后两个因素则具有主观性，如果费用的上升可以导致另两方市场参与者效用的增加，而保险机构又没有能力对它们二者的行为进行完全的监督，这时就会发生道德风险。而现实情况表明，由于医疗保险市场存在明显的信息不对称，无论是面对被保险人还是医疗机构，保险机构对于疾病状况、诊疗过程等情况的掌握都处于信息劣势（三者间的信息强弱如图 3—3 所示）①，因此它对其他两方参与者的监督往往十分困难或十分昂贵，由此就会导致严重的道德风险问题。

3. “第三方支付”制度

“第三方支付”制度是导致道德风险产生的根本原因。所谓“第三方支付”是指它不是由参保人本人直接支付（部分或全部），即不是患方本人而是由第三者支付，它是医疗保险所特有的支付制度。“第三方支付”使得患者在

① 张芳，黎玉柱. 社会医疗保险中道德风险的表现与成因分析. 中国卫生事业管理. 2007，5

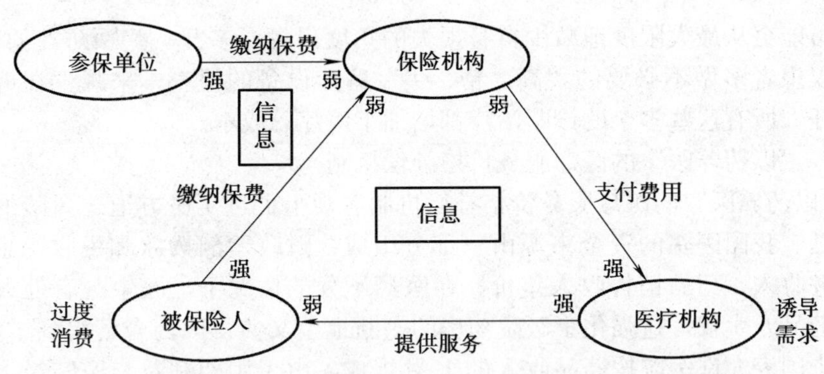

图 3—3　医疗保险市场的三方关系、信息强弱与道德风险示意图

“交易”过程中感觉所有项目都是“免费的”，在“第三方支付”制度下，尽管医疗费用在交易过程中的金额可能很大，但交易双方在整个“交易”过程中都面临着“零”成本。由于医疗服务的需求者没有受到其支付能力的限制，其结果必将是私人成本与社会成本的背离。在“第三方支付”制度下，医生事实上是患者和国家（保险制度）这两个委托人共同的代理人，在这复杂的三角形的委托—代理关系中，由于信息不对称，投入产出的联系过于松散，三方之间信息不畅，加之“健康”的标准和治疗的效果与其他“产品”相比很难界定和度量，医生不太容易向他的两个委托人提供足以证明其绩效的服务。由于医、保、患三方权利和义务的不对称，可能出现医务人员和投保人为了各自的利益可能联合起来对付保险机构的现象，即出现“医患共谋”的现象。同时，患方因为费用风险意识的减弱，认为费用偿付是医疗保险部门的事，放松对医方的费用监督，甚至和医方一起向医疗保险部门索取保险补偿。[①] 因此，目前各国医疗保健体制中的“第三方支付”被认为是导致产生道德风险的“制度性”因素。

4. 疾病治疗的不确定性

疾病治疗的不确定性为医方的道德风险提供了条件。疾病治疗的不确定性包括疾病患者的个体差异性、治疗方案的不确定性和治疗结果的不确定性。由于疾病治疗的不确定性，在诊断界限不明确的情况下，患者难以区分每一种治疗方案之间的界限，这就有可能产生诱导需求。由于医生自身的效用与其提供的服务量是正相关的关系，在利益的驱动下，医生就有可能选择能够实现自身利益最大化的治疗方案，诱导患者的医疗需求。

为了避免医疗过失责任，增加治疗的确定性，减少医疗技术事故的风险，

① 张晓燕．医疗保险中的道德风险分析与控制．江苏卫生事业管理．2004，1

医生可能会从最大限度地减少自身损失的角度出发，多开一些预防性的药物，或建议患者多做不必要的“高、精、尖”医疗设备的检查，来减少在诉讼中的责任，所有这些多余的诊断治疗都增加了医疗总成本。

5. “以药养医”的医疗服务价格补偿机制

“以药养医”的医疗服务价格补偿机制客观上促进了医方道德风险的滋生和蔓延。我国医院的资金来源由三部分组成：财政差额拨款和税收优惠、医疗服务收入、药品销售收入差价。在医药不分的情况下，医生既有处方权又拥有药品专卖权，这强化了医院药房的垄断地位又使得医药合营得到了强化。目前，国家允许医院按药品收入的15%提成，由于用药利益与医院经济利益一致，而医生的个人收入往往与医生为医院创造的经济收入挂钩，就容易造成医生提供过度医疗服务的倾向，产生了医生的诱导需求，出现了大处方和滥检查现象，形成了以药养医的畸形医疗服务价格体系。

6. 医疗保险费用支付方式是按服务项目付费的“后付制”

这种医疗保险费用支付方式客观上也促进了医疗服务供给方道德风险的蔓延和扩大。由于保险机构难以对疾病事件进行完全的了解和控制，所以，医疗费用在很大程度上受患者、医疗机构和医生的影响。我国目前大多数医疗保险地区实行的是按服务项目付费的支付方式，这种事后报销的支付方式使得医生有诱导需求和提供过度医疗服务的倾向。由于医生与患者的信息不对称，医生通常会增加药品量和诊疗项目，多用昂贵的诊疗手段。在诊断不明时，医生会使诊断升级，诱导患者住院或手术，或延长住院时间等，随意提高医疗服务价格，为患者提供非必要的、过度的服务以增加其收入。医患双方过度消费的偏好很容易产生由道德风险引致的扩张性需求，必然导致医疗费用的增加和医疗资源的浪费，从而增加保险人的医疗费用赔偿支出。

二、医疗保险中道德风险的主要表现

在社会医疗保险中，道德风险是指医疗服务的利益方利用自身掌握的信息优势造成保险费用不合理增长和医疗资源过度消耗的机会主义行为。医疗保险中的道德风险表现有微观和宏观之分：道德风险在微观层面的表现为医疗服务的供方和需方分别过度提供和过度索取医疗服务，从而导致医疗费用不合理增长；道德风险在宏观层面的表现为医疗卫生资源使用的低效率和医疗费用的不合理增长。由于是第三方付费，参保人患病后向医疗保险机构申报的赔偿额取决于患者和医生的决定，所以道德风险就主要表现为患者的道德风险和医生的道德风险。其中医生的道德风险是原生道德风险，而患者的道德风险则是派生道德风险。[①] 下面将从患者、医生、医患合谋、参保单位、医保管理机构等方面进行简单分析。

1. 医疗服务需求方的道德风险

医疗服务需求方的道德风险是指医疗服务的需求方即患者利用自己的信息优势所采取的导致医疗保险费用不合理增长的机会主义行为。由于医疗费用主要由保险机构支付，参保人无需为医疗服务付款或所付费用远低于医疗服务成本，在预算软约束下，为了自身利益最大化，消费者的医疗需求就会大于实际需求，这种过度消费需求就是患者的道德风险，主要表现为：一是享受医疗保险的患者节约意识不足，谎报病情、小病大养，例如同一病种，公费医疗患者的医疗费用要比自费患者多0.5～1.5倍；二是非医保患者冒用参保人员医保卡就医，产生“一人获保，全家享受”的“搭便车”行为。[②]

2. 医疗服务供给方的道德风险

医疗服务供给方的道德风险是指医疗服务提供者利用与患者和保险机构信息不对称的优势，出于经济利益的驱动所采取的导致医疗费用不合理增长的机会主义行为。在社会医疗保险制度中，医生是作为医保机构与参保人的双重代理人而存在的。因此，医院和医生在医疗费用控制上处于核心的地位。医生相对于医保机构和参保人这两类委托人，既是一类特殊的利益主体，又具有信息上的优势。医疗监督的困难性，使得医生容易受私利驱使而采取机会主义的行为方式，违背委托人尤其是医保机构的利益，使医疗费用不合理增长。在第三方付费的情况下，医方和患方的违规成本可以通过医保基金向医保机构转嫁。在现实中，这种转嫁往往是医患双方合谋共同违规，结果则是双方均获利益。但这种行为方式的代价是大大提高了制度的运行成本，供需双方在自身利益最大化的同时往往将成本外部化。

一般来说，医疗服务供给方包括医方和药方，由于药方只能通过医方实现自己的利益，因此相比起来，医方的道德风险要严重得多。基于医疗保健领域特殊的信息结构，医生掌握着疾病和治疗方面的专业知识。多数情况下，病人会完全遵从医生的决定。医生决定病人使用的诊疗方法、诊疗手段、服用药物等，因此，在追求利益最大化的前提下医疗机构可以直接“创造”需求。这种“创造”需求就在现实中演变成了“诱导”需求。由于医患双方信息的不对称，医生出于自身利益会诱使患者过度消费，具体表现为过度诊疗检查及治疗、不合理处方及用药、诱导手术和住院、违规收费和低质的服

① 赵曼．社会医疗保险中的道德风险．北京：中国劳动社会保障出版社，2007．106～132

② 王锦锦．论社会医疗保险中的道德风险及其制度化解．卫生经济研究．2007，3

务。[①] 以诱导手术为例，世界卫生组织认为，剖宫产的比例小医院宜为10%左右，大医院宜为15%左右，然而多数医院远远大于这个比例，在我国武汉、广州等地的医院甚至超过了50%。

3. 医患串通合谋产生的道德风险

在社会医疗保险机构缺乏有效监管的条件下，第三方支付制度会激励医患双方进行“勾结”，协同诈保，共同损害第三方——医疗保险机构的利益，实现医患利益共享。医患合谋道德风险主要表现为：人情处方大肆泛滥；以药串药，自费变公费；双方合谋骗取医疗保险基金。

4. 参保单位的道德风险

部分用人单位为了减少费用支出，在缴纳医疗保险费时有意少报工资总额或少报参保人数以达到少缴纳保险费的目的。这样致使有的职工不能享受医疗保险待遇，有的职工在享受医疗保险待遇时个人账户上的金额少于实际应有金额，影响职工门诊消费；职工住院费用因与实际缴费多少无关，大部分由医疗保险统筹账户支付，这样其职工就会由于缴费较少而多占用统筹账户金额，致使国家的医疗保险基金由于少收、漏收保险费而导致收支失衡。有的用人单位不在规定的时间范围内到医疗保险机构办理参保手续，但当单位出现重病患者时却主动要求参保，目的是想把本应由单位承担的巨额医疗费用转嫁给医疗保险机构。这种投机性的突击参保行为往往会造成医疗保险基金的大量流失。

5. 医疗保险管理机构的道德风险

社会医疗保险管理机构正确的职责是确定定点就诊机构并监督其诊疗行为的合理性。但在实践操作中我国社会医疗保险管理部门也存在一定道德风险问题，影响了基本医疗保险制度的运行。首先，有法不依和执法不严问题。医保基金被截留、侵占、挪用或贪污的现象屡有发生，影响了医保基金的正常运行。其次，医保经办机构在运作中存在问题。如统筹基金中多支付医疗费用，违规配置个人账户资金，会计核算不够规范等。

三、医疗保险中道德风险的防范控制

医疗保险的道德风险来源于多个方面，不仅来源于被保险人，还来源于医疗服务提供者。只有当医疗服务提供者和被保险人对医疗服务过度供求所获得的边际收益等于其边际成本时，二者才可能停止对医疗费用的浪费。医疗保险各相关当事人的道德风险问题有着一系列复杂的行为表现形式，因

① 张芳，黎玉柱．社会医疗保险中道德风险的表现与成因分析．中国卫生事业管理．2007，5

此防范控制医疗保险的道德风险需要从以下几方面努力。

（一）完善的制度设计与切实的监督管理

政府应切实采取措施控制社会医疗保险中的道德风险问题。在实践操作中应正确界定相关各方的利益关系，划清各方的职责与义务，而解决道德风险的途径在于完善的制度设计与切实的监督管理。政府有责任通过建立各种制度让每个公民获得基本的医疗服务以实现社会公平。因此，社会医疗保险作为保护医疗卫生制度正常运转的经济保障系统，必然受到政府的行政干预。要强化政府责任，加大政府对医院的财政补贴，提高医生收入，实行医药分开，严格控制医药代表的数量并限制其职能，治理“挂床”现象。在管理过程中，很明显政府在对医疗保险机构和医疗服务机构的管理和监督中都处于信息弱势（三者间的信息强弱如图 3—4 所示）。[①] 在社会医疗保险的管理过程中，政府对社会医疗保险机构和医疗服务机构有财政补贴与监管之责。在监管过程中，政府卫生部门主要对医疗服务机构的运行进行监管，而社会医疗保险机构则对医疗服务机构对医保患者的收费与治疗情况进行监管。一旦政府的监管不到位或缺位，医疗保险机构和医疗服务机构就容易发生道德风险问题。

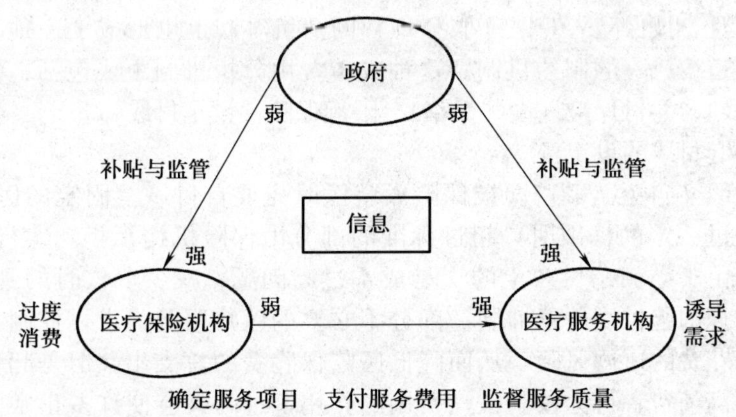

图 3—4　社会医疗保险管理中的信息强弱与道德风险示意图

由此可见，防范社会医疗保险中道德风险问题的关键在于解决社会医疗保险领域的信息不对称和政府监管不到位或缺位问题。在实践中，医疗保险机构可采取以下措施解决医疗领域中的信息不对称现象，如可利用信息技术建立医疗服务信息系统，在此基础上，保险机构对被保险人和医疗服务机构

① 张芳，黎玉柱．社会医疗保险中道德风险的表现与成因分析．中国卫生事业管理．2007，5

的控制能力将大为提高。目前，我国医保基金支出最多的是退休人员和大病患者，可以考虑将大病患者与老年人口的医疗保险单列出来，这样不仅有利于医疗保险基金的收支平衡，而且也有利于医疗保险管理部门有重点地进行审核，及时发现问题和解决问题。另外，医疗保险管理机构应加强对参保单位的审核，审核的重点应为参保人数和工资总额。政府应加强对医疗保险经办人员和医疗保险经办机构的管理，提高医疗保险工作人员的工作积极性和工作效率。同时政府还应对保险机构建立完善的监管制度，加强对医保基金的审查工作。

（二）对医疗保险需求方道德风险的控制

现实中对道德风险的制约主要是付费制度的设计，对于医疗保险需方道德风险的控制可以通过成本费用分担机制，使被保险人有动机来主动节约医疗开支，还可以扩大排除给付，建立守门人制度（gate-keeper）。

1. 费用分担机制

费用分担被认为是控制被保险人的道德风险，从而减少医疗费用支出的重要手段，这是因为当被保险人分担了部分医疗费用以后，相应地也增加了被保险人医疗费用的成本意识，促使其关注医疗费用，合理有效地使用医疗服务。而且，被保险人对医疗服务理智的消费客观上也形成了一种对医疗服务提供人道德风险的制约机制。这种成本费用分担机制主要包括：扣除保险（设起付线）、共付保险（设共保率）、限额保险（设止付线）。[①]

（1）起付线的设定

起付线又叫免赔额，即被保险人就医时先要自付一笔固定的医疗费用，当费用超过一定的标准时，超过标准的部分由保险机构承担。实行起付线，可以减少由于小额赔付产生的交易成本过高问题，减少审核时的管理费用。此外，合理的起付线可以抑制一部分不必要的医疗服务需求，控制一部分小数额医疗花费的道德风险，从而降低医疗保险费的总支出。但是起付线过低起不到提高消费者自觉控制医疗费用的作用，过高又会使许多正常的医疗服务需求被抑制。因此确定适当的起付线十分重要，一般认为起付线以适合人们的承受能力和有效增强患者的费用控制意识为宜。

（2）共保率的设定

保险人为被保险的患者偿付一定比例的医疗费用，就是共付保险，患者所负担的医疗费用比例称为共保率（大于等于 0 小于 1）。确定患者合理的自

---

① 刘维娜．我国医疗保险市场的道德风险及其控制．西南财经大学，2007 年硕士毕业论文．36～44

付比例，要做到既能满足人们对疾病风险的规避要求，又能有效地制约医疗服务需求方道德风险，抑制由于过度使用医疗服务造成的医疗费用的快速上涨。针对不同的医疗服务项目设定不同的共保率，可以有效地控制需方的道德风险。比如对于某些治疗效果好而且费用低的医疗服务项目可以设定较低的共保率，以鼓励被保险人使用。而对于费用过高而且不必要的医疗服务项目，则设置较高的共保率，以提高患者使用的成本，并可根据对实施效果的数据分析来确定最优的共保率。

（3）止付线的设定

对那些费用开支过高或道德风险规避难度大的医疗项目可以制定一个年度承保上限，以避免损失过大。危重疾病，尤其灾难性疾病的发病率虽然低，但其占用医疗总支出的份额较大。严重疾病可选择的治疗方案也多为花费较高的方案，道德风险就会很严重。制定止付线后可将止付线以上部分的花费纳入另外的附加保险或商业医疗保险进行承保，以保证基本医疗保险不因危重疾病花费巨大而难以支付，从而使得医疗保险的资源能够得到更有效的利用。

三种方法都是通过适度提高患者自付比例，从而提高需求的价格弹性，最终达到控制医疗服务需求方道德风险、抑制费用增长的目的。但三者在具体作用对象上不尽相同，如设定起付线对免赔额以内的费用控制有效，而对低于但接近免赔额，以及免赔额以外的费用控制非但无效，甚至还有推动其上涨的负面作用；而设定止付线的方法则恰恰反。因此，将三种方法结合使用效果最好。

费尔德斯坦（Feldstein）在 1969 年美国私营医院支出额为 126 亿美元的水平上，通过极大似然值估计（MLVE）对福利损失进行了经验研究，发现当平均自付率从 33%提高到 57%或 67%时，虽然个人由此减少了保险购买，增加了风险损失，但是每年福利净增量仍超过 40 亿美元，甚至在参数保守估计的情况下，也接近 20 亿～30 亿美元。[①] 所以近年来，许多国家在社会医疗保险制度的改革中纷纷引入费用分担机制，并且不断加大被保险人费用分担的力度，提高自付比例，扩大付费范围。一般认为自付比例达到 20%～25%，医疗服务的需求即有明显的降低，所以国际上一般医疗保险的自付比例都在 20%左右。如日本从 1999 年开始，政府管理的医疗保险制度中被保险人自己负担的医疗费用部分从 10%提高到 20%。法国 1996 年社会医疗保险制度改革的内容之一，就是提高病人负担的住院费用，即病人负担的日住院费用由

① Feldstein. The Welfare Loss of Excess Health Insurance. Journal of Political Economy. 1973, 2: 251～280

原来的 55 法郎提高到 70 法郎，有效控制了占医疗保险总费用近 60％的住院医疗费用的增长。从我国镇江、深圳等地医改中个人自付率调整的效果来看，自付率低于 10％不能有效阻止医疗费用的过快增长，而自付率为 18％～20％时对医疗费用高涨势头有明显的遏制作用。因此，适当提高自付率能有效遏制患方的过度消费。当然，费用分担会对低收入者产生较大的影响，甚至会妨碍他们接受必要的医疗服务，因此，许多国家对门诊费和药物费实行有限制的分担，或者对慢性病加以特殊规定，以保证被保险人能充分享受必要的医疗服务。

为了更清晰地说明问题，下面从数学形式和图示的角度，对费用分担机制作一阐述。假设免赔额为 d，共保比例为 α，保单限额为 L，医疗费用发生额为 X，则保险机构承担的医疗费用 Y 有如下形式：

$$Y=\begin{cases}0 & x\leqslant d\\ \alpha\,(X-d) & d<x\leqslant L\\ \alpha\,(L-d) & x>L\end{cases}$$

保险机构与被保险人各自承担的医疗费用如图 3—5 所示，保险机构可以通过改变 d、α 和 L 的值来调节分担比例的高低，从而控制需方的道德风险。

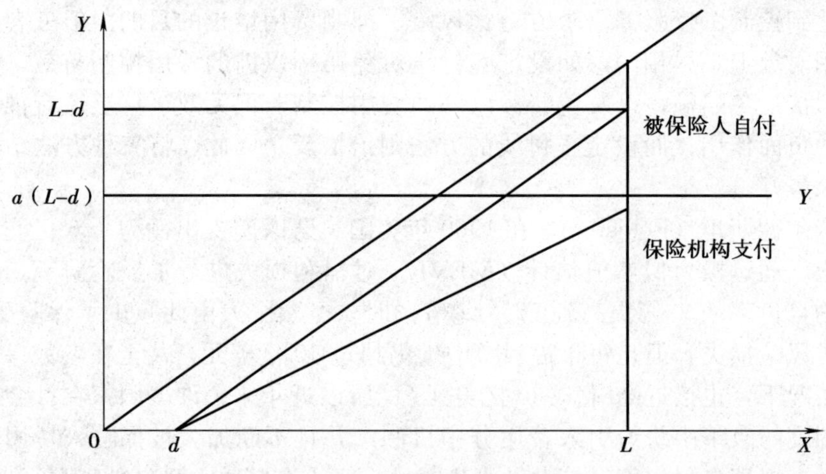

图 3—5　保险机构与被保险人费用分担机制

2. 扩大排除给付

扩大排除给付即扩大拒保范围，通常包括两层含义[①]：（1）就不同病种而言，将道德风险发生频率较高的病种排除在承保范围之外，如违法犯罪、交通肇事、近亲繁殖所致的伤病及后遗症等。同时，还可以减少某些特殊服务的

① 王锦锦. 论社会医疗保险中的道德风险及其制度化解. 卫生经济研究. 2007，3

免费项目，例如英国从1998年起就中止了免费牙科和视力检查。（2）就同一病种而言，为那些费用开支过高或道德风险化解难度较大的病种设置一定时期内的封顶线，避免形成保险资金黑洞，如由过度抽烟、酗酒引起的疾病，在化工行业内经常受化学原料侵蚀而导致的慢性病等。

3. 建立守门人制度

守门人制度是指疾病预防和门诊服务由社区卫生服务机构（一般是全科医生，俗称守门人）来承担，各类医院提供专科医疗服务，逐步实现分级治疗和双向转诊。在由社区卫生服务机构向大医院的转诊过程中，没有"守门人"的首诊和准许，参保人不能到大医院看病或住院。这就从医疗价格和疾病预防方面大大降低了医疗费用，将患者的过度消费在客观上降到了最低限度。

（三）对医疗服务提供方道德风险的控制

尽管费用分担机制可以控制需方道德风险，但是其控制力度要受到两方面的限制：一是费用分担比例只能是十分有限的；二是受到医疗服务市场信息不对称的限制。如前所述，患者在医疗服务市场上处于信息劣势，医疗服务提供者（主要是医生）对医疗费用的影响力远远强于患者，患者的过度消费也必须通过医生的配合才能实现。因此，对道德风险的控制，关键还在于对医疗机构诱导需求的控制，也就是需要对供方道德风险进行控制。

对医疗服务提供者道德风险的控制，要强化对医疗服务提供方的制约和调控，把医疗服务供给方的行为纳入到保险方的控制范围之内，弱化医疗机构自身效用与医疗服务供给量的正相关关系，切断医疗机构的效用与医疗服务供给量之间联系的纽带，实施医、药的经营分离，对医疗设备和器械检查过度的供给采取限制性措施，打破医疗垄断，将竞争引入医疗保险。具体可以采取以下几种方式①：

1. 完善医疗服务合同，加强医疗服务提供者之间的竞争

医疗服务合同是医疗机构与社会保险经办机构或用人单位（补充医疗保险情况下）签订的为参保人提供医疗服务的权利义务和利益界定的协议。社会医疗保险机构同医疗服务机构一般签订1年期的合同，如果医疗服务机构（包括公共或私营的）各项医疗服务项目的费用合理，被保险人（患者）对医疗服务提供者的服务效率和质量感到满意，则续签合同，否则将终止其为社

① 郑荣鸣. 社会医疗保险的经济学分析. 经济学动态. 2004，7

会医疗保险提供医疗服务的资格。对医疗服务机构来说，取得社会医疗保险的医疗服务供给资格，不仅能扩大其社会知名度，而且能给其带来更多的医疗服务消费需求（因为被保险人必须在规定的医疗服务机构消费才能获得保险保障，因此，除了医疗保险范围内的医疗服务消费之外，被保险人还可能带来医疗保险范围以外的其他医疗服务消费），从而能增加医院的收益；而如果失去了为社会医疗保险机构提供医疗服务的资格，不仅其社会信誉会受损，还会丧失大量寻医问药的患者。所以，合同制能够加强医疗服务提供者之间的竞争，增加医疗服务提供者对被保险人（患者）过度提供医疗服务、浪费医疗资源的成本，促使医疗服务机构提供切实可行的医疗服务，并通过高质量的医疗服务和合理的医疗费用争取合同的续签，从而有利于提高医疗服务效率，降低费用。加拿大被认为是采用合同式的范例，加拿大政府就是通过与公共或私营医疗服务机构签订合同为国民提供社会医疗保险的。

保险方与被保险方通过签订不完全保险合同，追求次优的经济效率。在保险人与被保险人建立医疗合同时，委托人通过设计出一套信息激励机制，使被保险人在总体利益上与保险人的利益相协调。这套信息激励机制虽然不能使委托人和代理人的总体效用达到最优，但是却有可能使之达到次优。例如，医疗保险机构针对医疗消费方面的信息不对称及“隐蔽行动”等不利情况，将完全保险改为某种形式的不完全保险。在不完全合同条件下，代理人承担了委托人的一部分风险。医疗费用共同保险制（co-insurance）的实质就是实行风险分担，使那些因享受医疗保险而过度消费医疗资源的人更愿意节省医疗开支，从而使不完全保险合同的效用接近于对称信息条件下的最优保险合同效用。换言之，使信息不对称条件下的市场能够产生次优的经济效率，并最终接近于信息对称条件下的最优效率状态。

2. 优化医疗费用偿付方式，约束医疗服务的过度供给

偿付方式是指社会医疗保险机构向医疗服务提供者支付医疗费用的方式。不同的偿付方式，对医疗服务提供者有不同的激励作用。社会医疗保险的偿付方式分为后付制和预付制两种。后付制主要是按服务项目付费。传统的偿付方式一般是后付制，即由保险人在医疗服务发生后按被保险人提交的实际费用额向医疗机构进行支付，在这种方式下医疗机构不承担任何费用风险，费用高低与其收入成正相关关系，因此会鼓励其诱导需求行为的发生，即容易导致供方道德风险产生。为了控制供方道德风险，可以采取预付制的偿付方式，预付制是指保险机构按医疗服务发生前约定的标准向医疗机构支付费用。预付制可以较好地控制费用上涨，其主要包括总额预算、按人头偿付、按病种偿付等方式。

(1) 总额预算

总额预算是指保险机构按协商确定的某一时期内的偿付总额向医疗机构偿付。医院必须为前来就诊的所有被保险人提供合同规定的医疗服务，但收入不能随服务量的增加而增加。如果全部服务的费用超出了年度总预算，医疗社会保险机构不再追加支付，亏损由医院自付。其实质是医院用一个固定的价格将“医疗费用”这一风险资产的剩余索取权买下来，医院完全获得医疗费用结余的收益，完全承担医疗费用超支的风险，这一机制使医院成为医疗保险机构的委托人，此时委托人与代理人身份重合，供方道德风险消失，对医院的激励问题也就不存在了。以下用图 3—6 来具体分析这种偿付方式。

在图 3—6 中，横轴 X 表示医疗服务机构的服务量，纵轴 Y 表示医疗服务机构收取的费用。医疗服务机构的固定成本为 A，变动成本为 C。如图所示，医疗保险机构按年度预算支付给医疗服务机构总额为 D 的费用，医疗服务机构必须在这一总额下完成医疗服务。当医疗服务机构的医疗服务量在 X_0 之内时，医疗服务机构是赢利的，一旦其服务量超过 X_0 时则医疗服务机构会承担额外增加的费用。因此在这种付费制下，也会导致医疗服务机构为降低费用而减少服务或降低服务质量的现象。实行这种支付方式的优点是，保险机构能够较好地控制医疗费用。

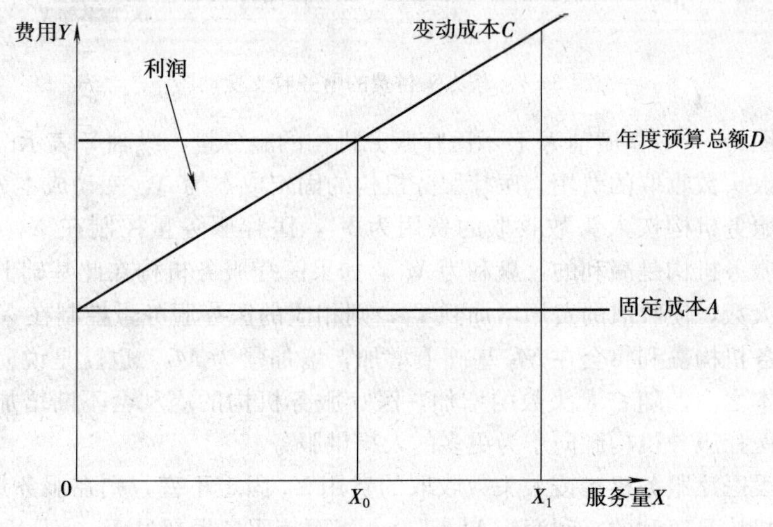

图 3—6 总额预算制的财务收支变动图

(2) 按人头偿付

按人头偿付是指由社会医疗保险机构根据医院或医生服务的被保险者人数，定期向医院或医生支付一笔固定的费用。在此期间，医方负责提供合同规定的一切医疗服务，不再另行收费。这种方式适用于投保人与医疗服务提供者具有相对固定关系的情况，即该服务提供者负责该投保人的一切（以合约规定为准）健康问题，包括病前保健和病后初诊、转诊，以及期间所发生的全部医疗费用。下面用图 3—7 来具体分析按人头偿付的支付方式。

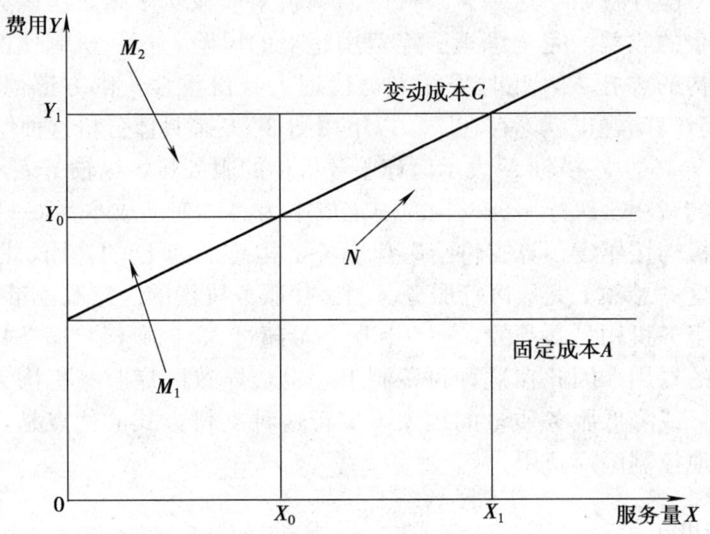

图 3—7　按人头付费的财务收支变动图

在图 3—7 中，横轴 X 表示医疗服务机构的服务量，纵轴 Y 表示医疗服务机构按人头数收取的费用。医疗服务机构的固定成本为 A，变动成本为 C。假设医疗服务机构按人头数收取的费用为 Y_0，医疗服务量控制在 X_0 点之内，则医疗服务机构是赢利的，赢利为 M_1。如果医疗服务机构在此基础上不断增加服务人数，使收取的费用增加到 Y_1，则相应的医疗服务量控制在 X_1 之内，医疗服务机构赢利将会在 M_1 基础上增加，增加量为 M_2。也就是说，在医疗服务成本之内，随着人头数的增加，医疗服务机构的赢利会不断增加。这就会鼓励医疗服务机构倾向于为更多的人提供服务。

假设医疗服务机构按人头数收取的费用 Y_0 固定不变，则在服务量 X_0 之内医疗机构是赢利的，利润为 M_1 部分，当医疗服务量超过 X_0，从 X_0 增加到 X_1 时，则医疗服务机构将会亏损，亏损额为 N。也就是说，在按人头数付费的方式下，医疗服务量与医疗服务机构的收入成反比，提供的服务量越多，则医疗服务机构的收入就会越少，甚至亏损。这样就会刺激医疗服务机构尽可能地采取各种方法降低医疗费用，但是也可能导致为降低费用而减少服务提供或降低服务质量的现象。这种费用支付方式的优点为：一是给医院预付定额补偿费用，使医院增强参与费用控制的意识，注意卫生资源的合理使用，控制过度服务；二是可确保医院一定的业务量；三是费用风险由医疗保险机构与医院共担。

（3）按病种偿付

按病种偿付是指将疾病按诊断等因素分为若干组，每组再按严重程度分为若干级，细分后的每一级具有固定的费用标准，根据住院患者所属组别和级别进行支付。该方法要求有详尽科学的病种分类法和发达的信息系统，这种方式可能会引发诊断升级方面的诱导需求。

（4）医疗费用偿付方式的比较

以上几种方法都是采取预付费用的方式来减少供方道德风险。对这三种预付方式的比较见表 3—1。医疗保险的费用支付方式有多种形式，各有各的经济诱因，对医疗保险机构、医疗服务机构以及被保险人的影响也不同，各有利弊。预付制的优越性整体上要大于后付制。按病种偿付科学性最强，但在诊断分类技术不成熟、全科医生短缺的情况下，管理成本较高，而且当诊断界限不确定时可能诱使医生诊断升级。按人头付费有可能使医院推诿重病患者，发生风险选择性行为。实行总额预算制似乎可行，但是如何厘定预算异常复杂，其影响因素有医院规模、服务质量和数量、通货膨胀等。因此，社会医疗保险机构应根据各地实际情况将其优化组合，实现对医疗费用的最优控制。

表 3—1　　三种预付制偿付方式的比较

预付方式	预付费用形式	费用触发机制	诱导需求	医生对策降低质量	风险选择	适用情况
总额预算	总额	无	无	严重	轻微	一般
按人头偿付	单价	服务人数	无	严重	严重	医疗服务提供者拥有固定的患者
按病种偿付	单价	病种	诊断升级	严重	轻微	住院服务

当保险人按医疗服务项目向医疗服务提供者偿付医疗费用时，会激励医疗服务提供者提供过多的医疗服务以获得更多的保险偿付，从而增加保险赔偿；在定额偿付的情况下，则会刺激医疗服务提供者提高服务效率，减少费用支出，因为当医疗服务费用超过保险人的偿付时，医疗服务提供者要承担超出部分的费用损失，所以定额偿付能有效控制道德风险引起的过度治疗。而且定额偿付也能保证医疗质量，因为如果医院为节省费用而不提供某些必

要的医疗服务，则有可能使患者病情加重，从而需要更为昂贵的医疗服务，反而进一步增加治疗费用支出，在定额偿付的情况下，医疗服务提供者是不愿意出现这种情况的，因而能够促进医疗服务提供者注重医疗服务质量，提供最有效率、最恰当的医疗服务。近年来西方发达国家社会医疗保险制度改革中的一个重要举措就是将传统的按服务项目偿付的后付制改为按一定费用标准定额偿付的预付制。

按人头付费和按病种付费，都可以引入竞争机制，如加拿大在初级卫生保健中，通过鼓励医生或医生团体之间的竞争来提高经济效率，医生可以独自或组成团体对其所提供的一揽子基本卫生保健服务提出价格，政府选择在竞争中获胜的价格，以此作为对医生的补偿水平。病人如果就诊于在竞价中获胜的医生，则可获得免费服务，若选择其他医生，则要支付高出政府标准以上部分的费用。而对于竞价获胜的医生来说，尽管竞争价格减少了收入，但就诊人数的增加可以弥补这一损失。

3. 实行“管理式医疗保险”，强化保险人对医疗服务的控制权

管理式医疗保险即利用一定的组织形式，把保险机构与医疗机构结合在一起，共同向参保人群提供一套包括预防保健到临床治疗的综合性、连续性的医疗服务保险体系。这种保险方与医方的结合，通常由保险机构发起，由保险机构开办自己的合同医院及招收医师，直接为参保人员提供医疗服务，如美国的健康维护组织（Health Maintenance Organization，HMO）。这种管理式医疗保险的优点是保险人直接参与医疗服务的管理。与传统的医疗保险对已发生的费用所进行的事后审核不同，管理式医疗保险对医疗服务的审核是在提供医疗服务之前，从而能有效地避免医疗服务的过度供给和对病人的潜在风险。将保险人与医疗服务提供者的委托—代理关系合二为一，从而将二者的利益统一起来，双方同舟共济、共担风险，这就从根本上促使医疗服务提供者主动自觉参与到医疗保险的管理中来，从而能有效地控制道德风险；提供更为广泛的医疗服务，包括提供预防保健到临床治疗，特别加强预防保健，改变传统的医疗保险“重治轻防”的倾向，并从源头上节约医疗费用的支出。据调查，管理式医疗保险与传统的医疗保险相比，可使医疗费用降低10%～20%。近两年美国医疗费用增长速度下降，管理式医疗保险制度功不可没。

4. 建立医疗服务质量及效用评价体系

虽然社会医疗保险制度改革的重点是控制医疗保险费用的增长，但费用的控制应是建立在保证医疗服务质量的基础上，否则同样会产生道德风险，导致医疗服务供给不足，损害被保险人的利益。所以必须建立医疗服务质量

及效用评价体系，这对选择签约的医疗服务提供者、科学地确定医疗保险费用的偿付标准以及判断社会医疗保险制度的效用都至关重要。可以从以下几个方面进行评价：一是机构的评价，包括医疗服务机构的医生及医疗设备的配备情况、医生的资格水平；二是医疗产品的评价，包括所提供的医疗服务项目、技术水平及服务价格是否能够满足医疗保险的要求；三是医疗效果的评价，即医疗服务质量的评价，包括费用效用（即成本—效益分析）、服务效率、被保险人取得医疗服务的便利和满意程度等内容。通过对医疗服务的质量及效用的评价，淘汰那些不合格的医疗服务提供者而由合格者替代，从而确保社会医疗保险制度效用的最大化。

5. 实行医药分开，建立一套科学合理的医疗服务价格体系

目前形成的以药养医的畸形医疗服务价格体系，造成了医生收受高额回扣，医生与医药代表私下交易，获取“开单费”“提成费”的现象。为了切断医生和药品收入的直接联系，一个可行的办法就是医药分开，将医院药房变成独立的药品零售企业。实行药品与医疗分业经营，既限制了医疗机构通过多出售药品来获得利益，又减少了医药合谋的可能性，降低了医疗服务提供者的道德风险。

6. 完善基本医疗保险药品目录和严格控制高新医疗技术的引进

某些疾病本来可以用普通药品和国产医疗设备来治疗，但医生在经济利益的驱动下，利用其对医疗专业知识的垄断信息和特殊地位，诱导病人使用价格昂贵的进口药品和高新医疗设备治疗，这就致使我国各大医院盲目地引进一些昂贵的大型高新技术医疗设备，重复投资严重，造成了医疗资源的严重浪费和医疗费用的飞涨。

7. 建立科学合理的医生收入分配制度

目前，不少医院将医生的个人收入与医生为医院创造的经济收入挂钩，这是导致医生开大处方的一个重要原因。医生的薪酬既不能直接决定于其提供医疗服务的数量，也不能实行固定工资制度。因为固定工资制度已被实践证明缺乏激励机制，不利于医生积极性的发挥，会导致医疗服务态度不好和质量下降。可以考虑建立一个包含级别薪酬和可变薪酬的动态薪酬体系：级别薪酬包括医生技术技能工资、岗位工资、工龄工资、一般津贴和奖金等；可变薪酬则取决于疾病治疗（手术）的数量及难度、治疗效果（手术质量）、服务态度（病人满意度）、被投诉次数、乱开大处方的次数和加班津贴等。这样，有利于解决目前医生提供过度医疗服务的倾向。

（四）对医疗保险机构道德风险的控制

医疗保险机构应代表患方与医方讨价还价，对医疗服务的质量和价格实

施有效的监督，如果医方无法满足要求，则可以主动退出这种委托关系，寻找新的医疗服务代理人。为了给退出机制创造条件，政府应鼓励民间资本进入医疗服务市场，打破当前主要由公立医院垄断的局面。竞争的医疗服务市场可以使信息公开化并趋近于市场均衡水平，因此能极大地降低信息不对称给社会医疗保险机构造成的损失。例如，美国优先提供者组织代表投保人利益就服务收费与医方进行价格谈判，从中选择价格优惠的医院，一般可将价格压低 15%左右。

诱导需求产生的根源在于医疗机构，它们相对患者和保险机构具有明显的信息优势，这种信息优势不仅表现在专业优势上，而且还表现在医院的信息不透明上。建立医疗信息公开制度就是医院将患者关注的医疗信息通过适当的方式公开，方便患者查询，包括医疗服务收费标准、医疗质量统计数据、医生、专家信息以及病历记录信息等。通过信息公开加强医患沟通，体现在从患者就诊到离开医院的整个过程中，患者不是被动地接受医务人员的安排，而是主动参与治疗。医患双方有大致相等的主动性和权利，双方共同协商，参与医疗方案的决定和实施，尽量缓解信息不对称。利用信息技术建立医疗服务信息系统，使保险机构能够对被保险人的诊疗过程有一个全面、系统的了解，在此基础上，保险机构的费用控制能力将大为提高。

（五）小结

可见，由于医疗保险市场的特殊性，使得这一市场道德风险特别突出，医疗保险费用的急剧上涨，除了人口老龄化、医疗设备费用昂贵等因素影响外，在很大程度上是由道德风险导致对医疗服务供求的扩张所引起的。社会医疗保险能够有效地避免逆向选择，但对道德风险却难以克服。所以建立医疗保险道德风险的控制机制，对供给方、需求方以及保险机构存在的道德风险进行有效的控制，是控制医疗费用上涨的关键。另外，还需要与医疗保险体制改革与医疗卫生体制和药品流通体制改革相协调和配合，只有整体推进才可以从制度上规避供需双方的道德风险。

▶第三节　医疗保险中的逆选择

事前的机会主义被称为“逆选择”，即在达成契约前，一方利用信息优势诱使另一方签订不利的契约。医疗保险市场的特殊性和信息的不对称，导致逆选择现象发生，造成了医疗保险供给不足。

一、逆选择现象及原因

阿克劳夫（Akerlof）1970 年对旧车市场模型（lemons model）的分析，开创了逆选择理论。他从质量与不确定性之间的关系开始其对旧货市场的讨论。在信息不对称的条件下，卖主知道车的真实质量，买主不知道，只知道车的平均质量，因而只愿意根据平均质量支付价格，但这样一来，车的质量高于平均水平的卖主就会退出交易，只有车的质量低的卖主进入市场。结果导致市场上出售的旧车质量进一步下降，买主愿意支付的价格也就进一步下降；更多的较高质量的车退出市场，如此循环下去，最后只剩下低质量的汽车在市场上交易。阿克劳夫解释了为什么质量再好的二手车在旧车市场很难卖出高价，同时也分析了市场上劣质产品排斥优质产品的机制。显然这种市场是低效率的。当这种由不确定性的、先天的、外生的信息引起的逆选择在市场大量存在时，为保证市场交易效率，市场参与者需要支付一定的市场信号成本使交易活动能够实现。

保险市场中的逆选择（adverse selection）是指投保人进行与保险人相反的选择，即投保人状况较差者选择购买保险或申请续保，而情况良好者则不欲购买保险或续保。逆选择理论在保险市场上有着重要的应用。保险人通过保险合同与投保人达成发生保险事故时支付一定赔偿的协议，投保人以支付保险费为代价。然而，每个顾客发生意外的可能性是不同的，那些最容易发生意外的人往往最愿意购买保险。

二、医疗保险逆选择现象及原因

信息不对称是导致逆选择的根本原因，它使整个市场交易不能够实现帕累托最优。医疗保险中的逆选择主要表现为医疗保险市场上高风险者参保驱逐低风险者，以及医疗服务市场上低质量医院驱逐高质量医院。

（一）医疗保险市场上的逆选择

导致医疗保险市场供给不足的重要原因之一是逆向选择。就保险双方而言，存在着信息不对称问题。被保险人比保险人更为了解自身的健康状况，保险人则在这方面处于信息劣势地位，这很可能诱导被保险人的逆选择。不同的人感染疾病的概率是不同的，从理论上讲，天生体弱者只能支付较高的保险费才能买到医疗保险，但是，逆向选择的结果是高风险的人隐瞒其真实风险状况，积极投保的人很可能都是天生体弱的人，购买保险的人恰恰是那些更加需要保险的人，所以购买保险的人的风险高于平均风险。由于信息的不完善，保险公司假设所有消费者都面临着相同概率的疾病风险，根据平均预期损失和平均风险来计算保险费。而实际上，不同消费者面临的疾病风险和预期损失是不同的，在这种情况下，高风险人群将愿意购买保险，因为根据平均风险决定的保险金低于根据高风险所确定的保险金，相反，低风险人群将不愿意购买保险。于是，当被保险人具有较标准体稍高的风险水平，而保险人并未意识到这种风险，因而没有要求提高费率时，被保险人的逆选择便会发生。逆选择使得风险较低的被保险人最终会因其缴纳的保费水平与健康水平相比过高而放弃投保或者退保，结果高风险的被保险人比例提高了，从而加重了保险公司的医疗费用负担，增加了其经营风险。当这种情况发生后，保险公司就发生亏损，为了保证保险公司收支平衡，公司就需要根据高风险参加人数所占的比例情况调高保险费，但当保险费上升后，更多的低风险的消费者将会退出保险市场，这就导致了恶性循环，这就是医疗保险市场中“病人”驱逐“健康人”的逆向选择现象。这种恶性循环继续下去将会使退出市场的人越来越多，最后，在其他假设条件不变的情况下，医疗保险市场就会出现供给不足。

由于健康的人不愿投保，而投保人主要都是高风险人群，因而会出现系列的问题。逆选择对于老年人更加严重，因为生命中最后一年的医疗费用很可能要占人生总医疗费用的20%。对保险商来讲，“撇奶油”的心理倾向本来是想吸收良性风险的人，回避那些恶性风险或天生体弱的人，但由于它不掌握投保人的私人信息，对他们的风险情况很难判断和分类，最终结果可能恰好相反，于是逆选择导致市场失灵。强制性的社会医疗保险是向所有不同风险的人提供相同标准的保险，良性风险的人不得不参加，从而分散了风险，使社会福利损失降至最低。

（二）医疗服务市场上的逆选择

在医疗服务市场中，并不是所有的医院都会提供高质量的医疗服务，医院的医疗服务质量存在很大差别，有的医院医疗服务质量很高，有的则比较低，而那些质量比较低的医院会将医疗服务质量特征的真实信息掩盖起来，这个时候，整个医疗服务市场上的医院都向患者宣传，宣称自己的医疗服务质量一流。由于医患信息不对称，患者缺乏医疗服务质量的真实信息，因此，无法判定哪个医院进行了真实的宣传，哪个医院的信息是虚假的。在这种情况下，患者只能根据自己对医疗市场中医疗服务质量的主观判断进行决策，按照平均质量支付价格。当不同质量的医疗服务被患者以同样的态度对待时，低质量的医疗服务由于成本优势，可能会占据上风。当患者发现实际的医疗服务并没有预期的好时，就会进一步降低对整个市场中医疗服务质量的估计水平，降低愿意支付的价格水平，如此循环反复，就有可能将成本比较高但质量也比较好的医院淘汰出局，留下的只是质量较差的医疗服务机构。

假定在医疗服务市场上有多个医院提供医疗服务，同时存在多个潜在的患者有医疗保健的需求，医院知道自己医疗服务质量 θ，患者不知道医疗服务质量 θ，但是知道 θ 的分布函数 $F(\theta)$。假设患者对医疗服务的评价为 $V(\theta)$，医院对医疗服务的评价为 $U(\theta)$，医疗服务的价格为 P，患者决定接受或不接受。如果接受，患者的效用为 $\pi P=V(\theta)-P$，医院的效用为 $\pi H=P-U(\theta)$，如果不接受，双方的效用为 0。

假定医疗市场上医院提供的医疗服务质量为连续分布 $\theta\in[a,2a](a>0)$，其中 $\theta=a$ 表示低质量，$\theta=2a$ 表示高质量，医院和患者对医疗服务质量的评价等于医疗服务的质量，即 $V(\theta)=U(\theta)=\theta$。那么在患者不接受的情况下，双方的支付效用向量为（0，0），如果在价格 P 下患者接受医疗服务，那么患者的净效用为 $\pi P=V(\theta)-P=\theta-P$，医院的效用为 $\pi H=P-U(\theta)=P-\theta$。由于患者不知道医疗服务质量的真实状况，患者对于医疗服务质量的预期为 $E\theta=1.5a$，愿意支付的价格也是 $1.5a$，此时所有高质量的（质量高于 $1.5a$）医疗服务将退出交易，因为 $\pi H=P-U(\theta)=P-\theta<0$，留下的是低质量的医疗服务，因为 $\pi P=V(\theta)-P=\theta-P>0$。结果市场上医疗服务的平均质量由 $E\theta=1.5a$ 下降到 $E\theta=1.25a$，患者愿意支付的价格也由 $1.5a$ 下降到 $1.25a$。但在价格等于 $1.25a$ 时，只有平均质量低于 $1.25a$ 的医疗服务存在，这样留在市场上的医疗服务质量进一步下降。如此反复，可以证明唯一的均衡价格是 $P=a$，质量高于 a 的医疗服务会退出医疗市场，只有低质量的医疗服务被患者接受。

可见，在医患信息不对称的情况下，当医院提供低质量医疗服务时，它不仅影响了患者对整个医疗市场平均质量的判断，而且降低了他们愿意为平均质量的医疗服务所支付的价格水平，这对于提供高质量医疗服务的医院来说是一种打击。逆选择说明了医患信息不对称的后果，低质量医疗服务的提供者不仅损害了患者的利益，而且还破坏了正常的市场秩序。

三、医疗保险逆选择的简单博弈模型

让我们构造一个简单的博弈模型。[①] 假定有两个当事人，一个是保险人，一个是投保人。博弈分两个阶段。在博弈的第一阶段，保险人可以选择承保，

① Rothschild, M. and J. Stiglitz. Equilibrium in Competitive Insurance Market. Quarterly Journal of Economics. 1976，90：629—649；张维迎．博弈论与信息经济学．上海：上海三联书店，2004．330～334

也可以选择不承保。如果保险人不承保，交易不进行，博弈结束，双方各得0的收入。如果保险人选择承保，博弈进入第二阶段，轮到投保人决策。投保人可以选择诚实，也可以选择欺诈。如果投保人选择诚实，双方各得5个单位的收入；如果投保人选择欺诈，投保人得到10个单位的收入，保险人损失5个单位收入。博弈树如图3—8所示，图中的第一个数字表示保险人收入，第二个数字表示投保人收入。

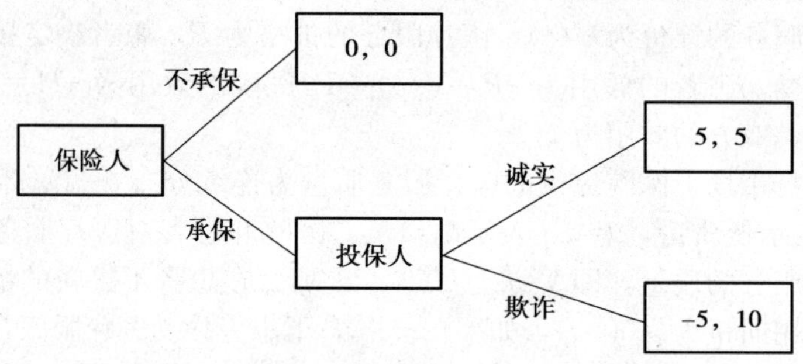

图3—8　保险人与投保人的简单博弈树

现在假设信息完全对称，投保人和保险人都是理性人，交易只进行一次，让我们用逆向推理的办法求这个博弈的纳什均衡。在给定保险人选择信任的情况下，如果投保人选择诚实，投保人将得到5个单位的收入，如果选择欺诈，投保人将得到10个单位的收入，所以理性的投保人的最优选择是欺诈。现在回到博弈的第一阶段，如果保险人是理性的，知道投保人会选择欺诈，保险人选择不承保将得到0单位的收入，选择承保将损失5个单位的收入，所以保险人的最优选择是不承保。博弈的纳什均衡解是：保险人选择不承保，投保人选择欺诈。

但是，在现实生活中，这样的均衡似乎不存在，因为既有保险人承保，也有投保人诚实投保。难道是上面的推断错误吗？当然不是。首先，在上面的博弈中欺诈是没有成本的，所以投保人一定会选择欺诈。如果存在欺诈成本，假设为6，使得欺诈的收益4（4＝10－6）小于诚实的收益5，则投保人将选择诚实投保。其次，因为我们假设信息完全对称，保险人知道投保人一定会选择欺诈。如果存在信息不对称，保险人在无法判别投保人是否会进行欺诈的情况下，可能会冒风险承保。但是，保险人会把这一风险成本通过提高保险费转嫁给投保人，而提高保险费会使得原来进行诚实投保的一些保险人放弃投保，这又会大大增加保险单中保险欺诈的比例，从而迫使保险人再次提高保险费。如此恶性循环，最后使得所有诚实投保的投保人全部退出市场，剩下的全是进行欺诈的投保人，从而出现所谓的逆选择。

下面建立模型并推导逆选择与保险费之间的关系。

假设：某投保人不出险时获得的收入为 X_0，出险时获得的收入为 X_1（$X_0>X_1$），出险的概率为 P，则该投保人的期望收入 $M=(1-P)X_0+PX_1$。如果该投保人参加保险，保险费为 K，保险金为 ΔX，则投保人参加保险的确定性等价收入为$D=(1-P)(X_0-K)+P(X_1-K+\Delta X)$。

（1）对于保险人来说，如果投保人中不存在进行欺诈的人，利润

$$\pi=(1-P)K_1+P(K_1-\Delta X)=K_1-P\Delta X \tag{3—1}$$

如果投保人中存在进行欺诈的人，不欺诈的概率为 δ，欺诈的概率为 $1-\delta$，则利润

$$\pi=\delta(K2-P\Delta X)+(1-\delta)(K_2-\Delta X) \tag{3—2}$$

很明显，当 $\delta=1$ 时，（3—2）式与（3—1）式等价。假设保险市场是完全竞争的（这并不影响结论），保险人只能获得正常利润，$\pi=0$。解得：$K_1=P\Delta X$，$K_2=\Delta X(1-\delta+\delta P)$。由于 $P<1$，可知 $K_1<K_2$，并且随着 δ 的减小，K_2 不断增大。说明在存在保险欺诈可能性的情况下，保险人将提高保险费，并且保险费随着保险欺诈可能的增加而增加。

（2）对于投保人来说，诚实投保的净收入

$$N_1=D=(1-P)(X_0-K)+P(X_1-K+\Delta X) \tag{3—3}$$

欺诈投保的净收入

$$N_2=(1-b)(\Delta X-K)-bS \tag{3—4}$$

其中，b 为保险欺诈被发现的概率，$b=b(I)$，I 为社会信誉制度及个人信用体系的建立程度。因此，b 的一阶导数 $b'>0$，二阶导数 $b''<0$。说明随着 I 的增大，b 不断增大，并且这种作用随着 I 的增大而递减。S 为投保人因保险欺诈而遭受的惩罚成本。由 $N_1=N_2$ 解得

$$K_0=[(1-P)X_0+PX_1+P\Delta X+bS-(1-b)\Delta X]/b \tag{3—5}$$

当 $K>K_0$ 时，$N_1<N_2$，则有欺诈动机的投保人将进入保险市场进行保险欺诈。随着 K 的增大，N_1 不断减小，越来越多诚实投保的人退出保险市场；N_2-N_1 不断增大，越来越多的欺诈者进入市场。

因此，由于保险欺诈的存在，保险人不得不提高保险费，而保险费的提高又可能导致诚实投保的人退出保险市场，有欺诈动机的人进行保险欺诈。为了防止逆选择的出现，一方面，必须控制 K 的增加，使尽可能少的诚实投保者退出保险市场；另一方面，必须使得 $K<K_0$（K_0 为临界值），从而 $N_1>N_2$，使得有欺诈动机的投保人的诚实投保收入大于欺诈投保的收入，进而选择诚实投保。因此，要使得 $K<K_0$ 得到满足，要么减小 K，要么提高临界值 K_0。而保险费 K 是由保险人根据国家规定、公司经营情况、保险单的情况等客观条件经过保险精算确定的，一般不会轻易降低，所以提高 K_0 比较现实。

很明显，b一定时，提高S可以提高K_0，说明提高保险欺诈的成本有助于消除逆选择。一般情况下，S一定时，提高b也能提高K_0，说明增大保险欺诈被发现的概率也有助于抑制逆选择。

四、医疗保险逆选择的控制策略

从上面的简单博弈模型分析中可以看出，规避医疗保险中的逆选择，需要提高医疗保险欺诈的成本，增大医疗保险欺诈被发现的概率。具体规避措施如下：

（一）对投保人进行“风险选择”

保险公司为了获取更大的利润，减少人们对医疗保险的逆选择，采取的措施之一是对投保人进行“风险选择”，即尽可能地选择高收入、低风险的年轻健康人群参加医疗保险，而将高风险、低收入的人群排除在他们的保险范围之外。逆选择产生于信息不对称，因此控制逆选择的方法主要从被保险人的信息披露入手。主要有两种方法：一是加强保险人对被保险人的信息掌握，将高风险人群和低风险人群区别对待；二是以低保险金、低成本将高风险人群和低风险人群留在同一保险群体中以分散风险。逆选择是一种投机参保行为，它容易导致保险机构出现赤字，难以经营。

（二）财政补贴，实行社会医疗保险

实行社会医疗保险是解决“逆选择”问题的方法之一。社会医疗保险中的“社会化原则”和“全员参保原则”就是为了避免逆选择的发生而设置的。即从法律上要求每一个人都要参加医疗保险，实际上是用强制的手段对社会收入进行了一次再分配。但在社会医疗保险的实施过程中，仍要重视“逆选择”这个医疗保险市场中的常见问题。

政府强制保险对于逆选择来说是一种帕累托改进。但目前国内社会医疗保险能力只能满足少部分人的医疗保险需求。以利润为目标的商业医疗保险基于自身利益，会拒绝不可保风险的承保，这也是很多医疗服务不被承保的原因。逆选择问题导致的市场失灵使消费者需求很高的一部分医疗保险，尤其是门诊医疗保险成为市场空缺。这使政府将商业医疗保险作为社会医疗保险补充的目的无法达到。因此，只有对商业医疗保险实行政府补贴或类似补贴的特定人群保险优惠才能使这一市场空缺得到弥补，从而完善社会医疗保险，也使商业医疗保险业得到健康发展，提高人均医疗保险水平。

（三）规范代理人销售行为，使其成为初级“核保人员”

代理人是代表保险公司直接与客户接触的最“前线”人员，他们必须遵循“最大诚信原则”，对客户履行如实告知的义务，努力提供最优质的服务，同时又必须维护保险公司的利益。相对于保险后台专业核保人员，这些处于营销前线的代理人能够最直接地了解客户的真实情况。通常，一个完整的保险销售流程需要接触、说明、沟通等多次面谈，在这一过程中，代理人完全有机会准确地把握客户实际的健康、财务状况。因此，加强对代理人的教育培训，提高代理人对客户的基本筛选能力，让代理人在某种意义上成为保险公司前线的初级“核保人员”，将核保流程前置到销售过程中，将有效地控制经营过程中的逆选择风险。

（四）合理运用技术手段，研发新产品、新条款

保险公司可以在条款设计上充分运用“免赔”“共保”“保险限额”“除外责任”的设计，提高被保险人自付医疗费用的比例，抬高恶意骗保者的获得成本，从而有效控制潜在风险。同时，在健康险条款中可以设计让客户自由选择出险后是在保险公司网络内医院还是在网络外医院就诊，如果选择保险公司网络外医院就诊，那么保费要提高，保险责任有限判；如果客户选择网络内医院就必须按照保险公司要求到定点医院治疗。对一些常见的外科手术，可以实行这样一种机制：保险公司要求病人获得与建议施行手术的医生不是同一办公室或同一栋楼的另一个医生的意见，称为“第二外科手术意见”。如果二者意见一致，就可以施行这个手术，如果不一致，就需要第三个医生的意见。

（五）校正风险保险金

为了限制和减少逆选择参保，保险机构制定出许多保险政策，如制定较高的起付线和共付率来限制高风险消费者投机参保。另外，还可以按年龄、性别或健康状况调整保险金。措施有：不把投保前所患疾病包括在保险补偿范围内；要求被保险人在投保前作体检以确定被保险人的真实健康状况；要求投保一段时间后才能将某些服务包括在补偿范围内；对续保人降低保费等。这些做法均是为了校正信息的不对称。其中用健康状况校正保险金的方法理论上最为有效，但在实际操作中，由于个人全面体检成本过高，个人既往病史、家族遗传史等统计资料很难掌握，致使使用体检来校正保险金难度较大。而采用年龄—性别校正保险金的方法则比较简便，实际应用也十分广泛。但

这里需要注意一个问题：健康状况和年龄正相关，如果同时选择这两个变量校正的话作用会不明显。因此如果能以健康状况校正，就无需再用年龄校正。[①]

（六）团体保险

如果疾病发生风险是外生的且保险人无法观察到，医疗保险市场均衡就不能达到。团体保险扩大了被保人群，其中包括了高风险和低风险的人群，且总体分布随机，这就使逆选择得到了较好的控制。团体保险的保险金低，市场吸引力也较大。投保身份是个人还是团体对保险费率的确定影响很大。团体投保的保险费率明显比个人投保的保险费率低：一是因为逆选择的减少；二是因为团体保险中每个人分摊的管理成本较低，推销成本也较低。

本章小结

医疗保险系统是一个以维持医疗保险的正常运转和科学管理为目的的，主要由被保险人及其单位、医疗保险机构、医疗服务提供机构等要素组成的，以规范医疗保险费用的筹集、医疗服务的提供、医疗费用的支付为功能的有机整体。

在医疗保险系统中，各方围绕着保险基金的筹集和医疗费用的补偿问题相互作用、相互影响。具体表现为医疗保险机构与被保险人（保、患）之间的保险合同关系；医疗保险机构与医疗服务提供者（保、医）之间的保障合同关系；医疗服务提供者与被保险人（医、患）之间的治疗合同关系。医患关系的核心内涵是共御疾病而结成的目标和利益共同体，根据患者症状的严重程度，医患互动可以分为三种模式，即主动—被动模式、指导—合作模式以及相互参与模式。

医、保、患三方的相互影响、相互作用的复杂关系使得医疗保险系统运行机制极其复杂。医疗保险系统只是社会大系统中的一个子系统，它与其他社会系统有着广泛的联系，其中与医疗卫生系统的联系最为密切。

道德风险亦称“败德行为”，一般指一种无形的人为损害或危险。它也可表述为从事经济活动的人，为最大限度地增进自身效用而做出不利于他人的行动。医疗保险中的道德风险是指医疗服务的利益方利用自身掌握的信息优势造成保险费用不合理增长和医疗资源过度消耗的机会主义行为。

---

① 国锋，孙林岩．医疗保险中的逆选择问题研究．上海经济研究．2003，11

医疗保险的道德风险来源于多个方面，不仅来源于被保险人，还来源于医疗服务提供人。产生的主要原因有：医疗保险市场中存在信息不对称；医疗保险市场的参与者结构；“第三方支付”制度；疾病治疗的不确定性；“以药养医”的医疗服务价格补偿机制；医疗保险费用支付方式是按服务项目付费的“后付制”。

医疗保险的道德风险表现有微观和宏观之分，道德风险在微观层面的表现为医疗服务的供方和需方分别过度提供和过度索取医疗服务，从而导致医疗费用不合理增长；道德风险在宏观层面的表现为医疗卫生资源使用的低效率和医疗费用的不合理增长。

对于医疗保险需方道德风险的控制可以通过成本费用分担机制，使被保险人有动机来主动节约医疗开支，还可以扩大排除给付，建立“守门人”制度。对医疗服务提供方道德风险的控制可以通过完善医疗服务合同，加强医疗服务提供人之间的竞争；优化医疗费用偿付方式，约束医疗服务的过度供给；实行“管理式医疗保险”，强化保险人对医疗服务的控制权；建立医疗服务质量及效用评价体系；实行医药分开，建立一套科学合理的医疗服务价格体系；完善基本医疗保险药品目录和严格控制高新医疗技术的引进；建立科学合理的医生收入分配制度来实现。

逆选择是指投保人进行与保险人相反的选择，即投保人状况较差者选择购买保险或申请续保，而情况良好者则不欲购买保险或续保。非对称信息是导致逆选择的根本原因，整个市场交易不能够实现帕累托最优。医疗保险中的逆选择主要表现为医疗保险市场上高风险者参保驱逐低风险者，以及医疗服务市场上的低质量医院驱逐高质量医院。

从保险市场简单博弈模型分析中可以看出，规避医疗保险中的逆选择，需要提高医疗保险欺诈的成本，增大医疗保险欺诈被发现的概率。具体控制策略有：对投保人进行“风险选择”；财政补贴，实行社会医疗保险；规范代理人销售行为，使其成为初级“核保人员”；合理运用技术手段，研发新产品、新条款；校正风险保险金；团体保险。

复习思考题

1. 如何理解医疗保险系统的构成及其关系？
2. 医疗保险道德风险产生的原因和主要表现是什么？
3. 从哪些方面来控制医疗保险中的道德风险？具体措施有哪些？
4. 医疗费用分担机制和偿付方式是如何影响医疗保险道德风险的？
5. 医疗保险逆选择的产生原因和主要表现是什么？

6. 控制医疗保险逆选择的具体策略有哪些？

案例讨论 1

道德风险和逆选择①

“道德风险”和“逆选择”这两个术语起源于保险行业，比方说有一群人想买医疗保险或者人寿保险。其中一些人可能有与生俱来的高风险，比如他们很容易得病，有家族病史，或天生喜欢以比较危险的生活方式生活等，而另外一些人具有与生俱来的低风险，例如家族寿命都比较长，或者很注意有规律的生活。这样的风险信息是个人的私有信息，而保险公司无从获知和观察到，那么保险公司将对所有的人以同样的保费率进行保险。

但是，这样运作的保险公司，将很可能由于多数的投保人是高风险类型人士而破产关门。比如很容易得病的人投保健康保险，不容易得病的人不参加保险，于是保险公司需要赔给保户的钱将远远高于他们按照平均得病率计收的保费，从而带来损失。这里，私有信息的存在，使得投保人可以就他们本身的身体情况或风险程度说谎。这样一来，从保险公司的角度看，它们得到一大堆“逆选择”得来的投保人。平常人们说“选择”，都是往好的方面选。保险公司的上述市场活动带来的选择，“选”出来的是比较不那么好的一群。所以这种选择叫做“逆选择”。逆选择会导致保险公司因风险过高而破产。

逆选择说的是人们隐蔽其“坏”的特征而出现的结果：向保险公司投保的实际上多是特征不那么好的人。

隐蔽行为则导致“道德风险”，在保险业中的情况是：以财产保险为例，一旦人们办理了保险，他们往往会因此故意地或不自觉地忽视日常的保管工作而让保险公司承担更大的风险。一个人购买了家庭财产保险之后，将不再像以前那样仔细地看管家中的财物了。当出门的时候，他可能不再像没买保险以前那样仔细地检查煤气是否关好，易燃的电源插头是否拔下来了等，因为现在如果屋子着火了，他将获得保险公司的赔偿。作为极端的例子，有人甚至自己故意造成火灾来骗保。在这里，因为保险公司无法观察到人们在投保后防灾行为的情况从而产生了“隐蔽行为”。保险公司面临着人们松懈责任甚至可能采取“不道德”的行为而引致的损失。

市场经济是契约经济，市场经济讲究合同关系。以签订合同的时间为界限，逆选择是“合同前的机会主义”，因为私有信息的存在提供给人们在合同签订前讨价还价时说谎的机会；道德风险是“合同后的机会主义”，许多行为是不可观察的或不可证实的，这就提供给了人们在合同签订后不遵守诺言或

① 案例来源：http：//economist. icxo. com/，2004－10－09

行骗的机会。

许多人都有这样的经验：商量事情的时候一切都说得好好的，但是协议成立以后各方是否按照说好的那样全力去做，就很难说。合同成立以后，不少人更多关心的是合同中自己的利益，而不是自己的责任。这就是道德风险问题。

案例讨论 2

患者一年半转院 13 次　分解住院成骗保新招①

在一年半内第 13 次出院后，云南省昆明市 68 岁的脑膜瘤患者何老先生及其家人忍不住抱怨：为什么医保病人每次住院不能超过 1 个月？

直到云南省医保中心介入后，他们才惊讶地知道，这条子虚乌有的“规定”，竟是医院为了防止医保费用超支而对他们进行的误导。

这并非孤例。另一位患脑梗的参保患者也在一年时间内住院 11 次，其中不乏被迫转院的情况。

据调查，在被称为“分解住院”的现象背后，一边是医保中心为保证医保基金不超支，制定限额“卡”住医院，另一边是医院为实现自身利益最大化，想方设法打“擦边球”。而夹在两者中间、没有知情权和话语权的参保患者的利益却被忽略了。

一年半内转院 13 次

40 年前，何老先生罹患脑膜瘤，做了手术后，一直服药疗养。2006 年 6 月，他病情恶化住进了医院，治疗了 1 个月刚有所好转时，医生就请他出院。

何老先生被告知：由于他属于云南省医疗保险参保人员，根据云南省医保中心的“规定”，每次住院最多 1 个月，每次治疗费用最高 1 万元。时限一到，不论病情如何，患者必须出院。如果想以同一病种再次入住同一家医院，必须等 15 天以后。

在这条“规定”下，一年半的时间内，何老先生在昆明的 7 家医院辗转住院 13 次。每次住院快满 1 个月时，家人就得重新联系医院，如果不巧没有床位便只能回家暂住。频繁转院多次后，何老先生的病情有所加重。

每次住院，多则花费上万元，少则七八千元。令人无奈的是，每次入院都要重新做一回常规检查，在别的医院做的检查“随着病情变化只能留作参考”。何老先生也曾希望继续住院自费治疗，但微薄的退休工资无法承担每天数百元的费用。

何老先生的老伴说，如果没有医保，以一家之力很难支撑这么长时间的治疗，但她不明白：为什么医保中心会制定如此不人道的规定？

医院收的医保病人越多，亏损越大？

何老先生的遭遇经当地媒体曝光后，云南省医保中心迅速作出反应，出

① 案例来源：中国青年报，2008—01—03

面澄清：医保部门从未作过“住院不能超过1个月，一次治疗限额1万元”的规定。事实上，医院此举是明显的分解住院、推诿拒绝医保患者的行为，违反了医保协议规定。

云南省医保中心副主任潘华说：“医保中心强调，定点医院在病情不允许的情况下，绝不能要求病人出院，否则，由此造成的不良后果由医院承担。”

“限制住院时间和费用是违背医疗原则、损害广大参保人员的利益的。”对于何老先生一家的误解，潘华说，没有哪个医生敢公开宣称医保中心有这样的规定，“但不排除少数医务人员在私下进行曲解和误导”。

为什么医务人员要推诿、误导医保病人？昆明某三甲医院医保办负责人说，现行医保政策的结算办法不科学，使“医院收的医保病人越多，亏损越大”。

与全国大多数地区一样，云南省城镇职工基本医疗保险住院费实行的是“总量控制，定额结算”的操作办法。每年年初，省医保中心根据年度基金收入预测和住院发生规律确定每季度的支出预算，再确定各医院医保病人次均住院费用的定额标准。

参保病人住院后，只要付清自费部分（约为25%～30%）便可结账出院，其余部分由医保中心在每季度末与医院进行结算。比如，对于省级医院来说，云南省医保中心确定的人均住院定额是9 200元，当某一季度参保病人发生的平均住院费用低于或等于9 200元时，医院可以据实收回全部费用；但如果所有参保病人的平均住院费用超过了9 200元，医保中心则先照实支付人均9 200元以内的住院费，剩下的只能等到年底时，视统筹基金的结余情况确定一个系数，“补贴”一部分。如果系数为0.5，医院就只能收回超定额费用的一半，其余一半则随着系数“蒸发”掉了。

昆明某三甲医院提供的数字表明，截至2006年年底，云南省、昆明市两级医保病人在该医院发生的医疗费用中，有4 400万元被“蒸发”了，相当于该医院两年的结余。

“参保人员的医疗费用中明显有水分”

然而，在医保中心看来，被“蒸发”掉的全都是对医院违规行为的罚款和对部分超定额费用的扣款。

潘华说，医院为什么不反问一下自己，是不是医疗费用太高了？

一个事实是：云南省医保参保人员的平均住院费用远高于社会平均住院费用。根据云南省卫生厅的公示，2007年第三季度各省级医院（除单独核算定额的专科医院外）的社会人均住院费用均不超过9 000元。潘华说，省医保给的9 200元人均定额绰绰有余，但仍有医院抱怨“不够用”。

一位熟知医保的业内人士说，由于未参保人员中包括了住院天数较短、费用较少的儿童和农民，社会平均住院费用比参保人员住院费用低一点是正常的，但是如果两个数字差得太多，“说明参保人员的医疗费用中明显有水分”。

“节约医疗开支的空间绝对是有的，而且很大。如果所有的定点医疗机构都能用低廉的医疗费用提供服务的话，医保基金肯定是够用的。”这位人士说。

据了解，云南省医保基金启动之初实施的是简单的全额报销，即医院发生了多少费用医保中心都照付不误。医保基金启动的2001年，不但保障了所有参保人员的医疗费用，还有1 600万元的结余。可到了2002年，这1 600万元就和当年的基金收入一起，全部支付给了医院。

这种全额报销的结算方法，“鼓励”了医保费用的超速增长。在这两年多的时间里，云南省人均住院费用的涨幅超过50%。2000年医保启动前，社会平均住院费用是6 700元；医保启动后，2001年参保病人平均住院费用是9 000元，到2002年涨到了11 000元。

“在没有重大疫情、灾情的情况下，医疗费用像这样涨是不正常的。”潘华说。

省医保中心意识到，筹资的涨幅远跟不上医疗费用的增长，医保基金崩盘难以避免，于是在2002年年底出台了新的结算办法，降低了报销比例。

“患者是吃饭的，医保中心是‘埋单’的，医院又开饭馆又点菜。什么叫基本医疗保险？坐草墩、吃大排档，农家乐的水平，你非要给人吃海鲜，医保中心付得起吗？只能下定额。”上述业内人士说。

医院“充分利用”医保定额

新的结算方法有效地遏制了医保病人平均住院费用的增长，2006年省医保人均住院费用从11 000元回落到7 900元。但与此同时，“医保零利润，医院负利润”的说法在一些医院内部非常流行，部分医院在如何“充分利用”医保定额上绞尽了脑汁。

一位不愿意透露姓名的外科医生说，医保中心给医院下定额，医院就将定额指标分配给每个科室，超额部分只能由科室自己承担。于是各科室又将定额转嫁到病人头上。他所在的科室的定额是人均8 000元。

尽管医保中心明确反对将医保定额理解为“医保中心给每个病人9 200元”，但是几乎所有的医院都在暗地里测算单个病人的住院费用。一方面，在定额范围内，医院用大处方、乱检查、延长住院时间的手法，使收入最大化。“有的本来只要2 000元就可以出院的，医院非要让他用到8 000元；有的上呼吸道感染患者也要住院，做阑尾炎手术也大量服用抗生素。”另一方面，一旦超过定额，医院就想方设法让病人出院，或采用分解住院、迫其转院等，以防止超支后医保中心扣款。

一位医保专家承认，这种结算方式“带来了一些负面影响，使医、患、保三方关系不是很和谐”。

有医院抱怨，在医院、医保中心和患者的三角关系中，医保中心用“定额”来卡住医院的手脚，把医务人员推到与患者发生冲突的最前沿。

“医生本来应该全心搞科研，护士长应该把更多的精力放在护理质量的提高上，但现在却忙于学习医保政策、忙于查账、忙于应付医保中心的检查。”某三甲医院总会计师说，医保中心想降低医疗费用，却不从政策层面想办法，而把解释医保政策的责任全都推给了医生和护士。

对此，潘华反驳说："医务人员不要老觉得外界的压力大于医疗职责的压力。你要想一想，你的服务对象是老百姓，你们的信息是不对等的，你有没有义务帮病人省钱?"

潘华说，医保经办部门对各类违规行为采取了抽查 20%的病历、5 倍罚款等方式来监控、查处。

上个星期，云南省医保中心要求相关 7 家定点医院的医保办提交了何老先生的病历。潘华说，经过检查，确实存在"分解住院"的情况，但他没有透露具体情况和处理结果。

而何老先生一家在众多关注的目光中选择了沉默。他们担心，如果得罪了医院，今后住院会更加困难。

第四章

社会医疗保险模式纵览

■学习要点

通过本章的学习，全面了解世界上存在的4种社会医疗保险模式，包括以英国为代表的国民健康保障模式、以德国为代表的社会医疗保险模式、以美国为代表的商业保险主导模式、以新加坡为代表的储蓄医疗保险模式，以及它们各自的特点和运行状况；并在此基础上进一步了解各国目前社会医疗保险制度面临的问题和改革情况。

■关键概念

国民健康保障模式　国家卫生服务法　内部市场

社会医疗保险模式　法定医疗保险　私人医疗保险

商业保险主导模式　“双蓝计划”　管理型保健健康维护组织

优选提供者组织（PPO）　医疗照顾计划（Medicare）

医疗救助计划（Medicaid）　储蓄医疗保险模式

保健储蓄计划　健保双全计划　保健储蓄基金

▶第一节　医疗保险模式概述

如前所述，疾病风险是个人和家庭所面临的经常性的和损失严重的人身风险之一，单靠个人的能力往往无法应对。但从历史上看，医疗服务完全是个体行为：医生作为服务的供方，采用个体开业的方式向患者提供医疗服务（商品）；患者作为服务需方，在获得医疗服务时向医生支付全部医疗费用。随着社会和经济的发展，疾病给人身体和财产带来的严重损害逐步得到人们的认识，社会和政府对疾病带来的风险也越来越关注。为了降低疾病给人民带来的经济风险和损失，保护人民的健康，德国政府率先在 1883 年颁布《工人疾病保险法》，建立起世界上第一个社会医疗保险制度。随后，各西方国家纷纷效仿，使医疗（健康）保险成为社会保障体系中的重要组成部分。至今，全球已有 145 个国家和地区建立了社会医疗保险制度，尽管其模式不同，发展水平不等。

在实施医疗保险制度的国家，基本上都是以某种制度为主，同时并存其他制度形式，在世界上找不出实行完全相同制度的国家。由于医疗保险涉及医（医院、医生）、保（医疗保险机构）、患（患者）三方关系，因此，医疗保险制度分类是一个十分复杂的问题，它包括医疗保障对象、医疗保险基金筹集、医疗保险费用支付、就医方式、医疗保险资金和业务管理等方面。按照以上这些指标，可将目前各国的医疗保险制度分为：国家保障型、社会保险型、商业保险型、储蓄保险型、医疗救助型、合作医疗保险型等。

实行医疗保险制度的国家，由于各自的经济发展水平不同，传统文化和价值理念不同，其制度运行也呈现出不同的特点。纵观世界各国的医疗保险制度，形式多种多样，可以从不同的角度进行认识：如按医疗服务的供求关系分类，有直接关系型和间接关系型。直接关系型是指医疗保险的承办机构同时又是医疗保险的提供机构，在医疗单位（供方）与患者（需方）之间不存在偿付医疗费用的“第三方”，例如美国的健康维持组织、我国计划经济时期的劳保医疗和公费医疗等。间接关系型是指医疗保险承办机构与医疗服务机构不是同一个机构，在医疗单位与患者之间还存在偿付医疗费用的“第三方”。其三者之间的关系是：由雇主和雇员组成的需方将保险费交给社会保险机构（第三方），当雇员发生疾病风险时，由医疗服务提供者（供方）提供治疗服务，社会保险机构支付医疗服务提供者医疗费用。

按医疗保险基金筹集方式分，有通过国家税收形成医疗保险基金，通过雇主和雇员缴纳保险费形成医疗保险统筹基金以及通过雇主和雇员缴费进入个人医疗储蓄账户形成医疗保险储蓄基金三种形式。

按医疗费用的支付方式分，有按服务项目付费、按病种付费、按人头付费等类型（这部分内容将在本书第六章中详细论述）。

按医疗费用负担方式分，有患者全免费、半免费、自费等类型（这部分内容将在本书第六章中详细论述）。

本章主要讨论国家保障型、社会保险型、商业保险型、储蓄保险型、医疗救助型、合作医疗保险型等，这几种模式综合了各个方面的特点，主要从资金来源角度划分。

即使是按医疗保险基金筹集方式来划分的医疗保险模式，也是一个相当复杂的、综合性的概念。以上几种分类方法都是强调了医疗保险的某一个方面的特征，人为地将医疗保险分割成几个部分，其目的是使读者从各个角度全面了解医疗保险的方方面面。而在实际运行中，它们是连为一体的。因此，本章在着重论述医疗保险基金的筹集方式时，不可避免地将涉及其他方面的特征。

▶第二节　国民健康保障模式

国民健康保障也被称为国家保障型医疗保险、免费医疗保险，是指医疗保险资金主要来自税收。政府通过预算分配方式，将税收形成的医疗保险基金有计划地拨给有关部门或直接拨给公立医院以及全科医生（家庭医生），公民在看病时，基本上不需支付费用。在实行国家保障医疗保险制度的国家，医院大部分是公立医院或非营利性医院，为患者提供基本免费的医疗服务。在公立医院工作的医务人员的工资由国家分配，他们是受政府雇佣的公务人员。我国的公费医疗，前苏联和东欧社会主义国家所实行的全免费医疗，以及英国、加拿大、瑞典、爱尔兰、丹麦等国家所实行的全民医疗保险制度都属于此类。除我国的公费医疗制度的覆盖面只限于机关和事业单位外，实行国家保障医疗保险制度的国家通常包括全体公民。该模式的主要特点包括：

1. 全民性。覆盖全体公民。

2. 福利性。免费医疗。

3. 资金来源。税收转移支付，个人不缴保费。

4. 政府责任大。政府办医院，或购买私人医生的服务，并对医疗服务过程进行监管。

5. 保障项目齐全。包括预防、医疗、分娩、护理、康复等。

6. 卫生资源配置具有较强的计划性。

下面以英国为例，介绍这种模式的主要内容。

一、英国医疗保障制度的建立和发展

英国是最早实行国家保障医疗保险制度的国家，也是此种类型最具有代表性的国家，其他实行国家保障医疗保险制度的国家都是从英国学习来的。英国的整个社会福利制度，包括国家医疗保险计划与“贝弗里奇报告”有十分密切的关系。1941 年 6 月，英国政府成立了一个综合研究机构——“各部研究社会保险及有关福利联合会”，任命经济学家、牛津大学教授贝弗里奇为委员会主席。经过 1 年多的调查与研究，该委员会于 1942 年发表了《社会保险和相关服务》（*Social Insurance and Allied Services*），也称“贝弗里奇报告”。在这个报告中，贝弗里奇向政府提出了建立“福利国家”的方案，主张实行失业、残废、疾病、养老、生育、寡妇、死亡等七个项目的社会保险。他还提出：社会保险的对象是全体公民，个人所得待遇同个人缴费多少没有多大的联系，以保证大家都享受到最低的保障水平。该报告进一步提出了有关社会保险的基本原则，即所有的家庭不管其收入水平如何，应当一律按照统一的标准上缴供款（保险费）和领取津贴；领取津贴的时间与数额应当充分；行政管理应当统一。① 第二次世界大战后，英国工党政府全面推行“贝弗里奇计划”，终于在 1948 年宣称建立了“从摇篮到坟墓”都有保障的“福利国家”。此后，英国的“福利国家”被其他工业化国家，尤其是北欧国家和英联邦国家争相效仿，先后建立起“普遍保障”的社会福利制度。

1944 年，英国政府提出“国家卫生服务”的口号和建议，并提出医疗保险服务的三个原则：第一，要对每个人提供广泛的医疗服务；第二，卫生服务经费应该是全部或大部分从国家税收中支出；第三，卫生服务应该由初级服务、地段服务和医院服务三个部分组成。初级卫生服务由通科开业医生提供，地段服务由当地政府提供，医院服务主要是提供专科医疗服务。1948 年英国通过了《国家卫生服务法》，建立了国家卫生服务制度（national health service，NHS）。《国家卫生服务法》的主要内容有：

1. 对全英国的医院进行国有化改革。

2. 初级卫生服务实行全科医生制度。

3. 地方政府的卫生当局负责健康中心和救护的管理，同时承担公共卫生、

---

① 黄素庵. 西欧“福利国家”面面观，北京：世界知识出版社，1985. 48

学校卫生、产妇服务以及防疫等职能。

4. 所有的医疗服务一律免费，所需费用由国家财政在税收中列支。

5. 保留公民与医生的自由选择权利。

英国于 1964 年又通过了《国家卫生保健法》，该法规定，凡英国居民均可免费得到公立医院的医疗服务，患者只需支付挂号费。

今天，在英国医疗费用总开支，即 NHS 资金构成中，82%来自政府财政拨款（税收转移），12.2%来自国民保险税，其余部分来自患者自己负担费用、社会及慈善机构的捐款和其他收入。① 患者就医时，可以享受免费门诊医疗、住院医疗和药品，但要自付挂号费。对镶牙、配眼镜需收取少量费用，还要缴纳一定数额的处方费。但对 16 岁以下儿童、孕妇、不满 1 周岁婴儿的母亲、60 岁以上妇女、65 岁以上男子、津贴领取者以及领取家庭补助的低收入者不收处方费。患者自付费用部分约占医疗费用总开支的 4%。此外，来自土地售卖的收入约占医疗费用总开支的 4%。

二、英国的医疗服务管理体制

英国的医疗服务管理体制实行政府统一管理。卫生部是英国医疗制度的最高权力机构，下设地区和地段（社区）卫生局，共三级。卫生部控制资源分配，地区卫生局的职能主要是制订计划，地段卫生局是卫生服务的执行机构，它由董事会领导，对卫生部负责并独立于当地政府。在地段一级还有地段卫生委员会参与管理，它代表当地居民的利益，一般由 18～30 人组成，其中 1/6 成员由地区一级任命，5/6 由当地自愿组织推选。该委员会没有参与管理职能，但可向当局提出地段卫生工作建议和进行社会调查，对地区卫生局的工作进行评价和监督。此外，还有其他管理机构，如家庭医生委员会，负责管理通科开业医生。

三、英国的医疗服务体系

英国的医疗服务体系呈现金字塔型结构，分为中央医疗服务、地区医疗服务和地段初级医疗服务三级组织。中央医疗服务机构主要负责疑难病的诊治和进行医疗科技研究，地区医院服务提供综合和专科医疗服务，地段家庭医生提供初级医疗服务。

英国的公立医院占全部医院总数的 95%，包括综合医院和专科医院。其主要职能是向必须住院的病人提供治疗，服务项目包括急诊、少量门诊、短

① 李莉，刘志强．英国国家卫生服务制度改革及对我国的借鉴．改革与战略．2006，9：21

期住院和长期住院。

初级卫生服务是NHS的主体和基础部分，提供初级医疗服务的医生称为家庭医生或全科医生（general practitioner，GP）。家庭医生和诊所属于私人性质，不隶属于政府哪个部门，但接受政府的管理和监督。政府从家庭医生处为居民购买初级保健服务，包括一般门诊、预防保健等。家庭医生通过家庭医生协会与地区卫生局签订医疗服务提供合同，为居民提供初级卫生保健服务。政府规定居民一律在所在地段的家庭医生诊疗所登记注册，患病时首先到家庭医生诊疗所去就医。如果病人需要转院的话，也必须通过家庭医生的介绍才能转到上一级医院（地区综合医院或专科医院）继续治疗。家庭医生根据登记注册的居民数和所提供的医疗服务量领取政府发给的津贴。全国平均每个家庭医生的注册居民数为2 200人。

医院（主要是综合医院）负责提供二级医疗服务。医院的专科医生根据家庭医生的转诊单了解患者的病史和病情，对症治疗。患者出院时，医院医生会将患者的康复事宜转交给家庭医生，即实行从社区诊所到医院，再从医院到诊所的“双向转诊”制度。如果患者的病情严重，超出了医院诊治能力，医院的专科医生会请本专科领域的专家帮助，进入三级医疗系统。

三级医疗服务是指在临床某专业内用于解决特殊疑难杂症的专家服务，提供三级医疗服务的主要是专科医院。专科医院通常不负责一般治疗，有些规模较大的医院既提供二级医疗服务，也提供三级医疗服务。①

四、英国的私人医疗保险

除了由政府提供的全民医疗保健服务以外，英国还有一些私人医院和私人医疗保险。为满足人们对医疗服务的不同需要和增加医疗服务供给，英国政府从20世纪60年代中期开始鼓励和帮助私人开展医疗保健业务，1979年又进一步修改了私人开业行医的有关法律措施，促进私人医院的发展。如允许国家医疗机构与私人医院签订合同，让私人医院承担一些公立医院的医疗服务业务等。私人医院主要是提供专科医疗服务，一般具有较好的医疗设施、技术和医疗环境。但是与公立医院相比，私人医院的收费往往非常昂贵。根据有关部门的估算，私人医院一例扁桃体切除手术收费平均在1 500英镑，心脏搭桥手术的费用高达上万英镑。在私人医院就医的费用一般要由个人负担，如果不借助于私人医疗保险，个人是很难承担的。

目前英国有30多家提供私人医疗保险的公司，所提供保险项目多达200

① 李莉，刘志强．英国国家卫生服务制度改革及对我国的借鉴．改革与战略．2006，9：21

余种，主要可以分为三类：一是普通私人医疗保险。保险公司负责支付被保险人在私人医院诊断、手术和住院的费用。保险费的多少取决于被保险人的年龄、赔偿数额、职业等因素。与社会保险不同的是私人医疗保险公司只保可治愈的疾病。二是危急病医疗保险，包括癌症、心脏病、中风、大的器官移植手术或永久性残疾等。这种保险的赔偿往往采取一次性支付大笔赔偿金的方式，数额一般在万元以上。三是永久性或长期医疗保险。英国政府规定，对于家庭财产价值在 1.6 万英镑以上的公民，国家不提供家庭护理补贴。一些需要家庭护理的患者因无法负担这项费用，不得不变卖家产。保险公司推出永久性或长期医疗保险，可支付部分或全部的家庭护理费用，使患者免除倾家荡产之灾。目前英国人口中参加私人医疗保险的比例在 20%左右。

五、评价

（一）英国国家卫生服务制度的优点

英国的医疗保险和医疗服务制度在世界上很有影响，被世界卫生组织称为欧洲最大的公费医疗制度和世界最好的医疗服务体系之一。英国国家卫生服务制度的优点有如下几点：

1. 公平性。医疗服务覆盖所有社会成员。国家通过税收筹资，向公民提供近乎免费的医疗服务，使得低收入者不因经济原因而放弃就医，确保人人公平享有医疗保障。

2. 合理配置医疗资源。三级医疗服务网络的建立，适当分解了人们的医疗需求。根据测算，人们所患疾病中，80%可以在基层医疗机构解决，只有 20%的病需要进医院。英国的医疗系统将 90%的小病留在社区解决，10%的大病转移到医院。这样就充分发挥了各级医疗机构的职能，既可避免大医院人满为患的局面，又方便了患者就医。

3. 成本低。政府通过预算决定医疗经费的收入和支出，同时政府对医院设备的购置、新技术的开发和使用、药品价格等实行严格的控制，使得医疗卫生总费用保持在一个较低的水平上。2001 年，英国卫生费用占 GDP 的 7.6%，人均医疗支出 1 992 美元。而同期的美国和德国，这两项指标分别为 13.9%、4 887 美元和 10.7%、2 808 美元。①

---

① 王雁菊，孙明媚，宋禾．英国医疗保障制度的改革经验及对中国的启示．医学与哲学．2007，8：18

（二）英国国家卫生服务制度的问题

尽管英国国家卫生服务制度很好地解决了公民就医的公平性问题，但也仍然存在着制度设计的缺陷和管理效率问题。

1. 在宏观筹资方面，医疗保险资金基本上靠政府财政拨款，来源单一。面对居民日益增长的医疗需求和医疗科技的发展，政府的财政责任越来越大，难以为继。

2. 在微观医院运行层面，由于医院按照人头、床位拨款，医务人员领取政府支付的固定工资，医院靠政府下拨的财政预算运作，职工的报酬与所付出的劳动无关，因而缺乏应有的激励机制，在医疗系统中滋生了惰性，服务意识和服务质量不高。

3. 医生短缺，服务效率低下。公共医疗服务系统为了节约开支，控制费用，尽量少雇用医务人员；加上对医务人员缺乏激励机制，因此造成医生和护士数量不足和工作积极性不高，其结果是影响了医院的服务质量和效率，病人得不到及时的医疗服务。据英国皇家医学会调查，需要住院的慢性病人中有65％的病人至少要等一个月的时间才能入院；30％的病人要等待半年；5％的病人需要等1年以上。[①]

（三）英国国家卫生服务制度改革

针对以上问题，英国自20世纪70年代就开始对其医疗体制进行改革，特别是90年代以来进行的改革比较突出。

1. 建立医疗服务“内部市场”[②]

英国政府试图通过引入市场机制，在医疗卫生行业中增强竞争和激励职能。具体做法是：将医疗服务的购买者和提供者分离，建立一个卫生服务的“内部市场”。整个改革始于1991年，1993年4月开始在社区医疗中试行。改革的主要内容有：

（1）将医疗服务体系分为供方（提供者）和需方（购买者）

供方和需方是根据国家卫生服务体系的组织与管理部门划分的：需方包括三个机构，即地区卫生局、初级保健部门（家庭卫生服务局）和通科医生资金持有者。供方由原国家医疗管理机构组成，包括公立医院和私立卫生机构、全科医生。

（2）扩大全科医生的权利

① 周绿林，李绍华．医疗保险学．北京：科学出版社，2006.237

② 程晓明．医疗保险学．上海：复旦大学出版社，2003.29～30

改革的一大亮点是把预算医疗费的使用权交给全科医生。地区卫生行政部门将大部分资金按照注册人数分配给全科医生，使其成为资金持有者，并决定费用的使用，如为居民看病和代表所管辖的居民购买二级和三级医疗服务。其在卫生服务中具有重要作用，作为医疗服务的“守门员”，引导卫生资源的合理流向。

(3) 患者和卫生局对提供者的选择

地方卫生局根据当地的实际情况，以合同形式向医院或全科医生购买各种类型的卫生保健服务。同时个人也可以自由选择全科医生，医疗经费的流向取决于个人的流向，即“钱跟着病人走”。

(4) 医院成为独立核算和经营的公营企业

改革后，医院失去了垄断地位，其收入不再来源于政府预算拨款，而是取决于提供的服务。国家允许国有医院退出卫生管理部门的控制，独立组建具有自我管理与发展能力的医院联合体，扩大自主权。具体内容为：医院可独立核算，保留财务结余并建立现金保存账户；自主经营卫生服务，决定职工工资；有独立的人事雇佣权；有自己的管理委员会；医院联合体收入主要来源于与地方卫生局商定的金额预算或与地方卫生局、资金持有者签订的合同，以及少量的特殊服务和自费患者服务。

2. 鼓励私人资本和私营医疗机构进入医疗服务领域①

为了增加医疗服务供给，加强医疗服务机构之间的竞争，进入21世纪后，英国在医疗保障体制改革中，注重引进民营资本，拓宽服务渠道。政府号召有实力的社会力量和个人成为NHS的合作伙伴，将私人医院融入到国家的医疗保障体系。据统计，到2005年年底，英国约80%的私营诊所开设了包括门诊处方和小型外科手术等在内的非住院服务，分担了公立医疗机构的负担。

3. 全面提升服务质量②

根据2006年2月英国政府出台的《我们的医疗，我们的关心，我们的意见——公共服务新指南》白皮书，英国政府明确提出了五个方面的改革：(1) 建立人性化的医疗服务；(2) 逐步将保健项目从医院剥离，把医疗保健服务送到家；(3) 与地方议会合作，改善医患关系；(4) 为需要上门服务和护理的人群提供更多的选择和更好的服务；(5) 多途径防控病情。

---

① 王雁菊，孙明媚，宋禾．英国医疗保障制度的改革经验及对中国的启示．医学与哲学．2007，8：18

② 李莉，刘志强．英国国家卫生服务制度改革及对我国的借鉴．改革与战略．2006，9：22

▶第三节　社会医疗保险模式

社会医疗保险是按照大数法则分摊风险的机制和社会互助原则，将少数社会成员随机产生的各种疾病风险分散到全体社会参保成员的一种医疗保险制度。社会医疗保险一般通过国家立法强制实施，其基金的筹集主要来自雇主和雇员的缴费，政府酌情补贴。当参保人及其家属因疾病、受伤或生育需要医治时，由社会提供医疗服务和医疗费用的补偿，同时个人还要承担一定的费用支出。目前，世界上有 100 多个国家采取这种模式，是实行医疗保险制度的国家中使用最多的模式。代表性的国家有德国、法国和日本等。该模式的主要特点是：

1. 采用多渠道方式筹集医疗保险费用。即通过立法形式强制规定雇主和雇员按一定比例缴纳保险费，建立社会保险基金，用于雇员及其家属的就医。

2. 依法设立社会化管理的医疗保险机构，作为“第三方支付”组织，代表参保人员统一管理医保基金，并按规定向为参保人员提供医疗服务的医疗机构支付医疗费用。

3. 患者在就医时需要自付一定费用，比例为 20%～30%。

以下以德国为例介绍这种制度模式。

一、德国的医疗保险制度的产生与医疗保险系统

德国是世界上最早建立社会保险制度的国家。1883 年，德国颁布的《疾病保险法》是世界第一个社会保险法律，被多数人看作是现代社会保险制度诞生的标志。德国在最初的立法中就已确立了社会保险的保障对象是从事经济活动的雇佣劳动者，社会保险费由雇主和雇员共同负担，缴费按工资收入的一定比例征集，通常是雇主和雇员各承担一半。虽然德国的社会保险已经有了 100 多年的历史，其间的法律和规定历经修改，但是这些基本原则并没有改变，仍然是实施社会保险制度国家的制度基础。

德国的医疗保险由两大系统构成：法定医疗保险和私人医疗保险。工资收入低于社会义务界限（4 000 欧元/月）的雇员、失业者、领取养老金的退休人员、自雇人员（农民和家庭手工业者）、义务兵、大学生和就业前的实习生等，必须参加社会医疗保险。月收入高于社会义务界限的雇员、公务员、自由职业者、法官、律师、军人等，可以选择参加法定保险或私人保险。

靠社会福利生活的人，由社会福利局代缴保费而享有医疗保险；雇员的

子女和无工资配偶不缴保费也可以享受医保待遇。德国有90%的参保人参保于法定医疗保险，10%的参保人参保于商业医疗保险，法定医疗保险是卫生体制的最重要支柱。

二、法定医疗保险筹资和保险范围

德国医疗保险的资金主要来源于雇主和雇员的缴费，政府不拨款，银行也不贷款。由于医疗保险实行分散管理，全国没有统一的医疗保险缴费率。费率由各医疗保险公司根据收支预算自行确定，报监督机关审批后实施。平均缴费率目前为投保人税前工资收入的13.35%，雇主和雇员各承担一半。缴费的基数是投保人的毛工资，缴费基数有上限和下限规定，每年调整一次，超过上限和低于下限的工资都不参加缴费。

社会医疗保险支付范围几乎涵盖了所有的保健和医疗项目，如疾病预防和早期诊断、疾病治疗、康复、生病期间的护理、丧葬待遇、妇女孕期和哺乳期的待遇、病假补贴及护理假期等。女性20岁以上、男性45岁以上，每年可以免费做生殖系统的防癌普查；35岁后，每2年可以做1次心血管系统功能和糖尿病的普查。儿童也有免费体检。此外，因病失去劳动能力的人可以继续从雇主那里领取6周工资，此后可从医保公司获得18个月病假工资补贴。如果是同一种病，3年内保险公司最多支付78周的工资补贴。①

三、就医模式与医疗费用分担

德国的医生分为住院医生（专科医生）和诊所医生（开业医生），诊所治疗（主要是门诊）和住院治疗是分开的，诊所医生必须是注册医生，病人看病首先要到诊所就医，诊所医生除了治疗外，还负责健康咨询、转诊、开药和决定病人是否继续工作。医院不直接接受门诊，只负责急诊和住院。只有诊所医生根据病人病情开转院单后病人才能到医院治疗。

在社会医疗保险计划中，个人要分担一部分医疗费用。在德国，参保病人要根据包装的大小承担一部分药品费用：小包装（20片），病人支付4欧元；中包装（50片），个人支付4.5欧元；大包装（100片），个人支付5欧元。个人负担之外的其余药费全部由保险公司承担。住院治疗，病人要缴纳10%的住院费用，但最高不超过300欧元。②政策规定每个人承受的负担最多为其收入的2%。

---

①② 黄强．论我国医疗保险制度深层次改革的对策——兼议德国医疗保险制度改革经验的借鉴．医学与社会．2005，12：21

四、社会医疗保险管理体制

德国的法定医疗保险的管理体制别具一格，是一种统一制度、分散管理、鼓励竞争、社会自治的管理体制。

（一）分层管理

德国政府的医疗卫生管理体制分为三个层次：第一层次是联邦卫生部，负责全国医疗卫生管理，它的主要职能是制定和颁布卫生、医疗保险方面的立法和政策，对全国卫生和医疗保险运行中的重大问题进行研究和宏观调控，制定卫生防疫规划等；第二个层次是各州的卫生管理部门，负责对医院的监督和医生的组织，并负责对医院的规划和建设等；第三个层次是州以下一级的地区，包括市、县，共有500个卫生局负责公共的医疗问题，如社会公众和企业的卫生医疗和防疫工作等。另外，政府的职能还包括对各医疗保险机构进行监督。

（二）社会自治

德国的医疗保险是社会团结互助行为，政府不参与法定医疗保险的具体操作，国家也没有统一的医疗保险经办机构。所有医疗保险机构都不属于政府的某个部门，而是实行自治管理的社会组织。目前有250家法定医疗保险机构，它们是按照区域、行业、职业等划分的，施行统一的服务目录。这些医疗保险机构按公司法组建，具有法人地位，实行自我管理，投保人可以自由选择医疗保险经办机构。这种管理体制是经过100多年的发展，依地方、行业等因素在市场经济条件下自然形成的。

全国总部一级设有理事会，在理事会下设立一个决策机构，由有关专家、雇主代表、工会代表等组成。在医疗保险的管理机构内部，由雇员和雇主平等负责，并接受国家的监督。从1994年起，在各类医疗保险机构和各个医疗保险机构之间建立了全联邦统一的、以收入为参照的风险结构平衡机制，以全面保证缴费的公平性。

（三）合同约束

医疗保险经办机构与提供医疗服务的医生、药店和医院等签订合同，实行合同管理。合同规定，后者的职责是在被保险人生病的时候提供医疗服务，前者承担医疗费用。一般情况下，被保险人无需再支付费用。这就是德国法定医疗保险管理中提出的所谓“实物原则”，即在被保险人生病的情况下，以实物形式提供必要的服务和待遇，并且原则上不要求特别的支付义务。

（四）监督机制

内部监督。德国医疗保险机构具有自我管理、自我监督的职能。这种监督主要通过内部的管理委员会实施。管理委员会成员经选举产生，任期 6 年，成员包括雇主代表和投保人代表，人数各占 50%。各医保机构的内部章程、准则及费率的制定与调整等重大事宜必须经管理委员会决议通过。在实际运作中，各医保机构的管理委员会根据自行制定的监管体系，对业务部门从投保、费用收缴到报销等每个环节的工作进行检查，还有不同项目的管理人员对这些工作进行数据审查和监控。[①]

外部监督。政府的监督分为三级进行，即联邦、州和地区三级。联邦医疗保险局负责依法律规定，每 5 年对所有医疗保险机构进行一次检查，包括章程、准则、预算的执行情况；州政府的医疗保险局负责对州保险协会与州直属社会保险机构和州一级提供医疗保险服务的机构进行定期检查监督；地区政府对医疗保险办事机构进行监督检查。此外，德国社会医疗保险机构还要接受公众和医保系统外的其他“协议伙伴”的监督。

五、评价

（一）德国医疗保险制度的基本原则[②]

德国的法定医疗保险制度遵从四大原则：

一是团结互助原则。无论参保个人的经济条件如何、其缴纳的保险费多少，每个人都可获得同等的医疗服务。这种互助保障确保人们在患病情况下能够得到一切必要的医疗服务，而不至于在财政上负担过重。

二是实物待遇原则。参保人从医生和医院那里获得医疗服务，而所发生的医疗费用由医保机构直接偿付给医疗服务提供者，病人无需向医院和医生支付费用。

三是自我管理原则。医疗保险实行社会自治管理。通过疾病基金会、医师协会、医疗保险公司的管理委员会等自治组织实施制度的运作。政府负责监管和调控。

四是自由选择原则。参保人有权选择开业医生和医疗保险公司。

这些原则确保了德国的医疗服务和保险制度公平而有效地运行。在德国，

---

① 程晓明．医疗保险学．上海：复旦大学出版社，2003. 34～35

② 于广军等．德国医疗保险制度改革及趋势分析．卫生经济研究．2007，3：45

患者对医疗服务高度满意，每 5 个德国人中有 4 人认为他们获得的医疗服务是良好的或者评价更高。

（二）德国医疗保险制度的问题与改革

近些年由于经济不景气，德国失业人口增加（2003 年失业率为 10.5%），造成有缴纳社会保险费义务的工作减少，缴费人数减少。2001 年缴费人数为 2 780 万人，2005 年下降到 2 620 万人。[①] 医学以及医疗技术进步使得新药品与新疗法不断出现，在满足人们医疗需求的同时，也扩大了卫生医疗开支的规模；而人口结构变化导致的后果是：因老年人口增加，同时患多种疾病的人数扩大，导致卫生事业费用不断上升，2003 年支出约 2 400 亿欧元，占国内生产总值的 11%，在 OECD 国家中排名第三，仅次于美国（15%）和瑞士（11.5%）。法定医疗保险征缴比例已经从 30 年前的 8%提高到现在的 13%～14%。

为了解决上述问题，德国进行了一系列改革，2004 年开始实施《法定医疗保险现代化法》，主要目标是在维持医保基本原则不变的条件下，控制医疗费用的过快增长。改革的主要措施有：[②]

1. 在医疗费用支付方式中引入“单病种付费”（DRG）制度。[③] 借鉴澳大利亚的经验，从 2003 年开始对住院费用实行单病种付费制。计划将 25 000 种疾病分类归纳成 5 000 种，2009 年完成。到 2005 年已经完成 800 多种，基本覆盖大部分的住院病例。

2. 取消部分医保支付项目，同时增加个人付费比例。如改革后取消了原来医保支付的丧葬费、安装假牙费、配戴隐形眼镜费等项目。过去免费就诊，改为每个季度首次门诊费收费 10 欧元，住院病人每天需缴 6～18 欧元，每年最多需付 28 天的费用，最高不超过 300 欧元。处方药每瓶需付 3 欧元，经济困难者可免除。非处方药费用全部自理，补牙需付 50%。

3. 扩大融资。德国开始采取税收融资方式，扩大医疗保险基金的收入来源，例如将税收筹资部分用于子女免缴保险费情况下的联保的支出。

4. 强调预防。德国政府计划通过设立一家基金会来促进不同卫生领域中的疾病预防和保健（例如健康的饮食、体育活动等）事业的开展。这些措施应在人们生活和工作的地方提供给他们，包括幼儿园、中小学校、养老院、

---

① 于广军等．德国医疗保险制度改革及趋势分析．卫生经济研究．2007，3：46

② 中华医院管理学会赴德国考察团．德国医疗保险制度和医院改革情况考察报告．中国医院．2005，7：41～42

③ 具体解释和内容参见本书第六章“社会医疗保险费用偿付方式”。

体育协会和工作场所。

5. 成立联邦药品质量与经济性检验中心，从疗效和价格角度对药品进行检验，向医生提供有效药物清单，以此控制药品费用不合理增长和确保药品使用的安全有效。

总之，改革已经初见成效，到 2005 年，医疗费用支出降低了 3.3%。2004 年，250 家法定医保公司已经扭亏为盈，并有 40 亿欧元的盈余。当然，改革还没有结束，新的问题还会出现，但合理配置医疗资源，有效控制费用过快增长，确保所有患者的就医可及性和质量将是医疗保险制度改革追求的终极目标。

▶第四节 商业保险主导模式

商业保险主导模式的特点是通过市场来筹集医疗保险费用和提供医疗服务。美国是典型代表。

美国的医疗保障体系可分为两大部分，即社会医疗保险和商业医疗保险，以私人商业医疗保险为主，其他制度并存。参与主体包括私人部门、非营利组织和公共部门。私人医疗保险一般由企业雇主和雇员共同出资形成医疗保险基金，向医疗保险公司集体购买医疗保险，一般政府不出资或不补贴，也不直接参与管理。美国的商业医疗保险组织分为非营利性和营利性的，前者在税收上可以享受优惠待遇，后者不享受相关待遇。在美国，2004 年雇主为雇员投保的商业健康保险计划覆盖了 1.75 亿人口，其中包括 1 500 万退休人员。全美国医疗费用支出中，商业保险为 9 800 亿美元，其中保险公司支出为 7 350 亿美元，个人自付为 2 460 亿美元。

社会医疗保障制度由政府主办，包括两个部分，即针对老人和失能者的医疗照顾计划（Medicare）和针对低收入人口的医疗救助计划（Medicaid），此外还有政府直接负责支付与提供医疗服务的、专门针对印第安人和退伍军人实施的健康服务计划（免费医疗制度）等。2004 年政府计划覆盖了 8 100 千万人口，另有 4 400 万人口没有任何医疗保险。政府医疗费用支出 8 840 亿美元，其中医疗照顾计划支出 3 060 亿美元，医疗救助计划支出 2 900 亿美元，其他医保计划支出 2 880 亿美元。

一、美国的商业医疗保险

美国全国的商业医疗保险组织有 1 800 多家，为参保人提供服务。商业医疗保险包括营利性保险计划、非营利性保险计划（如双蓝计划）以及管理型保健计划等，此外，还有雇主举办的企业自保计划。其中以双蓝计划和管理型保健计划最具代表性，以下主要介绍这两种类型。

（一）双蓝计划

双蓝，指蓝十字（Blue Cross）和蓝盾（Blue Shield），是美国最大的两家非营利性的商业医疗保险公司。目前，美国在职人员的医疗保险主要由商业保险公司经办，其中一半由各州的蓝十字和蓝盾组织经办，另一半由其他私人保险公司经办，目前它们覆盖的对象超过 1 亿人口。双蓝创立于 1930 年，蓝盾由医生组织发起，承保范围主要为门诊服务，蓝十字由医院联合会发起组织，承保范围主要为住院医疗服务。医疗保险费用主要来源于参加者缴纳的保险费，如参加得克萨斯州的蓝十字和蓝盾医疗保险计划，每人一年缴费 2 600 美元，由雇主和雇员共同负担（1993 年）。蓝盾和蓝十字的保险基金可免缴 2%的保险税。蓝盾按常规医疗费用支付给医生，但有一个上限；蓝十字根据投保者的医疗情况向医院支付住院费用，但享有一定比例折扣待遇。一般情况下，投保人看病不再自己支付医疗费用。得克萨斯州的蓝十字和蓝盾医疗保险费用的支付方式是：就诊的费用，蓝盾负担 80%，个人负担 20%，但个人全年最多负担 1 500 美元，超过的部分由蓝盾支付。住院的费用，第一天个人负担 66 美元，以后由蓝十字负担（1993 年）。

1982 年，蓝十字和蓝盾协会进行了彻底的整合，称为蓝色组织（双蓝）。经过几十年的发展，这两个组织已拥有 78 个分支机构，12.5 万雇员。74%的私营企业职工和 80%以上的政府雇员都参加其中，投保人达 1.07 亿人。双蓝组织涉及两种不同的关系：一是向参保人提供特定服务；二是与医疗服务商约定受益人医疗费用的合同，这种安排通常要求参保人接受蓝色组织计划指定的医疗服务商的服务。

即使是政府主管的医疗照顾计划和医疗救助计划，也常常把业务委托给私人保险公司经办。如 1990 年，政府从医疗照顾计划和医疗救助计划两项基金中拨给蓝十字和蓝盾组织 6 000 万美元作为管理费用。

（二）管理型保健计划

由于传统的医疗保险“第三方支付”（即保险公司付费）办法对医疗服务的提供者（医院）和医疗服务的接受者（投保人）缺乏控制力，引起医疗需求的过度膨胀，医疗费增长迅猛（平均每年医疗成本上浮 7%），医疗保险机构不堪重负。20 世纪 70 年代以来，美国的医疗费用增长加速，并逐渐超过军费开支，成为第一大财政支出项目。因此，70 年代中期以来，美国开始对医疗保险制度进行调整和改革，到今天这一变化过程都还远没有结束。

医疗保险的改革主要是医疗服务的提供方式和保险费用支付方式的改变，即采用“管理型医疗保健”开展医疗保险业务。管理型医疗保健最早出现于 20 世纪 60 年代，是指对医疗保健的价格、医疗服务的质量和人们获得医疗服务的途径，都进行严格的管理，并逐渐发展成为集医疗服务和经费管理为一体，以控制医疗费用为主要目的的保险模式。管理型医疗保健的关键是保险人直接参与医疗服务的管理，它具有以下几个要素①：

（1）确定若干个医疗服务提供者（医院、诊所、医生）；

（2）将选出的医疗服务提供者组织起来，为参保人服务；

（3）医疗服务按规定执行，以确保服务质量，并经常复查医疗服务使用情况；

（4）强调预防和身体健康的重要性，以减少对医疗服务的使用；

（5）参保人只有到指定的医疗服务提供者那里治疗时，才可享受经济上的优惠。

20 世纪 70 年代以来管理型保健计划逐渐受到重视，并得到快速发展，采用这种模式的医疗保险组织也大量涌现。到 1996 年年初，加入各种管理型保健组织的投保人达到 1.1 亿人。随着时间的推移，这种计划涵盖的内容从一般门诊和住院扩展到各种专科治疗；在医疗费用支付方式上，使用按人头付费的预付制替代过去的按项目付费的后付制，大大降低了费用，取得了良好的效果。

管理型保健计划主要有以下两种类型：健康维持组织（Health Maintenance Organization，HMO）和优选服务者组织（Preferred Provider Organization，PPO）。

1. 健康维护组织

健康维持组织开办自己的合同医院和招收医师，直接为参保人提供医疗服务。它将医疗服务的提供者（供方）和医疗保险经费的出资者（第三方）合二为一。参加者按会员制的办法定期缴纳一定的会费，患者就诊只能到指定的医院，不能随便选择医生和医院（急诊除外）。在 HMO 工作的医生是其雇员，只拿薪水，不从病人服务中提酬。HMO 的医生很少像一般私人医生那样诱导病人多开药或多向病人提供服务，而是把工作重点放在健康教育上和强化预防措施方面，目的是节约医疗费用开支，如加强预防性出诊，加强健

① 程晓明．医疗保险学．上海：复旦大学出版社，2003. 38～39

康检查，开办戒烟和减肥等服务，做好入院前的准备，尽量缩短平均住院日等。

健康维护组织因其重要的作用受到国家的重视，1973 年美国国会通过《健康维护组织法案》，明确规定了它的法律地位，并给予经费支持。据统计，到 2005 年，HMO 的参保人已经增加到 6 770 万人。① 实行 HMO 的地区，医疗费用平均下降 25%。政府也将大部分公办的社会医疗保险业务，如医疗照顾计划交给健康维护组织经办。

2. 优选提供者组织

优选提供者组织也是一种新兴的医疗保险组织。PPO 代表投保人的利益，就服务收费与医院或医生进行谈判和讨价还价，最终选择同意降低收费价格（一般压低价格 15%左右），并愿意接受监督的医院或医生签订合同，为参保人提供服务。实际上，医生或医院通过承诺以较低的报酬提供服务是为了从 PPO 获得稳定的患者来源。PPO 保险费较低，并且可以在 PPO 预先指定的医生和医院网络自由选择医院和医生，因此比较受欢迎。到 2005 年，参加该组织的人数为 1.08 亿人。②

二、美国社会医疗保险

商业医疗保险计划的最基本要求是投保人要承担得起缴费义务，然后才能享受保险待遇。这对于低收入或没有收入的群体，如老年人、残疾人、失业者或贫困人口来说，参保非常困难，甚至不可能参保。因此，客观上这些人群只能由政府建立社会医疗保障计划来提供服务。在美国，有两个主要的社会医疗保障计划，即医疗照顾计划和医疗救助计划。

（一）医疗照顾计划

医疗照顾计划是根据 1965 年国会通过的《社会保障法修正案》建立的，对象是 65 岁以上的老人、65 岁以下的部分残疾人、永久性肾功能衰竭需要长期治疗的病人。所需资金主要来自雇主和雇员缴纳的社会保险税中的一部分（1.45%左右），美国的社会保险税总税率是 7.65%，雇主和雇员按照同等比例缴费，即雇主按员工工资收入总额的 7.65%缴纳保险费，雇员则按本人工资收入的 7.65%缴纳保险费。社会保险税分为养老和残疾保险税和医疗保险税，前者税率是 6.2%，后者税率是 1.45%。医疗照顾计划由卫生与公共服务部卫生服务经费管理局（HCFA）直接管理。

①② 丁纯. 美国医疗保障制度现状、问题与改革. 财经论丛. 2006，5：44

医疗保险待遇分为两种：一是住院和住疗养院的康复费用，二是门诊和在家接受专职护士服务的康复费用。前者为强制性社会保险，后者为自愿保险。一般情况下，老人第一天住院的费用自己负担，以后的费用由社会保险基金支付。在医生决定病人不需要继续住院而需要住疗养院康复时，所需费用由社会保险基金支付，但疗养期最多100天。老人看病和在家接受医疗服务的费用，25%来自参保者缴纳的保费，75%来自联邦政府的一般税收。医生开出的医疗账单，由社会保险基金支付80%，个人自付20%。

（二）医疗救助计划

医疗救助计划也是根据1965年国会通过的《社会保障法修正案》建立的。各州政府依据自己的经济发展条件确定贫困线，对低收入人群、失业人群和残疾人群等提供程度不等的、部分免费的医疗保障服务。医疗救助计划的资金由联邦和州政府共同负担。保障范围包括住院，门诊治疗，医生、助产士、护士的医疗服务，医疗设备检查，护理费用等。

此外，美国政府还向特殊群体提供免费医疗保险制度，享受对象为印第安人和阿拉斯加州的少数民族，由卫生和公共服务部印第安人卫生服务办公室领导，经费实行单独列支。受益者大约有100万人。还有联邦政府为现役和退伍军人及家属提供的医疗保障计划，由政府专门机构负责。

三、评价

美国商业医疗保险模式的主要特点是，医疗保险主要由市场经营和管理，政府只是负责老年人、贫困者和特殊人群的医疗保障。保险经费主要由个人和企业负担，政府基本不负担。该模式的突出问题有三：一是社会公平性较差。还有相当多的人（4 400万）享受不到医疗保险，主要是小企业雇员、个体劳动者和农民。二是医疗费用增长过快，政府和社会负担沉重。美国市场占全球医疗保健支出的50%，占GDP的15%，年均增长7.1%。仅在过去的5年，美国医疗保险费上涨速度相当于通货膨胀的5.5倍、工人工资上涨的4倍、商业收入增长的2.3倍。三是医疗保险计划效率不高。尽管医疗费用开支巨大，但健康产出的质量并不高。联合国发布的《2005年人类发展报告》显示，美国的婴儿死亡率和人均期望寿命分别列全球第34位和第39位。[①]

为了遏制医疗费用的过快增长，美国也进行了医疗保险制度的改革。如

① 丁纯．美国医疗保障制度现状、问题与改革．财经论丛．2006，5：42

前面论述过的管理型健康计划模式的实行，在控制医疗费用方面起到了一定的效果。在医疗保险费用支付方式上，20 世纪 70 年代由耶鲁大学研究推出的“按病种定额支付”（DRG）办法，在实践中也取得了良好的效果。据有关资料显示，该方法自 1983 年在医疗照顾计划中实施 3 年后，政府用于该计划的费用节省了 130 亿美元。1983—1987 年住院病人每年递减 2.5%，平均住院日由 1982 年的 10.2 天降至 1987 年的 8.9 天。[①]

▶第五节　储蓄医疗保险模式

储蓄医疗保险制是国家通过立法强制雇员和雇主双方缴费，以雇员的名义建立保健储蓄账户（即个人账户），用于支付个人及家庭成员的医疗费用的医疗保险制度。这种模式以新加坡为代表，属于公积金制度的一部分。

事实上，新加坡的医疗保险制度包含三个部分：一是强制性的、以帮助个人储蓄和支付医疗保险费用为目的的保健储蓄计划（medisave）；二是非强制性的、对大病进行保险的健保双全计划（medishied）；三是政府拨款建立保健基金，以帮助贫困国民支付医疗费用的保健基金计划。政府补贴、保健储蓄、健保双全、保健基金共同构筑了新加坡的医疗保险网，保证每一个国民都能获得基本医疗服务。从医疗保险的属性来看，新加坡的医疗保险包含了个人储蓄（个人账户）、社会医疗保险和社会医疗救助三个并列的制度。新加坡公民实行统一的医疗保险制度，各个阶层之间在待遇上基本没有区别。

一、保健储蓄计划

自 1955 年新加坡实行强制储蓄的个人账户养老保险制度以来，个人账户规模不断扩大。1984 年，在原有公积金制度的基础上，新加坡又开始推行保健储蓄计划。个人储蓄账户分为普通账户（1976 年始，相当于工资 30%的部分的缴费计入该账户，用于购房、投资、教育等）、保健储蓄账户（工资的 6%左右计入该账户，用于支付住院医疗费用和重病医疗费用）、特别账户（工资的 4%计入该账户，只用于养老和特殊情况下的紧急支付，一般在退休前不能动用）。

保健储蓄的缴费比例根据年龄不同而不同，由雇主和雇员各承担 50%，存入个人的保健储蓄账户。35 岁以下为本人工资收入的 6%，35～44 岁为

① 周绿林，李绍华．医疗保险学．北京：科学出版社，2006：241

7%，45 岁以上为 8%。缴纳的保健储蓄基金可以免缴个人收入所得税。法律规定，保健储蓄基金可以获得平均利息率，最低利率为 2.5%。保健储蓄基金可用于支付本人及家庭成员的住院和部分昂贵的门诊费用，如检查、日间手术、放射治疗、化疗、肾透析等。在个人 55 岁时，保健储蓄账户中积累的基金可以提取，但必须保存一个“最低限额”，以确保投保人在退休后患病时有足够的储蓄金支付住院费用。保健储蓄账户所有者去世后，基金的余额可以由亲属继承，且不缴遗产税。

二、健保双全计划

为了弥补保健储蓄计划的不足，1990 年政府制定和实施了健保双全计划。这是一种非强制性的低价医疗保险计划（大病统筹保险），带有社会保险性质，其设立的目的是为了帮助参加者支付大病或慢性病的医疗费用，是保健储蓄计划的补充。它由中央公积金局从参加这项保险计划的会员账户中提取少量费用实行社会统筹，调剂使用。该计划根据参保人年龄设计缴费标准，年龄越大，缴费越多。

大病住院的医疗费用先按保健储蓄计划规定支付一定数额后，剩余部分再按健保双全计划从统筹基金中支付。在支付时，设置了起付线和封顶线。起付线（C 类病床为 500 新元，B2 类病床为 1 000 新元）以下部分个人负担，可从个人账户中扣除；起付线以上的费用健保双全计划支付 80%，个人负担 20%。健保双全计划支付的封顶线是个人 1 年最高补偿 5 万新元，一生可获得最高补偿 20 万新元。[①]

三、保健基金计划

保健基金建立于 1993 年，是由政府设立的救济基金，为那些无钱支付医疗费用的低收入者提供一个安全网。1993 年，新加坡政府拨款 2 亿新元作为创立保健基金的启动基金，同时接受社会捐款。到 2001 年基金总额达到 7 亿新元。保健基金主要用利息进行救助，无力支付住院费用的困难人群可向保健基金管理委员会申请，绝大部分申请都可获得批准。该基金主要救助住院时使用 B2 和 C 类病房[②]的人。

---

① 新加坡医院的病床按照条件优劣分为 5 个等级，A、B1、B2、B2+、C类。其中 A 最好，C 最差。

② 周绿林，李绍华．医疗保险学．北京：科学出版社，2006：243

四、医疗卫生服务体系

新加坡的医疗卫生服务体系分为综合诊所和医院（包括综合医院和专科医院）两级，既有政府建立的公立机构，也有私人医生提供的医疗服务。初级卫生保健服务的80％由私人开业医生提供，20％由政府公立诊所提供。诊所负责辖区内的医疗、预防保健并负责向医院介绍病人。诊所只有简单的医疗设备，如小型X光机、B超机等，不设病床。经费主要来自政府补贴，也向服务对象收取少量费用。医院向由综合诊所转诊来的病人提供医疗服务（只有经过基层转诊，才能享受政府补贴），住院医疗服务的80％由政府医院提供。病人可以自由选择医院，公立医院与私人医院之间形成竞争。政府对公立医院实行补贴，根据病床的等级提供不同比例的补贴，等级低的病床补贴比例高，等级高的病床补贴比例低。对门诊初级卫生保健服务也提供政府补贴。对于65岁以上或18岁以下的新加坡公民以及所有在校学生，其医疗费用可以享受75％的政府补贴，其他居民则享有50％的补贴。①

五、评价

（一）新加坡储蓄医疗保险模式的特点

新加坡的储蓄医疗保险模式具有资金纵向积累的特点，对于合理高效地使用医疗保险资金和合理配置卫生资源有很强的推动作用。因为医疗保险基金全部存在个人账户上，个人对资金的使用就会特别关心，这有利于对医疗保险基金的控制和监督。这种模式的缺点是过分强调效率，而忽视了公平性。对于收入低的人或没有收入的人来说，其个人账户资金储蓄不足，患病时就可能出现没钱治病的问题，当然，这个问题可以通过政府设立的储蓄基金得到部分解决。

（二）政府发挥重要作用

尽管新加坡的医疗保险制度强调个人责任，但政府在储蓄医疗保险制度中仍担负重要职责，具体表现在三个方面：一是对公立医院进行财政补贴；二是制定并实施了医院重组计划，以达到高效率、低成本、优质服务的目的；三是通过以下手段对医疗费用进行调控：（1）为了防止医疗服务的过量供应，采取措施控制医生数量、医院病床数量，抑制高科技在政府医院的普遍使用

① 李建梅等．新加坡《医疗保健制度改革》进展与借鉴．中国医院管理．2002，4：57

等。(2) 严格控制医院收费标准。(3) 强化医院服务成本核算。(4) 对医院收入进行总量控制。医院收入的年增长率由卫生部下达给医院，国家规定医院收入超过最高限额部分收归国库。(5) 对药物进行严格管制。新加坡的药品分为基本药物和非处方药物，其中，基本药物由卫生部药剂处集中大量采购，且尽量采购仿制药品，疗效相近取其低廉者。

(三) 改革

1. 将公有医院进行改组，交由市场经营

为了提高医院的服务质量和效率，1985 年新加坡开始对卫生部所属的公立医院进行重组，组建了东、西部两大医院集团，将医院交由按照公司法设立的私人公司进行管理。医院由各方代表组成的董事会负责，并任命总经理（院长）全权管理医院事务。尽管医院由私人经营，但资产仍然归国家所有。政府向医院提供年度财政拨款和向病人提供医疗补贴。[①]

2. 放宽参保年龄限制，提高待遇水平

从 2001 年起，新加坡的健保双全计划对参保者年龄上限从 75 岁放宽到 80 岁。同时每日住院最高支付额也增加了 25%左右，以提高保障水平。健保双全计划目前的参保率已经达到 95%[②]，政府正在努力使剩下 5%的人参加进来。

3. 推出新的医疗保险计划，鼓励私人保险公司参与医疗保险管理

根据人口和社会的变化，新加坡政府适时推出了“乐龄健保”计划，为严重残疾或年长且需要长期护理的居民提供医疗保险。政府鼓励私人保险公司参与竞争，政府最终将从中选定 4 家公司来经营该保险项目。

▶第六节　国外医疗保险制度的主要问题与改革

20 世纪 50 年代后，西方各国普遍建立起比较完善的医疗保险制度，无论是国家保险模式，还是社会保险模式，对于公平解决国民的医疗保障，促进劳动力再生产，缓和劳资矛盾，稳定社会环境，都起到了积极的作用。但是进入 70 年代中期以来，整个西方世界经历了国际货币体系的瓦解和能源、原料的危机，出现了通货膨胀加剧、经济增长停滞等一系列经济问题，使主要靠政府财政支持的社会保障制度，随着经济承受能力的下降出现了一系列的

---

① 杨雅林. 新加坡：全民储蓄保健. 当代医学. 2006，4：58

② 李建梅等. 新加坡医疗保健制度改革进展与借鉴. 中国医院管理. 2002，4：58

问题。特别是80年代以来，西方国家医疗保险制度存在的问题逐渐暴露且日益加深。这些问题主要反映在医疗保险费用的支出过度膨胀、医疗能力和资源浪费严重和医疗服务质量低下等方面。

一、主要问题

（一）医疗保险支出过度膨胀

对政府来说，医疗保险支出过度膨胀是医疗保险所有问题中最严重的问题。从20世纪50年代开始，西方国家普遍推行社会保障扩张政策，用于医疗保险的支出成倍增长，在国民生产总值中的比重不断提高。70年代以来，医疗保险费用的增长速度远远超过国民生产总值的增长速度，前者是后者的8倍左右。据测算，1992年，德国卫生保健费用占国内生产总值的13.3%，1998年日本国家财政的15%用于补贴医疗费用的支出不足，1999年加拿大在医疗保健上的开支创纪录地达到860亿加元（590亿美元），比1998年增长了5.1%。医疗保险费用的急剧上升已使得各国政府不堪重负。它使政府将越来越多的公共资金用于医疗保险费用的开支，对经济和其他各项社会事业的发展产生不利的影响。

造成这一问题的主要原因是医疗需求不断扩大，且标准越来越高。西方社会人口老龄化、出生率和儿童死亡率下降都无疑增加了对医疗服务的需求。同时，医学科技的发展，使疾病检查技术、治疗设备和药物日益先进，但费用更加高昂。另外，20世纪90年代以来西方国家的失业率一直居高不下（10%左右），使得以工资收入作为缴费基数的医疗保险费收入减少。

（二）医疗资源浪费

西方各国都存在着比较严重的医疗资源浪费问题，如病房，各种检查、诊断、治疗及辅助设备的闲置和医务人员的过剩，有些病床的使用率只有2/3。这种情况必将加重政府和个人的负担。

（三）医疗服务质量差

一方面是医疗能力处于过剩状态，另一方面医院的服务质量不尽如人意。例如，在英国的公立医院看病，不但门诊要排队，住院也要排队，有的甚至要等待1年或几年才能住上医院。

二、调整与改革

20世纪80年代以来，各国普遍开始采取各种措施，试图解决这些问题。所有的改革办法归纳起来只有三条：一是开源节流，增收节支；二是提高医疗保险机构的管理效率；三是改善医疗服务的质量。主要改革措施如下：

（一）增加医疗保险费收入

增加收入一方面是靠扩大征收范围，另一方面是靠提高税率。例如，法国 1991 年起开征“社会共同救济税”，扩大了医疗保险费的缴费范围。具体来说就是将许多替代性收入，如养老金、失业保险津贴、遗产性收入和财产性收入（股票所得、房屋租赁收入、银行利息）等都纳入缴费（税）基数。“社会共同救济税”全部用于医疗保险，同时取消过去的医疗保险缴费。日本从 1999 年 9 月起，将政府管理的健康保险费率从月工资的 8.2%提高到 8.5%。

（二）以各种方式增加病人自付医疗费用的比重

各国都在以各种方式增加病人自付医疗费用的比重。如英国自 1979 年起，增加了配眼镜和牙科治疗的自付费用。1987 年规定，医疗保险的牙科治疗费用最高支付限额为 115 英镑，常规治疗费用超过 17 英镑的部分，自己要负担 40%。日本从 1999 年开始，政府管理的健康保健制度中被保险者自己负担的医疗费用部分从 10%提高到 20%。德国从 2000 年起，为患者住院康复措施所支付的费用，在德国西部由每天 25 马克减为 17 马克，在东部由 20 马克减为 14 马克。

（三）加强对医疗保险服务机构的管理和监督

加强对医疗保险服务机构的管理和监督的具体办法是：第一，政府统一规定或限制药品的使用范围和价格，如果超出，医院将受到质询，或超过的部分医疗保险机构不予报销。第二，规定医院每年总支出的最高限额，即实行总量控制。第三，医院采取的医疗方案或医生开具的处方单要接受专门的监督委员会的审查，如果包括了不必要的医疗项目或药品等，该医院或医生要受到处罚。第四，加强医院之间的竞争。一些医疗保险机构不再同医院长期合作，而是签订 1 年期的合同。如果医院的医疗项目、费用合理，病人对医院的效率和服务质量满意，则续签合同，否则中断合同，这样就使医院有了外部压力，医院之间出现了竞争。

为了控制药品的使用，德国从 2000 年开始，在法定医疗保险范围内建立了一个医药处方管理机构，制定了一份可在保险机构报销的药品清单，没有列在清单上的药品必须由患者本人支付费用。葡萄牙制定了药品名单，其中规定了只有在住院时才可使用的 2 400 种药品。荷兰规定，治疗慢性病的药品处方不得超过一个月的药量。法国政府强行把药品批发价砍掉 10.7%，还强制药商将营业收入的4%交给政府，成为医疗保险收入的第二渠道。

日本建立了严格的“第三方审查制度”。医疗机构定期把医疗结算单送交医疗保险部门，医疗保险部门委托医疗费用支付基金会和国民健康保险团体联合会（第三方机构）进行审查。如果发现医院开大处方等违规行为，立即取消该医院为保险人提供医疗服务的资格。医疗机构的费用结算清单经审查无误后，由医疗保险部门通知设在全国各地的医疗费用支付基金会和国民健康团体联合会办事机构，向医院、诊所支付医疗费用。英国也专门设立部门抽查医院的处方。政府要求各医疗机构必须将全部的处方送来接受抽查，一旦查出如药品品种、使用剂量等不合规定，这个医院将会受到处罚。

英国还通过建立内部市场机制来规范医院的行为。如允许地段卫生局从自己管辖范围以外的医院引进低成本的医疗服务，甚至可以引进私人医院服务，这样就形成了医院之间的竞争。对拥有11 000人以上注册居民的集体开业家庭医生，经地段卫生局审查合格，且具有一定的技术和设备条件的，可以获得政府批准向居民提供住院服务的资格。在集体开业医生之间，集体开业医生与医院之间开展竞争。另外，政府还允许居民自由选择家庭医生，形成家庭医生之间的竞争。

近些年来，在美国兴起了由医疗保险机构与医院签订合同，在双方都能接受的情况下，医院实行自我约束，以控制医疗费用的开支的做法，如前面提到的美国健康维护组织、优选提供者组织等。特别是医疗保险机构改变了与医疗服务机构在医疗费用结算上的“实报实销”的事后结算办法，大大节约了医疗费用支出。

（四）社会保险机构自己办医院

社会保险机构自己办医院是更直接和更彻底的改革措施。由于长期形成的历史和社会等方面的原因，在市场经济国家，私人医院、私人诊所、私人开业医生、私人药商数量众多，是不可忽视的、现成的医疗资源。医疗保险机构不能弃之不用，但是其高昂的收费又使医疗保险机构难以承受。据阿根廷一位经济学家的调查，全国年医疗费用开支55亿美元，其中15亿落入私人医生之手，12亿落入医院之手，16亿落入私人药商之手，全部开支的78%没有发挥应有的效益。医疗服务机构实际承担的医疗服务量只相当于全国医疗量的30%。1992年美国1 320亿医疗费用中有400亿（30%）付给了医生。为此，南美一些国家的社会保险机构采取了“惹不起，躲得起，靠自己”的政策，自己设立医疗单位，为被保险人提供服务。墨西哥是把医疗服务和经费集中统一管理的国家，它的做法被称为“南美模式”。

墨西哥社会保障协会主管全国私营企业的社会保险，它们管理医疗保险的做法主要有两个特点：一是自办医疗单位，实行严格的分级医疗。第一级分片设诊所，每个医生分管 600 户，约 2 400 人。诊所设备比较简单，但 85%的病人可以得到有效治疗。如病人需要较高级治疗，则由诊所医生联系，转入第二级综合医院，每所综合医院只接受固定的 5～6 个诊所的患者。如医治无效，再转到第三级专科医院，这里设备先进，医疗技术高超，费用也最高。同时，为了节省开支，还有一套逐级下转的系统，即专科医院认为患者病情稳定了，就转到综合医院接受一般的治疗；病情进一步好转时，就转到诊所治疗。二是把加强防治工作放在重要位置。特别注意保健和预防宣传，还建立了不少体育场馆等公共健康设施，以减少疾病的发生，从源头上节约医疗保险费的开支。墨西哥的改革很有成效，现在每人年平均医疗费用为 44 美元。

美国管理型保健中的健康维护组织也是将医疗服务提供与医疗保险职能合二为一，起到了控制医疗费用过快增长的作用。

总之，自 20 世纪 70 年代以来兴起的社会保险制度的改革浪潮，其宗旨是"寻求国家行动与私人行动的新关系，加强个人对自己和对他人负责"。这种趋势不仅适用于医疗社会保险制度，也同样适用于政府管理的其他社会保障项目上。

特别要说明的是中国目前实施的城镇职工的基本医疗保险制度改革，实行"社会统筹与个人账户相结合"模式，它与本章介绍的几种模式有很大的不同，但也有相似的地方。关于中国医疗保险制度的改革将在本书的第十章详细介绍。

（五）改变医疗保险支付方式

传统上，医疗保险机构向医院或医生支付参保人的医疗费用时，主要采用"按服务项目付费"的后付制，这种方式容易造成医院"过度医疗"现象发生，造成医疗资源浪费。20 世纪 80 年代以来，以美国为代表，不少国家采用了新的支付方式，如按病种偿付、按人头偿付、总额预算等，有效地控制了医疗费用的增长趋势。

本章小结

本章主要介绍各国的医疗保险模式，但在论述当中，也涉及医疗保险的各个层面，如医疗保险的实际运行、医疗服务机构与医疗保险机构的关系、政府对医疗保险的管理、国外医疗保险制度遇到的主要问题及改革的措施等内容。读者读过此章后会对医疗保险的这些方面有一个更加深入的了解。

复习思考题

1. 本章主要介绍了哪几种社会医疗保险模式？其各自的特点有哪些？
2. 请对各种医疗保险模式作一简要评价。
3. 目前国外社会医疗保险制度的主要问题是什么？
4. 西方国家医疗保险制度改革的主要措施有哪些？是否有效？
5. 你认为社会医疗保险制度的未来发展趋势如何？

案例讨论 1

六旬老太老虎钳自拔七颗烂牙①

据报道，这名可怜的英国祖母名叫瓦莱丽·哈尔斯沃斯，今年 64 岁，家住英国的约克市。瓦莱丽是当地的一名街道清洁工，患有严重的齿龈疾病，导致她嘴里的很多烂牙出现松动，疼起来简直是要人命，经常茶饭不思，彻夜难眠。

由于家里一贫如洗，瓦莱丽根本掏不出钱找私人牙医看病，只能指望英国的国民医疗服务体系，但众所周知，英国的牙医“奇缺”，预约的人经常几年之后才能看上病，到时不被活活疼死才怪！

眼看寻找牙医无望，不愿“坐着等死”的瓦莱丽在疼痛难忍的情况下，“一咬牙，一跺脚”决定自己动手拔牙。她无可奈何地说：“其实我也希望有专业人士替我拔牙，但我别无选择，只好自己动手拔掉被感染的牙齿，虽然痛不欲生，但这是彻底解除牙痛的唯一办法。”

上个周末，瓦莱丽从丈夫的工具箱里找出了一把老虎钳，用酒精进行了彻底地消毒，接着，她一仰脖喝了几杯烈性酒，想借此减轻拔牙时的剧烈疼痛。然后，她就对着一面镜子绷紧自己的脸，小心翼翼地把老虎钳伸进嘴里夹住坏牙，使出吃奶的劲猛地往外拽，竟然一口气拔掉 7 颗烂牙！拔完以后，瓦莱丽满嘴是血，痛苦不堪，那副血淋淋的惨相简直是恐怖万分。

3 月 30 日，英国首相布莱尔在考文垂市与市民见面，听到这个消息，瓦莱丽气急败坏地赶往那里，勇敢地找到布莱尔首相讨个说法，双方进行了一番激烈争论。布莱尔首相无可奈何地对瓦莱丽说：“我对此表示遗憾，但英国牙医十分缺乏，我不可能马上制造出很多牙医，他们上岗前还要进行培训。而且我也不可能强迫私营部门的牙医转入医疗服务体系的机构工作。”

① 吉易．六旬老太老虎钳自拔七颗烂牙．北京青年报，2005－04－01

去年3月，在斯卡伯勒区，大约有3 000名当地居民在医院门口排着长龙，苦苦等候1名国民医疗服务机构的牙医为他们看病。

案例分析：

以上案例形象地揭露了英国国民医疗服务体系的弊端，即医生短缺，医疗资源配置不合理，服务效率低下。英国早在20世纪50年代就开始实行全民医保，免费医疗。这在医疗服务的公平性方面是比较突出的，但由于筹资基本来自税收，以及政府管理的体制，使政府的负担很重，管理效率不高。为了节省开支，必然要压缩医疗资源的投入，包括对进入国民医疗服务体系的医生的数量的控制，结果是尽管英国整体上医疗保健开支占GDP的比例在西方发达国家比较小，但医疗服务质量和效率屡屡受到批评，这也引起了英国老百姓的不满。这说明，好的制度光有公平性还不够，还要考虑其他各个方面的要求，特别是要满足患者的需要。

案例讨论2

“住院一天，两万美金”[①]

2007年2月，老宋到美国探望在密歇根州立大学工作的女儿。一到美国，老宋就开始头晕，而且越来越厉害。女儿急了，一天下午，驾车带老宋去密歇根州州立医院看急诊。一到急诊室，好几位医生早就在那里等候。一位医生检查完，另一位医生又检查，几位医生都做了检查。然后在一块叽里呱啦交谈，老宋也听不懂他们说啥。

检查完后，接着是抽血化验，又做了脑电图、脑流图、血流图等，化验、拍片，做了一遍又一遍。检查到最后，医生也没有得出诊断结论。

两位护士推来活动病床，把老宋扶上病床，坐电梯上了5楼，住进了病房。这间病房有近20平方米大小，只住一个病人。病房非常干净，有卫生间、电视，地上铺的是地毯，墙壁也是软包装。病床能活动升降，床头有血压计、氧气吸管、心跳和心律监测仪器等，还有一个小屏幕，各种数据能及时在屏幕上显示出来。医生定时来检查，医生和老宋交流谈话用的是话筒，通过话筒翻译，非常方便。一间病房两个护士护理，随叫随到，还定时来护理，服务非常热情、到位。

夜里挂了一瓶盐水，第二天医生又开了几样药，但医院没有药房，药品得到外面大超市里买。第二天下午，老宋头晕的病，医生也没有诊断出个所以然来，只是在那里保守治疗，头晕也没见好。老宋很着急，就和女儿商量要出院，女儿劝也劝不住，只好去办出院手续。一结账，住院费2 500美元，医疗检验费17 000美元。从前一天下午3点多到医院，到第二天下午5点出院，一天多时间，花了将近2万美元。

① 案例来源：诵诗．住院一天，两万美金．北京青年报，2007—05—23

出院后，又是吃药，又是打针，老宋头晕时好时坏，一直没有除根。老宋怕在美国有个好歹，提前飞回中国。到家乡的县医院检查，是颈椎增生压迫神经引起的头晕，用中医药治疗，现在已经基本好了，也没花多少钱。老宋深有感触地说："美国医院的服务确实好，但费用也高呀！"

案例分析：

这个案例真实地反映了美国医疗消费和保险的现状：一方面使我们了解了美国医疗费用确实高昂，住一天医院要花 2 万美元；另一方面，使我们认识到医疗保险太重要了，在美国没有医疗保险实在生不起病。这篇文章的主人公老宋因为是到美国探亲，偶发疾病，又没有医疗保险，所以自己承担了所有的医疗费用，结果病还没有治好。同时，该案例也揭示了一个问题，在以商业保险为主体的社会，必然造成过度医疗的现象，这是由商业社会追求经济利益的目标决定的。老宋只住院一天，却进行了那么多检查，好几位医生诊治，两位护士专门护理，病房条件和治疗条件都属上乘。这些高标准服务必然带来高水平的医疗成本支出，加大个人的经济负担。尽管如此，服务质量不一定高，就像老宋的例子，美国医院并没有诊断出他得的是什么病，还是中国的县医院最后治好了他的病。这说明，商业医疗保险制度有很明显的缺陷，以此作为社会的主要医疗保险形式会降低社会成员的安全感。

第五章

社会医疗保险基金

■ **学习要点**

通过本章的学习，全面了解社会医疗保险基金的概念、特征及其作用，社会医疗保险基金筹集的原则、管理的原则与分配使用的原则以及社会医疗保险基金筹集的对象和渠道、筹集的程序与模式，并在此基础上结合实际，认识目前我国城镇职工基本医疗保险基金筹集面临的主要问题和改革的基本思路，进一步透彻理解影响筹资的因素以及社会医疗保险基金如何进行分配和使用。

■ **关键概念**

社会医疗保险基金　社会医疗保险统筹基金　个人医疗账户基金

▶第一节　社会医疗保险基金概述

一、社会医疗保险基金的概念

（一）社会医疗保险基金的定义

社会医疗保险基金（funds of social medical insurance）指通过法律或合同的形式，由参加医疗保险的企事业单位、机关团体或个人在事先确定的比例下，缴纳规定数量的医疗保险费汇集而成的、为被保险人提供基本医疗保障的一种货币资金①。社会医疗保险基金由医疗保险机构组织经营和管理，用于偿付保险合同规定范围内的参保人因疾病、伤残或生育等全部或部分医疗费用的专项资金。

社会医疗保险基金的筹集和管理带有强制性，不以营利为目的。其概念的界定着重强调以下三点：

1. 社会医疗保险基金是以法律或合同的形式，由保险机构按事先确定的比例向参保单位或个人征集的医疗保险费。在保险关系中，一方为保险机构，另一方为参保人。参保人必须按法律或合同条款规定向保险机构缴纳一定数量的医疗保险费，才能享有相应的医疗保险待遇。

2. 社会医疗保险基金的筹集与医疗费用的偿付均采用货币形式。医疗保险基金是由若干个被保险的单位或个人缴纳的医疗保险费汇集而成的一种货币资金。

3. 社会医疗保险基金是由保险机构组织经营和管理的用于偿付参保对象基本医疗费用的基金。其偿付水平应符合医疗保险合同规定的范围。

（二）社会医疗保险基金与社会其他基金的区别

1. 社会医疗保险基金与社会养老保险基金的区别

社会医疗保险基金具有现收现付的性质，而社会养老保险基金却具有时间的递延性和储蓄的性质。

2. 社会医疗保险基金与商业医疗保险基金的区别

社会医疗保险基金以社会保障为主，其利润不进行分配和资本转化，而

---

① 程晓明. 医疗保险学. 上海：复旦大学出版社. 2003. 90

商业医疗保险基金以经济效益为主，具有营利性，其利润可转化为企业资本。

二、社会医疗保险基金的基本特征

医疗保险基金作为一种社会保险基金，除具备一般基金的特征外，还具有以下特性：

（一）强制性

医疗保险作为社会保障的一项重要内容，不同于商业保险，不带有自愿性质，它由国家立法，采取强制手段实施。国家通过法律或法规的形式，规定医疗保险基金筹集的范围、对象、费率和周期等，运用经济、行政等手段强制执行，所有参保对象都应按期足额缴纳医疗保险费，拒缴、欠缴都属违规甚至是违法行为。

（二）互助共济性

医疗保险基金虽来源于社会上不同性质的参保单位和个人的分散资金，但只用于补偿参保对象中少数人因病就医时所发生的医疗费用，因而具有互助共济性。就参保单位而言，有企业之间、企业与行政事业单位之间的互助共济；就参保职工而言，是多数人共济少数人、年轻人共济老年人、无病者共济有病者、得病少的人共济得病多的人；就个人而言，年轻时健康时帮助别人，到年老时有病时则受别人帮助。社会医疗保险就是以其能在全社会范围内分摊疾病风险，弥补疾病给个人带来的部分经济损失来实现社会安定的目的。

（三）公益福利性

医疗保险制度中基金的筹集由国家、集体和个人合理分担，既有利于增强消费者的费用意识，实行自我控制，减少浪费；又体现医疗保险基金的公益性，取之于民，用之于民。此外，国家、集体为职工缴纳了大部分医疗保险费；医疗保险机构按事业单位管理，免缴税利，向银行贷款时可获得利息优惠待遇；企业在税前缴纳医疗保险基金，国家预算可以根据需要和可能向医疗保险机构提供补助，委托代办有关的保险业务等均体现了医疗保险基金的公益福利性。

（四）给付的社会性

医疗保险基金的给付能够使劳动者的医疗保障社会化，个人、企业间互助共济，有助于增强抵御疾病带来的经济风险的能力。

（五）基金运行的自我平衡性

社会医疗保险基金是医疗保险制度的物质基础，但又不同于社会养老保险基金，只有做到收支平衡，才能做到既能确保参保者的基本医疗消费需求，又能不增加国家财政和参保者额外的经济负担，从而促进社会的稳定和经济的发展。社会医疗保险基金的运行应遵循“以支定收”的原则，借助于保险精算等手段调整收支，达到自我平衡的目标。

三、社会医疗保险基金的作用

社会医疗保险基金是整个医疗保险制度运行的物质基础，筹集足够的医疗保险基金是保证社会基本医疗保险制度正常运行的重要环节，医疗保险基金的管理是医疗保险制度的重要组成部分，基金管理水平的高低将直接影响到社会医疗保险制度的运行与发展。

（一）社会医疗保险基金是医疗保险制度的物质基础

医疗保险制度的建立和可持续运行，是通过社会医疗保险基金制度的贯彻落实而实现的。如果没有筹集到足够支付参保人医疗服务所需的基金，医疗保障便无从谈起。社会医疗保险的强制性主要通过基金筹集的强制性体现出来，通过强制手段保证用人单位或劳动者个人履行社会保险的缴费义务。

（二）社会医疗保险基金增强人们抵御疾病带来的经济风险的能力

社会医疗保险基金能够发挥互助共济的作用，提供疾病风险的经济补偿，减轻疾病带来的经济负担，维持社会稳定的同时增强社会凝聚力。从我国的国情和社会发展的角度出发，增强社会医疗保险抗风险能力的关键在于建立稳健的基金筹集和管理制度，使得社会医疗保险制度所覆盖的人群在范围上逐步扩大的同时，对现有覆盖人群的保障程度逐步提高。

（三）社会医疗保险基金的筹集是合理负担社会保险费用的需要

社会医疗保险基金的筹集过程实质上就是分摊医疗保险费的过程。在医疗保险基金的筹集比例科学合理的前提下，合理分摊医疗保险费的关键在于筹集环节的落实，即每个企业和劳动者均按规定及时足额缴纳社会医疗保险基金。

四、社会医疗保险基金的基本原则

（一）社会医疗保险基金的筹集原则

社会医疗保险基金筹集总的原则是“以支定收，量入为出，收支平衡，略有结余”。“以支定收，收支平衡”是保证社会医疗保险平稳运行的必然要求；“略有结余”是医疗保险所承担的疾病风险具有很大的不确定性，以备大规模疾病发生时使用决定的。量入为出即根据需要，量力而行，既要保证筹集到足够的基金以满足基本医疗保障的实际需要，又要求基金筹集水平与社会经济发展水平相适应，适合国家、集体和个人的经济承受能力。

具体原则如下：

1. 法制化原则。社会医疗保险基金是医疗保险制度的物质基础，所以基金的筹集至关重要。因参与社会医疗保险系统的保险方、被保险方、医疗服务提供方以及投保方各自的利益追求目标不同，所以国家应当通过立法、行政等手段实施强制性的政策来筹集社会医疗保险基金。也就是说，社会医疗保险基金的筹集应做到以健全的法制为基础，保障基金的筹集和管理都有法可依、有章可循，以便于操作和提高制度的稳定性。

2. 共同负担原则。医疗保险费由国家、参保单位或个人合理负担，这是由社会医疗保险的性质和特征决定的，也是世界上大多数国家的通常做法。我国实行由国家、单位、个人三方共同负担社会医疗保险费用的原则，既有利于扩大医疗保险基金的来源，减轻国家和企事业单位的经济负担，又有利于明确三方责任，提高职工对医疗保险的责任感，增强个人的自我保障意识，避免医疗资源的浪费。共同负担原则体现了社会医疗保险权利和义务的一致性，符合我国的国情和社会经济发展水平，促进了社会医疗保险制度的不断完善和发展。

3. 基本保障原则。即保障劳动者及其他社会成员的基本医疗需求，社会医疗保险基金支付的主要项目是基本的诊疗服务、基本的药品和基本的医疗设施服务，因此社会医疗保险基金的筹集应以保证满足基本医疗需求为重要前提。

4. 统一费率原则。基本医疗保险基金在统筹地区内按统一的费率筹集，实行统一的使用和管理。其益处在于能够保证社会基本医疗保险广泛覆盖的需求，有利于在一个统筹地区内均衡所有参保人的负担、促进企业间的公平竞争，有利于增强社会基本医疗保险互助共济的功能。

5. 相对稳定原则。单位与个人缴纳的医疗保险费基数可根据经济发展、职工工资水平、物价水平以及医疗保险费用支出的实际情况进行适当的调整，但费率一旦确定，在短期内应保持相对稳定，不要频繁变动或大幅度调整，以免影响医疗保障制度的稳定发展。

（二）社会医疗保险基金的管理原则

社会医疗保险基金的管理目标是维持社会医疗保险基金平衡的同时确保基金的保值增值。根据此目标社会医疗保险基金的管理应遵循以下原则：

1. 收支平衡原则。社会医疗保险基金的平衡主要指一定时期内、一定范围内（城市、地区、国家等）医疗保险基金收支上的平衡。在基金管理上应加强基本医疗保险统筹基金的支出管理，既要保障基本的医疗需求，又要量入为出、合理有效地使用医疗统筹基金。

2. 专款专用原则。严格界定社会医疗统筹基金和个人账户基金的支付范围和责任，分开核算，专款专用。要根据本地基本医疗保险基金的筹资水平、当地的经济状况等因素，科学合理地确定统筹基金的起付标准和最高支付限额。统筹基金和个人账户基金需分开核算，各自平衡，专款专用，不得相互挤占。

3. 基金分开管理原则。社会医疗保险基金要纳入财政专户，实行收支两条线管理。这样做的目的是建立有效的部门间相互制约的机制，有利于保证基金的安全。

4. 保证基本医疗需求原则。严格执行医疗保险基金支出的相关规定，不得擅自扩大支出范围，随意增加支出项目和提高支出标准。

5. 医疗保险基金管理与行政管理分离的原则。医疗保险经办机构负责基金的管理，受政府的委托，根据政府发布的有关法规，依法独立行使职能，负责医疗保险工作的正常运转。

6. 遵循基金投资的安全要求，确保医疗保险基金保值增值原则。医疗保险管理机构为维护和提高医疗保险偿付能力，确保医疗保险基金的安全和长期持续运转，会利用基金支付的时间差、空间差和数量差，遵循相应的投资原则和采取有效的投资手段，将一部分沉淀的基金进行安全有效的投资，以达到基金保值增值的目的。

（三）社会医疗保险基金分配与使用的基本原则

社会医疗保险基金是一种集强制性、互助共济性、社会性、公益福利性于一体的专项资金，仅用于保险机构偿付参保人就医时的医疗费用以及支付开展保险业务所需的管理费用。它在分配与使用时依据“互助共济”的原则，以保障参保人的基本医疗需求。其基本原则如下：

1. 保障参保人的基本医疗需求的同时，与社会经济发展及人民生活水平逐步提高相适应。

2. 坚持量入为出，收支平衡，略有结余。

3. 基金的收支管理必须严格执行财务规章制度，并接受基金监督机构及财政、审计部门的监督检查。社会医疗保险经办机构需建立健全基金预决算制度、财务会计制度、审计制度和各项内部管理制度，加强内部管理监督；同时加大对基本医疗保险基金的行政监督、审计监督和社会监督力度。劳动保障部门和财政部门要对职工基本医疗保险基金预算、决算等进行审核，审计部门要定期对社会保险基金的收支情况、社会保险经办机构的管理情况进行监督。

4. 设立医疗保险专户，专款专用，不得挪用。

5. 基金业务的各种应收、应付款应分别记账，及时核算。

6. 基金投资必须以安全有效为前提，投资收益应补充医疗保险基金的不足和因物价上涨带来的基金贬值。

7. 基金投资带来的收益应单独核算，确保基金的保值增值。

▶第二节　社会医疗保险基金的筹集

一、社会医疗保险基金筹集的基本依据

医疗保险基金的筹集一般以职工的实际工资总额为依据，因而工资总额的准确界定直接关系到医疗保险基金筹集的可靠性，对医疗保险制度的建立和发展产生着直接的影响。我国职工工资总额是指一定时期内，直接支付给本单位职工的劳动报酬总额。按国家统计局《关于工资总额组成的规定》，工资总额由六个部分组成：计时工资、计件工资、奖金、津贴和补贴、加班加点工资以及特殊情况下支付的工资。

除了以职工工资总额为依据外，社会医疗保险基金的筹集还可以参保人实际发生的医疗费用为依据。即合理测算人均医疗费用额度，按一定比例提取或按每月每人一定的数额征集。

二、社会医疗保险基金的筹集对象

作为社会保障的一个重要组成部分，医疗保险基金应该由国家、集体和个人三方面共同筹集，这是由它的社会保险基金的共性所决定的。

对于国家而言，国家通过支付保险费，成为保险关系中的一员，通过经济手段对医疗保险进行宏观控制和微观的监督及指导，同时通过制定国家社会保险法对其运作加以规范，保证国家卫生政策和社会福利政策得到有效贯彻落实。对于企业而言，企业为职工支付部分医疗保险费，有利于树立企业形象和增强企业凝聚力。尤其在我国，费用共担机制使企业摆脱了企业办社会的尴尬境地，有利于企业转换经营机制，增强竞争活力。对于个人而言，个人缴纳保险费既体现了权利与义务对等的原则，又增强了人们的费用控制意识和健康意识，从而促进医疗费用的控制，并提高医疗服务的质量和效率。

三、社会医疗保险基金的统筹范围

社会医疗保险基金的统筹范围大致可分为如下四种：

（一）系统内统筹

在一些实行全民医疗保险制度的国家，其保险组织机构是按居民的不同职业组成的，统筹范围是本组织也即本系统。如韩国的医疗保险分为三种类型，参加第一类的为产业工人，参加第二类的是政府职员和学校职工等，参加第三类的是农民及城市小市民。以上三类保险共分 310 个计划，由社团实施管理，并在社团内统筹经费。各计划由社团独立管理、独立经营。由于社团过多，统筹范围较小，抗风险能力较弱，并且管理费用较大，故社团经营状况很不平衡，所以系统内统筹有待于进一步改革。

（二）地区内统筹

一些按行业组织的医疗保险，往往分地区具体实施和统筹，即按行业和地区进行统筹，互相之间既相互独立又有联系。特别是对农民的医疗保险，一般都是由当地政府管理和统筹，经费以地方政府补贴为主。美国的穷人医疗保险就是由各州政府具体实施，由于各州的经济状况不一，参保者所得到的补偿额差别很大。

（三）特殊病种统筹和高费用统筹

一些国家的医疗保险对特殊病种，如癌症、糖尿病、肾病和精神病等慢性病的高费用支出者均设立专项保险经费开支，由全国统一实施。美国的一些专项商业性医疗保险，如外科手术保险、住院保险等单项保险均可视为病种范围内的统筹。[1]

（四）特定人群内统筹

一些国家对矿工、铁路工、海员及65岁以上的老年人等实行全国范围内的统筹。日本政府于1983年制定了《老年人保护法》，将各组织内退休者的医疗保险经费划拨出来统一使用，同时加强政府补贴，减轻各保险机构的经济负担[2]。

四、社会医疗保险基金的筹集渠道

世界上大部分国家医疗保险基金的筹集渠道是多元化的，主要通过税收和缴纳医疗保险费的形式进行。由雇主（单位）资助、雇员（个人）出资、国家补贴三方共同负担。其他筹集渠道还包括医疗保险基金的增值收入、区域调剂收入、转移收入、滞纳金等。例如我国现行的城镇职工基本医疗保险制度中医疗保险基金的筹集渠道主要包括用人单位、职工本人和国家补贴。其中用人单位和职工个人是医疗保险基金筹集的主要渠道。

（一）雇主（单位）资助

雇主（单位）资助指职工所在的企事业单位或雇主按照职工工资的一定比例为职工缴纳一定数量的保险费。从经济学角度看，医疗保险费用是劳动力再生产费用的一部分，因此企业有责任为职工缴纳大部分保险费，以体现其用人责任。大部分实行社会医疗保险的国家，如德国、日本、韩国，医疗保险费的缴纳是雇主、雇员各分担一半。

在我国，用人单位是医疗保险基金最重要的筹集来源，《国务院关于建立城镇职工基本医疗保险制度的决定》（国发［1998］44号）（以下可简称为《决定》）中规定其缴费比例占职工工资总额的6%左右，其中企业在税前提取的医疗保险基金一般列入企业的生产成本或营业外支出。我国各省缴费比例根据本省的经济社会发展状况各有不同，部分城市的缴费比例已超过6%这个标准，如上海市的缴费比例高达12%。[3]

（二）雇员（个人）出资

雇员（个人）缴费是医疗保险基金的重要组成部分，它可作为个人或家庭的健康投资。雇员（个人）缴费通常按照其年平均工资总额的一定比例提

---

①② 程晓明. 医疗保险学. 上海：复旦大学出版社. 2003.101

③ 周绿林，李绍华. 医疗保险学. 北京：科学出版社. 2006.63

取。可采用自愿缴纳保险费的形式，也可采用强制性保险对收入进行扣除的形式和纳税的形式。在实际操作过程中，有些地方设有最低缴费线和最高缴费线。个人年平均工资低于最低缴费线时，可少缴甚至免缴社会医疗保险费；超过上限的部分则不需要缴纳医疗保险费。

实施雇员（个人）缴费制度的优势如下：第一，扩大了医疗保险基金的来源；第二，减轻了国家的财政负担，有利于国民收入的合理使用和再分配；第三，增强了雇员（个人）的节约意识，这对于建立费用共担机制，遏制卫生资源浪费，促进医疗保险制度的健康发展均有重要的意义。

雇员（个人）的出资比例在不同国家各不相同，法国雇员（个人）缴纳的保险费占工资总额的5.5%，日本为4%～5%，新加坡的健康储蓄计划中雇员（个人）缴纳的保险费占工资总额的3%。[①]《决定》中规定：职工缴费率一般为本人工资收入的2%，今后可随着经济的发展作适当调整。

（三）国家补贴

国家补贴是医疗保险基金来源的又一重要渠道，其数额决定于该国的医疗制度、福利政策、社会制度和经济发展水平等因素。英国、加拿大及北欧国家实行的是国家医疗保险制度，国家补贴占医疗保险基金的绝大部分。德国、日本等社会医疗保险型国家，根据各保险组织内参保人员的组成状况给予一定补助，但比例不高，主要还是由雇主及雇员承担医疗费用。以商业医疗保险为主的美国则仅对65岁以上的老人、穷人等特殊人群给予一定补贴。

我国现行的医疗保险制度作为由国家举办的一项社会保险，国家亦负担一部分医疗保险费。

1. 国家（政府）作为公务员的雇主，为其缴纳基本医疗保险费以及国家公务员补贴。

2. 企业缴纳的医疗保险费在税前列支，国家以少收所得税的形式负担部分医疗费用。

3. 医疗保险基金因不可抗拒的非管理因素造成收不抵支时，由政府提供财政补贴。

（四）利息收入

利息收入指医疗保险基金的增值部分。医疗保险基金利息收入来源于三个方面：第一，医疗保险基金存入财政专户取得的存款利息收入；第二，医

① 王保真．医疗保障．北京：人民卫生出版社．2005.61

疗保险基金存入社会保险机构在银行开设的“医疗保险基金收入账户”和“医疗保险基金支出账户”所取得的利息收入；第三，医疗保险基金购买国债所取得的收益。

（五）调剂收入

调剂收入是指在一定的保险统筹地区内，为体现医疗保险基金的调剂性、共济性，以提高其抗风险能力，由下级上解或上级补助的医疗保险基金收入。调剂收入包括上级补助收入和下级上解收入。上级补助收入是指上级社会保险管理机构在下级社会保险管理机构基金收支运行发生困难时，拨入的医疗保险基金补助收入。下级上解收入，是指下级医疗保险机构上缴给上级医疗保险机构的医疗保险基金收入。

（六）转移收入

《决定》中规定：个人账户的本金和利息归个人所有，可以结转使用和继承，但不得提取现金或挪作他用。转移收入是职工因工作地点变迁，其个人账户医疗保险基金随之转移的收入，转移收入的金额等于个人账户本金和利息的结余额。

（七）其他收入

其他收入是指滞纳金及财政部门核准的其他收入，但不包括罚金。滞纳金是指因用人单位拖缴或少缴医疗保险费而按规定向其收取的费用。目前国内试点和扩大试点城市已出台的医疗保险改革方案中都明确规定用人单位应按期缴纳医疗保险费。对未能按时、足额缴纳医疗保险费的单位，除责令其补缴所欠款额外，另每日加收所欠款额2‰的滞纳金，滞纳金并入当地职工医疗保险基金。

财政部门核准的其他收入是指经财政部门审核批准允许收取的除上述收入项目以外的其他收入。收取其他收入需经财政部门批准，主要是规范社会医疗保险管理机构的收入行为，避免其乱收费用，增加企事业单位、个人及国家的负担。按照国家的有关政策规定，用人单位缴纳的罚金应缴入国库，作为财政公共预算收入，不得并入医疗保险基金。

除上述筹资渠道外，社会无偿捐赠也成为医疗保险基金筹集的来源之一，如利用社会团体和个人赞助筹集医疗保险基金。现在世界各国通用的做法是通过发行社会福利彩票来筹集医疗保险基金，这种做法的优点是在不增加国家财政负担的情况下就可筹集医疗保险基金，但其必须遵循自愿原则且金额不能过大，否则会增加购买者的负担，同时要对其进行严格的法律监督。

▶第三节　社会医疗保险基金筹集程序与模式

一、社会医疗保险基金筹集程序

目前，大多数国家医疗保险基金的筹集通过税收和收取医疗保险费的形式进行。从医疗保险基金收缴的角度来看，基金的筹集程序一般由缴费登记和缴费申报两部分构成。我国目前绝大部分城市社会医疗保险对象仅限于国家公务人员和企业员工及离休、退休人员，因此，参保手续一般都由用人单位代办，所有保险费都是由用人单位代缴，个人缴纳部分由单位代扣。大致的程序如下：

（一）缴费登记

《社会保险费征缴暂行条例》规定：缴费单位自依法成立之日起 30 日内，持有关证件和材料到当地社会保险经办机构办理缴费登记，社会保险经办机构审核确认后发给社会保险缴费登记证件。

1. 表格和资料的报送。凡是首次参加医疗保险的单位，在办理参保手续时，必须认真填写并报送以下表格和资料：职工医疗保险单位登记表、职工医疗保险花名册、单位和开户银行盖章后的委托缴纳职工医疗保险费协议书，以及本单位上季度的财务报表、职工工资表、职工统计表。

2. 表格和资料的审核。社会保险经办机构对参保单位报审的资料和表格进行相关性、完整性的审核，要求做到四个一致：

（1）单位名称的书写与印章要一致，禁止填写单位简称；

（2）职工医疗保险单位登记表与委托缴纳职工医疗保险费协议书的相关内容要一致，如单位名称、开户行、账号等；

（3）参保单位申报的月工资总额的构成与财务报表、职工工资表上所列的水平要一致；

（4）办理医疗保险的人数与单位实际人数要一致。

3. 信息录入。对参保单位报审的资料及表格审核后合格者，医疗保险机构将信息录入计算机，建立参保单位台账，并将信息资料整理成册备查。

（二）缴费申报

1. 应缴医疗保险费的计算。社会医疗保险经办机构根据审核后的单位月平均工资总额计算应缴纳的医疗保险费。

2. 收款。正常收款一般为每季度一次，于上季度末月底办理，也可以每半年或一年缴纳一次。

（1）参保单位第一次缴费在审核签单承保时收讫，参保单位持转账发票或现金向保险经办机构缴纳首期医疗保险费。

（2）第二次及以后各次的医疗保险费，如本季度末无新增人员或减少人员，保险经办机构根据单位填报的委托缴纳职工医疗保险费协议书，按上季度参保人数及金额直接委托银行采取“特种委托收款”结算方法办理；如有人员变动，保险机构则根据参保单位填报的新增人员或减少人员申报表，按新核准的人数和金额委托给银行办理。对迟缴、少缴、不缴者，除追收欠款外，还需收取滞纳金。

3. 打印并送交医疗保险费缴款单或催款单。社会医疗保险经办机构确认收到保费后，要填写或打印职工医疗保险缴款单。若逾期未收到保费，则要填写或打印职工医疗保险催款单。缴款单和催款单的内容要完整，字迹要清楚端正，并加盖财务收款印章后交给参保单位。

二、社会医疗保险基金筹集模式

医疗保险基金的筹集模式关系到是否能够筹集到足够的资金来满足医疗费用支出的需要。筹集模式的确定与一国的社会经济水平、价值观念、卫生服务体系、医疗保障模式密不可分；反之，筹集模式也对卫生服务、社会公平与效率、医疗保险的平稳运行产生重要影响。从不同角度可以把医疗保险基金的筹集模式划分成不同类型：

（一）从筹集对象划分

从筹集对象划分，可以把医疗保险基金筹集模式分为五类：政府全额负担；政府和个人负担；政府、雇主（或单位）和个人三方分担；雇主（或单位）和个人分担及个人全额负担。

1. 政府全额负担

政府全额负担主要见于实行全民免费医疗保险制度的国家。如英国，医疗保险费由联邦政府或地方政府从财政预算拨款，个人只付少量挂号费或门诊费，属于政府全额负担或基本全额负担。新西兰规定政府从税收中提取全部医疗保险费用，个人与雇主不缴纳医疗保险费用。

2. 政府和个人负担

政府和个人负担主要有两种方法：一种是政府负担居民在公立医院或公

立医疗保险机构的费用。如英国和澳大利亚政府规定，居民在公立医院就医可以免费，但若在私立医院就医需自费。另一种是个人缴纳少量医疗保险费，政府给予大部分补助，例如日本、韩国等国家对农民的医疗保险均采用这种方法。还有许多国家对老年人的医疗保险收费也采用这种方法。

3. 政府、雇主（或单位）和个人三方分担

实行社会医疗保险制度的大多数国家采用政府、雇主（或单位）和个人三方分担的方法，只是三方分担的比例有所不同。政府的负担属于社会福利，是税收再分配的形式。雇主（或单位）的负担既是集体福利，也是对劳动力的保护。个人负担既是家庭和个人的健康投资，又可减少经济风险。

4. 雇主（或单位）和个人分担

美国的健康维持组织采用雇主（或单位）和个人分担的方式筹集医疗保险基金，政府仅参与管理，但不给予经费补贴。

5. 个人全额负担

在一些经济不发达的国家中，虽有居民自发组织医疗互助会，但他们得不到任何经费补贴。即使在经济发达的美国，仍约有15%的人没有任何形式的医疗保险①。

（二）从基金的积累状况划分

从基金的积累状况划分，可以把医疗保险基金筹集模式分为三类：统筹分摊式、预提分摊式和部分积累式。

1. 统筹分摊式

统筹分摊式即现收现付式，主要以横向收付平衡原则为依据，先测算出年内需支付的医疗保险费，然后以支定收，将这笔费用按一定的提取比例分摊到参加医疗保险的所有单位和个人，当年提取，当年支付。医疗保险费可以根据上年度实际支付的总额，加上本年度预计增加额进行测算。也可以根据工资、物价和医疗费用平均增长率确定。这种方法是以保险期内不同年龄和健康状况的投保人之间的互助共济来实现收支平衡，即横向平衡的。这一方法普遍用于强制性医疗保险。该模式的优点是简便易行，由于平衡期短，风险波动小，不需要较大数量的风险储备金，还可降低通货膨胀导致的基金贬值风险。缺点是以近期的平衡为原则，投保人缴纳的保险费为所有保险受益人支付保险金，存在着本代人为上代人缴纳保险费的代际转移问题。目前，世界上大多数国家采用这种模式。

---

① 张群. 美国的医疗保险制度现状及引发的思考. 中国卫生经济. 2007.6

2. 预提分摊式

预提分摊式根据长期收支平衡的原则确定费率，即在预测未来若干年内社会医疗保险支出的需求基础上，确定一个可以保证在相当长时期内的收支平衡的总平均费率，再分摊到若干年中，并对已提取但尚未支付的保险基金有计划地管理运营。投保人早年付出的保险费大于保险支出，其差额作为以后年份的储备基金；随着投保人年龄增长，保险支出逐步超过其缴纳的保险费，这时用储备基金及其利息弥补收支差额，基本保证了整个保险期内的收支平衡。这一方法具有储蓄性质，在较长时期内做到收支平衡，亦称纵向平衡。此法适用于商业保险公司开办的健康保险。此种方式计算复杂，实施难度大，社会共济能力差，而且由于跨越年度长，储备金易受到通货膨胀的影响，给基金的使用与管理带来一定的难度。

3. 部分积累式

部分积累式又称混合式，即现收现付与预提分摊式相结合。这种方式以近期平衡为基础，兼顾长期平衡，存在一定程度的代际转移问题。我国正在运行的城镇职工基本医疗保险制度就采用“社会统筹与个人账户相结合”的筹资模式。医疗保险基金的收支呈现出“T”型，即一方面，在一定区域内的社会群体中横向筹措医疗保险基金，互助共济，风险共担；另一方面，保险费中的一部分进入个人账户进行纵向积累，即劳动者年轻时积攒储备金以备老年之需。这种筹资方式既能体现社会公平原则，又考虑了按劳分配中的“权利与义务”的对等关系。

（三）从社会医疗保险基金的征集形式划分

从社会医疗保险基金的征集形式来划分，可以把医疗保险基金筹集模式分为四类：国家税收式、强制缴费式、自愿投保式和储蓄账户式。

1. 国家税收式

国家税收式主要见于实行国家医疗保险制度的国家，此模式中，国家通过财政征税（包括一般税和特殊税）的形式征缴医疗保险基金，然后由中央政府和地方政府逐级通过预算拨款的方式给医疗服务供方提供资金，为国民提供免费或低收费的医疗服务[①]，如英国和加拿大。

此模式的优点是：第一，能有效地筹集到大量资金，且来源稳定；第二，社会公平性相对而言最高，全民享受，人人平等；第三，社会共济性相对而言最强，在全体国民之间分摊疾病风险；第四，高度集中管理，有利于政府

① 卢祖洵．社会医疗保险学．北京：人民卫生出版社，2007.107

宏观调控，计划性强，对医疗费用的控制能力较强。其存在的缺陷如下：第一，受税收政策的影响较大，相对独立性较差，灵活性不够，受国民经济水平波动影响较大；第二，政府参与过多，个人负担过低，费用节约意识较差，医疗服务提供方效率较低；第三，形式单一，若保障水平较高，国家财政则会入不敷出，但若保障水平较低，则会难以满足国民多层次的医疗需求。

2. 强制缴费式

强制缴费式主要见于实行社会医疗保险制度的国家。国家通过法律、法规强制性地让在一定收入水平范围内的居民及其雇主（或单位）按个人收入的一定比例缴纳保险费，如德国、韩国。强制缴费式的管理形式一般分为两类：一类是国家补贴较多，管理权力较多地集中在政府机构手中；另一类是国家补贴较少，政府很少直接管理，主要由各种社会团体自行管理，政府的职责主要在于制定政策法规。

此模式的优点是：第一，资金来源稳定，相对独立性较强，可根据国家经济实力和国民收入水平进行调整，灵活性较强；第二，社会公平性较高，权利与义务基本对应；第三，社会共济性较强，在法定的大范围人群内实现风险分摊；第四，保险效率较高，制度统一，运行集中，管理成本较低；第五，有专门的社会保险机构，对费用的增长有一定的控制能力。

此模式的缺点如下：第一，在社会保险团体自行管理的形式下，不同社会保险组织的对象之间存在一定的不公平性，同时，参保对象与非参保对象之间也存在一定的不公平性；第二，主要实行现收现付制，在人口老龄化的形势下，代际矛盾日渐突出；第三，不同社会保险组织间存在着负担水平和待遇水平的差异。

3. 自愿投保式

自愿投保式主要见于实行商业医疗保险制度的国家。社会人群可自愿参保，并缴纳一定的费用，所缴纳保费的数量与所投保的项目和保障水平密切相关，多保多投，少保少投，不保不投。其管理特点是政府很少干预，由医疗保险机构分散管理，供需双方通过市场竞争进行调节，如美国。

此模式的优点是：第一，灵活多样，适合社会多层次的需要；第二，医疗消费者的选择自由度较大，促进了医疗保险组织和医疗服务机构间的竞争；第三，国家财政负担轻。此模式的缺点也是显而易见的：第一，社会公平性差，存在严重的逆选择问题，高危人群和低收入人群缺乏医疗保障；第二，社会共济性差，风险仅在参保对象这一小范围人群内分担；第三，保险效率差，多组织经营导致管理分散，不仅使得管理成本较高，而且容易导致医疗服务的滥用。

4. 储蓄账户式

储蓄账户式主要见于实行储蓄医疗保险制度的国家。国家通过立法强制要求每一个有工作的人，包括个体业主，缴纳储蓄性医疗保险基金，建立个人医疗账户。这种筹资方式与其他方式的最大区别在于它是以一代人或几代人的医疗储蓄来抵御疾病风险，即通过足够长的时间来纵向分担疾病风险，而其他方式是通过大量人群来横向分担疾病风险。此模式的典型代表是新加坡。

此模式的优点是：第一，解决了老龄人口医疗保障需求的筹资问题和代际矛盾；第二，有利于提高个人的费用意识和责任感，增强了医疗费用的需方制约机制；第三，消费者拥有一定的选择权，满足了消费者不同层次的需求，促进了医疗机构的竞争；第四，政府负担较轻。其缺点是：第一，公平性一般，医疗保险待遇与个人收入直接挂钩，低收入者的保障程度较低；第二，缺乏风险共担机制，仅在个人与家庭之间分担，低收入者难以承受较大的疾病风险。

世界上大多数国家医疗保险基金的筹集并不是单纯的某一种筹集模式，而是以其中一种为主要模式，同时辅以其他模式。

三、我国社会医疗保险基金的筹集模式

（一）当前我国医疗保险基金的筹集模式简介

我国目前推行的城镇职工基本医疗保险制度的筹资模式是社会统筹与个人账户相结合，即通过用人单位和职工按照工资总额的一定比例缴纳基本医疗保险费，形成社会医疗统筹基金和个人医疗账户基金。其中，个人缴纳的基本医疗保险费全部计入个人医疗账户，用人单位缴纳的基本医疗保险费分为两部分，一部分用于建立社会统筹基金，一部分划入个人医疗账户。划入个人医疗账户的比例一般为用人单位缴纳保险金的30%，具体比例由统筹地区根据个人医疗账户的支付范围和职工的年龄等因素决定。用人单位缴费率一般控制在职工工资总额的6%左右，职工缴费率一般为本人工资收入的2%。随着经济的发展，用人单位和职工缴费率可作相应调整。

社会统筹与个人账户相结合实际上是将国外的社会保险强制缴费模式与储蓄账户模式组合而成的一种新模式。一方面，在一定区域内的人群之间横向调剂医疗保险基金，费用共济，风险分担；另一方面，保险费中的部分资金进入个人账户进行纵向积累，以劳动者年轻力壮时积累的资金弥补年老体弱时的费用缺口，自我缓解后顾之忧。对于参加医疗保险的单位和个人，要

求个人缴费，企业补充，按人建账，国家给予统筹互济。社会统筹和个人账户的建立提高了医疗保险制度的社会化程度，增强了风险分担的作用和个人的费用意识。

城镇职工基本医疗保险筹资来源于国家、单位与个人，按照“工资总额长一寸，医疗福利有一分”的精神，本着“基本水平、广泛覆盖、双方负担、统账结合”的原则，筹措医疗保险基金。

（二）当前我国医疗保险基金筹集过程中存在的问题

我国实行的医疗保险制度改革是一项政策性强、涉及面广、极为复杂的社会系统工程，需要多部门的积极配合，需要全社会的理解与支持。它关系到财政经费的运转，企事业单位利益的调整，同时也深刻影响着个人的切实利益。在目前，在我国医疗保险还未立法、体制没有理顺、缺乏强有力的统一调控系统的情况下，医疗保险基金的筹集碰到了种种问题。

1. 企业深化改革给医疗保险筹资带来了严峻挑战

第一，企业所有制的形式多元化，劳动者的就业途径多样化，这些均给医疗保险筹资人群的范围、筹资基数、筹资比例、筹资方式等带来了较大影响。

第二，市场经济竞争更加激烈，部分企业势必出现亏损、破产、合并等情况，从而社会上就会出现一大批待岗、下岗、失业的劳动者，这些均会导致医疗保险基金的欠缴率、缓缴率、减免率大幅度上升，甚至会形成部分坏账、呆账，使得基金的收入减少。

第三，转轨时期存在着一些特殊问题，例如国有企业劳动力存量调整时出现的提前退休、协议退休人员的医疗保障问题等。

2. 部分参保单位的不规范行为给医疗保险筹资带来了障碍

第一，部分单位选择性参保。从小集体的经济利益出发，有的单位让老、弱、病、残的职工参保，年轻力壮、无病、少病的人不参保；让干部、管理人员和户籍员工参保，劳务工和非户籍员工不参保。一些经济效益好的中央、省属单位，原来的医疗待遇水平较高，参加医疗保险后个人不仅要多缴费而且医疗待遇有所下降，因此他们参加医疗保险的积极性不高；另一方面，机关行政、事业单位参保人多，企业参保人少，特别是效益差的企业，连职工的基本生活费都解决不了，更不用说给员工投保医疗保险了。这样一来，一方面导致参加基本医疗保险的人员中含有大量的高危人群，增大了社会保险经办机构要负担的疾病风险；另一方面也使社会医疗保险覆盖面较窄，与大数法则的原理背道而驰，从而导致整个医疗保险基金抗风险能力的下降。

第二，参保单位不如实申报工资总额，减少医疗保险费的缴纳金额。虽然国家已明文规定对不如实申报工资总额、迟缴、拒缴医疗保险费的单位要加收滞纳金，甚至可以向人民法院起诉，或者实施强制执行等处罚措施，但政府部门的文件毕竟只是政策，不是法律，法院不可能受理。

第三，保费不能及时到位，有的甚至收不回来，造成死账、呆账。其主要原因是：在市场竞争激烈的情况下，一部分企业因经营亏损或濒临破产无钱缴纳医疗保险费；少数外资企业虽然提供了银行账号，但账上无款，收不到医疗保险费；一些参保单位地点搬迁，电话号码及银行账号改变，没有及时通知医疗保险机构，无法收费；甚至有单位拒缴医疗保险费。

3. 人口老龄化对医疗保险筹资的冲击

我国人口老龄化具有规模庞大（占世界老年人口的1/5）、发展速度快（人口年龄结构从成年型进入老年型前后只有20年）等特点。由于我国目前采用以职工工资总额为基数的筹资模式，人口老龄化意味着在职职工的比例减少，使得医疗保险的缴费人群相对缩小，受益人群相对扩大。同时，人口老龄化将引起医疗费用的急速提升。研究表明，老年人群的人均医疗费用是中青年人群的两倍以上。① 因此，人口老龄化一方面使筹资绝对数量减少，另一方面使实际医疗费用支出增多。

（三）我国医疗保险基金筹集模式的完善

鉴于目前我国城镇职工基本医疗保险基金筹集过程中存在的问题，应从以下几方面进行完善，以保证基金筹集工作的顺利开展。

1. 加快医疗保障的法制建设

社会医疗保险基金筹集的特征之一是强制性，而强制性必须以法律作为支撑。根据大数法则，为了保证医疗保险基金有长期稳定的来源，应尽可能扩大覆盖面，保证资金的到位率。但由于认识问题、利益驱动以及逆选择等原因，若没有法律作保证，医疗保险覆盖面难以扩大，或者即使单位和职工参保了也会出现少缴、欠缴、不缴或退保的情况。可见，立法是解决医疗保险筹资的关键。世界上很多国家对于本国的医疗保障制度都有立法保护，如德国在1883年制定《疾病保险法》，在1911年制定《国家健康服务法》；法国在1930年制定《社会保险法》；荷兰在1941年制定《健康保险法》等。我国于1999年通过的《社会保险征收费暂行条例》，在医疗保险基金筹集的法制化建设方面迈出了坚实的一步，对保证医疗保险基金如期按量地进行征缴

① 卢祖洵．社会医疗保险学．北京：人民卫生出版社，2003

起了重要作用。但在法律建设的层次、依法行政的力度、具体执法过程等方面仍存在不少问题，因此医疗保险筹资的法制建设还有待完善。

2. 加大医疗保险改革的宣传力度

医疗保险改革直接关系到广大劳动者的切身利益，关系到党和政府在人民心目中的形象和威望。但在医疗保险改革过程中，还有很多劳动者对医疗保险改革的目的、意义及政策措施等知之甚少，有时甚至是曲解或误解。有些单位的医疗保险经办人员也不是很了解医疗保险改革政策，更不用说此单位的职工了。因此，应该广泛宣传医疗保险制度改革的意义及政策，提高参保单位对医疗保险改革的认识，明确此项改革是由党中央国务院决定的，是市场经济体系的配套工程，是为了让广大的职工得到基本的医疗保障，从而使职工增强自我保障意识和疾病风险意识。只有从大局和长远利益出发，全员参加医疗保险，才能使基金的社会共济能力增强，抗风险能力增强，从而保证医疗保险基金的良性循环，使医疗保险制度健康发展。医疗保险改革的宣传应充分利用新闻媒体和各类书籍刊物，尤其是搭建好社区这个平台，将全面宣传和重点宣传相结合，被动解释和主动宣传相结合，逐步提高广大劳动者的社会医疗保险意识，形成单位愿意缴纳医疗保险费，职工主动监督的良好征缴环境，形成人人关心社会医疗保险和支持医保改革的良好舆论导向。

3. 严格把好参保审核关

参保审核的重点是参保人数和工资总额。在审核参保人数和工资总额时，要特别注意三个方面的问题：一是要参照社会平均工资总额，并要考虑到物价上涨因素。一般情况下，参保单位的平均工资不应低于上年度的社会平均工资。二是对参保单位做耐心细致的说服解释工作，使参保的人数及工资与实际相符。三是要求参保单位向职工公布参保情况。医疗保险机构要及时向参保单位寄发医疗保险费缴交证明。医疗保险费缴交证明载明该单位实际参保人数、缴纳医疗保险费的金额、缴交的日期等内容，要求参保单位将医疗保险费缴交证明公开张贴，接受职工监督。

4. 强化医疗保险基金征集的催款工作

医疗保险基金是否及时到位，是医疗保险能否正常运作的关键。因此，要把医疗保险基金的征缴和催款作为重要工作来抓，这需建立基金征缴和催款制度，配备催款人员。对拖欠或逾期未缴医疗保险费的单位，医疗保险经办机构可首先在内部予以协调控制；其次可采取电话、书面通知、上门催收等形式，限期缴清。对仍不缴纳医疗保险费的单位，可辅之以必要的行政手段，如将拖欠保险费单位参保人员的证件冻结，暂停审批该单位的医疗费用及大型仪器设备的检查费用，直至将欠款追回，再恢复其冻结的医疗证件的使用。

在催款过程中，要充分发挥相关政府部门的作用。如对拒不缴纳医疗保险费的参保单位，工商行政管理部门可不予办理工商年检手续，劳动人事部门可不予办理用工、招工、调工、调干等手续。

5. 加强内部管理，提高服务质量

要扩大医疗保险的覆盖面，加大基金的征缴力度，必须调动社会医疗保险经办机构员工的积极性，为社会提供优质高效的服务。第一，要制定目标管理责任制，量化工作指标，才能使每位经办机构的员工明确自己的责任并努力完成；第二，要定期考核，奖优罚劣，形成竞争机制，提高经办人员的工作效率；第三，要转变观念，树立服务意识；第四，要建立和公开规章制度，使社会医疗保险经办人员接受社会和群众的监督，减少官僚主义做法。通过优质服务，既可促进社会医疗保险的参保和基金征缴工作，又可降低管理成本，同时有利于社会医疗保险基金的管理。

▶第四节　影响社会医疗保险基金筹集的因素

一、医疗卫生费用的增长对社会基本医疗保险筹资的影响

卫生总费用（total health expenses）是指一个国家或地区在一定时期内（通常为一年），为开展卫生服务所消耗的所有物质资源和人力资源的货币表示。它是一个国家（或地区）对卫生事业的总投入，反映卫生服务的规模及其消耗的经济资源的水平①，是衡量一个国家或地区卫生保健筹资水平和利用程度的重要指标。其通常由政府预算卫生支出、社会卫生支出和个人现金支出三部分组成。它对社会基本医疗保险筹资的影响可从以下三个角度加以衡量：

（一）卫生总费用占 GDP 比例

卫生总费用占国民生产总值的比例可以反映一定时期内，在一定经济水平下，国家对卫生事业的资金投入力度以及国家对卫生工作和居民健康的重视程度，它可用来衡量卫生事业发展与国民经济增长的适应性。如果比重过低，则表明卫生筹资水平较低，不利于卫生事业的发展；如果比重过高，将

① 杨平，肖进，陈宝珍. 医学人文科学词汇精解. 上海：第二军医大学出版社，2002. 268

加重政府财政、社会及居民负担，与宏观经济发展不协调[①]。

从20世纪50年代开始，西方国家普遍推行社会保障扩张政策，社会保障覆盖面扩大的同时也伴随着医疗费用的成倍增长，卫生总费用占GDP的比例不断提高。28个经合组织成员国家自1970年以来卫生总费用的年平均增长速度都超过了GDP的增长速度，卫生总费用占GDP的比例不断提高，一般增长3～4个百分点（见表5—1）。[②]

表5—1　　1970—2001年OECD国家年卫生费用占GDP的比例[③]　　%

国家	1970	1980	1990	1993	1998	2000	2001
澳大利亚	5.6（1971）	7	7.8	8.2	8.6	8.9	—
奥地利	5.3	7.6	7.1	7.9	7.7	7.7	7.7
比利时	4	6.4	7.4	8.1	8.4	8.6	9
加拿大	7	7.1	9	9.9	9.1	9.2	9.7
捷克和国	—	—	5	7.2	7.1	7.1	7.3
丹麦	8.0（1971）	9.1	8.5	8.8	8.4	8.3	8.6
芬兰	5.6	6.4	7.8	8.3	6.9	6.7	7
法国	—	—	8.6	9.4	9.3	9.3	9.5
德国	6.2	8.7	9.9（1992）	9.9	10.6	10.6	10.7
希腊	6.1	6.6	7.4	8.7	9.4	9.4	9.4
匈牙利	—	—	7.1（1991）	7.7	6.9	6.7	6.8
冰岛	4.7	6.2	8	8.5	8.6	9.3	9.2
爱尔兰	5.1	8.4	6.1	7	6.2	6.4	6.5
意大利	—	—	8	8.1	7.7	8.2	8.4
日本	4.5	6.4	5.9	6.4	7.1	7.6	—
韩国	—	—	4.8	4.7	5.1	5.9	—
卢森堡	3.6	5.9	6.1	6.2	5.8	5.6	—
墨西哥	—	—	4.5	6.1	5.2	5.6	6.6
荷兰	6.9（1971）	7.5	8	8.5	8.6	8.6	8.9

① 汪金鹏．1996年至2002年我国卫生总费用筹资水平和结构分析．中国卫生事业管理．2006，1

②③ 中国社会保险学会医疗保险分会．医疗保险筹资与医疗费用的宏观影响因素及对策研究．内部资料．2007

续表

国家	1970	1980	1990	1993	1998	2000	2001
新西兰	5.1	5.9	6.9	7.2	8	8	8.2
挪威	4.4	6.9	7.7	8	8.5	7.7	8.3
波兰	—	—	5.3	6.4	6.4	6	6.3
葡萄牙	2.6	5.6	6.2	8.6	8.6	9	9.2
斯洛伐克	—	—	—	5.8	5.8	5.7	5.7
西班牙	3.6	5.4	6.7	7.5	7.5	7.5	7.5
瑞典	6.7	8.8	8.2	8.3	8.3	8.4	8.7
瑞士	5.6	7.6	8.5	10.6	10.6	10.7	10.9
土耳其	2.4	3.3	3.6	4.8	4.8	4.8（1998）	—
英国	4.5	5.6	6	6.9	6.9	7.3	7.6
美国	6.9	8.7	11.9	13	13	13.1	13.9
28 个 OECD 国家平均值①	NA	NA	7.3	8	8	8.1	8.4
8 个 OECD 国家平均值②	5.3	7	7.6	8.3	8.3	8.4	8.6
14 个欧盟国家平均值③	NA	NA	7.6	8.2	8.2	8.3	8.5

由表 5—1 可知，各国医疗卫生总费用占 GDP 的比例均有不同程度的上升。美国上升的比例最高，据资料显示，其 2003 年卫生总费用已达到 GDP 的 15%；其次是德国，2003 年卫生总费用占 GDP 的比例为 11.1%；法国、澳大利亚、加拿大的医疗卫生费用占 GDP 的比例约为 10%左右。④

① 不包括斯洛伐克和土耳其。2001 年的平均值包括澳大利亚、日本、韩国和卢森堡 2000 年的数据。

② 不包括比利时、捷克、法国、葡萄牙、意大利、韩国、墨西哥、荷兰、波兰、斯洛伐克、瑞士和土耳其。

③ 14 个国家为：奥地利、比利时、丹麦、芬兰、法国、德国、希腊、冰岛、意大利、荷兰、葡萄牙、西班牙、瑞典和英国。

④ 清华大学经济管理学院课题组．中国医疗体制改革与卫生服务业的发展．人类发展论坛 2006 健康与发展国际研讨会背景报告．2006

相比上述这些发达国家而言，我国卫生总费用占 GDP 的比例很低，但是我国卫生总费用占 GDP 的比例呈逐年增加趋势。从图 5—1 可清晰地看出我国卫生总费用占 GDP 比例的走势，卫生总费用占 GDP 的比例从 1990 年的 4.01%上升到 2007 年的 4.81%[①]，尤其是从 1995 年以来，卫生总费用占 GDP 的比例急剧上升，增长幅度要高于上述发达国家。

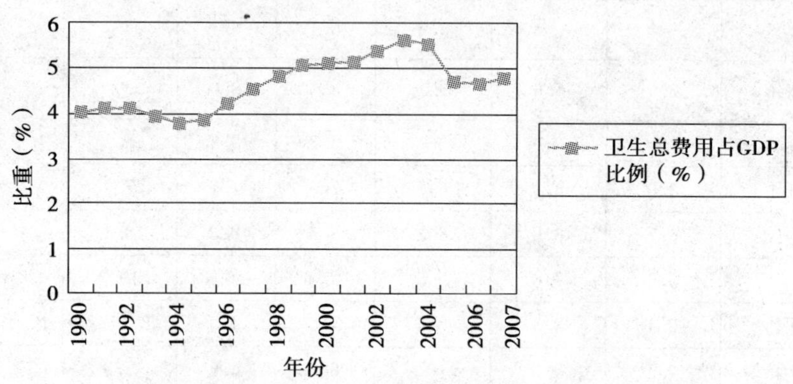

图 5—1　1990—2007 年中国卫生总费用占 GDP 比例

资料来源：中华人民共和国国家统计局．中国统计年鉴．2006

（二）卫生总费用的筹资构成

根据卫生总费用筹资来源法的测算体系，卫生总费用由政府预算卫生支出、社会卫生支出和居民个人卫生支出三部分构成。政府、社会、居民个人卫生支出的变化可说明一个国家或地区卫生筹资的渠道及各方分担的比重。政府卫生支出占财政支出的比重是衡量一个国家或地区的政府对卫生事业重视程度的一个重要指标。

2006 年，我国卫生总费用的筹资结构如图 5—2 所示。按国内卫生筹资来源测算口径，2006 年政府预算卫生支出 1 778.9 亿元，占卫生总费用的比例已经走出低谷，由 2000 年的历史最低点 15.47%增长到 18.10%。社会卫生支出为 3 210.9 亿元，占卫生总费用比例由 2001 年的 24.10%稳步上升到 2006 年的 32.6%。个人卫生支出为 4 853.5 亿元，其在卫生总费用中所占比例近年来有下降趋势，由 2001 年的最高点 59.97%降为 49.3%[②]。

政府预算支出、社会卫生支出、个人卫生支出的变化说明我国的卫生筹资是多渠道的，政府和社会的负担逐渐减轻，居民个人卫生支出负担增加，

①② 中华人民共和国卫生部统计信息中心．2007 年中国卫生事业发展统计公报．http://cn.chinagate.com.cn/reports/2008—05/05/content_15072532.htm

符合医疗费用分担的原则。但是值得注意的是，虽然我国2006年卫生总费用筹资构成中，个人卫生支出已由2005年的52.51%下降到2006年的49.3%，但仍高于巴西、泰国等发展中国家。世界卫生组织指出，个人现金支付占卫生总费用的比例超过50%，将导致卫生服务利用的极端不公平①，严重影响和制约低收入人群对基本卫生服务的利用，极易引发因病致贫、因病返贫和灾难性卫生支出等严重后果。近年来出现的"看病难，看病贵"也是医疗费用增长过快，超出了群众的经济承受能力的表现。

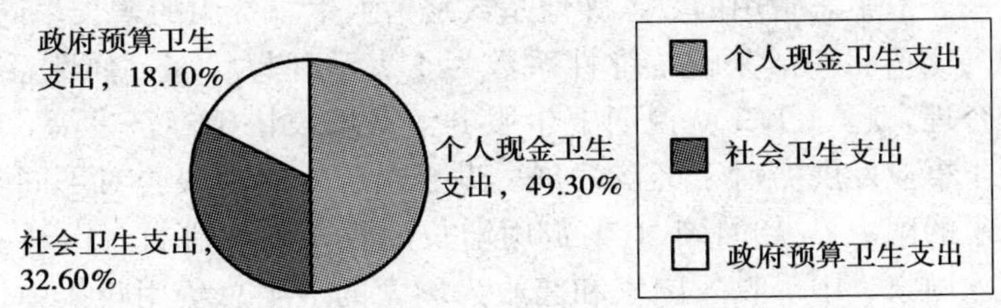

图5—2 2006年我国卫生总费用的筹资构成

资料来源：中华人民共和国卫生部统计信息中心．2007年中国卫生事业发展统计公报．http://cn.chinagate.com.cn/reports/2008—05/05/content_15072532.htm

（三）卫生总费用增长速度

卫生费用随着经济的发展而加速增长的现象说明人们在生活质量和水平提高的同时，也给予健康更多的关注和投入。国外学者Walker（2001）的研究认为，卫生费用的增长率一般比GDP的增长速度快1个百分点。Mohr和Mueller（2001）的研究认为，卫生总费用增长率一般比经济增长高1.5～2.0个百分点，如果超过了这个比例就说明卫生总费用增长过快，与经济发展不相适应。

从表5—1来看，OECD国家不同时期卫生费用的增长情况可分为两个阶段：

第一阶段：1970—1993年间，是卫生费用快速增长期，多数国家的卫生费用占GDP的比例由5%增长到8%左右，增长了约3个百分点。

第二阶段：1993—2001年间，是相对稳定期，在这个时期许多国家的卫生费用的快速增长势头都得到了遏制。28个OECD国家中有18个国家在长达8年的时间里卫生费用的增长速度与GDP的增长速度是基本同步的，甚至低于GDP的增长速度；并且卫生费用占GDP的比例达到一定水平后保持相

① 世界卫生组织．西太平洋地区和东南亚地区国家卫生筹资战略（2006—2010年）．2006

对稳定，此比例一般在 7%～9%之间。[①]

就我国而言，1978—2005 年，卫生总费用年平均增长速度为 11.47%，GDP 年平均增长 9.64%[②]，超过 GDP 年平均增长率 1.83 个百分点，距国外学者认为的最高临界值很近，需引起高度重视。

（四）卫生总费用收入弹性指标

卫生总费用收入弹性指标是衡量卫生事业发展与经济增长是否协调的评价指标之一。卫生总费用的收入弹性系数是指卫生总费用的增长率同 GDP 增长率之间的比值。一般来说，弹性系数为 1 表示理想状态，弹性系数在 1.2 左右比较合理，超过 1.2 就说明卫生服务消费增长快于经济发展，小于 1.2 则表示卫生事业发展滞后于经济发展。世界银行的一份报告对不同经济发展和收入水平的国家在 1994 年卫生费用增长的收入弹性进行了分析。结果表明，低收入国家、中等收入国家和高收入国家的卫生总费用收入弹性分别为 1.00，1.19 和 1.47。卫生总费用收入弹性系数全球水平为 1.13（见表 5—2）。[③]

表 5—2　世界不同收入水平国家卫生费用增长的收入弹性（1994 年）

收入水平	收入弹性	观察国家	校正 R^2
低收入国家	1.00	31	0.34
中等收入国家	1.19	57	0.82
高收入国家	1.47	34	0.64
全球平均水平	1.13	122	0.94

资料来源：World Bank Discussion Paper，No. 365，1997

我国 1978—2005 年卫生总费用年平均增长速度为 11.47%，GDP 年平均增长 9.64%，卫生消费弹性系数平均为 1.19，即 GDP 每增长 1.00%，卫生总费用增加 1.19%。从 20 多年的总体情况看，我国卫生总费用增长确实略快于国民经济增长（见图 5—3）。[④]

---

① 中国社会保险学会医疗保险分会．医疗保险筹资与医疗费用的宏观影响因素及对策研究．内部资料．2007

②④ 赵郁馨，万泉，应亚珍，张毓辉．2005 年中国卫生总费用测算结果与基本卫生服务筹资．中国卫生经济．2007，4

③ 中国社会保险学会医疗保险分会．医疗保险筹资与医疗费用的宏观影响因素及对策研究．内部资料．2007

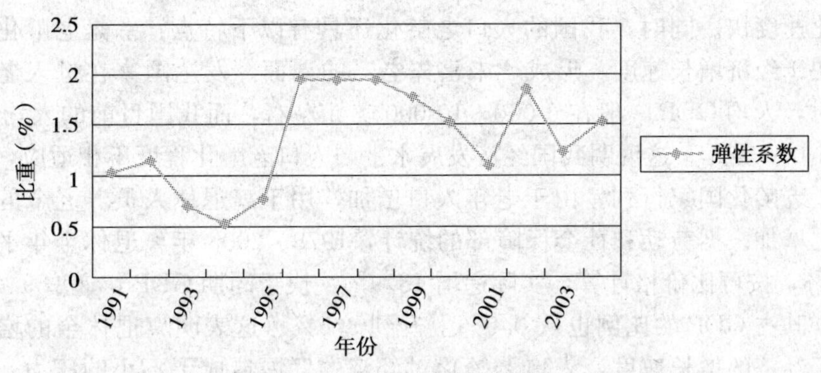

图 5—3　1991—2004 年我国卫生总费用收入弹性变化

资料来源：2005 年中国卫生统计年鉴

注：2001 年统计口径改变，不含高等医学教育经费。

二、经济发展的波动性对社会基本医疗保险筹资的影响

经济发展的周期波动性是其内在规律，而医疗保险和其他社会保障项目一样，具有刚性的特征，这就会出现经济波动性和医疗保险基金的刚性增长的矛盾。经济的发展是促进卫生事业发展和实现国民健康目标的前提和保证，因此，较高的 GDP 年增长率为社会医疗保险的筹资提供了必要的经济基础。但当经济发展缓慢甚至出现停滞不前时，医疗保险基金的筹集基数、资金到位率等均会受到影响。如在 20 世纪 50—70 年代，西方国家经济发展迅速，社会保障待遇也增长很快，但到了 90 年代，由于经济发展趋缓，造成了基金来源不足，基金出现了严重的赤字。虽然近年来我国经济保持了高速增长的态势，但受市场风险的影响，未来出现经济发展的波动将成为必然。所以在确定医疗保险筹资比例以及筹资基数时，必须总结西方国家的经验教训，考虑经济波动性带来的影响。

三、人口老龄化对我国基本医疗保险筹资的影响

2005 年全国 1%人口抽样调查主要数据公报显示，我国 60 岁及以上的人口为 14 408 万人，占总人口的 11.03%，65 岁及以上的人口为 10 045 万人，占总人口的 7.69%。[①] 同时，老龄人口正以年均 3%的速度持续增长。[②] 按照国际通行的标准衡量，我国已进入老龄化社会，并且我国老年人口基数大，

① 中国国家统计局. 2005 年全国 1%人口抽样调查主要数据公报. http://www.cpirc.org.cn/tjsj/tjsj_cy_detail.asp? id=6628

② 仇雨临. 人口老龄化对医疗保险制度的挑战及对策思考. 北京科技大学学报（社会科学版）. 2005. 1

老龄化速度快。同时，我国的人口老龄化还具有以下特点：一是老龄化发展速度快于经济增长速度，形成“未富先老”的局面。发达国家在进入老龄化阶段时，人均 GDP 一般在 5 000～10 000 美元左右，而我国目前的人均 GDP 只有 1 000 美元。这说明我国经济发展水平与人口老龄化程度不相适应，提前进入了老龄化国家行列。由于老年人口增加，用于离退休人员养老金的开支也随之增加。据劳动和社会保障部的统计，1978—2003 年离退休金年平均递增 25%，按可比价格计算，实际递增 18.9%，快于同期 GDP 年递增 9.4%的速度，其占 GDP 的比例也从 0.5%上升到 3.6%。这表明离退休金的增长速度快于经济的增长速度，人口老龄化对经济的发展造成了不小的压力。二是在老年人口快速增长的同时，高龄化的发展趋势明显。据有关资料显示，目前我国 80 岁以上的高龄人口已经达到 1 300 万人，且每年正以平均 4.7%的速度增长，预计到 2050 年将超过 1 亿人口。三是人口老龄化在地区之间的分布不平衡，发达地区先于不发达地区进入老龄化。上海早在 1979 年就开始了老龄化，目前的老龄化程度高达 13.4%。此外，浙江、北京、天津、江苏、重庆、湖北、湖南、广西、四川、山东、安徽、辽宁、陕西等 14 个省市也先后开始了老龄化。而像青海、宁夏等地区要等到 2010 年前后才会成为老龄化地区。[①]

老年人对医疗保险的需求明显高于中青年人，因此人口老龄化对医疗保险制度的影响重大，主要体现在医疗保险基金的支出不断增长。医疗保险基金是医疗保险制度运行的物质基础和根本保障，对医疗保险制度的顺利实施至关重要。人口老龄化增加了基金的风险性，使医疗保险基金的供给减少，从而影响了筹资的水平和规模等。

我国现行的基本医疗保险制度的主要筹资方式是用人单位和职工的缴费，前者缴费率为职工工资总额的 6%左右，职工个人缴费率为本人工资收入的 2%左右，离退休人员不再负担医疗保险费，在职职工与离退休人员享受同样的医疗保险待遇。由于老龄化的进程加快，使得在职职工与退休人员的比例，即劳动年龄人口负担老年人口的系数（负担系数）上升。1980 年 12.8 位在职职工负担 1 位退休人员，到 2003 年 2.4 位在职职工负担 1 位退休人员。这种现象表明：一方面提供医疗保险基金供款（缴费）的人数相对于使用这笔资金的人数在减少；另一方面享受医疗保险待遇的人数在迅速增加。由于医疗保险制度是在原公费、劳保医疗制度的基础上建立起来的，因而没有基金的积累和沉淀。对于在实行新制度时已经退休的“老人”来说，他们的医疗保

① 朱庆芳．我国老龄化社会的特点、问题和对策．www.sociology.cass.cn

险资金就构成了一笔“隐性债务”。按照现行制度的规定：一方面已经退休的职工不再缴纳保险费；另一方面，离、退休职工的医疗保险要由新制度来承担。在没有其他渠道的资金解决老人医疗保险“隐形债务”的情况下，仅靠在职职工缴费来负担自己和已经退休人员的医疗费用，使医疗保险基金的压力相当大。

因此，人口老龄化一方面使筹资的绝对数量减少，另一方面使实际医疗费用支出增多。

四、制度设计对我国基本医疗保险基金筹资的影响

（一）费率的合理厘定和调整

基本医疗保险承办方可以根据经济、价格等因素的变化趋势在一定区域内调整保险筹资比例，保证基金流入能够跟上社会经济的发展。我国最初实行医疗保险制度时国家规定的缴费费率是 8%（2%+6%），2004 年全国城镇职工基本医疗保险实施统账结合模式的单位缴费率平均为 7.49%（医疗保险运行 5 年增加了 1.49 个百分点），单建统筹模式的费率为 4.5%，个人缴费率仍然为 2%。按 8%的缴费费率，提高一个筹资点就相当于增加 10%以上的基金总额①，这对于医疗保险基金的平衡将会带来很大的影响。但随着缴费比例的不断提高，费率对于基金的影响也会逐渐降低。

（二）缴费基数的确定

缴费基数（一般为职工年平均工资）与基金的筹资额一般呈线性正相关关系。随着缴费基数的增加，筹资额也相应增加，在其他变量不变的情况下，缴费基数和筹资额的增长率是相同的。

（三）筹资比例的确定

在其他因素保持不变的情况下，筹资比例增长的幅度和医疗保险基金额增长的幅度是相同的。筹资比例一般情况下相对比较稳定，但由于我国的医疗保险制度还在不断完善过程中，并且医疗保险基金平衡面临困难，因此一些城市的筹资比例还在不断地调整变化。如长沙市在 2001 年和 2004 年两次提高了筹资水平，单位筹资比例从 6%到 7%，再到 8%。②

---

①② 中国社会保险学会医疗保险分会．医疗保险筹资与医疗费用的宏观影响因素及对策研究．内部资料．2007

（四）参保人群范围的确定

基本医疗保险确定的参保人群范围对医疗保险基金筹资额有很大影响。随着参保人群范围的扩大，可参保的人数也就增多，改变了参保人员的年龄结构，从而使基本医疗保险基金的筹资额增加，同时也使医疗保险的抗风险能力增强。

（五）保值增值渠道的选择

医疗保险统筹基金一般以现收现付为原则，但由于各个城市医疗保险制度运行的情况不同，一般来说城市基本医疗保险统筹基金都有结余，因此对医疗保险基金保值增值渠道的选择，也会对医疗保险基金的收支平衡产生一定的影响。

五、其他因素对我国基本医疗保险基金筹集的影响

（一）职工工资水平与人均工资

目前我国城镇职工基本医疗保险筹资是根据职工工资水平进行一定比例的筹集，因此职工工资水平和医疗保险基金筹资额是同向变化的。职工工资水平的提高，意味着医疗保险筹资额也将随之增加。

人均工资的增长率若高于人均 GDP 增长率，对于医疗保险基金筹集有利。因为在其他变量不变的情况下，人均工资与筹资额同比例增长。从各国的经验来看，人均工资增长率一般稍低于 GDP 的增长率，不可能长期高于 GDP 的增长率。因此，从长期来看，人均工资的增长会使医疗保险基金筹集额保持增长的态势，但其未来推动基金增长的力度将会小于当前阶段。

（二）参保人员的年龄结构

参保人员的年龄结构可分为在职和退休两个层次，我国绝大部分地方的医疗保险实行的政策是在职职工缴纳保费，而退休人员不再缴纳保费；同时退休人员的个人账户资金是从在职职工缴纳保费的统筹基金中划出来的。这样随着退休职工比例的增加，越来越多的参保人员不用缴费，这会使筹集的医疗保险基金总额相对减少。对于医疗保险统筹基金来说，退休人员比例增高带来的影响更大。这是因为不仅缴费人员的比例减少，而且还要划出一部分在职职工缴纳的保费给退休人员作为个人账户基金。同时，各国政策将在职和退休人员又分为不同的年龄段，主要是对基金分配产生影响。如我国不

同城市不同年龄段的人员医疗保险基金划拨到个人账户的比例不一，一般在职职工按年龄分为2～3档，年龄档次越高，划拨比例也越高。[①]

（三）基金筹集的监管

医疗保险基金筹集的监管力度对基金筹资额也会产生较大的影响。它主要对医疗保险基金到位率发生作用，进而影响到基金总额。监管力度越大，医疗保险基金的到位率就会越高。我国在刚开始实行医疗保险制度时，由于监管力度不够，使得医疗保险基金的到位率较低。随着基金筹集监管制度的不断完善和执行力度的不断加强，现在很多城市医疗保险基金的到位率都在90%以上，进一步提高的空间相对而言较小。[②]虽然通过加强监督和执行力度使医疗保险基金的筹资额进一步增加的比例不大，但仍不能放松此项工作，它是维持医疗保险基金高水平到位率的有力保证。

▶第五节　社会医疗保险基金的分配和使用

在进行基金的分配时，应明确社会医疗保险基金的使用范围，即提取多少比例用于支付运营管理费和作为风险储备基金，多少比例用做医疗费用补偿。一般来说，社会医疗保险基金的分配主要用于：社会医疗保险统筹基金、个人医疗账户基金、管理费、风险储备基金和预防保健费。

一、社会医疗保险统筹基金

社会医疗保险统筹基金指由社会医疗保险管理机构统一支配，用于偿付被保险人生病就医费用的基金。社会医疗保险统筹基金主要用于住院费用，亦可用于门诊费用，也可住院和门诊共用，具体支付比例和范围与所采取的医疗保险模式相关。

目前，我国实行的城镇职工基本医疗保险采取的是社会医疗保险统筹基金和个人医疗账户基金相结合的模式。按照《职工医疗保险基金财务制度》的规定，职工医疗保险基金收入按使用方式分别形成社会统筹基金收入和个人账户基金收入。国务院有关政策规定：职工个人缴纳的基本医疗保险费全部计入个人账户；用人单位缴纳的基本医疗保险费分为两部分，一部分用于建立统筹基金，一部分划入个人账户。社会统筹基金的用途具体包括：

①② 中国社会保险学会医疗保险分会. 医疗保险筹资与医疗费用的宏观影响因素及对策研究. 内部资料. 2007

1. 被保险人因病住院的住院费用。

2. 社会医疗保险机构批准被保险人因病接受的一些特殊检查或治疗所花费的费用，如心脏彩超、磁共振、CT 和 ECT 及高压氧舱等特殊治疗，这部分费用在个人承担一定比例后余下的部分由社会统筹基金支付。

3. 特殊疾病费用。被保险人因长期患病，个人经济收入无力支付过多的门诊及常规检查费用，由个人申请，并经医疗保险部门批准，由社会医疗保险统筹基金支付一定比例的医疗费用，如糖尿病、白血病等；还包括其他特殊情况下发生的医疗费用，如非定点医院急诊抢救费用，异地安置，异地转诊、转院等发生的医疗费用；一些特殊慢性病、肾透析等也予以支付。

4. 参加基本医疗保险的行政事业单位的职工因公受伤的工伤医疗费用，若在实行工伤保险的地区，则此项费用不在支付之列。

5. 参保育龄妇女的分娩医疗费用，若在建立生育保险的地区，则此项费用不在支付之列。

6. 参加基本医疗保险的老红军、二等乙级革命伤残人员及一些保健对象因病治疗的基本医疗费用。这部分人的费用按基本医疗保险政策支付，通常支付的费用仅是很少一部分，其余的费用通过其他途径予以解决。

基本医疗保险社会统筹基金不予以支付的项目主要有：

1. 服务项目类。如挂号费、病历工本费等。

2. 非疾病治疗项目类。如各种美容、健美、非功能性整容手术、减肥、增高、健康体检、医疗鉴定等项目。

3. 诊疗设备及医用材料类。如各种自用的医疗设备和器材等。

4. 治疗项目类。如各种器官或组织移植的组织源、近视矫正等。

5. 其他。如各种不育症及性功能障碍的诊疗项目、各种科研性及临床试验性的诊疗项目等。

二、个人医疗账户基金

个人医疗账户基金的主要来源是：个人缴纳的医疗保险费；用人单位（雇主）缴纳的社会医疗保险费的一定比例；一些用人单位为个人缴纳的个人账户启动资金；个人账户基金运营的利息收入。

我国城镇职工基本医疗保险基金中，个人缴纳本人工资总额的 2%以及用人单位缴纳本人工资总额的 6%中的 30%划归个人账户，即个人医疗账户中的资金达到本人工资的 3.8%。在具体的实施过程中，缴费比例由统筹地区根据个人账户的支付范围和职工年龄等因素确定。退休人员参加基本医疗保险，个人不缴纳基本医疗保险费。一般来讲，参保人年龄小疾病少，医疗费用支出低，个人账户中基金积累多，用人单位划入个人账户的比例也就可以适当降低；参得人年龄大，则疾病和医疗费用支出相对较多，个人账户积累较少，因此，划入的比例可适当提高。另外，因为退休人员个人不缴费，相比在职职工减少了缴费的来源，因此，对退休人员个人账户的计入金额和个人负担医疗费用的比例应给予适当照顾。个人账户的支付范围主要用于参保职工的门诊费用和住院费用中的个人支付部分。

三、管理费

管理费指医疗保险业务管理所必须开支的费用，是为了保证社会医疗保险事业正常运行的必要费用。一般包括：

1. 社会医疗保险管理机构人员的薪水、奖金、福利开销等，有的还包括直接提供医疗保险服务的医生的薪水及医疗设备的添置和更新费用等。

2. 医疗卫生服务的监督、管理机构人员的出差、劳务支出。

3. 广告宣传、人员培训、会务、资料报表等公务支出。

4. 考察调研费用。

5. 对先进单位和个人的奖励。

6. 社会医疗保险机构资产的折旧及维护费用。

管理费用的高低主要取决于医疗保险机构所采用的保险模式和管理手段，同时，管理体制、领导方式也是重要的影响因素。

一般说来，可根据上年度的实际管理费用估算本年度的管理费用，估算公式为：

管理费用＝上年实际管理费×估计本年物价上涨指数

这里假定估计的物价上涨指数不超过上年，为了保险起见，可考虑加上一定的安全系数，一般为5%。

西方发达国家管理费的提取比例高，主要包括医疗保险机构管理人员的工资、奖金、福利以及保险机构的设备设施、办公业务费等，如美国25%，德国13%，印度10.2%。我国目前城镇职工基本医疗保险经办机构大多属于财政全额预算的管理单位，由于工作人员的工资、奖金、福利以及保险机构的设备设施安置费、办公业务费等均是由财政划拨，而不是从基本医疗保险基金中直接提取，故管理费用所占比例较低，大部分地区控制在2%～5%。实施差额预算管理的医疗保险机构，管理费用所占比例稍微高一些。实施自收自支、企业化管理的医疗保险机构，管理费用所占比例较高[①]。

① 程晓明．医疗保险学．上海．复旦大学出版社．2003.103

四、风险储备基金

风险储备金主要用于偶然突发性的传染病、流行病等超常风险爆发时以及在某一时期内因特定原因出现的社会医疗保险基金入不敷出的情况。依靠这笔基金，仍能保证参保人的基本权益，支付参保人的部分医疗费用。

风险储备金的提取比例可根据社会医疗保险的参保规模而定，参保规模越大，依据大数法则，保险系统抗风险的能力就越强，风险储备金的提取比例就可低一些；反之，参保规模较小，则风险储备金的提取比例就要高一些。具体而言，风险储备金的提取方法是根据历年出现的赤字费用与参保人数总和的比值再加上5%的安全系数。风险储备金一般占保险费收入的4%～8%，进行专户储存。

五、预防保健费

预防保健费主要提供以下服务：

1. 0～7岁的儿童，按国家规定程序适时接种卡介苗、百白破、麻疹、骨髓灰质炎疫苗。

2. 产前检查、分娩接生、难产手术、产后探视、婴儿体检等费用。

3. 适时对有些地方病，如疟疾等疾病进行预防的费用。

预防保健费用的支出主要包括上述三个方面服务内容的成本费、管理费、劳务费以及由于服务不当和不及时所引起的感染、后遗症、死亡等情况的治疗费、赔偿费。

由于分娩接生、难产手术及所有治疗费用都可以视为医药费，且可统一支付管理费用，因此预防保健费用的支出实际上只包括成本费、劳务费和赔偿费。

本章小结

社会医疗保险基金指通过法律或合同的形式，由参加医疗保险的企事业单位、机关团体或个人在事先确定的比例下，缴纳规定数量的医疗保险费汇集而成的一种货币资金。其基本特征是强制性、互助共济性、公益福利性、给付社会性及基金运行的自我平衡性。社会医疗保险基金的筹集直接关系到能否建立充足和稳定的社会医疗保险基金，是社会医疗保险制度运行的首要环节，其总的原则是“以支定收，量入为出，收支平衡，略有结余”。社会医疗保险基金管理的原则是：集中管理，收支平衡，专款专用，收支两条线，政事分开，投资安全。其分配和使用的基本原则是保障参保人的基本医疗需求，并与社会经济发展及人民生活水平逐步提高相适应。

社会医疗保险基金的筹集主要通过税收和缴纳医疗保险费的形式进行。由雇主（单位）资助、雇员（个人）出资、国家补贴三方共同负担，其他筹集渠道还包括医疗保险基金的保值增值收入、区域调剂收入、转移收入、滞纳金等。基金的筹集程序一般由缴费登记和缴费申报两部分构成。医疗保险基金的筹集模式关系到是否能够筹集到足够的资金来满足医疗费用支出的需要。从不同角度可以把医疗保险基金的筹资模式划分成不同类型。影响基金筹资的因素包括医疗卫生费用的增长、经济发展的波动性、人口老龄化、制度设计及其他因素。社会医疗保险基金的分配主要用于：社会医疗保险统筹基金、个人医疗账户基金、管理费、风险储备基金和预防保健费。

复习思考题

1. 如何理解社会医疗保险基金的概念和特征？

2. 医疗保险基金的筹集、管理及分配使用的原则是什么？

3. 我国城镇职工基本医疗保险基金筹集中面临的主要问题有哪些？结合国情，请提出相应的解决问题的途径。

4. 影响社会医疗保险基金筹资的因素有哪些？

5. 社会医疗保险基金如何分配和使用？

案例讨论

镇江市医疗保险基金的筹集和管理[①]

为适应新的形势，镇江市逐步构建了多层次医疗保险体系。医疗保险基金筹集和管理也经历了不断完善的过程。

一、强化基金筹集环节的管理

（一）科学合理地确定筹资比例

镇江市医疗保险基金筹资比例为11％。1995—2000年按在职人员工资加退休费总额10＋1双基数筹资，2001年开始改为按在职人员工资总额9＋2单基数筹资。筹资“双改单”后减轻了参保单位的负担，保持参保人原有待遇不变，年年实现“个人账户如实沉淀，统筹基金收支平衡，风险基金足额提留”的基金结构性平衡目标。

---

① 李红先，郑伟一，钱小山，林枫．镇江市医疗保险基金的筹集和管理．中国卫生经济．2004，9

（二）严格核定缴费基数

参保单位每年第四季度申报下一年度缴费基数，计算方法是以当年9月份职工工资总额乘以12再加上上年10月至当年9月的各类奖金。按年度核定缴费基数源于医疗保险实行"通道式"运行，每年1月1日必须划入全年个人账户金额。组织若干个稽核小组对每年不低于30%的参保单位进行基数稽查。

（三）选择筹资方式

采取个人与单位相结合的基金征收办法。有固定职业、与用人单位签订劳动合同的各类企业员工和机关事业单位的工作人员，按月或按季缴费，以单位为主体集中缴纳。

（四）确保基金到位

1. 实行目标管理，保障基金到位。每年12月底召开全市医改工作会议，市政府与所辖市、区、主管部门签订下一年度医疗保险工作目标责任状，落实各级领导的责任。医疗保险基金到位率是目标责任状的重点内容。

2. 建立责任机制，确保基金到位。医疗保险基金管理中心将筹资责任分解到各筹资科室，落实到每一位业务人员，按月下达基金征收计划。医疗保险基金的到位率与工作人员的工资、奖金挂钩。

3. 实施跟踪管理，监督基金到位。医疗保险信息中心及时提示每一个参保单位的欠缴信息。由业务主管对欠费单位实施跟踪管理，逾期不缴，则每日加收2‰滞纳金。缴费确实有困难的单位必须办理缓缴手续，制订还款计划。

4. 采取强制手段，促进基金到位。在欠费单位不按时履行缴费及清还基金义务时，医保基金管理中心将根据社会保险权利与义务对等的原则，暂停欠费单位职工医疗保险卡的使用。停卡手段应慎重使用，一般要经过多次做过催缴工作无效，发停卡通知后7个工作日方予实施。

5. 依靠法律法规，强制基金到位。对不愿参保缴费的单位，根据《劳动法》、国务院《社会保险费征缴条例》等法规，由劳动监察部门提出限期整改意见，强制征收。

二、采取多种措施抓好特殊单位、人群的医疗保险基金征缴工作

（一）政府出资帮助困难企业缴费

1998年起，镇江市将生产经营基本停止、职工工资不能发放的国有企业列入政府解困范围，由解困基金为这些企业缴纳养老、医疗、失业保险费及发放生活费。医疗保险费按上年全市在岗职工平均工资的60%为基数缴纳，每月直接由财政划拨。现在，困难企业职工的基本医疗保险费已经列入市政府每年的财政预算，有了稳定的经费来源。

（二）让弱势群体享受最低缴费基数

未进入政府解困范围的困难企业经审核确认可按60%平均工资最低基数缴费。单独参保的个人符合下列条件的同样可以按最低基数缴费：（1）失业人员在领取失业金期间。领取失业金时间不足1年的按1年计算，跨年度的

第二年仍可享受。(2) 享受城市居民最低生活保障的人员。(3) 夫妻双残疾、双失业人员。(4) 下岗、失业的"4 050"人员。

(三) 破产改制单位基金征收

破产企业医疗保险基金征收。企业依法宣告破产时有4项医疗保险基金列入第一清偿顺序缴纳:(1) 企业破产前拖欠的医疗保险费;(2) 离退休人员10年社会化管理医疗保险费;(3) 终止劳动合同人员2年医疗保险费;(4) 满30年工龄离法定退休年龄不足5年、满20年工龄离法定退休年龄不足10年人员(简称定补协保人员)预缴至退休年龄的医疗保险费。清偿不足部分由财政专项经费补足。

改制单位医疗保险基金征收。(1) 事业单位改制时:离休人员医疗统筹金按照改制当年应缴专项统筹金基数,一次性提留10年缴给医疗保险基金管理中心。转企改制单位一次性预缴提前退休人员自办理提前退休手续至法定退休年龄期间应缴纳的医疗保险费,计算方法:当年缴费基数×11%×提前退休年限×每年10%的递增率。费用从单位净资产中提留或从资产变现收益中列支,不足部分在全系统公有资产变现收入中平衡解决。(2) 企业单位改制时:一次性清算改制前应缴未缴的医疗保险费,按改制时退休人员退休费总额的2%提取10年费用,留给改制后的单位用于原企业所属退休人员医疗费用中单位承担报销部分,或划入医疗保险基金管理中心参加特殊医疗保险。

三、加强基金财务管理,确保基金安全

医保基金是参保人的保命钱,必须建立严格的管理制度,保证基金安全。为此,镇江市采取信息系统权责发生制与财务收付实现制相结合的管理办法。

(一) 严格分类核算

一是将筹集到的基金按实分为当期、清欠、补缴中断、政策性补收和预收今后年份五类基金,为编制基金的预算奠定基础。二是将基金严格按险种类别进行核算。年终根据总额预决算的具体情况,结合各险种费用发生的特点,确定在费用支出上的记账办法。完整、准确地反映各险种的收、支、结余情况。

(二) 严格财政专户管理

严格医保基金财政专户、收支两条线管理。所有的医疗基金收入,先进收入户;收入户的资金每周五自动划转到财政专户,收入户结余数为零;财政根据年度预算,按进度将基金拨入支出户,监督结算部门及时与各定点医疗机构结算、支付医疗费用。

(三) 加强预算管理,确保收支平衡

为了确保基金收支平衡,在实际工作中,逐步摸索出一套行之有效的预算管理方式,保持了医保基金收支同步、协调增长和结构性平衡,确保了基金的安全,提高了基金的使用效率。

第六章

社会医疗保险费用偿付方式

■ **学习要点**

通过本章的学习，掌握社会医疗保险费用偿付的概念、特征、原则、作用、分类及费用偿付主体；掌握社会医疗保险医疗服务需方和供方的主要偿付方式、优缺点及运用时应注意的问题；了解国内外社会医疗保险医疗服务供方补偿方式的发展趋势。

■ **关键概念**

社会医疗保险费用偿付　医疗服务需方偿付方式
医疗服务供方偿付方式　起付线　按比例分担　封顶线
混合支付　按服务项目付费　按服务单元付费　按病种付费
按费用分类付费　按人头付费　总额预算制
按以资源为基础的相对价值标准偿付　按资源利用Ⅲ组偿付

▶第一节　社会医疗保险费用偿付概述

社会医疗保险好比一个蓄水池，基金筹集是入水口，费用偿付是出水口，出水口的大小合适与否直接关系到蓄水池的蓄水能力。医疗费用的偿付直接影响社会医疗保险过程中各方面的经济利益，涉及医疗保险对疾病的经济风险的承担能力、医疗服务提供者的合理补偿，以及医疗保险费用的有效控制等。国内外社会医疗保险制度改革的实践也无不表明，费用偿付方式的改革和完善是控制社会医疗保险费用支出的最有效的办法。

社会医疗保险费用偿付通过对医疗机构医疗服务供方和参保人医疗服务需方行为的监督、控制，使基本医疗服务消费保持适当的水平，从而有效地使用有限的医疗保险基金，确保医疗保险基金的抗风险能力。制定适当的费用偿付方式，从而在供方、被保险方、医疗保险管理部门三方之间形成有效的利益约束机制，既调动供方的积极性，又合理使用医疗费用，是社会医疗保险基金管理中的焦点和难点。

一、社会医疗保险费用偿付的概念

社会医疗保险费用偿付，也称为医疗保险费用支付或结算。它是指由医疗保险组织（机构）按照保险合同的规定，在被保险人接受医疗服务后对其所花费的医疗费用进行部分或全部补偿，也可以理解为对医疗服务机构所消耗的医疗成本进行补偿。医疗保险费用偿付的具体方法和途径，就是医疗保险费用的偿付方式。①

社会医疗保险费用偿付是社会医疗保险的一个重要环节，是社会医疗保险的保障功能得以最终实现的有效途径。由雇主和雇员缴纳或由政府划拨的医疗保险基金，专门用于补偿参保人因病就医所造成的经济损失，而这种损失的补偿就是通过医疗费用的偿付方式实现的。

社会医疗保险费用偿付是医疗保险机构、参保单位或参保人及约定的医疗服务提供者之间的一种经济契约关系。即由社会上的法人或参保人按法定义务向医疗保险机构缴纳一定数额的保险费，借以建立专门用途的保险基金；医疗保险机构为参保人选定医疗服务提供者，并为之签订合同；参保人因病获得医疗服务后，医疗保险机构按照约定的医疗保险保障范围承担医疗费用

① 仇雨临，孙树菡．医疗保险．北京：中国人民大学出版社，2001．111

补偿和给付责任。它既可以是对参保人为医治疾病而发生的各种医疗费用所造成经济损失的补偿，也可以是对医疗服务提供者（医院、医生）为参保人提供适宜医疗服务所消耗卫生资源的补偿。①

二、社会医疗保险费用偿付的特点

社会医疗保险费用偿付因涉及保险人、参保人以及第三方（医疗服务提供者），而不同于其他社会保险项目直接、单向的费用偿付方式，它有着自身显著的特点。②

（一）社会医疗保险费用偿付具有复杂多样性

在社会医疗保险中，参保人可以直接获得医疗保险机构的经济补偿，也可以间接地通过享受一定量的医疗服务获得补偿。也就是说，社会医疗保险待遇享受对象虽然是参保人，但医疗保险机构在进行费用偿付时，对象可以是参保人，也可以是医疗服务提供者，方式多样但各有利弊。

（二）社会医疗保险的偿付环节将医疗保险的提供者与医疗服务的提供者连接起来，成为二者直接发生经济关系的纽带

这一特点使医疗费用的偿付与享受医疗服务相分离，使医患之间的经济关系退到次要地位，解除了双方尤其是患者对费用的担忧。

在传统的医疗服务中，医生和患者直接发生交换关系，即医生提供医疗服务，病人向医生支付费用。人们逐渐发现，由单个人或家庭承担疾病风险所带来的经济损失有很大的困难，这不仅影响生活水平，甚至会造成倾家荡产，所以有必要通过其他社会成员的帮助来分担这种风险，于是产生了社会医疗保险。在社会医疗保险制度下，原来的医生与病人的双方关系变成了医疗服务提供者、患者和保险机构（第三方付费）之间的三角关系。在新的关系结构中，医生向病人提供医疗服务的关系没有改变，变的只是费用偿付关系，即由保险机构为病人偿付医疗费用。

（三）社会医疗保险机构与定点医疗机构的费用偿付关系是一种法律关系

为了便于管理，一般医疗保险机构都会为参保人选定一家或几家医院，作为患者就医的医疗机构，被选定的医院叫做定点医疗机构。社会医疗保险

---

① 姚宏．医疗与生育保险．北京：中国劳动社会保障出版社，2005.128

② 仇雨临，孙树菡．医疗保险．北京：中国人民大学出版社，2001.111～112

机构与定点医疗机构必须签订保险费用偿付合同来规定各自的权利和义务。定点医疗机构具有向参保患者提供合同规定的医疗服务的义务，同时有权从医疗保险机构获得经济补偿。医疗保险机构有义务承担医疗费用偿付的责任，同时有权对定点医疗机构进行检查和监督。医保双方的这种法律关系，保证了医疗费用补偿的可靠性与及时性。

（四）社会医疗费用的偿付是有限量的

参保人在医疗机构获得的医疗服务是多方面的，特别是在医学技术高速发展、人们生活水平日益提高的今天，多样化的需求已经可以得到多元化的卫生服务。但是由于医疗保险覆盖范围有限，保障的对象和收取的医疗保险费也有限，故其提供的医疗保险保障范围也是有限的。而且，社会医疗保险一般都规定参保人就医也要自付一部分医疗费用，这样做的目的是控制医疗费用的不合理增长。在医患双方的关系中，患者对医疗的需求是无限的，又因为患者处于被动地位，医生很容易诱导病人的需求，这些都会造成医疗费用的增长。因此，医疗保险机构必须通过合同，在费用偿付上限制医院提供过度的服务。

三、社会医疗保险费用偿付的基本原则

社会医疗保险费用偿付由社会医疗保险机构负责实施，在费用偿付的过程中应遵循的基本原则有①：

（一）以收定支，收支平衡原则

根据社会医疗保险筹资水平确定医疗保险费用的偿付水平，以保证医疗保险基金的收支平衡。一般应从保障大多数参保者身体健康的角度出发，优先解决常见病、多发病的预防和治疗问题。社会医疗保险费用偿付要充分运用经济学和医学的相关技术和方法，从药品、诊疗项目、医疗服务设施等方面合理、科学地确定医疗保险的保障范围。

社会医疗保险费用偿付必须严格按照“以收定支，收支平衡”的原则进行，医疗保险费用的偿付金额要严格限定在低于、等于、不能高于所能筹集到的可用的医疗保险基金数额内。

（二）权利与义务对等原则

社会医疗保险是一项社会公共事业，具有福利性，以保障参保者的身心

---

① 姚宏. 医疗与生育保险. 北京：中国劳动社会保障出版社，2005. 130～132

健康、促进经济发展和维护社会稳定为最高宗旨。国家通过法律强制实施社会医疗保险，任何单位及其员工都必须依法参加社会医疗保险，参保者在发生疾病后有从医疗保险机构或医疗服务机构得到经济补偿或医疗服务的权利，但是个人、单位也应按照法律规定履行缴纳医疗保险费的义务，无故停止缴费将丧失发生疾病后享受医疗保险偿付的权利。同样，对于定点医疗机构，获得医疗服务成本经济补偿的权利也必须与为参保者提供安全、快捷、周到的医疗服务的义务相对应。

（三）按时、足额、合理偿付原则

社会医疗保险费用偿付应按照医疗保险有关合同的规定，按时、足额、合理地进行偿付。具体包括以下几个方面：

1. 社会医疗保险费用偿付必须限定在医疗保险保障范围内，超出保障范围发生的医疗费用，社会医疗保险不予偿付。

2. 社会医疗保险费用偿付应以参保人实际发生或支出的医疗费用为限，即医疗保险偿付的费用不得超出参保人实际发生的医疗费用。

3. 社会医疗保险费用偿付仅限于参保人患病就医发生的直接医疗费用，对于不是疾病间接造成的费用，如就医路费、伙食费、因医生失职造成的医疗误差或医疗事故等损失以及因工伤导致的就医费用等，医疗保险机构均不承担费用偿付的责任。

4. 社会医疗保险费用不能偿付给未参保的人。不属于社会医疗保险覆盖范围，或属于覆盖范围但是没有参保，或参加社会医疗保险但没有按时、足额缴纳保险费的人，均没有权利享受社会医疗保险费用偿付。

四、社会医疗保险费用偿付的作用

社会医疗保险费用偿付的目的是分担参保者的疾病经济风险，这也是实施社会医疗保险的目的之一。社会医疗保险费用偿付在实现其目的的过程中还具有以下作用：

（一）经济补偿

社会医疗保险费用偿付的主要作用之一就是对由疾病导致的物质消耗及时进行补偿。对参保者来说，是补偿其由于疾病所造成的经济损失，帮助其尽快恢复健康；对医疗服务机构即医院来说，是补偿其由于提供医疗服务所消耗的医疗资源和人工成本。

（二）控制社会医疗保险费用支出

有人形象地将医疗保险基金比喻成“蓄水池”，资金筹集是“入水口”，费用支付是“出水口”，即“蓄水池”的“闸门”。“闸门”开启程度是否合适，直接关系到医疗保险基金蓄水池中蓄水量的规模。医疗资源能否得到合理有效的利用，关系到医疗机构的正常运转和医疗保险制度的成败。当前，医疗费用的不断上涨是各国面临的重大难题，从其他国家的经验和教训看，医疗保险费用偿付制度的改革和完善是控制医疗费用的最有效方法。

（三）调节医疗服务供需双方的行为

社会医疗保险费用的偿付是重要的经济调节手段，不同的偿付方式对医疗服务的供需双方的行为具有不同的经济诱导作用，从而产生不同的行为导向。

就需方来说，社会医疗保险费用偿付的调节作用主要体现在被保险者医疗费用与其医疗需求具有重要的相关关系。一般来说，随着费用偿付中被保险人自付比例升高，被保险者的医疗需求有逐渐下降的趋势。自付比例过低，被保险者有过度利用医疗卫生服务的倾向；自付比例过高，会造成部分被保险者正当的医疗需求受到抑制，影响医疗服务的公平性。

医疗保险机构在调节需方行为的同时，必然还要调节供方行为。在社会医疗保险覆盖面不断扩大的条件下，医疗保险机构对医疗服务供方的费用偿付成为医疗机构收入的主要来源，不同的费用偿付方式将产生不同的医疗服务供方的服务行为和服务方式。① 费用偿付方式对医疗服务供方的影响表现在以下几个方面：

1. 影响医疗机构提供服务的内容。医生应当根据患者的病情提供医疗服务，但任何疾病都有多种可选方案，不同的偿付范围与方式将会导致不同的治疗方案选择。

2. 影响医疗机构提供服务的积极性。如果偿付范围与方式使医务人员的收入同服务质量与数量不发生直接联系，就可能导致许多择期手术的病人长时间等候病床的现象。

3. 影响医疗服务提供者追求医学科技进步的内动力。如果社会医疗保险不能科学地选择医疗保险范围并严格限制新技术的使用，医疗服务供方将失去追求医学科技进步的动力；但在某些偿付方式下，又可能刺激医疗服务供

---

① 钟言之．医疗保险与医院改革．中国医院管理．2000，6

方对高科技的滥用。

4. 影响医疗服务的供给结构，包括对医疗服务项目结构和医疗服务系统宏观结构的影响。如果医疗保险对门诊服务和住院服务采取不同的偿付范围和方式，在门诊偿付比例低于住院偿付比例时，医疗服务供给将逐步转向增加住院服务；反之，门诊偿付比例升高时，将会使门诊服务供给增加。如果医疗保险对不同级别的医疗机构采用不同的偿付比例，如社区医疗服务偿付比例高于二、三级医疗机构，包含社区服务的基层医疗机构将逐步得到发展，医疗服务系统的结构将趋向基层化、社区化；反之，将产生大医院过度发展，卫生资源浪费，基本医疗服务供给不足的扭曲结构。

（四）影响卫生资源的配置与利用

社会医疗保险资源通过费用偿付这个环节流向医疗机构，因此，费用偿付环节成为医疗机构的经济来源和经济诱因。受经济利益的驱动，医疗机构倾向于提供更多的医疗服务，以换取更多的经济补偿。医疗费用偿付方式就成为调节医疗资源流向的主要手段。因为，不同的费用偿付方式会造成不同的经济诱因，影响并引发不同的医疗服务行为，导致不同的经济后果，进而引起卫生资源的不同流向。偿付方式通过调节医疗服务供需双方的行为来影响医疗服务的总量和结构，而后者决定了卫生资源的总量与结构的变化。例如，社会医疗保险偿付倾向于社区医疗服务时，卫生资源就会流向这些社区医疗服务项目。

（五）体现社会医疗保险的政策取向①

社会医疗保险的偿付范围和偿付水平能体现出医疗保险的政策取向是“风险保险型”还是“保健福利型”。风险保险型的特点是“保大放小”，相应的偿付范围就是只偿付风险大的高额费用，对风险小的低额费用不予偿付，偿付水平是部分偿付。保健福利型的特点是“保大又保小”，其相应的偿付范围是对风险大和风险小的医疗服务都给予偿付，偿付水平是全额偿付。

同时，社会医疗保险的偿付范围和偿付水平还能反映医疗保险的政策取向是“计划型”还是“市场型”。计划型医疗保险的偿付方式常采用约束性较强的预付制，如总额预算和按人头付费，其偿付标准由国家或保险机构统一定价。市场型医疗保险的偿付方式常采用按服务付费的后付制方式，其偿付标准由供方和支付方根据市场情况自由定价。

---

① 张肖敏．医疗保险基本理论与实践．香港：世界医药出版社，1999. 113～114

五、社会医疗保险费用偿付方式的分类

世界各国的社会医疗保险费用偿付方式种类繁多，这些方式可以从不同角度进行划分①：

（一）按偿付主体分类

根据偿付主体不同，可以把偿付方式分成两类：一类是分离式，即医疗保险机构与医疗服务提供者相互独立，医疗保险机构负责医疗费用的筹集与偿付，医疗服务提供者负责为参保者提供医疗服务。另一类是一体化方式，即医疗保险机构与医疗服务提供者联合成一体，既负责医疗费用的筹集与偿付，又为参保者提供医疗服务，如美国的健康维护组织是一体化方式的典型。我国武汉市商业职工医院从 1984 年也开始试行这一模式，目前其成功的经验已推广至包括上海、太原、大同在内的 10 多个城市。医疗保险机构与医疗服务机构的结合关系可分为两种：第一种是医疗保险机构通过各种方式（如自办、购买、合营等）拥有自己的医院和医生，并以工资形式支付医务人员劳务费；第二种是有实力的医院自办医疗保险业务，并随着业务增长逐渐演变为医疗保险一体化组织。

相较于分离式，医疗保险复杂的偿付关系在一体化组织中得到简化，参保患者所缴纳的费用直接成为他们的医疗开支，中间环节大量减少。不仅如此，医疗保险一体化所带来的偿付方式的变化还具有以下优点②：

1. 医院的设施和服务与医疗成本紧密相联

从投资与收益的角度分析，如果医院不必要的设施减少，一体化方式下的保险费将会降低，则可以增加保险覆盖的服务项目，或将节约的费用奖励给医务人员。所以，从经济角度考虑，一体化组织将会减少那些增加其运营成本的重复设施配置。

2. 降低医疗服务的成本

当每一个服务提供者各自单独地得到服务补偿，而且他们所获得的补偿不影响其他提供者的成本时，就不存在鼓励提供者用低成本的方法向病人提供服务的动力。在医疗保险一体化组织中，服务偿付方与服务提供方已合二为一，如在按人头付费的参保制度约束下，一体化组织在医疗许可的基础上，会让病人更多地利用门诊以及家庭卫生服务而非住院服务，平均住院天数将下降，从而提供了降低全程卫生服务成本的激励机制，减少了不必要的医疗

---

① 张肖敏．医疗保险基本理论与实践．香港：世界医药出版社，1999．114～115

② 王保真，钟建威．医疗保险中的费用支付制度分析．中国卫生经济．2001，11

开支。

3. 加强预防保健服务，积极开展健康教育项目

因为预防保健服务可以降低参保人员未来对较昂贵的医疗服务的需求，所以一体化组织将会大量提供这类服务。同样，改变参保人员的生活习惯也可降低他们未来对医疗服务的需求，因此，一体化组织也将会积极开展健康教育项目。

4. 控制药品过度消费

医疗保险一体化组织对药品的价格非常关注，经济利益驱使其使用同等效用下较为便宜的药物，对基本药物的偏好有利于控制药品的过度消费。

由于筹资的医疗保险机构与开支的医疗机构合成一家，两者之间的利益冲突内化，互相制约的有效性增强，合作的空间增大。因此，一体化方式在偿付方面的特色从深层次上消除了医疗机构过度使用医疗服务资源的倾向。

（二）按偿付对象分类

按偿付对象一般可以将偿付方式分为两种类型：直接付费型和间接付费型。直接付费型是被保险人发生医疗费用后，由医疗保险机构直接把费用支付给医疗服务提供者，这种方式对服务提供者制约力度比较大。间接付费型是被保险人发生医疗费用以后，被保险人先向医疗服务提供者支付费用，然后再按规定向医疗保险机构报销，由后者对被保险人进行补偿，这种方式操作复杂、工作量大、管理成本高。

（三）按偿付内容分类

按照偿付内容可以把偿付方式分成两类：一类是对医生进行偿付，包括工资制、按人头付费制、以资源为基础的相对价值标准偿付等形式；另一类是对医疗服务进行偿付，又可分为对门诊医疗服务的偿付、对住院医疗服务的偿付和对护理服务的偿付等形式。

（四）按偿付水平分类

按偿付水平可以把偿付方式分为全额偿付和部分偿付两大类。全额偿付指医疗费用全部由保险机构偿付，被保险人享受免费医疗。部分偿付是保险机构仅承担部分医疗费用，包括实行起付线、按比例给付、封顶线等形式。部分偿付比全额偿付对被保险人的制约作用强，有利于节约医疗费用。

（五）按偿付时间分类[①]

按偿付时间可以把偿付方式分为预付制和后付制。

1. 预付制

预付制是指在医疗行为发生以前，由医疗保险机构按某种标准（如服务的人群数、医院的服务量，包括门诊人次、住院人次与费用等）与定点医疗机构协商确定支付该定点医疗机构的年度医疗费用总预算。

在制定年度预算时，首先需通盘考虑每个定点医疗机构的规模、地理位置、服务地区人口密度、医院的服务量、人群年龄构成及死亡率、医疗设施与设备配置情况、医院等级、上年度财政赤字或结余情况、通货膨胀指数等因素，然后再与各定点医疗机构商议，最后确定每个定点医院的下年度医疗费用总预算额。此外，一般每年还会视以上因素的变化情况协商调整一次。这样，医院的收入就不能随服务量的增加和病人住院日的延长而增加。医院一旦采纳这种偿付方式，对所有前来就诊的参保人员必须提供医疗保险范围内的服务，医院必须在总预算额内精打细算，控制过量医疗服务，在保证医疗质量的前提下努力降低成本。

预付制一般可以分为四种类型：

（1）总额预算制。由医疗保险机构确定，或者由医疗保险机构与医疗机构共同协商确定各类医疗机构的年度预算总额。

（2）按服务单元付费或按标准定额付费。例如按预先确定的次均费用或者床日费用定额，或根据医疗机构实际服务量（门诊服务人次或住院床日）偿付医疗费用。

（3）按疾病诊断分类定额预付制。即按确定的病种费用标准偿付费用。

（4）按人头付费。即按医疗机构服务的人口数量偿付费用。

为了确保医疗服务的质量，西方国家把每一名医生最多服务的人数限制在2 000～3 000 人。[②] 我国通常将这种偿付方式称为“包干制”或“承包制”。

2. 后付制

后付制是目前大多数国家使用的一种费用偿付方式，医疗保险机构根据事先与定点医疗机构签订的定点协议，按一定的偿付方式和考核指标，在医疗行为发生之后结付医疗费用，一般采用按月偿付结合年终总结算的办法来实现。

（1）按月偿付。一般当月发生的医疗费用经对账审核后，在次月的约定

---

① 王保真，钟建威. 医疗保险中的费用支付制度分析. 中国卫生经济. 2001，11

② 程晓明. 医疗保险学. 上海：复旦大学出版社，2003. 113

日期前偿付，结付标准可以设置为 90%～95%，剩余部分列入年终总考核。按月偿付时可以结合平常的监督情况，以督促医疗机构进一步规范医疗行为，提高服务质量。

（2）年终总结算。根据各定点医疗机构全年的医疗费用发生情况，结合有关指标进行总偿付。偿付考核指标主要有：平均门诊人次费用；平均住院床日；平均床日费用；药品收入占总收入比率；住院医疗费用大处方率；门诊处方分解率；门诊违规大处方率；不合理收入占总收入比率等。通过这些指标的考核，凡符合规定的，医疗保险机构必须保证偿付，不符合规定的或超偿付标准的费用，医疗机构要相应地承担责任，在 5%～10%的考核费用中抵扣。

我国的上海市于 1996 年 5 月开始实施预定指标后付制偿付方法。在预定指标后付制中，医疗保险机构制定了医院医疗费用增长总量指标、技术劳务收费标准，并规定了药品收入占总收入比例的上下限，在偿付中采用按服务项目付费的后付制方式。上海市医疗保险机构虽然不对每张账单进行单独审核，但以信息化为支撑，按月对各级各类医院的床日费用、次均费用、药费比例等指标进行分析，在同级同类医院之间进行比较，对费用指标较高的医院缓付医疗保险费用，并进行重点审核，对其中不合理的费用给予拒付和追回处理。这种偿付方式的缺点是医疗保险机构的审核管理成本高，工作量大，漏洞不可避免，与医疗机构的争执较多。

六、社会医疗保险费用偿付主体

（一）社会医疗保险费用偿付主体的发展

社会医疗保险费用偿付经历了一个由简单的双向经济关系到三角经济关系的演变。

最早的医疗服务交换关系是一种简单的双向经济关系（或买卖关系），在简单的双向偿付关系中（见图 6—1），被保险人（患者）向医生直接偿付医疗费用，然后从保险机构获得相应的费用补偿。社会保险机构和医疗服务提供者之间不存在任何偿付关系，患者仍然是医疗保险中费用偿付的主体。

随着医疗服务技术的发展、医疗费用的不断提高，以及人们对医疗服务市场的特殊性有了不断深入的认识，费用偿付方式逐步转向主要由医疗保险机构代替被保险人向医疗服务提供方支付费用的所谓第三方付费的方式演变，结果社会医疗保险变成了一个较复杂的三角经济关系（见图 6—2）。这样一方面解除了医患双方对费用的担忧，使两者之间的经济关系退到了次要地位；

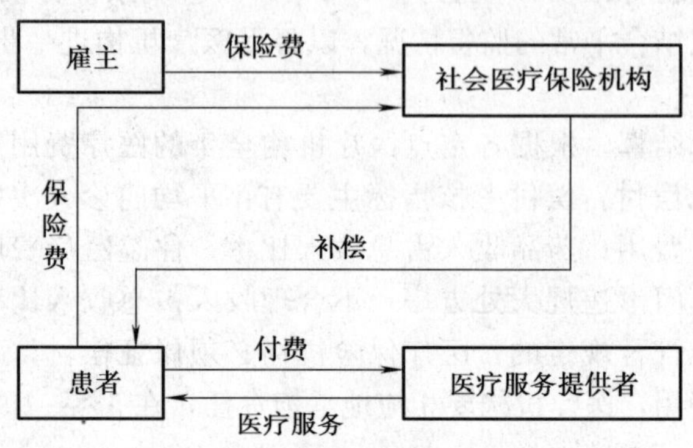

图 6—1　简单双向偿付模式

资料来源：张亚东，马剑．控制医疗费用的主体与方式研究．卫生经济研究．2003，11

另一方面，医疗保险机构和医疗服务提供者之间的经济关系占据了主导地位，而且费用偿付成了两者之间经济关系的调节手段。社会医疗保险资源通过费用偿付环节流向医疗服务提供者，成为后者的经济来源和经济诱因。医疗保险机构成为社会医疗保险费用偿付的主体。

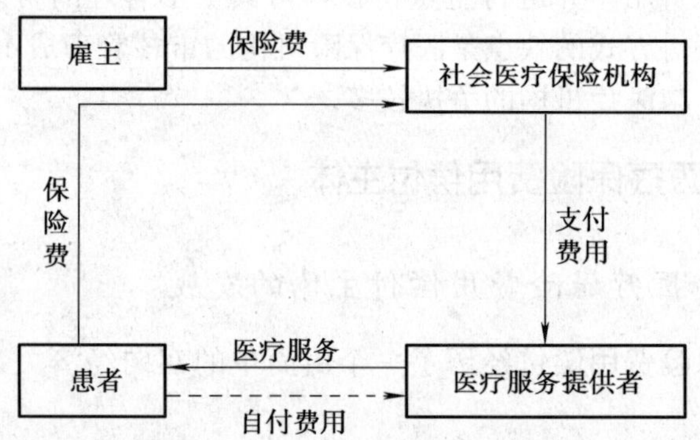

图 6—2　复杂三角偿付模式

资料来源：仇雨临，孙树菡．医疗保险．北京：中国人民大学出版社，2001. 112

复杂三角偿付模式比起简单的双向偿付模式有了很大进步，对于控制医疗服务提供者的行为、节约管理费用、方便就医等方面有一定作用。然而，也存在着一些问题。首先，由于参保人远离费用偿付活动，费用意识淡漠，容易产生过度利用医疗服务的行为。其次，由于医疗技术的复杂性，医疗保险机构的监控能力有限，只要医疗服务提供者缺乏内在的控制动力，过度提供医疗服务的行为就难以消除，再加上没有费用意识的医疗服务消费者的配合，医疗费用、保险费用的上涨，将成为一种必然。[①]

（二）社会医疗保险费用偿付主体的模式[②]

社会医疗保险费用偿付主体决定了社会医疗保险资源的配置，根据各国社会医疗保险资源配置的集中程度不同，社会医疗保险的费用偿付主体可以分为三种模式。

1. 集中统一的偿付主体模式

集中统一的偿付主体模式是指在一个国家或地区，社会医疗保险基金通过统一的社会医疗保险计划流向医疗服务提供者，即社会医疗保险基金集中于单个付款人，由该付款人以分配预算资金的办法，将医疗费用统一偿付给医疗服务提供者。由政府资助的全民健康保险国家多采用这种偿付模式，如英国和加拿大。由于全民免费医疗，医疗服务系统的全部收入主要来自国家社会医疗保险基金，政府成为全国社会医疗保险费用的唯一偿付人。这种偿付模式的优点是计划性较强，政府掌握配置社会医疗保险基金的主动权，可以较好地控制整个国家的卫生费用支出，管理成本较低。

集中统一的偿付主体模式又可分为三种类型：

（1）联邦政府作为单一偿付人模式。其特点是社会医疗保险基金由中央政府直接掌握，中央政府作为单一偿付人，以国家预算形式分配社会医疗保险基金，该模式的典型是英国。

（2）省政府作为单一偿付人模式。其特点是社会医疗保险基金可能来源于省政府税收，也可能来源于联邦和省政府两级税收，省政府作为社会医疗保险费用的唯一偿付人，以省政府预算的方式分配社会医疗保险基金，该模式的典型是加拿大。

（3）地方政府作为单一偿付人模式。其特点是社会医疗保险基金主要来自地方政府的税收，地方政府按照与医疗服务提供者组织协商确定的预算总额，统一偿付给医疗服务提供者，该模式的典型是瑞典。

2. 比较集中的准统一偿付主体模式

比较集中的准统一偿付主体模式是指社会医疗保险基金通过多渠道筹集，最终集中到一定的社会医疗保险机构，由它们根据统一的偿付标准，按照与医疗服务提供者组织协商确定的偿付办法集中偿付。实行该模式的国家主要是实施全民社会医疗保险的国家，如德国、法国、荷兰等。这种模式通过统一的社会医疗保险机构控制社会医疗保险资金的主渠道，决定医疗服务系统

---

① 张肖敏. 医疗保险基本理论与实践. 香港：世界医药出版社，1999. 129

② 卢祖洵. 社会医疗保险学. 北京：人民卫生出版社，2003. 131～133

的规模，并可根据区域卫生规划调整卫生资源的投入方向，保持卫生费用占国民生产总值的适当比例。同时，由于医疗服务的价格由社会医疗保险机构与医疗服务提供者组织协商确定，与医疗服务提供者组织自行定价相比，更利于医疗费用的控制，社会医疗保险管理成本也比较低。

3. 分散独立的偿付主体模式

分散独立的偿付主体模式是指在公、私医疗保险并存，或以私人健康保险为主的多元医疗保险体制下，多个偿付人以不同的方式和标准偿付社会医疗保险费用。由于存在多个分散、独立的保险机构，社会医疗保险费用则由多个分散、独立的偿付人偿付给医疗服务提供者。实行该模式的国家以美国为代表。这种模式的特点是参保人有较多的选择性，可满足不同层次的医疗保险需求。但由于医疗费用支付渠道多，控制点分散，难以有效控制医疗费用的过快增长。同时，由于各类医疗保险机构各自为政，竞争激烈，需要耗费大量行政管理费用。

社会医疗保险费用偿付体制是一个复杂的系统，涉及很多方面，世界各国实行不同的偿付体制，缘于自身的经济、文化背景。同时，各国的社会医疗保险偿付体制又处在不断变化和完善中，如分散独立的偿付主体向集中统一偿付主体发展；单一偿付主体向混合偿付主体发展；偿付标准由自由定价向政府控制价格或统一价格发展；从单一偿付方式和标准独存向多种偿付方式与标准并存发展等。

（三）世界各国社会医疗保险费用偿付主体的情况①

从大多数国家的情况来看，当前社会医疗保险费用的偿付主体主要包括国家、医疗保险（社会医疗保险及商业医疗保险）和个人，每个偿付主体在控制医疗费用中的地位和作用，取决于其在医疗卫生总费用中的筹资比例和支付份额。

以瑞典、英国、加拿大等为代表的全民保健国家，政府（包括地方政府）的财政预算投入占卫生总费用的75%以上。卫生财政预算按照全国各地的人口分布与需要进行分配，社区保健是医疗卫生服务的基础和重点，居民享受免费程度很高的医疗卫生服务。此类国家的政府既是医疗费用的筹资主体和控制主体，也是医疗费用的偿付主体。

以德国、法国等为代表的社会保险国家，法定医疗保险是卫生事业的核心构件。德国全国总人口中法定保险的投保对象占近90%，分别参保于德国

① 张亚东，马剑．控制医疗费用的主体与方式研究．卫生经济研究．2003，11

600余家法定医疗保险基金组织。法国医疗保险以行业为基础，大致分为覆盖80%国民的利用者保险制度、自营者保险制度、特别制度、农业一般制度四种。虽然保险资金的来源是多方面的，但都汇集到社会医疗保险机构进行集中偿付。

与其他西方国家不同，美国的社会保障制度强调的是个人自由与个人选择，医疗保险体系以商业医疗保险为主体，覆盖了美国总人口的70%。其以社会医疗保险机构和商业医疗保险机构作为医疗费用筹资与偿付的主体。

对于大多数发展中国家，由于历史和经济原因，社会保障制度建设相对落后，医疗费用偿付主体基本以个人自付为主。

实际上，世界上大多数国家的医疗偿付体系都是国家、社会和商业医疗保险机构以及个人自付形式的叠加与混合，只不过根据本国的政治、经济和社会特点各有侧重。在国家健康保险和社会医疗保险高度发达的英、德等国，商业医疗保险的比重亦在10%～30%之间。在以商业医疗保险作为偿付主体的美国，由政府组织的辅以老人、残疾人、低收入者的公共医疗保险——老年保健医疗与医疗补助，亦在全部医疗费用支出中占50%。此外，美国还有享受不到任何保险的自付群体。

▶第二节　社会医疗保险医疗服务需方偿付方式

一、社会医疗保险医疗服务需方偿付方式的内涵及其意义

社会医疗保险医疗服务需方的费用偿付方式主要是指参保人（需方）在社会医疗保险费用偿付过程中分担一部分医疗费用的偿付方法。

近年来，随着医疗卫生费用的不断上涨，参保人由于缺乏费用意识，出现过度利用医疗服务的行为，成为引起医疗费用上涨的重要原因之一。为此，参保人分担医疗费用的方式越来越得到重视。参保人参与费用偿付或费用分担有利于参保人树立费用意识，有利于增强参保人自我保健意识，进而控制自己的医疗需求行为，达到合理使用医疗服务和控制医疗费用的目的。此外，费用分担也是医疗保险机构偿付医疗服务提供者的另一个渠道，是医疗保险机构通过偿付制度来调节需求，从而调节医疗保险资源的分配和使用的补充办法。

二、社会医疗保险医疗服务需方偿付方式概述

社会医疗保险医疗服务需方偿付常见的方式主要包括以下几种：

（一）起付线法

起付线法又称为扣除法，指被保险人发生医疗费用后，首先自付一定额度的医疗费用，超过此额度标准的医疗费用由保险方支付。这个自付额度标准称为起付线（俗称“门槛”）。

起付线法一般可以分为三种类型①：

1. 年度累计费用起付线法

年度累计费用起付线法采取医疗费用年度累计计算，在一个年度内累计医疗费用在一定额度内由参保人自付，年度累计费用超过此额度后由医疗保险机构偿付。

2. 单次就诊费用起付线法

单次就诊费用起付线法即参保人每次就诊均需自付一定额度的费用，每次就诊费用超过此额度的由医疗保险机构偿付。

3. 单项目（一般为特殊医疗项目）费用起付线法

单项目费用起付线法即对某些特殊的诊疗项目，参保人每使用一次，所发生的医疗费用均自付一定部分，其余部分由医疗保险机构偿付。

起付线法的优点有：有利于集中有限财力，保障高费用风险的疾病医疗，实现风险分担；医疗保险机构不偿付起付线以下的费用，有利于增强参保者的费用意识，减少浪费；将大量小额的医疗费用剔除在医疗保险偿付之外，减少了医疗保险偿付的工作量，降低了管理成本。

起付线作用的发挥是建立在起付线设置高低适宜的基础之上。一般认为，应根据绝大多数参保者的经济收入水平和医疗费用的频率分布状况来确定起付线。如果起付线设置不当将会出现下述情况：起付线过低，可能导致参保者过度利用卫生服务，不利于医疗费用的控制；起付线过高，会超出部分参保者的经济承受能力，抑制其正常的医疗需求，可能使部分参保者不能及时就医，小病拖成大病，反而增加医疗费用。②

（二）按比例分担法

按比例分担法又称共付法，即社会医疗保险机构和被保险人按一定的比例共同偿付医疗费用，这一比例又称共同负担率或共同付费率。共同付费可以是固定比例，如无论费用多少，参保者都自负 30%，医疗保险机构偿付 70%；也可以是变动比例，把医疗费用分成几段，费用越高，自付比例越低

① 姚宏．医疗与生育保险．北京：中国劳动社会保障出版社，2005.137

② 张肖敏．医疗保险基本理论与实践．香港：世界医药出版社，1999.116

或越高。

如瑞典的社会医疗保险，病人看病就是采用了按定额（固定数额）自付的办法。瑞典规定，参加了医疗保险的病人去公立医院看病，只需付 25 克朗，当地保险机构则要付 0～127 克朗给当地省议会；到开业医生处看病，病人直接付给医生 30 克朗，而当地保险机构须付 0～540 克朗给医生。日本实行的是按比例自付的办法。参加雇员健康保险的雇员在接受医疗服务时，个人自付医疗费用的 10%，保险机构支付 90%；参加国民健康保险的人及家属在接受门诊治疗时，本人负担 30%，住院治疗时，本人负担 20%。①

按比例分担法的优点是：简单直观，易于操作，被保险人可根据自己的偿付能力选择适当的医疗服务，有利于调节医疗服务消费，控制医疗费用；由于价格需求弹性的作用，被保险人往往选择价格相对较低的服务，有利于降低卫生服务的价格。

按比例分担法的难点在于自付比例的合理确定，自付比例的高低直接影响被保险人的就医行为。自付比例过低，对被保险人制约作用小，达不到控制卫生费用不合理增长的目的；自付比例过高，可能超出被保险人的承受能力，抑制正常的医疗需求，造成小病不治酿成大病，加重被保险人的经济负担，达不到保险的目的。另外，不同人群和不同收入状况采用同一自付比例，可能出现卫生服务的不公平现象。国际上，被保险人自付比例一般为 20%左右，自付比例超过 25%，病人就诊率会有明显降低。②

（三）封顶线法

广义的封顶线法可以分为最高保险限额法和最高自付限额法。

最高自付限额法是指被保险人在一定时间内自付的医疗费用达到一定额度后，不再继续自付原应分担的医疗费用（俗称“需方封顶”）。这将使被保险人的经济负担限制在一定范围内，避免少数发生重大疾病的参保病人发生经济困难。此方法一般与单次就诊费用起付线法、单项目费用起付线法和按比例分担法联合使用，在经济发达国家多采用这种方法。

狭义的封顶线法也叫最高限额保险方式，是与起付线方式相反的费用分担方法。该方法先规定一个医疗费用封顶线，社会医疗保险机构只偿付低于封顶线的医疗费用，超出封顶线的医疗费用由被保险人或由被保险人与其单位共同负担（俗称“给付封顶”）。

封顶线的依据有：（1）随着医学技术的发展，某些治疗技术、手段已经

---

① 仇雨临，孙树菡．医疗保险．北京：中国人民大学出版社，2001．122

② 张肖敏．医疗保险基本理论与实践．香港：世界医药出版社，1999．116～117

达到非常复杂的程度，其费用也达到非常高昂的地步，然而社会医疗保险基金却是有限的，医疗技术发展的无限性和保险基金的有限性之间的矛盾促使对被保险人的偿付额给以限定；（2）从社会学的角度来看，一些费用高昂的维持生命的治疗手段对整个人群的健康状况和生命质量的影响是微乎其微的；（3）从卫生经济学的机会成本角度来看，卫生资源的使用有多种方案，与其将大量保险基金用于极少数费用高昂、治疗效果较差的被保险者，不如将这部分基金用于人数较多的、费用相对较低、治疗效果较好的被保险者。因此，设置封顶线，机会成本小，实施效果好。

封顶线法的优点有：在社会经济发展水平和各方承受能力较低的情况下，设立封顶线有利于保障参保人享受费用比较低、各方都可以承受的一般医疗；有利于限制被保险人对高额医疗服务的过度需求，以及医疗服务提供者对高额医疗服务的过度提供；有利于鼓励被保险人重视自身的身心健康，提高被保险人的身体素质，防止小病不治酿成大病。

从保险本质来看，大病、重病的发生概率小，但经济风险高，是所有医疗服务中最符合保险原理、最需要保险的部分。然而，封顶线的设立把消费者的这一巨大风险又还给被保险人，违背了医疗保险损失分担的基本原理，也难以对大病、重病患者提供有效的保障。[①]

因此，封顶线的确定需要综合考虑被保险人的收入水平、社会医疗保险基金的风险分担能力、医疗救助情况等因素，需要通过建立各种形式的补充医疗保险对超出封顶线的费用给予补偿。

（四）混合支付法

混合支付法是将上述多种偿付方式综合起来应用的偿付方式。由于上述三种费用偿付办法各有优缺点，在实际的医疗费用偿付方式的使用中，往往不是孤立地使用单一的办法，而是将几种办法结合起来使用，形成优势互补，有效地促进医疗保险医疗基金的合理利用，控制医疗费用的过度增长。混合支付的缺点是偿付操作比较复杂。

① 程晓明．医疗保险学．上海：复旦大学出版社，2003. 117

▶第三节 社会医疗保险医疗服务供方偿付方式

一、社会医疗保险医疗服务供方偿付方式的内涵及其意义

社会医疗保险医疗服务供方的费用偿付方式是指社会医疗保险机构作为第三方代替被保险人向医疗服务供方偿付医疗服务费用的方法，是社会医疗保险主要的费用偿付方式。世界各国的改革实践表明，鉴于医疗服务提供者在医疗服务市场的特殊地位，对医疗服务提供方的控制是控制医疗费用的关键和核心，而对提供方的费用偿付方式又是控制医疗服务提供方行为的最有效手段。

社会医疗保险采用医疗服务供方的费用偿付方式有利于实现被保险人的基本医疗保障。医疗保险机构根据医疗保障范围和待遇支付政策，采取合理的费用偿付方式，可以有效防止医疗服务提供者变相增加不必要的医疗服务或缩减必要的医疗服务，从而规范医疗服务行为，保证医疗服务质量，实现被保险人的基本医疗保障。

此外，采用医疗服务供方的费用偿付方式也有利于实现社会化的服务与管理。实现社会化的服务与管理是社会医疗保险的客观要求，它不仅体现在基金统一调剂使用上，更重要的是体现在医疗服务管理社会化上。① 医疗服务供方的费用偿付方式正是实现社会化服务与管理的重要措施。

二、社会医疗保险医疗服务供方偿付方式

（一）按服务项目付费

按服务项目付费（FFS）是医疗保险中最传统，也是运用最广泛的一种费用偿付方式。它是指患者在接受医疗服务时，按服务项目（如诊断、治疗、化验、药品和护理等）的价格计算费用，然后由医疗保险机构向医疗服务提供者偿付费用，所偿付费用的数额取决于各服务项目的价格和实际服务量。按服务项目付费属于典型的后付制类型。

按服务项目付费的优点主要有：（1）被保险人对医疗服务的选择性较大，对服务的各种要求容易得到满足，比较容易得到数量较多和方便及时的医疗

---

① 姚宏．医疗与生育保险．北京：中国劳动社会保障出版社，2005.142

服务。(2) 由于医疗服务供方和医务人员的收入与医疗服务的实际数量有着直接的联系，因此，按服务项目付费有利于调动医疗服务供方和医务人员的工作积极性。为了吸引更多的患者到所在的医疗机构就医，医疗服务供方将不断改善服务条件、增加新的医疗设备、开展新的服务项目，以满足患者的需要。医务人员也会通过加强专业知识的学习，不断提高自己的专业技能和医疗水平，改善服务态度，以获得更多的收入。(3) 按实际发生的服务项目和项目价格标准计算并偿付医疗费用，操作方法比较简单，所需要的配套设施比较少。(4) 由于按服务项目付费符合一般的市场常规，社会医疗保险各方比较容易理解。因此，按服务项目付费的方式适应范围相当广泛。医疗服务供方在收费标准系统的控制下开展工作，社会医疗保险机构按照各服务项目的收费标准向医疗服务供方偿付医疗费用，并对医疗服务供方实行监督管理。

但是按服务项目付费也存在着很多缺陷：(1) 由于按服务项目付费属于后付制类型，它只能在事后对医疗服务的账单进行监督检查，难以在事前对供方提供正确的费用导向，供方诱导需求的现象比较严重。容易产生检查、用药、治疗等服务项目的增加，住院天数延长，高新医疗技术过度利用等问题，难以有效遏制医疗费用的过快增长。(2) 由于医疗服务项目种类繁多，较难制定合理的服务价格。为了实施对医疗保险的有效管理，社会医疗保险机构还必须对医疗服务逐项进行审核、付费，因而工作量大，管理成本相对较高。①

世界各国普遍认为，按服务项目付费的偿付办法是引起医疗费用上涨的主要原因之一。据国外专家研究估计，卫生医疗费用上涨的12%左右是由医疗保险机构按服务项目偿付造成的。

我国长期以来实行的劳保医疗和公费医疗制度就是采用按服务项目付费的办法，也叫实报实销。日本在社会医疗保险中采取的也是按服务项目付费的方式，但由于它加强了管理和监督，因此在一定程度上制约了医疗费用的增长。然而，日本也同样存在着医疗保险机构和医疗机构在节约费用与因病施治、合理用药、检查等方面的认识分歧。为此，日本设立了“第三方机构”，参与医保双方的费用偿付行为。“第三方机构”全名叫“社会保险诊疗报酬支付基金国民健康保险联合会”，其工作人员是民间人士。“第三方机构”的主要职能是在社会保险经办机构向医院偿付医疗费用的过程中充当“检察官和法官”的角色，对全国各地医院提供的医疗费用清单进行审核和监督。

① 卢祖洵．社会医疗保险学．北京：人民卫生出版社，2003.136～137

这种审查是相当严格的，如果发现医院有开大处方等违规、违纪行为，该医院为保险者提供医疗服务的资格会被立即取消，医院将会失去最主要的经济来源。当医疗机构的费用清单经过审查确认无误后，医疗保险机构再向医疗机构偿付医疗费。"第三方机构"在控制医疗费用的不合理支出，避免医保双方的矛盾方面确实发挥了独特的作用。但由于日本目前"第三方机构"的工作人员只有 4 900 人，而每年"健康保险"清单有 7 亿多张，"国民健康保险"的清单有 4 亿多张，实际上只能审核所报清单的 2.3%，这样，大大限制了其审核、检查、监督作用的发挥。[①]

（二）按服务单元付费[②]

按服务单元付费也叫按平均费用付费或定额支付。

服务单元是指将医疗服务的过程按照一个特定的参数分为若干相同的部分，每一个部分成为一个服务单元，例如一个门诊人次、一个住院人次和一个住院床日。

按服务单元付费是指医疗保险机构根据历史资料以及其他因素制定出平均服务单元费用标准，然而根据医疗机构的服务单元量进行偿付，其总费用公式为：总费用＝∑平均服务单元费用×服务单元量。按服务单元付费方式的突出优点是操作简便，管理成本低。

根据参保人就医时间的长短可将医疗服务分为门诊服务和住院服务两部分。参保病人如果病情轻，就医当日即可获得治疗，离开医院，门诊服务的时间短；病人若病情重，需要留在医院继续诊治，所花费的时间就比较长。因此，在医疗保险费用偿付办法的计算上也会不同。对门诊医疗服务费用偿付一般采用平均门诊费用人次标准，而对住院医疗服务费用偿付采用平均住院费用标准。平均数的计算可采用算术平均数、几何平均数和中位数的办法。

1. 平均门诊费用人次（门诊次均费用）标准

将某段时间内门诊发生的所有医疗费用除以该段时间内所有就诊人次，获得的该段时间内每一门诊平均花费的医疗费用，就是平均门诊费用人次标准（单元费用）。一旦确定了定点医院的平均门诊费用人次标准或门诊次均费用支付标准，医疗保险机构就可以合同规定的期限（如 1 年）作为计量单位，根据实际发生的门诊人次，向医院偿付医疗费用。其公式为：

门诊总费用＝平均门诊费用人次标准×门诊人次

2. 平均住院日及日均费用标准

---

① 仇雨临，孙树菡．医疗保险．北京：中国人民大学出版社，2001.114～115

② 仇雨临，孙树菡．医疗保险．北京：中国人民大学出版社，2001.115～116

平均住院日是某段时间内所有出院病人的住院天数之和，除以出院人数，得到该段时间内每一个住院病人的平均住院日。日均费用标准是指将某段时间内所有出院病人花费的总住院费用除以总住院天数，得到的日均住院费用。这两个指标确定后，医疗保险机构将按合同规定的期限向定点医院偿付住院病人的医疗费用。理论上讲，病人住院一次的总费用为：

病人住院一次的总费用＝日均费用标准×住院天数

对同一家医院来说，按这种方式偿付医疗费用，所有病人每次门诊和每日住院费用都是相同的，无论病人实际花费的医疗费用是多少，都按此标准偿付。西欧各国广泛采用这种方法，但各国的费用标准与计算方法不尽相同。按住院日定额偿付的特点是医院或医生的收入与其提供服务的次数有关，所以，这种方式能够鼓励医院和医生降低每次门诊和每个住院日的成本，但这种方法却在客观上刺激了医院和医生增加门诊次数和平均住院日天数。对门诊来说，虽然门诊费用标准是事先确定的，但增加门诊次数，就可以增加服务量和收入；对住院来说，尽管住院日费用标准是定数，但增加住院天数也可以扩大服务量和收入。这种状况会给病人带来多次就诊以及延长住院日的麻烦。对医疗保险机构而言，虽然平均费用标准在某种程度上限制了所提供的服务量，但医生或医院可以通过增加服务次数达到增加服务量，以获取更多服务收入的目的，这也会造成医疗费用的增长。这就要求医疗保险机构在与医院制定标准时要格外慎重，并且对医院制定监督制约机制。

（三）按病种付费[①]

按病种付费（DRGs），又称按疾病诊断分类定额预付制。它是根据国际疾病诊断分类标准，将住院患者的疾病按诊断、年龄和性别等分为若干组，每组又根据疾病的轻重程度及有无合并症、并发症分为几级，结合循证医学（evidence-based medicine，EBM）依据，通过临床路径（clinical pathway，CP）测算出病种每个组各个分类级别的医疗费用标准，按此标准对某组某级疾病的诊疗全过程一次性向医疗机构偿付费用。

在按病种付费方式下，医疗服务机构获得医疗保险机构的费用偿付是按每位病人所属的疾病分类和等级定额预付的，医院的收入与每个病种及诊疗规范和医护计划有关，而与该病种的实际费用无关。

按病种付费方式是20世纪60年代末美国耶鲁大学卫生研究中心的罗伯特·费特（Bob Fetter）等人最早开始研究的。1976年他们建立了新型的

① 根据2007年12月10日中国医疗保险研究会座谈会（北京）内部资料整理。

"住院病人病例分组方案"，并首次定名为诊断相关分组，用于医疗质量及使用评价。其后美国新泽西州政府采用了耶鲁大学的DRGs，实行对医院的预定额支付管理。

第一代的DRGs将所有住院病例根据其解剖学及病理生理特点或临床处理形式划分成83个主要诊断类目，然后根据其主要诊断、次要诊断、手术操作、年龄等特点，将全部出院病例划分为383个DRGs，每组的DRGs病例都具有相同的临床特点及同一的住院天数。在第一代基础上的第二代DRGs，被划分成23个大类（major diagnostic category，MDCs），467组DRGs。

1983年9月3日，美国国会通过了"平等税负财政责任法案"（TEFRA），从当年10月起对享受老年医疗保险制度住院病人的医疗费用按DRGs偿付，即由实报实销改为定额补偿，DRGs也成为其后20年间美国唯一用于医疗保险偿付制度中的病例组合方案。1986年，美国公布第三代DRGs，将第二代的467组增加到473组。在美国联邦政府资助下国家卫生财政管理局每年对DRGs版本进行修订，截止到1992年已公布HCFA DRGs Ⅷ版。AP－DRGs是美国现行的DRGs版本，它是1992年HCFA DRGs版的改良版本，共有785组DRGs。

现在美国的DRGs是将国际疾病诊断分类标准（ICD－9）码的近10 000种疾病，按病种或按治疗方式，将平均费用接近者合并，但年龄因素作为一个重要指标，同一病种的不同年龄可能归为不同的病类。总共归为511类（档）项目，每一类项目包括若干种病或某一种治疗方式。每一类给一个权重（Ret Wt），511类平均权重为1，即权重之和为511，不同类的权重不同。例如，DRGs第1类为17岁以上病人，非脑瘤开颅手术，权重为3.095；第2类为17岁以上病人，脑瘤开颅手术，权重为3.1047；第3类为17岁以下病人，开颅手术，权重为1.9619；第103类为心脏置换术，权重为19.51；第143类为胸痛，权重为0.5342；第271类为皮肤溃疡，权重为0.9905；第430类为精神分裂症，权重为0.7881……以此为基础，各保险公司根据自身基金收支平衡和医疗服务发生总量的情况，对权重进行金额折算（"含金量"），不同地区同权重的"含金量"差别较大，同一地区不同保险公司之间也可能有差异，但差异较小。例如，2000年度，美国加州地区Medicare每1分权重折合为4 980.43美元。其实，DRGs各类项目的权重相当于该类项目的医疗费开支（单项总额）占全部项目医疗费开支（累计总额）的比重。采用DRGs后，美国的医疗机构纷纷采取缩短住院时间的办法减少成本。20世纪90年代，美国医院病人平均住院天数缩短为6天左右，远远低于世界其他各国，可谓接近极限，以后就一直稳定在这一水平附近。[①]

世界各国的 DRGs 版本如图 6—3 所示。

1987 年 10 月欧洲医疗政策公开论坛会和世界卫生组织（WHO）会议也认为 DRGs－PPS 为医院提供了测定最终产品的手段，并提供了医疗生产过程的管理结构，DRGs－PPS 方式既控制了医疗质量又创造了新的卫生服务评价方法，对医院之间、地区之间、国家之间甚至保险机构之间制定卫生服务价格具有明显的作用。英国的病例组合研究开始于 1986 年，在进行深入细致的研究之后，形成卫生保健资源分类法（health-care resource groups，HRGs），主要用于卫生资源的管理和医疗评价。到 1997 年，HRGs 推出了第三代版本，其病例不仅仅局限于住院病人，对急诊病人、门诊病人均分门别类进行了组合研究。而法国的医院管理部门则制定了一个医院会计分析制度，能按照每一个病人的情况确定费用，葡萄牙、瑞典、爱尔兰、冰岛、挪威和瑞士等欧洲国家都在研究 DRGs 方式或将之付诸实施，与美国不同的是它们着眼于将奖励效果作为目标，DRGs 方式对于调节医疗服务质量所起的积极作用，欧洲许多国家已经给予了一定评价。

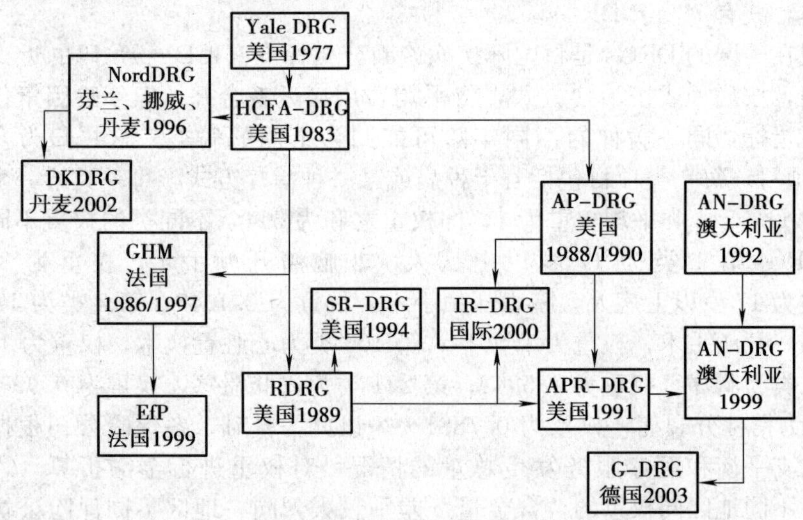

图 6—3　DRGs 家族——世界各国的 DRGs 版本

资料来源：根据 2007 年 12 月 10 日中国医疗保险研究会座谈会（北京）内部资料整理。

澳大利亚于 1988 年开始引进 DRGs 用于医院内部及院际间评估。1991 年成立了澳大利亚病例组合临床委员会（ACCC），统筹病例组合方案的研究，1988—1993 年，澳大利亚联邦政府投资 2 930 万元支持相关的研究，从而产

① 郑大喜. 医疗保险费用支付方式的比较及其选择. 中国初级卫生保健. 2005，6

生了具有澳大利亚特色的DRGs（Australia National DRGs，AN-DRG）。1991年研制出了527个DRGs的AN-DRGv1.0，1993年推出了有530个DRGs的AN-DRGv2.0，1995年又推出了有667个DRGs的AN-DRGv3.0。

许多亚洲国家也在积极开展DRGs研究。日本学者对DRGs-PPS进行深入的理论政策研究后认为日本不具备正式引进推广DRGs的条件，但在此基础上推出了不同疾病类别的平均住院日数，虽然这种单纯的“疾病类别”与DRGs“诊断群”的划分不同，但对病人住院天数的控制仍起到了非常积极的作用。

按病种付费的优点是会激励医院从经济上以低于固定价格（标准价格）的费用提供服务，保留固定价格与实际成本的差额。这在客观上将促进医院节约成本，缩短住院时间，减少诱导性消费；注意病人检查治疗的有效性，避免不必要的支出，在一定程度上能减缓和控制医疗费用上升的趋势。据统计资料显示，美国联邦政府在1983—1985财政年度，对医疗保险费用的补偿金额减少了大约68亿美元，例如对长期肾透析的病人，采用DRGs后，政府支付给医院的费用中，平均每个病人减少了23 129美元。另外，DRGs的实施，有力地促进了医院对感染的控制。实施该方法以前，全美国每年与医院感染有关的直接经济支出约为50亿～100亿美元；实施DRGs后，医院为了降低成本，能够做到有效地控制感染，所获得的经济效益为医院诊治感染所花费用的95%。这一方面可以减少病人在医院受感染之苦，另一方面，可明显地改善医院的经济状况。①

实施该方案的困难在于如何恰当地进行分组。该方案的批评者基本上都是医院的管理人员，他们声称：对所有医院或各类病人建立恰当的分类系统是不可能的。在服务项目、服务质量以及病例组合方面，各医院的水平参差不齐，将疾病划分成几个主要类别大组，根本无法充分反映医院间的差异。这种简单的分组只能导致一个奖罚不公的支付补偿体系。具体来说，该方案的问题和缺点是如何为一个病人进行恰当的DRGs分组。医院有可能在自身利益的驱动下，为了多获取收入，在诊断界限不明时，使诊断升级，将病人重新分类到高补偿价格的DRGs组中，诱导病人做手术和住院，让病人出院后再住院，这样做缩短了住院日却增加了住院次数。在美国新泽西州，有一些广为流传的DRGs分类错误例证。其中之一是关于一个垒球选手损伤手指的病例，他只需要住院两天，医生就可以用金属针将其手指骨修复，可是经DRGs分类，却认定他患的是“外科性重大骨折”，而通常这种诊断对应的是

① 侯文若，叶子成．城镇职工基本医疗保险制度全书．北京：中国言实出版社，1998．192

全髓关节置换类的手术。由此，根据 DRGs 的分类结果，这个病人应该支付 5 000 美元，而实际上对这类病人的收费却不足 1 000 美元。[①]

我国自 20 世纪 80 年代起开始尝试以单病种作为医疗质量控制及医疗成本核算单元的方法，各地尝试制定了单病种费用控制标准，按病种付费现已发展成为医疗保险费用偿付的重要方式。如北京市于 2004 年以阑尾炎为切入点，首次在宣武医院等 6 家医院试行按病种付费的办法，即采取按规定病种费用支付额后付制的偿付方式，而不按实际发生医疗费用偿付。截至目前已推出包括阑尾炎、甲状腺肿、白内障、子宫肌瘤、卵巢囊肿、腹股沟疝、股疝、胆石症、拇外翻、青光眼等十种疾病的单病种付费办法。通过按病种付费的改革，有效地降低了虚高收费，缓解了医疗费用快速增长的趋势，减轻了参保人员的负担。医疗机构由原先的被动接受管理转变为积极主动进行自我约束，从而使管理工作更加细致、深入及有针对性，有效节省了医疗卫生资源。按病种付费也突破了原来报销目录的限制，使医生得到更大的自由用药及治疗空间，简化了医疗保险费用结算办法，降低了医疗保险经办机构的管理成本。北京市医疗保险管理中心 2000—2006 年阑尾炎手术费用统计数据见表 6—1：

表 6—1　北京市医疗保险管理中心 2000—2006 年阑尾炎手术费用统计数据

时间段（年份）	病例数	次均住院日（天）	次均费用（元）	费用增长率（%）
2000	3 323	7.9	3 272	
2001	2 987	8.2	3 342	2.1
2002	956	8.5	3 761	12.5
2003	1 569	10.2	4 732	25.8
2004	1 765	8	4 741	0.1
2005	2 236	8	4 255	−10.3
2006	3 092	8	4 171	−2

资料来源：2007 年 12 月 10 日中国医疗保险研究会座谈会（北京）内部资料。

（四）按费用分类付费

按费用分类付费是指按照疾病治疗费用的大小，把疾病划分成若干类别，对每一类别制定一个标准。如新加坡将手术病人根据手术的难易程度分成 8 个级别，再在每一个级别下分为 ABC 三等（有的级别下只有两等），共划分了 22 个等级。不同的等级有不同的费用支付标准，医疗保险机构按此标准向

① ［美］保罗·J·费尔德斯坦．卫生保健经济学．北京：经济科学出版社，1998. 205

医院偿付费用。按费用分类付费是介于按服务单元付费和按病种付费之间的一种过渡类型，其费用控制力度、管理成本和操作难度高于前者低于后者。该方式对医疗质量的影响依医疗机构的反应有所不同，可以调动服务者提高服务效率，也可能导致不合理地减少服务，降低质量。[①]

（五）按人头付费

按人头付费是指医疗保险机构根据医院提供服务的被保险人的总人数，定期向医院偿付一笔固定费用，医院提供合同规定的一切医疗服务，不再另行收费。按人头支付属于预付制的一种。

在实施按人头付费的情况下，医院的收入与其提供服务的人数成正比，提供服务的人数越多，医院收入越多，反之，医院收入也越少。这种偿付方式对医疗机构的服务和费用均有高度的控制，可以促使医院开展预防工作，以减轻将来的工作量，降低医疗费用支出。同时，由于对医疗服务供方实行按人头付费，每一人头的支付标准固定，因此，有利于医疗服务供方强化内部管理，增强医院的费用意识和经济责任，控制医院过度提供医疗服务的行为。此外，按人头付费方式适应范围比较广泛，只要每一人头的支付标准确定，无论医院的服务对象是否是医疗保险的对象，都可以实施此种方式，管理成本相对较低。

按人头付费的弊端在于：可能出现医疗服务提供者为节省费用而减少必要的服务提供、降低服务质量或拒绝重症患者等现象。如可能出现医疗保险需方就医等待、医疗服务供方拒绝接收危重患者就医、减少高新医疗技术的使用等问题，这些问题可能引发医患矛盾。为保证医疗服务质量，按人头付费方式通常规定服务对象的最高人数限额，以防止病人太多，医院因对病人的照顾不周而降低服务质量，如一些国家规定每个医生最多照管 3 000 人。

丹麦、荷兰、英国是最早实行按人头付费的国家，意大利在 1980 年以前对部分参保人的医疗保险费用采取了这个办法，1980 年后则全部采用此法。美国健康维护组织广泛使用了按人头付费方式，印度尼西亚和哥斯达黎加也采用这种办法偿付医疗费用。[②]

（六）总额预算制

总额预算制又称总额预付制。它是由医疗保险机构根据与医院协商确定的年度预算总额进行偿付。在总额预算制下，医院预算额度一旦确定，医院

① 张肖敏．医疗保险基本理论与实践．香港：世界医药出版社，1999.120

② 侯文若，叶子成．城镇职工基本医疗保险制度全书．北京：中国言实出版社，1998.192

的收入就不能随服务量的增长而增长，一旦出现亏损，医疗保险机构不再追加偿付，亏损部分由医院自付。

合理确定预算是实施该偿付方式的关键环节，预算的确定主要考虑如下因素：医院规模、服务质量、服务地区人口密度、医院设备与设施情况、是否为教学医院、上年度预算执行情况和通货膨胀率等。预算总额一般每年协商调整一次。

目前，总预算额的测量方法主要有以下几种[①]：

1. 总量测算法。用往年总费用作为基数进行预测，即：

预测年总预算额＝往年实际总费用×赔付率×变化系数

其中，往年费用可以是当年的总费用，也可以是以往几年的平均费用，或用其他预测方法推算的总费用。变化系数是对种种影响因素综合结果的总体判断，如果总的结果会使费用上升，则系数大于1，反之，则小于1。

2. 人头测算法。即按某一医疗服务提供者在预测年里将要负责的被保险人数进行预测，所以预测年总费用还可用以下公式计算：

预测年总费用＝预测期被保险人数×人均费用×赔付率×变化系数

其中，人均费用＝往年总费用÷往年总人数

此方法也较为方便易行，而且考虑了被保险人数的变化，较总量测算法准确了一些。但该法主要看被保险人就诊的医院是否较固定，而且未考虑未来实际医疗服务工作量的情况，所以仍然是较粗略的。

3. 服务量测算法。通过测量某一个被保险人群医疗服务利用情况，即住院率、就诊率，来判断服务提供者的实际工作量，进而测量总预算额。具体方法是：

住院总预算额＝某一人群预测总住院次数×每次平均费用×赔付率×变化系数

其中，每次平均费用＝往年总费用÷往年总住院人数

预测总住院次数＝预测期被保险人数×住院率

住院率可以从以往统计资料中获得。门诊的总预算额也可用同样方法测算出，住院和门诊总费用加在一起就是总预算额。

这种方法考虑了医疗服务提供者未来实际工作量的情况，相对前两种方法更准确、更客观一些。而且，这一方法的另一实际意义在于，当年终费用结果和预测结果不一致的时候，通过工作量的比较，可以容易确定是工作量的变化还是费用的变化导致的。这种办法存在的问题是，测算资料和统计数

① 姚宏．医疗与生育保险．北京：中国劳动社会保障出版社，2005．147～148

据较多、较严，因而工作量较大，也较困难。

总额预算制的最大优点是：费用结算简单，医疗服务供方成为医疗费用支出的控制者，费用风险意识增强，医疗服务提供者将在总额内精打细算，努力以最低成本提供一定量的医疗服务，也有利于医疗保险机构宏观控制医疗费用总支出，降低管理成本，减小费用风险。其缺点是预算标准难以准确制定，预算过高，将导致医疗服务供给不合理增长；预算偏低，将影响医疗服务提供者和被保险人的经济利益。同时，在监督机制不健全的情况下，医疗服务供方可能会不合理地减少医疗服务供给，抑制需方的合理医疗需求，还可能阻碍医疗服务技术的更新与发展。在这种方式下，医疗保险机构应对医疗服务质量进行有效监督，以保障参保人不至于因医疗机构"偷工减料"而享受不到应有的医疗待遇。

（七）按以资源为基础的相对价值标准偿付

1991年，美国国家卫生财政管理局公布了"以资源为基础的相对价值标准"偿付制，并计算出各项医疗保健服务项目的医师报酬表，1996年在全美国进行了推广实施。

按以资源为基础的相对价值标准偿付，即以资源消耗为基础，以相对价值为尺度，来偿付医生劳务费用的方法。以资源为基础的相对价值标准（resource based relative value system，RBRVS）是美国哈佛大学经过10年研究而确定的一种新型的医生服务酬金偿付系统，是近年来在美国老年社会医疗保险中采取的一种新的医生服务费用偿付方法。该方法的基本思想是根据医疗服务中投入的各类资源要素成本，计算出医生服务或医疗技术的相对价格或权数，应用一个转换因子把这些相对价值转换为收费价格。

相对价值以成本为基础来确定，这是一项相当复杂的工作。大体上要为7 000多项服务制定相对价值，而且需要对数据不断进行分析和更新。制定相对价值标准所依据的资源投入主要有三种：医生劳动投入总量、业务成本和专科培训的机会成本。用一定的数学模型综合上述三种要素可以估算出某一特定医疗服务按资源投入为基准的相对价值即RBRVS。根据已获得的RBRVS数据、服务量、服务费用总预算，计算出RBRVS的货币转换系数，即每个RBRVS单位应折合的金额。最后，根据每项服务的RBRVS结合货币转换系数得出该项服务的酬金或偿付价格。

$$\text{RBRVS}=(\text{TW})+(1+\text{RPC})(1+\text{AST})$$

式中 RBRVS——某项医疗服务按资源投入为基础计算的相对价值；

TW——医生劳动投入总量；

RPC——各专科服务业务成本的相对价值；

AST——以普通外科为标准的专科培训机会成本相对分摊指数。

按以资源为基础的相对价值标准支付的优点是：能够对医生的服务行为提供一个中性的激励机制，可能会在很大程度上改变医生的医疗模式，促使医生将其活动范围向门诊治疗及管理性服务转移，减少不必要的外科手术、手术性诊断试验，这样既可能使医疗质量得到提高，又可降低医院及医疗设施的使用率，进而增进整体医疗保健效益，减少卫生保健费用支出，降低卫生保健费用增长速度；能够全面合理地估计和比较每个医生服务资源的投入，并以此为基础使各种服务在市场竞争中得到近似于理想的补偿标准；改善了目前各医学专业补偿不公平的现象，能够潜在地影响医科院校毕业生的专业选择，改善初级卫生保健专业人员短缺状况，引导卫生人力资源合理流动。

按以资源为基础的相对价值标准支付的缺陷在于：在制定以资源为基础的相对价值标准时，没有考虑到医生的能力差异和患者疾病的严重程度及复杂程度，没有考虑到医疗服务的产出质量，即治疗效果；大学教学医院和医疗中心收治的病人病情相对较重，因而RBRVS将对大学教学医院和医疗中心带来不利影响；在制定偿付方式标准时，往往需要收集大量的资料以及运用复杂的计算公式，管理成本较高。

实行RBRVS对患者和全科医生是有利的，美国国家卫生财务管理局的资料显示，1996年美国全科医生的报酬比以前增加了15%，但同时眼科和麻醉科医生的收入却下降了35%。所以，医生对RBRVS的实行，有的赞成，有的反对。RBRVS本身还处在研究过程之中，需要进一步完善。①

（八）按资源利用Ⅲ组偿付②

按资源利用Ⅲ组偿付（RUGⅢ）是美国近年开发的用于慢性病人医疗费用偿付的病例分类模式，主要针对DRGs中存在的重病患者入院困难或提前出院的情况而设计。RUGⅢ的基本思想是根据医疗机构服务对象的病例构成确定偿付的医疗资源，对医疗机构按照其服务对象的医疗需要进行资源分配。

RUGⅢ分类方法分为三个阶段：第一阶段，按临床医疗服务工作量分为七类，如康复、思维障碍、行为问题等；第二阶段，按病人的日常生活机能进行分类；第三阶段，按思维障碍、行为问题等临床表现是否实行康复护理等进行分类。

---

① 卢祖洵. 社会医疗保险学. 北京：人民卫生出版社，2003. 141

② 张肖敏. 医疗保险基本理论与实践. 香港：世界医药出版社，1999. 122～123

相对 DRGs 而言，RUGⅢ具有以下优点：分类方法更具有临床适用性，即考虑了慢性病患者的日常生活机能和心身医学方面的需要；考虑成本更加全面，增加了人事费用；管理控制更加全面，根据治疗的工作量分组，结合病人的生活机能来分配资源，可以有效控制供给过度；消除了重症患者不能从医院转到护理院的待床状况。

RUGⅢ的缺点是：在实际操作中，病例分组难以确定，因为某一患者可能同时属于几个组，所需偿付的费用也需几组合并计算。

（九）其他供方偿付方式

1. 按工资标准偿付方式

按工资标准偿付也称薪金制，即社会医疗保险机构根据定点医院或其他卫生人员提供服务时间的价值或服务质量给他们定期发放工资，以补偿定点医院人力资源的消耗。一般依据医疗服务人员所提供医疗服务的时间、医生的技术职称、医疗服务的数量和质量来确定他们的劳动价值。这种费用偿付方式广泛应用于芬兰、瑞典、西班牙、葡萄牙、希腊、土耳其、印度、印度尼西亚、以色列等国家。实行全民医疗保险的国家，如英国、加拿大和美国的健康维护组织等也使用此方法。

按工资标准偿付的优点有：由于医生的收入与其提供服务的数量和质量无关，因此，按工资标准偿付，对医疗保险机构来说，最大的好处是能够较好地控制总成本和人员开支；对医生来说，最大的好处是医生的收入有保障，工作比较稳定，有利于医务人员提高自己的专业技术水平，便于管理工作的开展和各部门之间的相互合作；对患者来说，最大的好处是能够在一个医疗中心接受多种治疗，就医比较方便。

按工资标准偿付的缺陷是：由于医生的收入与其提供服务的数量和质量无关，所以按工资标准偿付方式缺乏对医生的经济刺激，医生的工作积极性往往不高，可能会导致服务质量下降和工作效率低下；医疗机构可能通过转诊来转移医院的成本负担；在按工资标准偿付的情况下，患者就诊往往没有相对固定的医生，医疗服务没有连续性，有可能会影响患者的及时诊治。

2. 按绩效偿付方式[①]

---

① 参见：Advancing Quality through Collaboration：The California Pay for Performance Program. Integrated Healthcare Association (February 2006)；Doran T，Full wood C，Gravelle H，et al. Pay-for-performance programsin family practices in the United Kingdom. N Engl . Med 2006，355；Roland M. Linking Physicians' Pay to the Quality of Care—A Major Experiment in the United Kingdom. N Engl J Med 2004，351

按绩效偿付方式（pay for performance，PFP/P4P）又称为按价值购买（value-based purchasing）医疗服务，是根据一系列基于提高质量和效率的评价标准给医疗服务提供方打分，医疗保险方或政府按照医疗服务提供方的得分偿付其酬劳。

为应对20世纪90年代社会公众对管理式医疗（managed care）的对抗性反应，美国加利福尼亚州很多健康保险公司和医师团体采用了以质量为基础的经济激励和公众报告卡（public report cards）制度，主要的医师团体呼吁各健康保险公司建立一套统一的质量评估标准和公众报告卡。2001年，由加利福尼亚州卫生联合协会（integrated healthcare association，IHA）领头制定了统一的一系列绩效标准，即最初的P4P，它经历了2001年的发起、2002年初指标成型和试点准备、2003—2005年的试点，现在已经是美国最大的P4P，而且这一模式成为其他地方进行P4P的重要参考。在这种偿付模式下，经济激励不是以医疗服务利用量为基础，而是以质量为基础，医疗服务提供者可自愿选择是否加入这一偿付模式。

美国P4P的评价指标从临床、病人经历和信息技术三个维度进行考量，三者的权重分别为0.5∶0.3∶0.2。临床评价指标约有一半是针对预防性服务的评价指标，其他是针对慢性病护理和管理的指标，目前主要是对过程评价的指标，以后会逐渐增加对结果的评价；病人经历评价包括和医生的交流、医疗服务总体评价、专业护理和及时获得医疗服务四个方面；信息技术评价包括临床数据在医师团体层面的一体化和临床决定的网络化，如药物在线申请和在线处方等。由医生协会负责解释公众报告卡分数，按照医疗服务提供者在评价指标体系下的得分偿付相应的酬劳。

2004年英国国家卫生服务体系（the national health service，NHS）开始进行P4P试点，又被称为质量和结果系统结构（the quality and outcomes framework，QOF），将家庭医生收入的25%～30%投入P4P支付模式下。通过146项质量指标评估通科医生提供医疗服务的绩效，以此为依据来偿付通科医生酬劳，并许诺这一偿付方式会增加通科医生们现有的收入。这146项指标覆盖医疗（包括10种慢性病）、医疗服务的组织、病人经历和附加服务四个方面。和美国不同，英国在试点初期对初级卫生保健的资金投入增加了20%，用于增加人力和技术设备。此后，90%的通科医生使用电子处方，50%使用电子卫生记录。

通科医生可自愿参加这一试点，在每个会计年度结束时，按照评分标准，结合医生团体的规模和诊治慢性病的数量给出每个通科医生的得分，各个得分与一定的偿付金额相对应。由于试点初期设定的标准较容易达到，8 000个通科医生得到了97%的评分，平均收入达40 000多美元。2006年4月，QOF进行了调整，对医疗方面的评价由原来的10种慢性病扩大到18种疾病，评价指标数减少到138项。

按绩效偿付方式与其他偿付方式相比有质的区别，以前的偿付方式如按服务项目付费、按人头付费、总额预算制、按病种付费、以资源为基础的相对价值标准偿付方式等都是以“量”为基础的偿付方式，包括服务项目的数量、服务对象的数量、服务病种的数量等，但无论提供多少卫生服务，消耗多少卫生资源，最终目标是居民健康水平的提高。按绩效偿付方式是一种以质量和健康结果为基础的偿付方式，将对卫生服务的偿付和卫生服务的总体效益联系起来，给医疗服务提供方以适当的经济激励，控制和约束医疗服务提供方的行为。

信息科学技术的发展，为按绩效偿付方式的实施提供了有利条件，但实际操作很复杂，评价指标的选取、数据的收集是实施按绩效偿付方式的技术难点所在，医疗服务提供方对评价指标的广泛认可是按绩效偿付方式实施的重要保证。从英美两国尤其是美国开展P4P的情况来看，各利益方的密切合作是成功的关键。要约束医生这一技术权威，要使评价标准得到他们的认可，需要医生的广泛参与。

按绩效偿付方式也存在不少负面的作用，如美国老人和穷人医疗保险中心（the centers for medicare and medicaid services，CMS）提出减少对医疗服务负面结果的偿付，但有些情况下这一措施也不尽合理，如美国传染性疾病协会观察到尽管采取了所有已知的防止医院感染的措施，医院感染还是会出现。同时，按绩效偿付方式也可能对医院整体护理带来损失，因为很多评价指标是按疾病划分的；按绩效偿付方式还可能对没有评价的疾病或相关医疗带来不利的影响。

三、国内外社会医疗保险医疗服务供方偿付方式的发展趋势

实际上，社会医疗保险医疗服务供方费用偿付方式多种多样，不局限于本节中所列的几种。这些方式各有利弊，各有各的经济诱因，对医疗保险机构、医疗服务提供者以及被保险人的影响也各不相同。医疗保险费用的偿付方式决定着整个医疗费用的支出水平、医疗机构的收入与效益以及医疗服务的质量。表6—2是对上述几种偿付方式的比较。

表 6—2　　社会医疗保险医疗服务供方不同偿付方式的比较

支付方式	费用控制	服务质量	管理
按服务项目付费	很差	很好	非常难管理
按服务单元付费	良	差	很容易管理
按病种付费	好	良	难管理
按费用分类付费	良	良	容易管理
按人头付费	非常好	良	非常容易管理
总额预算制	非常好	良	容易管理
按以资源为基础的相对价值标准偿付	好	好	容易管理
按资源利用Ⅲ组偿付	好	好	难管理
按工资标准偿付	良	差	容易管理

近几年来世界各国社会医疗保险制度普遍面临着医疗保险费用过度增长，医疗保险基金入不敷出的严峻局面。尽管社会医疗保险供方和需方的医疗费用偿付行为都会对医疗资源的分配、医疗服务的质量以及医疗费用的增长起到影响和调节的作用，但是，双方的影响程度不同。显然，医疗服务供方偿付方式的作用更大，这是由医疗服务提供者与患者在卫生医疗信息上的不对称所决定的，医院和医生在与患者的关系上居于主导地位，患者处于被动地位。所以，医疗服务提供机构出于经济利益的驱动更容易诱导病人消费，使医疗费用增长。因此，供方医疗保险费用偿付方式作为医疗费用控制的主要手段日益受到各国政府的重视，世界各国纷纷将供方费用偿付方式改革作为本国医疗保险制度改革的突破口。

（一）社会医疗保险费用偿付从开放式向封闭式发展①

1. 开放式模式

开放式模式即按医疗服务项目付费。其特征是决定医疗保险偿付费用的“量”与“价”实行“双开放”。医疗服务量越多，医疗保险偿付费用越高；单次服务的服务项目越多，单次服务偿付标准越高，医疗保险偿付费用越高。

2. 半开放半封闭式模式

半开放半封闭式模式即按服务单元付费。其特征是决定医疗保险偿付费用的“量”实行开放，“价”实行封闭。医疗服务量（单元）越多，医疗保险

① 郑大喜. 医疗保险支付制度改革与医院成本核算发展趋势探讨. 中华医院管理 . 2005，6

偿付费用越高，每一服务单元则按确定的单元付费标准（次均费用、床日费用、病种费用）偿付，与实际单元服务价格多少无关。

3. 封闭式模式

封闭式模式即总额预算和按人头付费。其特征是决定医疗保险偿付费用的“量”与“价”实行“双封闭”，医疗保险偿付费用与医院提供服务量的多少和单元服务价格的高低脱钩。

从医疗费用控制效果来看，从开放式、半开放半封闭式到封闭式逐渐增强；从医疗服务供给水平来看，从开放式、半开放半封闭式到封闭式逐渐降低；从配套条件来看，从开放式、半开放半封闭式到封闭式对医疗服务体系、定点医疗体系和转诊体系的要求逐渐递增。目前，封闭式已经成为世界通行的主流模式。

（二）社会医疗保险偿付组合从单一偿付方式向多元化混合偿付方式发展

在社会医疗保险实践中，各国的社会医疗保险机构往往会根据各国国情，采取混合偿付的方式，如采取两种或多种偿付方式相结合，取其优点，克服其不足。科学的复合式偿付方式是以“就诊人头”为核心，以“总额预算”为基础，融合了“项目付费”“定额付费”“病种付费”和“人头付费”等偿付方式。从国际趋势来看，各国医疗保险偿付机制起源于单一的偿付方式，逐渐走向多元化偿付方式组合、配套的多元化混合偿付方式。

现实中，偿付方式可以从多角度加以混合。根据混合方式的不同，可以分为以下三种情况：

1. 对不同的供方组织采取不同的偿付方式。如匈牙利，对医院按病种付费的方式偿付，而对初级卫生保健医生按人头付费偿付；加拿大对医院通过总额预算偿付来控制成本，对初级卫生保健医生则按服务项目付费方式偿付。

2. 对特定的供方也可以采取混合的偿付方式。如对医院可以一部分由覆盖固定成本的总额预算来偿付，另一部分由覆盖变动成本的按成本付费或按服务项目付费方式偿付。在德国，对医院和门诊的偿付主要采取总额预算，而实际的偿付则是通过按服务项目付费来偿付，但受预算总额的限制，这样总支出不会超过综合预算，这种办法可以将按服务项目付费下成本不断升级的副作用降到最低。

3. 根据提供医疗服务的不同而采取不同的偿付方式。例如，对于医院的偿付，可以设计两种不同的计划：一些基本医疗服务可采用按人头付费，另外一些服务可以按服务项目付费。如美国医疗保险偿付机制就从按服务项目付费起步，逐渐发展为今天按人头付费、按床日付费、按病种付费、按以资源为基础的相对价值标准偿付等多种组合方式。

我国近年来也在多元化混合偿付方式方面进行了积极探索，比较多的城市采用了以总额预算制为龙头，按服务项目付费、按病种付费或按服务单元付费相配套的多元化偿付方式。如北京市历经 6 年改革，截至 2007 年年底，全市已经初步形成了按服务项目付费为主，单病种付费、定额付费等多种形式相结合的多元化医疗保险费用偿付方式。黑龙江牡丹江市于 1997 年 1 月 1 日起在全市机关事业单位和企业范围内正式启动职工医疗保险制度的同时在住院结算方式上开展了单病种结算探索，同时采取了“总额控制、定额管理”的偿付机制。上海市在传统按服务项目偿付的基础上，于 2002 年起在住院项目、一般门急诊项目及大病和计划生育等项目中开始实行“总额预算制”的偿付方式。2005 年上海市又进行了按病种付费的尝试，目前已经涵盖了阑尾炎、经腹胆囊切除术、腹腔镜胆囊摘除术、甲状腺良性肿瘤切除术、乳房良性病损切除术、腹股沟疝、顺产、剖宫产、子宫肌瘤全切术、经腹卵巢手术、腹腔镜卵巢手术、白内障人工晶体植入术、腰椎间盘切除手术、大（小）隐静脉曲张术、前列腺增生术等 15 个病种。①

总体来看，我国社会医疗保险费用偿付的发展趋势有以下几个方面：（1）改革单一的按服务项目付费的偿付方式。（2）按病种付费是控制医疗保险费用上升比较有效的手段。可选择一些易于控制费用的病种试行。如临床发生频次较高的病种诊断明确和治疗效果较明显的病种、以手术治疗为主的病种、具有系统治疗代表性的病种、同质性较强的病种等，待积累了足够经验后，逐步扩大病种范围。（3）总额预付制与后付制相结合。现阶段应以总额预付制为基础，实现预付制与后付制的有机组合。（4）多种费用偿付方式并存。根据医疗服务的特点，按有利于保证医疗、费用控制和管理简便的原则，选择相应的费用偿付方式。（5）进一步完善医疗保险费用偿付改革的配套措施。

本章小结

社会医疗保险费用偿付是社会医疗保险的一个重要环节，是社会医疗保险的保障功能得以最终实现的有效途径。

社会医疗保险费用偿付有以下特点：社会医疗保险费用偿付具有复杂多

① 根据 2007 年 12 月 10 日中国医疗保险研究会座谈会（北京）内部资料整理。

样性；社会医疗保险的偿付环节将医疗保险的提供者与医疗服务的提供者连接起来，成为二者直接发生经济关系的纽带；社会医疗保险机构与定点医疗机构的费用偿付关系是一种法律关系；社会医疗费用的偿付是有限量的。

社会医疗保险费用偿付应遵循以收定支、收支平衡原则，以及权利与义务对等原则和按时、足额、合理偿付原则。

社会医疗保险费用偿付的目的是分担参保者的疾病经济风险，同时它还具有以下作用：经济补偿；控制社会医疗保险费用支出；调节医疗服务供需双方的行为；影响卫生资源的配置与利用；体现社会医疗保险的政策取向等。

社会医疗保险费用偿付方式种类繁多。按偿付主体划分，可分为分离式和一体化式两类；按偿付对象划分，可分为直接付费型和间接付费型两类；按偿付的内容划分，可分为对医生进行偿付和对医疗服务进行偿付两类；按偿付水平划分，可分为全额偿付和部分偿付两类；按偿付时间划分，可分为预付制和后付制两类。

根据各国社会医疗保险资源配置的集中程度不同，社会医疗保险的费用偿付主体可以分为三种模式，即集中统一的偿付主体模式、比较集中的准统一偿付主体模式和分散独立的偿付主体模式。

社会医疗保险医疗服务需方的费用偿付方式是指参保人（需方）在社会医疗保险费用偿付过程中分担一部分医疗费用的偿付方法。医疗服务需方分担医疗费用有利于参保人树立费用意识和增强自我保健意识。医疗服务需方分担医疗费用主要有四种方式：起付线法、按比例分担法、封顶线法（包括最高保险限额法和最高自付限额法）以及混合支付法。

社会医疗保险医疗服务供方作为第三方偿付医疗保险费用是社会医疗保险制度发展的客观要求和社会化医疗服务管理的需要。社会医疗保险医疗服务供方偿付方式主要有按服务项目付费、按服务单元付费、按病种付费、按费用分类付费、按人头付费、总额预算制、按以资源为基础的相对价值标准偿付、按资源利用Ⅲ组偿付以及其他偿付方式。

从国际趋势来看，各国社会医疗保险偿付机制起源于单一的偿付方式，逐渐走向多元化偿付方式组合、配套的多元化混合偿付方式。我国在社会医疗保险费用偿付的探索中呈现以下发展趋势：改革单一的按服务项目付费的偿付方式；选择一些易于控制费用的病种试行按病种付费；总额预付制与后付制相结合；多种费用偿付方式并存；进一步完善社会医疗保险费用偿付改革的配套措施。

复习思考题

1. 如何理解医疗保险费用偿付方式在社会医疗保险制度中的重要地位?
2. 试述社会医疗保险费用偿付特点和偿付原则。
3. 社会医疗保险费用偿付方式主要有哪些?各有什么特点?
4. 社会医疗保险被保险人分担医疗保险费用的方式有哪些?作用是什么?
5. 试比较社会医疗保险医疗服务供方不同偿付方式的优缺点。

案例讨论 1

北京市基本医疗保险单病种付费方式的探索①

2001 年 4 月 1 日开始实施的《北京市基本医疗保险费用结算暂行办法》(京劳社医发［2001］17 号)规定,北京市基本医疗保险实行以下付费方式:(1)参保人员门诊、急诊和住院医疗费用以服务项目结算为主要方式结算;(2)部分病种的医疗费用按医疗机构的不同等级实行按病种结算;(3)门诊肾透析、肾移植后服抗排异药的医疗费用实行定额结算。在基本医疗保险制度改革实施的两年内,参保人员医疗费用支付主要采取以服务项目付费,其执行基础是北京市基本医疗保险药品、诊疗项目、服务设施支付范围及标准,按病种和定额付费的方式并未实行。

传统的以服务项目付费的管理模式,对医疗费用控制没有有效的约束机制,医患双方都在追求高档次的医疗消费,而忽略了费用控制,造成大量不必要的医疗费用开支。而实行单病种付费,可通过对单个病种医疗费用的总量控制,减缓医疗费用日益增长的趋势,促使医疗机构能够更加合理使用有限的卫生资源,使国家、医疗机构及患者三方都能从中受益。

通过对单病种付费方式的利弊分析,同时吸取其他城市开展单病种付费工作的经验,北京市提出了开展单病种付费的工作思路:第一,在 ICD－10 编码的基础上,统一各病种的诊断标准;第二,选择诊疗常规明确、治疗方法简单、不易复发、合并症少的疾病进行单病种付费;第三,在考虑按病种支付费用的同时,还要考虑医院级别,病种的合并症、并发症及伴随疾病等各方面因素,经全面论证,制定出病种的基础费用和上浮标准。

为了进行单病种付费改革,北京市医疗保险中心首先选择阑尾炎作为单病种付费改革的突破口。之所以选择阑尾炎,首先是因为该病种同其他病种相比诊断相对明确,不太复杂,各医院对它的诊断相对统一;其次是各医院

① 中国社会保险学会医疗保险分会. 医疗保险优秀论文集(2004—2006 年). 北京:中国劳动社会保障出版社

对该病的治疗方法相对一致，治疗过程不会有太大出入；第三，阑尾炎是外科常见病，在北京市医保中心统计的 60 多家医院中，年均要发生 5 000～6 000 例。在推行阑尾炎单病种付费之前，北京市医保中心先对阑尾炎的医疗费用进行了测算。从 1998 年开始，北京市医疗保险中心选择了阑尾炎发生较多的 13 家医疗机构（其中包含了三级、二级、军队、部属、市属、区属、煤矿等各个层面的医院）开始采集实际发生的费用数据，并连续 4 年对急性阑尾炎实施费用监测，积累了大量的医疗费用数据。

经过测算，治疗单例急性阑尾炎的收费标准可定为：三级医疗机构在 2 152.8～2 431 元之间，二级医疗机构在 2 130.8～2 403.6 元之间，一级医疗机构在 2 090.8～2 352.8 元之间。这个收费标准与 1998—2001 年北京市急性单纯性医疗费用年平均值对比，差距可达 1 000 元左右，造成阑尾炎治疗收费偏高的原因主要有：药费偏高；手术治疗收费不规范，包括高档药品的使用，出院超量带药，超常规的、不必要的检查治疗项目；住院日普遍较长；手术费定价较低，导致部分医务人员为获取更大赢利而采取不规范的医疗行为。

在前期准备工作的基础上，北京市医保中心制定了对急性阑尾炎的单病种付费方案，并从 2004 年 11 月 1 日起开始实施。具体方案如下：（1）以 ICD—10 编码为基础，明确急性阑尾炎的诊断标准。（2）参考北京市 2001 年单病种医疗费用支出情况统计中三级、二级医疗机构急性阑尾炎住院手术治疗平均费用值，以保证当年度急性阑尾炎医疗费用与之持平为原则，采取分别对三级、二级（含以下）定点医疗机构制定急性阑尾炎住院手术治疗费用医疗保险支付基数，并根据患者具体病情实施按规定百分比上浮，进行最高支付限价的方式，如普通急性阑尾炎住院手术治疗费用的最高限价即为医疗保险支付费用基数；急性阑尾炎伴有坏疽、穿孔、腹膜炎的医疗费用最高限价可在基数的基础上给予一定比例的上浮；考虑到部分患者的特殊情况，如急性阑尾炎伴随其他疾病的医疗费用，可由医疗机构单独填写特殊收费申请单，并详细说明患者病情，及费用估算，经主管医疗保险经办机构审批后酌情予以照顾。（3）为防止部分医疗机构为牟取更大利益，而采取拖延患者治疗的不良现象发生，需明确因医疗机构误诊、延误治疗等造成急性阑尾炎患者病情恶化，引发穿孔、坏疽、腹膜炎或其他伴随疾病，经鉴定为医疗事故的，医疗费用由医疗机构自行承担。

对急性阑尾炎实施单病种付费方式之后，平均每例病人的医疗费用比实施前降低了 800 元左右，病人自己负担的医疗费用大幅降低。鉴于单病种付费方式对医疗费用的有效控制，继急性阑尾炎之后，北京市又相继推出结节性甲状腺肿、白内障、腹股沟疝、股疝等单病种付费的病种。目前，卵巢良性肿瘤、子宫肌瘤、拇外翻、胆囊结石、青光眼等五种疾病的单病种付费试点也正在进行。

案例讨论 2

深圳东莞广州三地医疗保险结算办法比较①

2002年，广东省劳动保障厅对各地市的医保结算办法进行了调查。结果显示，各地市的门、急诊费用结算办法比较统一，除佛山市采取定额结算外，其他城市都是由个人账户按项目结算；然而各地市的住院费用结算方式呈现多样化，其中，按平均定额结算的有广州市、深圳市、东莞市、阳江市、江门市、河源市、清远市、梅州市、佛山市、湛江市、揭阳市、汕头市、顺德市；按项目结算的有肇庆市、中山市；按人头支付的有潮州市、云浮市；按服务单元结算的是汕尾市。下面具体比较深圳、东莞和广州三地的医疗保险结算方式。

一、深圳市结算办法与支付标准

（一）门诊费用结算办法

实行按项目付费。个人账户用完后，超额部分在本市上年度职工平均工资10%以内的，全部由个人自理；超过本市上年度职工平均工资10%以上的部分，根据基本医疗保险有关规定和就诊的医疗单位级别确定报销比例：三级、二级、一级及以下医疗单位，统筹基金支付分别为65%，70%，75%，个人自付比例分别为35%，30%，25%。定点医疗单位费用的结算方式，参保人就诊时直接从个人医疗账户中扣除当次发生的费用，医疗保险管理机构按项目偿付费用给医务所室，医疗费用按月或按季结算。

（二）住院费用结算办法

住院医疗费用采取按“平均费用标准付费”（即按单元医疗费平均定额付费）和按病种付费。平均费用标准包括：规定标准内的床位费、住院费及各种检查、治疗、用药、卫生材料、器材等费用。参保人出院时，除个人自付10%现金和超标准床位费、特殊检查治疗项目自付现金20%以及《深圳市基本医疗保险费用偿付及自费范围管理办法》中规定的自费部分外，医院不得再向病人收取其他费用。住院基本医疗费用、准入的大型设备检查治疗项目费用、必需使用的部分贵重药品费用实行个人和统筹基金共付制，分别由参保职工自付10%，50%，50%。不实行起付线方式，但实行封顶线。巨额医疗费用由市社会保险管理局、投保单位和参保人三方合理分担，封顶线与参保年限挂钩。住院费用结算时，全面采取收费清单制。社保部门控制门诊/住院人次比率。医疗保险管理机构与定点医疗单位协议规定：在比率以内的住院人次，按住院平均费用标准偿付，超过比率以外的住院人次不予偿付；下放市外转诊审批权，超定额费用由社保机构与医疗单位分担。社保部门与医疗机构按以下标准偿付：

① 中国社会保险学会医疗保险分会. 医疗保险优秀论文集（2004—2006年）. 北京：中国劳动社会保障出版社

每期偿付金额＝平均定额标准×参保人员住院人次

1. 当住院费总额－参保人自费金额＞平均定额标准×参保人员住院人次时：

每期实际偿付金额＝每期应偿付金额（平均定额标准×参保人员住院人次)＋超平均定额标准（住院费总额－参保人自费总金额－每期应偿付金额)×20％

2. 当住院费总额—参保人自费金额＜平均定额标准×参保人员住院人次时：

每期实际偿付金额＝住院费总额—参保人自费总金额＋(住院费总额—参保人自费总金额—每期应偿付金额)×50％

实际工作中将每期实际偿付金额的5％在年终与考评情况挂钩后支付。

定点医疗单位所发生的住院医疗费用，如超过住院费用标准，只按住院费用标准偿付，其超过标准部分由市社会保险管理局补偿20％；如低于住院费用标准，则按实际费用偿付，其低于标准部分的节约额奖励50％。

（三）配套管理措施

深圳市制定的与结算办法配套的措施主要是《深圳市医疗保险暂行规定》和与之相配套的《深圳市基本医疗保险八个管理办法》《深圳市社会保险管理局与定点医疗单位协议书》以及针对特殊医疗保险参保人的《深圳市保健对象医疗保险费用管理办法》。另外，深圳市对药品使用管理还出台了各种指导性的目录，规范了一次性医用材料费用和新诊疗项目的管理。

二、东莞市结算办法与支付标准

（一）门诊医疗费用结算

实行按项目付费。参保职工在定点医疗机构门（急）诊就诊的基本医疗费用，凭个人社会保险卡从个人医疗账户中支付，个人医疗账户资金用完后，由个人自付。自费项目、自费药品及特殊检查、特殊治疗等项目的自付部分不得从个人账户支付。市社保部门向定点医疗机构预付一个结算周期80％的门诊费作为周转金，用于启动。个人医疗账户上发生的医疗费用，由定点医疗机构将有关资料汇总给银行，银行与医院对账后开出支出单，交市社保部门核实并扣回不合理费用后划拨。个人医疗账户上发生的门诊医疗费用，每次划转给医疗机构时，须暂扣5％的费用，年终按《东莞市职工医疗保险定点医疗机构医疗保险服务质量考评暂行办法》（以下简称《考评办法》）予以偿付。

（二）住院医疗费用结算

住院费用偿付采用平均住院人次费用标准的结算方式（即定额结算）。不同级别和类别的医院确定不同平均定额标准。定额标准中包含自费费用，但不包含参保病人超标准床位费、空调费、膳食费、营养费、生活用品等非医疗性的消费。部分专科医院、市外定点医院等也可根据情况采取其他结算方式，如按项目结算。市社保部门向医疗机构预付一个结算周期的80％总定额的费用作为周转金，用于启动。市社保部门在每期应偿付定额中暂扣10％的费用，年终与门诊暂扣的费用一并按《考评办法》偿付。参保人员患病住院时，按定点医疗机构的规定预付押金。住院费用实行起付线和封顶线方式。出院时，定点医疗机构按物价部门公布的收费标准计算出住院费用总额，并根据《暂行规定》及医疗保险有关管理办法，计算出全部住院费用中的自费部分，剩下的基本医疗费先扣除起付线，然后按参保人的职工类别和公务员类别，按85%～100%比例分段计算出个人和社保应付金额。个人支付自付的费用后，其余部分由市社保部门定期与医疗机构按以下公式结算：

每期偿付金额＝平均定额标准×期内参保人员住院人次×90%－参保人员自付总额

对于经市卫生局批准、市物价局定价的新开展的大型诊疗项目（如MRI、ECT、螺旋CT等）及新诊治方法（如心导管术、脏器移植术、人工器官植入术、人工肾等），应报市社保部门认可后方能纳入基本医疗保险支付范围。在新开展当年，每期结算时，对接受新诊治方法的参保人员，市社保部门仍按平均定额付费给定点医疗机构，年终时若定点医疗机构参保人实际总住院费大于全年总定额时，由医疗保险基金偿付因该诊治方法导致的差额；若定点医疗机构由于新开展项目导致当年参保人总住院费大于全年总定额的，年终由定点医疗机构提出书面报告及该项目费用数据，经社保部门核定由医疗保险基金补偿超支部分。

年底将实际费用与定额标准进行比较，实际发生的年总费用达到标准定额总额的88%以上的，按定额标准计算偿付；达不到标准定额总额88%的，按实际发生的费用偿付。实际住院费总额超过本院全年总定额时，按总定额计算偿付额，超出部分在年终统筹基金按有关规定扣留风险储备金及周转金后有结余时，对考评标准中总量控制指标全部满分且其他考评项目得分超过60分的定点医疗机构酌情给予补偿。

（三）转院医疗费支付

市内定点医疗机构间的转院采用双向转诊。对于急危重病例可视病情越级转诊并及时报社会保险部门备案；特殊病例或疑难病例可先报市社保部门备案后转专科医院或市外定点医院。对突发事件集体致病的，可特殊处理；对无特殊原因和依据，把本医院有条件、有能力诊治的病人推转其他医院的，每查实一例扣除定点医院一个平均定额。

患者转院期间的基本医疗费用先由转出医院自行审核，然后由转出医院将审核的费用单据、费用明细清单或医嘱复印件、转院申请审批表、病人的有关证件复印件送社会保险部门复核，经社会保险部门复核确定的基本医疗费用总额按以下办法处理：（1）在规定的转院率以内的转院，其基本医疗费由市社保部门按规定偿付。（2）超出规定转院率的转院，其基本医疗费由转出医院与市社保部门分担：转到定点医院的，由转出医院与市社保部门各付担50%；转到非定点医院的，由转出医院负担60%，市社保部门支付40%。

（四）配套管理措施

东莞市制定的与结算办法相适应的配套办法主要是《〈东莞市职工基本医

疗保险暂行规定〉实施细则》《东莞市职工基本医疗保险诊疗项目、医疗服务设施范围和支付标准管理办法（暂行）》《东莞市职工基本医疗保险定点医疗机构管理实施办法》以及社保部门与定点医疗机构之间的协议等。在签订协议时确定医疗费用结算方式及结算标准，并按协议履行双方责任和义务，在协议规定时间内社保部门向定点医疗机构支付应偿付金额。社保部门会同卫生行政等部门按有关考评办法及协议有关要求对定点医疗机构进行年度考评，有关费用按考评办法和协议进行偿付。

三、广州市单元医疗费平均定额结算办法

多数被调查城市医保住院医疗费结算采用单元医疗费平均定额结算办法体系，其中，住院人次平均定额结算办法是主要形式，改变了医疗服务领域多年来一贯采用的单一的按项目付费模式。广州市医保单元医疗费平均定额结算办法体系，结构比较完整，功能比较完备，具有较好的代表性。

（一）单元医疗费平均定额结算办法体系的基本框架和主要特点

根据医疗费的类别不同，分别采取按服务项目结算、按服务单元医疗费平均定额结算等多种结算方式。

1. 普通门、急诊医疗费，门诊特定项目医疗费（门诊放疗、门诊化疗、门诊透析、急诊留观和家庭病床医疗费）采用“按服务项目付费结算方式”。

沿用传统的结算方式，定点医疗机构为参保病人提供医疗服务时，按医疗服务项目的种类、数量和价格，直接向病人收取现金或从病人提供的个人医疗账户中划扣费用。

2. 专科医院住院医疗费、综合医院住院医疗费，以医院为单位，采用“按服务单元医疗费平均定额结算方式”。

专科医院住院医疗费“按每床天医疗费平均定额结算方式”，综合医院住院医疗费“按每住院人次医疗费平均定额结算方式”。

特大型医院的某些专科单列，以专科为单位，单独设定每住院人次医疗费平均定额。

（二）每住院人次医疗费平均定额结算方式的基本框架

根据“单元医疗费平均定额结算方式”的结构环节，每住院人次医疗费平均定额结算方式的基本框架见表6—3。

表6—3　　广州市每住院人次医疗费平均定额结算方式的基本框架

单元医疗费平均定额结算环节	方　　式
结算单元	每住院人次平均医疗费
定额范围	住院总医疗费（基本医疗费＋自费）
定额值确定方式	医保机构与各定点医疗机构面对面谈判预定
定额值参照	本院过去2～3年住院医疗费实际发生额数据
定额值个数	一院一定额，全院医保住院病例医疗费内部调剂

续表

单元医疗费平均定额结算环节	方　　式
定额的时效	全部医院都用统一社保年度
校正指标	无
结算步骤	月结算＋周期（年度）决算
决算规则	根据各医院自己的“实际发生额”与预设定额值之比值，确定决算金额，以90%和100%为两个界线，分为三段，分段结算

（三）单元医疗费平均定额结算方式的主要特点

1. 实行费用共付制

参保人在定点医疗机构进行诊治所发生的医疗费，由参保人和社会医疗保险经办机构（以下简称医保经办机构）等不同支付主体，按有关规定共同支付。

2. 现付制和后付制并用

不同支付主体，采用不同的支付形式。

参保人在定点医疗机构进行诊治所发生的医疗费中，按有关规定属于应由参保人支付的，由参保人直接支付；按有关规定属于应由医保经办机构支付的，由定点医疗机构先记账，后申报，医保经办机构审核后，对符合有关规定的费用予以支付。

3. 实行总额控制

医保经办机构按照以收定支、收支平衡的原则，合理确定医疗保险基金的支出总量，并以此为基础，制定对定点医疗机构结算总额的控制措施和目标。

4. 实行定期公开通报制度，建立竞争机制，倡导公平竞争

由市社会医疗保险行政部门根据对各定点医疗机构为参保病人提供医疗服务的质量指标和收费指标统计分析结果，定期（每年）在公众媒体公布有关数据信息（门诊人次数、住院人次数、门诊每人次医疗费、住院每人次医疗费、住院每床天医疗费、住院次均床天数、病人满意度等），以维护参保人的知情权，平衡医患双方信息不对称局面，引导参保人理性选择就诊点，促进定点医疗机构良性竞争。

第七章

社会医疗保险费用控制

■ **学习要点**

通过本章的学习，了解社会医疗保险基金的有限性与人们医疗需求的无限性之间的矛盾，医疗保险基金收支平衡和医疗费用控制已经成为医疗保险制度健康发展的决定因素。本章主要介绍了影响社会医疗保险费用增长的主要因素，控制医疗费用增长的方法以及政府在控制医疗费用增长中的特殊作用。通过本章的学习，要掌握这三个方面的知识。

■ **关键概念**

医疗保险费用　外部因素　疾病谱　内部因素　分类管理
非营利性医院　有管理的竞争

▶第一节　影响医疗保险费用支出的因素

医疗保险费用是指参保人因患病或意外伤害就医后，根据医疗保险政策规定而获得的医疗补偿费用（报销医疗费）。医疗保险费用是对参保患者所发生的医疗费用的补偿，因此，医疗保险费用的消费水平直接取决于医疗费用的开支大小。医疗费用是指患病者为治疗疾病而发生的各种费用的总和，其中有些可以得到医疗保险费用的补偿，有些则不能。所以，医疗费用的变化，直接带来医疗保险费用的变化。

一、医疗费用增长态势

从世界范围看，各国的卫生费用呈逐年增长态势。如果卫生费用增长速度过快，可能成为国民经济的沉重负担，最终影响到卫生事业的发展和人民健康水平的提高。因此，合理控制卫生费用增长已经成为世界各国医疗卫生改革的重点，同时也是世界性难题。如美国卫生费用占全球医疗保健支出的50%，占其GDP的15%，年增长7.1%。2002年以来，美国医疗保险费上涨速度相当于通货膨胀的5.5倍、工人工资上涨的4倍、商业收入增长的2.3倍。加拿大卫生费用开支占其GDP的10%，英国和日本同为8%。这一比值反映了卫生总费用的增长快于国内生产总值的增长，即卫生费用的收入弹性大于1。[①]

我国自1990—2005年卫生总费用的年平均增长率（12.32%）超过GDP年平均增长率（9.76%）。从1995年以来，卫生总费用占GDP的比例持续上升，从3.54%增加到2006年的4.67%。[②]

国外研究表明，卫生费用的增长速度高于GDP增长速度1.0～1.5个百分点在一定社会经济增长时期是可以接受的，但超过2个百分点就说明过高了。

按照当年价格计算，1990年我国卫生部门综合医院门诊病人次均医疗费平均为10.90元，2005年为126.90元，年平均增长速度为17.78%；1990年卫生部门综合医院住院病人次均医疗费平均为473.30元，2005年为4 661.50元，年平均增长速度为16.47%，均高于同期GDP的增长率。人均医疗费用与居民消费价格指数对照见表7—1：

---

① 韦景法．医疗行为与费用控制．中国处方药．2007，9：46

② 2007年中国卫生统计提要．中华人民共和国卫生部．www.noh.gov.cn，2007－12－10

表 7—1　　　　人均医疗费用与居民消费价格指数对照表

指标名称＼年份		2001	2002	2003	2004	2005	2006
门诊病人人均医疗费用（元）		93.6	99.6	108.0	118.0	126.9	128.7
住院病人人均医疗费用（元）		3 245.5	3 597.7	3 910.7	4 284.8	4 661.5	4 668.9
医疗费用上涨（%）	门诊	9.1	6.4	8.6	9.1	7.5	1.4
	住院	5.2	10.9	8.7	9.6	8.8	0.2
居民消费价格指数（上年＝100）		100.7	99.2	101.2	103.9	101.8	101.5

资料来源：刘永君．医疗制度改革必须建立有效的医疗费用控制机制．河南机电高等专科学校学报．2007，9：45

过去 20 年来医疗费用开支的持续高速增长是不争的事实，对于医疗保险制度来说，医疗费用增长会使医疗保险费用支出大大增加，影响基本医疗保险基金的收支平衡，对医疗保险基金形成了巨大的压力和挑战。过高的医疗费用开支将会使建立时间不长而积累不足的医疗保险基金无法实现收支平衡的目标。而从长期来看，医疗费用开支的增长速度远远超出社会经济和工资收入的增长速度，医疗保险基金将面临收不抵支的巨大风险。因此，合理控制医疗保险费用过快增长已经成为医疗保险制度可持续发展的关键问题。

引起医疗保险费用变化的因素有许多，大体上可以将其分为外部因素（不可控因素）和内部因素（可控因素）两大类。

二、外部因素

外部因素一般指医疗保险制度体系外的自然和社会因素，在现有条件下难以控制其变化。外部因素具有来源广泛、形成原因复杂的特点，包括政治、经济、文化、法律、人口等因素，医疗保险制度管理者往往很难进行干预或控制。

（一）人口数量和结构

人口数量增加，必然导致医疗需求总量的扩大及医疗保险费用支出的增加。但对医疗保险基金产生主要影响的还是人口结构的变化，特别是人口老龄化。全国第五次人口普查结果显示，2000 年我国 65 岁以上人口已经达到 8 811 万人，占总人口的 6.96%，60 岁以上人口达到 1.34 亿人，占总人口的 10.2%。按照国际通行的标准衡量，我国已经进入老龄化社会。2006 年我国 65 岁以上人口占总人口的比例已经上升到 7.9%，人口老龄化日趋严重。

老年人本身就是体弱多病的人群。据卫生部调查，老年人发病率比中年人要高 3～4 倍，住院率高 2 倍。老年人患慢性病的比率为 71.4%，有 42%的老年人患有两种以上的疾病。[①] 老龄化导致的医疗费用的消耗也将大幅度增长。有研究表明，在医疗服务价格不变的条件下，人口老龄化导致的医疗费用负担年递增率为 1.54%，未来 15 年人口老龄化造成的医疗费用负担将比目前增加 26.4%。[②]

（二）疾病谱的变化

所谓疾病谱，指某一地区危害人群健康的诸多疾病中，按其危害程度（导致死亡）的顺序排列成的疾病谱带。如某地死亡率占第一位的疾病是癌症，第二位的是心血管病，第三位的是恶性传染病……，不同的地区，疾病的谱带组合情况不尽相同。近 100 年来，人类的“疾病谱”发生了历史性的转折。在 20 世纪初，威胁人类健康的主要疾病是急性和慢性传染病、营养不良及寄生虫病等。进入 20 世纪后期以来，人类“疾病谱”发生了根本的变化，危害人类健康的主要疾病是慢性病。2006 年我国导致城市居民死亡率居前五位的疾病依次为恶性肿瘤、脑血管病、心脏病、呼吸系病、损伤和中毒，导致农村居民死亡率居前五位的疾病依次为恶性肿瘤、脑血管病、呼吸系病、心脏病、损伤和中毒。

导致非传染性慢性疾病，如心血管病、脑血管病、恶性肿瘤等发生的主要因素包括社会因素、心理因素、环境因素以及人们的生活方式等。心理紧张、吸烟、酗酒、膳食不平衡、缺乏体育锻炼、环境污染等是造成人类患这些疾病的主要原因。此外，这些疾病的发生与年龄有一定的正相关关系，即随着人群生存时间的延长，此类疾病的发病率呈现增高的趋势。由于医学科学技术的进步，这些疾病可以通过手术或药物得到一定的治疗和控制，但慢性病通常都病程长、费用高，对医疗保险基金的消耗大。

（三）居民健康和保健意识增强

各国的经验都表明，随着经济的发展，人民生活水平的改善，卫生、医疗、保健费用必然随之上涨。这是因为，人们收入水平提高必然对健康更加重视。这一方面表现为对健康进行更大的投资，如注意锻炼身体、关注营养和饮食、改善不良生活习惯等；另一方面则是更加注重个人的健康状况，从而增加了就医频率，导致医疗服务需求量增加、就诊和住院量增加、医疗保险基金的开支提高。我国城乡居民的医疗保健支出情况见表 7—2：

---

① 欧水生．补充医疗保险与主体医疗保险的衔接研究．卫生软科学．2001，15：22～26

② 饶克勤等．中国居民健康转型：卫生服务需求变化及其对经济、社会发展的影响．中国卫生经济．2000，19（10）：8～11

表 7—2 城乡居民医疗保健支出

年份	城镇居民		农村居民	
	人均医疗保健支出（元）	医疗保健支出占消费性支出比重（%）	人均医疗保健支出（元）	医疗保健支出占消费性支出比重（%）
1990	25.7	2.0	19.0	5.1
1995	110.1	3.1	42.5	4.9
1998	205.2	4.7	68.1	6.0
1999	245.6	5.3	70.0	6.1
2000	318.1	6.4	87.6	5.2
2002	430.1	7.1	103.9	5.7
2003	476.0	7.3	115.7	6.0
2004	528.2	7.4	130.6	6.0
2005	600.9	7.6	168.1	6.6
2006	620.5	7.1	191.5	6.8

注：本表按当年价格计算。

资料来源：2007 中国卫生统计年鉴

（四）医疗科技的进步

医学和医疗科学技术的不断发展带来了药品的更新换代、检查和治疗设备的推陈出新，如CT和MRI等高、精、尖仪器的引进和使用。对患者来说，这些变化确实改善了他们的健康状况：原来无法诊断的病症可以确诊了；原来无法治疗的疾病可以得到治疗了。但新药品和新技术的使用，带来了医疗服务成本的提高。所以医疗科技进步的后果必然是推动医疗费用增长，从而导致医疗保险费用支出增加。

（五）价格波动

居民生活物价指数增长自然会带动医生的劳务成本（工资、社会保险和福利）、药品原料、卫生材料等价格的增长。此外，医院的日常开支，如水、电、气等的价格也随着物价上涨而上涨，其结果是医院的整个运行成本增加了。当医院不能从其他渠道对增加的成本进行补偿时，就会将增加的成本分摊到患者身上，即提高收费水平，使参保患者的医疗保险费用支出增加。

三、内部因素

内部因素一般来自医疗保险系统内部，主要包括制度设计、运行机制和管理规范等因素。这些因素可以通过政策的调整而改变。具体分析，可以有如下几个因素。

（一）医疗保险制度自身

著名卫生经济学家费菲尔德斯坦提出，医疗保险导致医疗服务价格的上升。[①] 这个论断深刻地揭示了医疗保险与医疗费用增长的内在关系。医疗保险涉及医（医院、医生、医药）、保（保险机构）、患（参保人）三方主体，参保人向医疗保险机构缴纳保险费，在获得医疗服务后由医疗保险机构为其支付费用；医院向参保患者提供医疗服务，从医疗保险机构得到服务的价格（费用补偿）。在这个过程中，由于医疗服务由第三方付费，所以患者和医院都缺乏费用意识，相反为了追求优质服务和高收入，会产生过度医疗的现象，即患者有过度需求行为，医院有过度服务行为。医疗服务和医疗保险市场的信息不对称以及医疗保险制度的第三方支付机制，是引发医疗费用膨胀的主要根源之一。

（二）保障范围（报销范围）的确定

社会医疗保险制度在管理中一般都会制定相应的医疗保险支付范围，目的是防止由于技术更新和“诱导需求”而带来的过度利用，保障范围大则费用开支就大。比如在我国城镇职工基本医疗保险管理中，国家制定了“三目录”政策，对医疗保险中允许使用的药品、检查设备和诊疗目录进行了详细的规定，尽量减少医疗保险费用的开支。

（三）设定费用支付的比例

为了防止需方对医疗服务的过度使用，我国社会医疗保险管理机构设定了医疗保险基金支付的起付线、封顶线和共付比例（报销比例）。这样的制度设计可以通过参保者个人分担医疗保险费用的机制，使医疗保险费用支出总量得到有效的控制。

（四）支付方式的选择

不同的支付方式对于费用的控制力度不同，因此选择不同的支付方式对费用的影响是很大的。从医疗保险的运行情况来看，采取“预付制”比“后付制”更有利于加强医疗服务供方的费用意识，这部分内容详见本书第六章。

（五）监管机制

有研究显示，对参保人来说，由于医疗保险使实际医疗服务的价格降低，

① 唐芸霞．医疗费用增长对医疗保险基金的影响及对策研究．江西财经大学学报．2007，4：32

必然带来需求拉动的效果；另外，参保者和服务提供者可能出现的“道德风险”“诱导需求”、过度消费、费用转嫁等行为将造成费用的不合理支付。因此，需要对医疗保险运行进行内部和外部监管，包括医院自身的监管、医保机构对医院的监管以及社会对医院和医保机构的监督等，通过法律、政策和管理措施，杜绝和减少医疗保险基金的流失和浪费，这部分内容详见本书第八章。

以上对医疗保险费用的影响因素按照可否进行人为控制分别进行了分析，这样做是为了方便理解两类因素的不同特点。实际上，内部因素和外部因素并不是一成不变的，可控因素和不可控因素的划分是相对的而不是绝对的。有些因素在长期来看是自然发展的客观结果，具有不可抗拒性（如人口老龄化），但可以根据其变化规律，通过一定的方式达到管理的目的；反之亦然，在短期内较为稳定不变的因素（如疾病谱）从长期来看却是可以调整的。

▶第二节　医疗保险费用控制方法

医疗服务的消费涉及医疗服务的供方和需方，因此对医疗保险费用的控制也必须从供方和需方两个方面入手。

一、对供方的控制

对医疗服务供方即医院或医生的行为进行控制，从短期来看，比较直接的手段包括：医疗保险合同管理、医疗费用支付方式管理、医疗服务的管理与监督等；从长期来看，相对间接的方法包括：对医疗服务供给总量（人力和物力）进行限制、增加非住院医疗服务、开展社区医疗服务等。

（一）加强医疗保险合同管理，建立医疗服务供方的准入和退出机制

医疗保险服务合同是保险人（医疗保险机构）与医疗服务提供者（定点医疗机构）签订的为被保险人（参保人）提供医疗服务的契约。在医疗保险中由于实行“第三方付费”（保险人付费）制度，因此，保险人可以在与医疗服务方的合同中明确规定对定点医院的要求，包括定点医院的权利和职责，用药、诊疗及设施使用规范，费用支付方式，考核和奖惩办法等。一般医保机构与医院的合同期限为 1 年，如果医院提供的服务能够得到保险人和参保患者的认可，合同可以续签；否则，医保机构可能会取消该医院的定点资格。

因此，医保机构可以通过合同管理来控制医院的行为，特别是医疗费用的支出状况。

（二）采用合理的费用结算方式

医疗费用的结算方式包括：按服务项目支付、按人头支付、按平均费用（服务单元）支付、按病种分类支付（DRGs支付体系）、总额预算制、工资制（薪金支付）、以资源为基础的相对价值标准（RBRVs）偿付制等（这部分内容详见本书第六章）。不同的支付方式对费用控制的力度和效果不同，因此在管理中，可以考虑使用适当的支付方式来控制过度医疗的发生。

（三）完善对医疗服务机构的监管措施

据有关报道，在美国的医疗服务中，由于欺诈和滥用医疗服务所消耗的医疗费用大约占到了每年医疗服务费用总额的10%，为1 000亿美元。[①] 在我国，也出现过不少医院骗取医疗保险基金的案例，如“挂床住院”[②]、“分解住院”[③]、改病历、换药名、乱开发票、违规冲票等。医院的违规行为造成医疗保险基金的大量浪费和流失，因此必须加强对医疗机构的监管，如引入“第三方审查部门”，制定专门惩处“骗保”的政策，加大执法力度，建立违约保证金制度[④]，建立遏制医保骗保行为的新型防范机制等。

同时，在基本医疗保险管理中，应建立信誉机制。而这个机制的建立，靠的就是医保经办机构对定点医疗服务机构监管的信息公开发布。通过发布，让参保者了解哪个医院看病贵，哪个医院服务好，靠市场信誉和竞争的力量使医疗服务机构加强自律。

（四）限制医疗服务供给总量（物质资源和人力资源）

由于医疗服务市场的特殊性，即供方诱导需求，因此在对医疗费用的控制中，对供方的控制显然比对需方的控制作用更大。而从根本上减少医疗服务能力的供给，势必可以减少医疗费用的开支。不少发达国家往往对物质资

① 唐芸霞. 医疗费用增长对医疗保险基金的影响及对策研究. 江西财经大学学报. 2007, 4: 35

② 参保人员并没有住院治疗，但医院利用有医保卡的人，编造病人住院治疗的一系列假病历、假治疗项目，并向医保部门申请报销，从而牟利。

③ 一些医院通过分解住院人次，让本可一次住院康复的病人多次住院，通过增加住院次数骗取医保基金。

④ 如长春市根据医保部门与医院之间的协议，医院都要缴纳10%的保证金。比如一家医院每年产生的医保费用为1 000万元，就要缴纳100万元的保证金，一旦医保部门查处某家医院有套取医保费用的行为，就会根据其情节扣除一定数额甚至全部保证金。此举一经推出即被各地广泛借鉴。

源进行限制，如对医院实行资金预算、经费包干，限制医院规模扩大和数量扩张，控制医院使用贵重设备等；对卫生人力资源进行限制，如对医生人数、医生结构、医学院招生人数、办医院准入管制等实行一系列的控制措施，从医疗资源的源头上进行治理，从根本上限制医疗服务的供给。

（五）增加非住院医疗服务

在医疗费用开支中，住院所发生的医疗费用远远高于门诊费用，而且住院费用呈逐年上升趋势（见表7—3）。

表7—3　　卫生部门综合医院出院者人均医疗费用

	时间	人均医疗费用（元）			占医疗费用比重（%）	
		合计	药费	检查治疗费	药费	检查治疗费
合计	1995	1 667.8	880.3	507.3	52.8	30.4
	2000	3 083.7	1 421.9	978.5	46.1	31.7
	2005	4 661.5	2 045.6	1 678.1	43.9	36.0
	2006	4 668.9	1 992.0	1 691.3	42.7	36.2
	2007	4 973.8	2 148.9	1 734.6	43.2	34.9
卫生部属医院	1995	5 026.5	2 787.0	1 271.0	55.4	25.3
	2000	8 584.2	3 710.8	2 823.9	43.2	32.9
	2005	12 650.9	5 089.9	4 797.2	40.2	37.9
	2006	12 434.2	4 909.1	4 653.9	39.5	37.4
	2007	13 117.4	5 360.8	4 728.9	40.9	36.1
省属	1995	3 915.9	2 070.1	1 224.9	52.9	31.3
	2000	6 513.8	3 043.8	2 199.5	46.7	33.8
	2005	9 871.2	4 186.1	3 573.4	42.4	36.2
	2006	9 686.0	4 059.5	3 437.2	41.9	35.5
	2007	10 200.6	4 340.5	3548.4	42.6	34.8

注：1. 本表系卫生部门综合医院数字；
2. 检查治疗费内含手术费；
3. 合计中除包括药费和检查治疗费外，还包括床位费和护理费等其他费用。

针对住院费用高的状况，可考虑根据住院患者中老年人多、特别是患慢性病的老年人多的特点，开设一些医疗成本低的老年护理院和家庭病床，为疾病诊断明确、病情稳定、需要长期治疗但又行动不便的老年慢性病患者提供上门服务形式的家庭式照料和保健护理服务。这样的安排，一方面可以节约开支；另一方面又为行动不便的老年人提供了就医的便利。

（六）开展社区医疗服务

世界卫生组织的研究证明，80％以上的疾病是不需要去大医院治疗的。我国的相关研究表明，大医院的慢性病患者中约64.8％的门诊病人和61.6％的住院病人可以分流到层次较低的医院，可节省40％～60％的费用。[①] 而社区卫生服务所具备的六位一体（预防、医疗、保健、康复、健康教育、计划生育技术指导）的功能，就可以切实地为人们提供便利，使病人在家里或社区内获得医疗服务，并在目前医药费用持续增长的状况下节省大量医疗开支，节约大量医疗资源。社区卫生服务的成本普遍低于大医院，可以使居民享受到价格低廉的医疗服务，其双向转诊制度一方面使居民在遇到大病或疑难病症时可以及时转至大医院就诊，又可在病情得到控制后回社区卫生服务机构巩固治疗，大大节约了医疗保险费用，也优化了医疗资源的配置使用。

二、对需方的控制

对需方的控制实际上就是对参保患者就医行为的控制，而影响患者行为的因素主要有：医疗保险政策的相关规定、对患者道德风险的监管、奖惩手段以及预防保健和健康教育等。

（一）制定对参保人就医行为进行约束的政策

在医疗保险政策中，通常都会规定对需方就医行为的控制办法，主要有费用分担方式（报销比例）和医疗费用补偿范围（报销内容）两个方面。在我国现行城镇职工基本医疗保险制度中，有关的费用分担政策包括：起付线（社会统筹基金开始分担的医疗费用的金额起点，为当地员工年平均工资的10％左右）、共付制（社会统筹基金分担医疗费用时，要求个人分担一定比例）和封顶线（社会统筹最高支付限额，原则上控制在当地员工年平均工资的4倍左右）。有关报销范围的规定有：《国家基本医疗保险药品目录》《国家基本医疗保险诊疗项目范围》《城镇职工基本医疗保险医疗服务设施范围和支付标准》。参保人只能在政策规定的范围内享受医疗保险的保障，超出范围规定的项目和水平就要由个人负担。因此，医疗保险对需方的政策可以有效地抑制患者的就医行为和费用开支。

---

① 蒋虹丽等．医药费用控制相关政策分析（一）．中国卫生资源．2007，3：53

（二）防范需方的骗保行为

由于医疗保险中实行“第三方支付”制度，因此供方和需方都有牟利的动机和可能，即“道德风险”普遍存在于双方。对于参保人来说，因为医疗费用可以报销，看病类似“免费午餐”，所以会产生“过度医疗”的冲动，甚至有时会冲破道德的底线，采取不正当手段（甚至违法手段）骗取医疗保险基金。如冒用他人的医保卡进行就诊配药，然后将药品非法出售，从中获利；伪造医院处方单，到医院药房领取药品，再低价卖给药贩，套取现金。这些骗保行为会造成医保基金的流失，增加整个制度的风险。因此，有必要通过加强监管来防范这类行为的发生，如建立医疗保险服务信息系统，对医疗机构和患者的医疗行为进行实时监督，动态管理；完善相关立法，在我国刑法中增设一个罪名——“社会保险诈骗罪”等手段来治理骗保行为。

（三）运用经济手段，对参保人进行奖惩

采用经济杠杆，往往可以达到控制费用的目的。比如德国曾经在1989年制定法规，对一年内被保险人未就医者由各省疾病基金会奖励相当于1个月保费的红利，以鼓励参保人节约医疗费用。还有些国家，采用对超出费用者适当征收附加税的办法抑制人们的医疗消费。如规定当参保人的医疗费用达到一定数额后，对其超出部分征收附加税，或用个人收入所得税进行抵补。①

（四）强化预防保健和健康教育

如前所述，我国的“疾病谱”已经发生了根本变化，慢性非传染性疾病如癌症、心脑血管疾病等成为主要的健康“杀手”。而这类疾病的主要致病原因是心理、社会、生活方式和环境因素。于是“生物—心理—社会”医学模式应运而生，人们认识到，身体健康是可以通过良好的心理状态、和谐的社会关系以及科学的生活方式来获得的。因此，健康教育和疾病预防就成为当代医疗卫生工作的重点。对于参保人来说，了解健康知识，建立科学的生活方式，如不吸烟、少饮酒、合理膳食、适量运动、情绪稳定、定期体检等就可以避免某些疾病的发生或使症状缓解。防患于未然，不仅可以减轻人们的病痛，而且还可以大大节省医疗费用的开支，是一举两得的双赢结果。

以上分别从供方和需方两个方面论述了医疗保险费用控制问题，实际上，由于在医疗服务市场上存在着严重的信息不对称，即供方占有信息的绝对优

---

① 程晓明．医疗保险学．上海：复旦大学出版社，2003．135

势，是需方医疗行为的代理人和提供者，因此，控制供方行为更加重要和有效。政府在制定医疗费用控制的政策时，应该重点关注和落实对供方的控制措施，以实现对医疗费用不合理增长的控制。

▶第三节　政府在控制医疗保险费用方面的作用

卫生经济学理论认为，医疗服务是一种特殊商品。造成医疗服务特殊商品属性的原因在于以下几个方面：第一，医疗服务发生过程的随机性或不确定性；第二，信息严重不对称；第三，外部性；第四，疾病风险以及医疗服务直接关系到人的收入能力，并最终影响社会公平的实现。正是因为医疗服务的特殊商品性，政府有必要进行干预，以保障人人能够享受基本医疗服务的权利，这也是社会医疗保险产生的客观需要。同样，在医疗保险费用控制方面，政府也可以发挥重要的作用。

一、政府控制医疗资源的配置

医疗服务市场在自发调节的情况下，存在供给越多，需求越多；供给趋向利润高的项目；医疗资源大量闲置与供不应求并存；供方收入快速增长、医疗费用开支飙升，患者负担沉重的现象。通过政府这只有形的手，实行计划引导和市场调节相结合，可以形成医疗资源供给总量和结构的合理化，从而有效地控制医疗费用的过度增长。政府在干预医疗资源配置方面的具体措施有：

（一）政府对医院进行投资

政府直接投资建医院，或者在医院的资本中占有较大的份额。在不少西方国家，政府不仅投资办公立医院，就连私立医院的固定资产投资都来自政府。如在德国，公立医院和私立医院的固定资产投资都主要来自各州政府，融资形式包括拨款和投资两种。在比利时，对于私立医院，60%的固定资产是由地方政府拨款，40%是政府支持的贷款；对于公立医院，相应的比例是70%和30%。在澳大利亚，公立医院的床位占床位总数的80%。①

（二）政府对医院进行规划和审核

政府一般根据区域卫生规划来确定医疗资源的配置标准（即按照地区和

① 曹金彪．医院补偿机制研究（博士论文）．2002，5：24～25

人口来设置医院)，对医院新建、改建、扩建或更新设备建立严格的审批制度。如荷兰议会1971年通过了《医院设施条例》，成立了医院设施全国委员会，制定了国家标准的“每千人口床位”“医生与人口比例”及“各类机构建设标准”。医院新建、改建、扩建和更新设备时，必须符合《医院设施条例》的规定，并经中央政府审批通过后才能行动。[①]

（三）政府对卫生人力资源投入进行调控

政府的调控包括对人力资源总量的调控和结构的调控。自20世纪80年代以来，西方一些国家采取减少医院床位数和裁减医护人员数量，甚至缩减医学院校学生招生数量的政策。同时，通过政策引导，强化家庭医生和社区医疗服务的作用，使家庭医生成为医院就诊的“守门人”，患者必须有家庭医生的转诊证明才能到大医院就医。在经费分配上，政府加大对初级保健、预防和非住院医疗服务的投入，以此来降低医疗服务成本。

二、政府控制医疗服务供方行为

政府常常运用干预手段直接制约医院和医疗服务行为，达到控制医疗费用增长的作用。

（一）对医院进行分类管理

医院一般分为营利性医院、非营利性医院和政府医院三类。根据美国国家税收法第501条第3项：非营利性医院应具备4个条件，即公益性、不得参与政治活动和不得接受政治性捐款、不得进行资产分配和支付额外工资、关闭时不得对私人分配资产。[②] 法律规定非营利性医院的全部利润只能用于非营利性活动，不得用于医务人员的收入分配。政府对非营利性医院给予免税政策。政府医院基本上被视为非营利性组织。多数国家非营利性医院都占主导地位，政府还通过法律和政策促进非营利性医院的发展。

（二）对医院的支付方式进行改革

医疗保险机构对医院的费用支付方式决定医院的收入，因此支付方式能够有效控制费用的增长。自20世纪80年代以来，各国纷纷改革支付手段，如将过去的后付制改为预付制，收到了一定的效果，这部分内容参见本书第

① 何平．荷兰的卫生体系和区域卫生规划对我国的启示．区域卫生规划论文集．北京：中国计划出版社，1999．457～469

② 储振华．美国的非营利性医院，卫生经济研究．2001：24～25

六章。

（三）对医疗服务价格进行控制

政府对医疗服务价格进行控制，主要有两种方式：一是政府直接确定价格，如对药品、诊疗、治疗、床位、检查、化验、手术等项目制定统一价格；二是由医疗服务供方与第三方代理机构（如医疗保险机构）协商确定某些服务项目的价格，但政府也会在其中发挥控制作用。由于在医疗服务中，药品使用最为频繁，在医疗费用中所占比重也比较大，因此，绝大多数国家都会对药品价格进行控制。

（四）对医疗服务数量和质量进行监控

政府利用审查和质量管理手段，防止医疗服务供方诱导需求。具体而言，政府通过制定标准和规范来监控医生的临床活动，如抽查病例，对患者入院、诊断、检查、治疗、用药、手术、院内转科等全过程进行审查，判断其是否存在过度医疗行为和收费不实问题。英国在这方面堪称典范，政府专门制定了《病人宪章》(Patient Chart)，规定了病人应得到的医疗服务质量的国家标准。政府根据医院的执行情况，对医疗机构进行评估，并公布医院评估结果的排名。①

（五）将医疗服务机构的信息公开发布

医院之所以能够诱导需求，是因为医患之间信息严重不对称，医院占有信息优势地位。政府利用其权威性，向公众发布医院的信息，如同等级医院做同一手术的住院天数和收费标准，便于患者对医院进行横向比较和选择服务质量高、收费合理的医院，并以此来激励医院提高服务质量，降低收费水平。

三、实行有管理的竞争

竞争可以打破供方垄断局面，给需方带来经济效益。医疗服务市场引入竞争机制有利于医疗服务机构改善服务质量，为患者带来更大利益。但由于医疗服务市场具有特殊性，所以医疗机构之间必须实行“有管理的竞争”，即政府制定竞争规则，规范竞争行为，使竞争在政府的管理下有序进行。如英国在 20 世纪 90 年代在卫生系统全面改革中引入市场形式的激励机制和管理

① 黄慧英．医疗质量保证的国际趋势．国外医学医院管理分册．1999，1：1～5

职能，将医疗服务的购买者和提供者分离，建立一个卫生服务的“内部市场”。其中一个措施就是建立自我管理的医院联合体，国家允许国有医院退出卫生管理部门的掌控，独立组建具有自我管理的医院联合体。该模式下的医院具有以下特点：可独立核算，保留财务结余并建立现金保存账户；自主经营卫生服务，决定职工工资；有独立的人事雇佣权；有自己的管理委员会；医院联合体收入主要来源于与地方卫生局商定的金额预算或与地方卫生局、资金持有者签订合同，以及少量的特殊服务和自费患者服务。[①] 从这个例子可以看出政府对医院竞争的管理，一方面医院之间的竞争只是建立“内部市场”，政府严格限制竞争扩大到需方，损害患者的利益；另一方面医院之间的竞争增加了医院的自主性和激励性，但并没有改变医院的公益性质，这充分体现了政府对医院竞争的管理。

四、营造良好的政策环境

医疗费用的控制是一个系统工程，需要综合治理，特别是药品生产和流通体制的配套。药品的消费在医疗费用中占据较大的比例。据有关研究资料显示，2004 年几个经济发达国家和地区药品费用占医疗保险基金支出的比例在 20％～30％之间，而我国城镇职工医疗保险基金支出的 60％用于支付药品费用，远高于经济发达国家和地区的相应比例（见表 7—4）。

表 7—4　　2004 年不同国家和地区药费占医疗保险支出的比例　　％

国家和地区	药费占医疗保险基金支出的比例
德国	23
日本	20
韩国	28
中国台湾地区	25
中国内地	60

从上表可知，药品市场的管理至关重要。政府要加强管制，严格药品生产企业和药品种类的审批，把发展重点放在基本医疗保险能够负担的药品的生产和使用上，通过价格机制的作用和医疗保险用药、诊疗目录的实施来控制高消费的医疗服务，限制高档进口药品、进口医疗器械的重复引进，减少药品流通环节，整顿医药市场非法行为。政府扶持和发展“平价药店”，吸引参保患者来这类药店购买处方药，以此推动药品价格的降低。

① 程晓明．医疗保险学．上海：复旦大学出版社，2003.29

以上是针对供方的费用控制政策和措施，对需方主要是通过个人负担一定比例的医疗费用来实现费用控制的目的。由于医疗费用的支出主要取决于供方，因此控制费用的对象也是供方。

本章小结

本章围绕医疗保险费用问题，论述了医疗费用增长的态势、影响医疗费用增长的内部因素和外部因素、控制医疗费用增长的方法——包括针对医疗服务供方的方法和针对医疗服务需方的方法，最后分析了政府在控制医疗费用增长方面的重要作用。

复习思考题

1. 导致医疗保险费用增长的可控因素有哪些？
2. 导致医疗保险费用增长的不可控因素有哪些？
3. 影响医疗保险费用增长的两类因素有什么关系？
4. 如何控制医疗费用的过快增长？
5. 为什么说政府在控制医疗费用增长中可以发挥重要作用？

案例讨论

医院创收花样多参保职工遭遇“自付陷阱”

重庆市劳动和社会保障局的一项调查显示，参保职工的住院医疗费中，有10%以上的费用掉进了医院设置的“自付陷阱”。

调查显示，参保职工住院费用中，不符合国家规定的“三个目录”（药品、诊疗和服务设施）部分的金额，平均占医疗费用的比例为10.71%。换句话说，参保职工多负担的这10.71%的费用，大多是为医院白作的“贡献”。市医保中心的调查证实，参保职工的住院医疗费中，不符合“三个目录”规定的自付比例为：5 000元以内达7%；1万元以内达10%；1万元以上的更达11%之多。

自付的费用主要由三部分构成：大量使用新上市且价格高的非医保药品和目录外的一次性材料；重复使用高新技术的医疗仪器和诊疗手段；诱导病人使用医保用药目录外的药品。“查获的个案显示，‘冤枉钱’花得最多的高达4 000多元！”

医保部门承认，最令人头疼的还是部分定点医疗机构巧立名目的乱收费行为，比如陪伴费和护理咨询费，这些是国家规定外的收费项目，不少医疗机构却在按每天5元收取。更让人哭笑不得的还有，部分医院向病人收取

"高科技"费用，如超声波诊断图文报告费、心电示波记录费等，这些费用根本就不存在。

本案例反映了医院乱收费问题。医院乱收费造成医疗保险基金的流失和参保患者负担的加重，同时还造成了大量卫生资源的浪费。医院作为医疗服务供方，在医疗消费行为中居主导地位，在缺乏法律、制度及政策等规范的约束下，很可能为了创收而损害患者利益。治理医院乱收费问题需要实行以下措施：一是改革补偿方式，加强服务项目成本核算，建立以政府"购买服务"为主的补偿机制；二是加强区域卫生规划，严格控制医院基建和举债规模；三是强化公立医院财务和资金监管，加强节余资金管理；四是规范公立医院人事管理并完善其收入分配制度。收入分配制度改革上，应坚决废止医务人员的工资、奖金与业务收入的挂钩，转向以工作量、工作效果的考核为重点的、规范医务人员的激励机制。建立以岗位和职级为基础、总额控制、分配合理的工资制度，遏制"以药养医"和不合理的创收机制。

第八章

社会医疗保险法律制度

■学习要点

通过本章的学习，掌握社会医疗保险法的概念和特点，我国社会医疗保险法的作用和必要性，了解社会医疗保险法的产生和发展；熟悉社会医疗保险法的主要内容，掌握社会医疗保险法的法律关系；熟悉社会医疗保险法的立法程序，了解社会医疗保险法的执法，掌握社会医疗保险法制定的基本原则。

■关键概念

社会医疗保险法　社会医疗保险法律关系　社会医疗保险法执法　社会医疗保险合同

▶第一节　社会医疗保险法概述

一、社会医疗保险法的概念和特点

社会医疗保险是为分担疾病风险所带来的经济损失而建立的社会保障制度。基于健康保障权的社会医疗保险立法，不仅是一个法律问题，而且涉及社会、经济、政治，特别是卫生经济问题。在西方市场经济国家中，关于社会医疗保险立法对医疗卫生事业发展的影响的研究较多。研究结果显示社会医疗保险立法往往基于一定的经济结构，不同的经济结构采取不同的立法策略，但不管是增加医疗保险需求的立法还是控制医疗服务供给的立法，都将对国民的身体健康和社会安定产生不同的影响。

社会医疗保险法（Law of Social Medical Insurance）是国家为了维护社会医疗保险的正常运行，规范社会医疗保险制度当事人之间权利与义务关系而颁布的各种法律规范的总称，也是调整社会医疗保险中存在的各种社会关系的法律规范的总称。

社会医疗保险的当事人涉及参保人、参保单位、定点医疗机构、定点药店以及医疗保险管理机构。社会医疗保险体现了保险人、投保人、被保险人和受益人之间的相互关系。社会医疗保险与商业医疗保险的当事人性质不同。社会医疗保险的保险人主要是国家、国家授权或者委托的经办机构；保险资金主要来自国家税收或雇主（参保单位）与雇员（参保人）所缴纳的保险费；保险人与受益人之间体现出权利与义务的不对等关系，国家通过社会医疗保险立法，明确规定各方当事人的权利与义务，集中体现了国家保障劳动者（或其他国民）基本医疗的意志。

社会医疗保险法主要包括三方面的内容：医疗津贴、医疗待遇和生育保险。医疗津贴法是规范政府与雇员或者雇主与雇员之间就雇员患病接受治疗期间病假工资支付的权利和义务关系的法律规范。医疗待遇法是规范医疗服务当事人之间权利和义务关系的法律规范。生育保险法则是规范女性雇员在生育子女期间所享受医疗和津贴等待遇的权利和义务关系的法律规范。

认识社会医疗保险法应从社会医疗保险法律关系的主体、内容和客体，制定社会医疗保险法的假定条件、处理规范和违法制裁等角度来进行。社会医疗保险法规定了医疗保险的医疗服务机构、管理机构和监督机制；规定了医疗保险基金的来源、筹集方法、偿付标准和管理办法；规定了医疗保险关系中各方的法律责任以及司法制度等。

我国目前还没有一部完整意义上的社会医疗保险法，现阶段我国的社会医疗保险法主要是以相关的法律法规、暂行办法、条例的形式存在。因此，研究和探讨我国社会医疗保险法有重要意义。

社会医疗保险法的强制性，就我国的情况主要体现在内容的规定上。首先，凡属于社会保险覆盖范围内的企业和个人必须参保，社会医疗保险的经办机构必须接受参保，双方都没有选择的余地。其次，社会医疗保险费率由政府劳动保障主管部门与有关各主管部门共同协商确定，费率一旦确定，参与医疗保险的各方都无权更改。再次，所有法定覆盖范围内的用人单位和职工都要按照属地化管理原则参加所在统筹地区的社会医疗保险，执行统一的政策，统一社会医疗保险基金的统筹、使用和管理。最后，社会医疗保险基金纳入财政专户管理，专款专用，不得挤占挪用。①

除此之外，我国现阶段的社会医疗保险法规还具有以下特点。②

（一）以实现所有公民的物质帮助权为宗旨

我国《宪法》第45条明确规定："中华人民共和国公民在年老、疾病或者丧失劳动能力的情况下，有从国家和社会获得物质帮助的权利。国家发展为公民享受这些权利所需要的社会保险、社会救济和医疗卫生事业。"上述规定明确了社会医疗保障的对象是中华人民共和国的所有公民，而不是公民中的一部分，并且明确规定赋予公民一系列获得物质帮助的权利。因此，社会医疗保险法规是实现公民在患病时获得物质帮助权利的重要法律保证。

社会医疗保险是由政府兴办的社会福利事业，不具有营利性，它保证参保人员在生病时能够得到基本的医疗服务，避免出现因病致贫、因病返贫的现象。政府为此投入一定量的资金，以减少个人的经济负担，提高参保人员的医疗保险待遇。代表政府经办医疗保险的机构不以营利为目的，一旦出现基金赤字，能够从中央或地方财政得到补贴。同时，国家对社会医疗保险经办机构采取了免税及承担机构运行成本的措施，即社会医疗保险经办机构工作人员的工资及经办机构行政运行成本均由国家或地方财政负担。

（二）信息的不对称性

社会医疗保险所偿付的医疗服务具有一般商品所不具备的特殊性——买（患者或医疗保险机构）卖（医疗机构）双方的信息不对称性。患者往往比社

① 《国务院关于建立城镇职工基本医疗保险制度的决定》（国发［1998］44号）。

② 卢祖洵．社会医疗保险学．北京：人民卫生出版社，2003.223～224

会医疗保险机构更了解自身的健康状况，医生比患者更了解诊治的最佳方案和成本，而社会医疗保险机构对参保人的健康状况却一无所知。这就导致社会医疗保险机构与参保人之间信息的不对称、参保人与医疗服务提供机构之间信息的不对称，进而造成“市场失灵”状况下的“逆向选择”（健康的人不愿参保，有病的人积极参保）以及医疗服务提供机构的“道德风险”与“价格歧视”（同一种医疗服务对不同的病人收取不同的价格）。一些与患者疾病严重程度无关的个人特征可能造成医院和医生对患者态度或诊治措施上的差异。例如某些该做的检查不做，该用的药物不用等现象。

（三）权利与义务的非对等性

作为法律核心内容的法律关系其实质就是关于各方权利与义务的规定，而且以权利与义务对等为原则，即法律关系的主体所享受的权利与其所承担的义务必须一致。但是，社会医疗保险法例外。

社会医疗保险法对医疗保险基金征收和偿付的规定体现了参保人所享受的权利与其所承担义务的不一致性。在社会医疗保险基金的征缴上，个人缴纳医疗保险费的数额根据其收入的百分比来确定。因此，高收入者往往多缴，低收入者少缴甚至不缴；然而在保险基金的偿付上，并不根据医疗保险费缴纳的多少来确定，而是依据实际需要偿付的医疗费用数额来确定，这也形成了权利与义务的非对等性。

从单位所缴纳的医疗保险费来看也是如此。例如某些老工业企业，经济效益差，职工年龄普遍较高，健康状况差，老年病、慢性病多发，患病人数多，实际消耗的年医疗费用较高；相反，某些新兴产业，往往经济效益较好，职工年龄普遍较低，身体状况良好，实际消耗的年医疗费用就较少。但是，在社会医疗保险基金的筹资中他们所缴纳的医疗保险费占工资的比例却是一样的。这也形成了权利与义务的非对等性，不过，这并不等于不公平。因为社会医疗保险属于社会保障的一部分，而社会保障的本质是社会收入的再分配，即由社会强者向社会弱者、由社会富者向社会贫者的收入再分配。

（四）法律规范的可变动性

一般来说，法律的权威性和严肃性要求任何法律规范都必须具有一定的稳定性，不应频繁修改或变动。但是，由于我国的社会医疗保险实践刚刚起步，各方面的工作都处于探索阶段，主、客观方面的条件还不成熟。另外，社会医疗保险也不是一个孤立的系统，它与社会的方方面面有着紧密的联系，它牵涉的各方关系也非常复杂，包括社会医疗保险经办机构与参保人之间的关系、社会医疗保险经办机构与医疗服务提供者之间的关系、社会医疗保险经办机构与政府医疗保险行政管理部门之间的关系，以及参保人与医疗服务提供者之间的关系等。这些复杂的关系使得社会医疗保险在实施过程中必然会不断产生新情况与新问题，这就要求对社会医疗保险的法律规范应及时调整和修正，以适应不断变化的客观状况。

二、社会医疗保险法的产生和发展

建立社会医疗保险制度，源于对国民健康的保障。世界上最早出现的社会医疗保险法是1883年由德国俾斯麦政府颁布的《疾病社会保险法》，此后，社会医疗保险模式逐渐扩大到世界各地。

（一）社会医疗保险法的产生和发展[①]概述

在社会医疗保险法产生之前，早在中世纪的欧洲就出现了有关医疗互助的做法，当时为了防范疾病风险，手工业者自发地成立了“行会”，由“行会”来筹集互助资金，对行会会员中的疾病患者给予资助，以帮助他们渡过难关。随着工业化的推进，人们越来越重视互助对化解劳动风险的作用。18世纪末、19世纪初，这种“行会”互助在欧洲已经相当普遍。

现代意义的社会医疗保险立法首先诞生在19世纪末的德国。1883年德国俾斯麦政府颁布的《疾病社会保险法》是世界上第一部社会医疗保险法。该法开创了强制性社会医疗保险立法之先河，标志着社会医疗保险作为一种强制性的社会保障制度得以确立。这部法律以强制性的方式要求工资收入低于一定数额的工人必须参加到社会医疗保险中，规定对全体工业劳动者统一实行疾病保险制度。医疗保险费按工资的一定比例缴纳，其中劳动者缴纳2/3，雇主缴纳1/3。对于参加社会医疗保险的劳动者，患病时医疗费和药费均实行免费制，医生与病人的关系演变成一种非金钱关系。

继德国之后，世界上其他许多国家也颁布了社会医疗保险的相关立法，如奥地利、捷克于1888年，匈牙利于1891年，丹麦、瑞士、爱尔兰于1911年，意大利、俄罗斯于1912年，法国于1928年等都颁布法律实施了社会医疗保险制度。20世纪30年代早期，大多数欧洲工业化国家都建立了社会医疗保险制度，当时以生育和疾病社会保险的名义实行。

第二次世界大战以后，西欧、北欧等国家宣布建立福利国家，面向工薪劳动者的疾病医疗保险被具有普遍性、高水平的国民保健制度替代，而在其

① 林嘉．社会保障法的理念、实践与创新．北京：中国人民大学出版社，2002．214～215

他欧洲国家，社会医疗保险范围则进一步扩大，社会医疗保险的保障水平不断提升，社会医疗保险已经成为这些国家最重要的社会保障项目之一。

在亚洲，日本于1922年颁布《健康保险法》，1938年颁布《国民健康保险法》，将工薪阶层和非工薪阶层的医疗保险区分为健康保险和国民健康保险。亚洲其他一些国家在第二次世界大战后也开始探索自己的社会医疗保险制度，颁布了一系列的社会医疗保险法，而同期我国的公费医疗、劳保医疗与农村合作医疗制度的建立与发展，更使亿万中国人民直接受益。

与此同时，国际劳工组织（International Labour Organization，ILO）对推动世界各国社会医疗保险制度的实施也作出了不懈的努力，它制定和颁布了多个有关社会医疗保险的国际劳动公约，为各国制定社会医疗保险制度提供了相关依据和指导。如1927年国际劳工组织通过了《工商业工人及家庭佣工疾病保险公约》（第24号公约）和《农业工人疾病保险公约》（第25号公约），分别规定在工商业和农业中实行强制性疾病保险。1944年国际劳工组织通过了《医疗保健建议书》（第69号公约），呼吁各国政府满足公民对医疗保健和设施的需要，以利于恢复健康和预防病情进一步恶化，以及减轻疾病带来的痛苦，并进一步保护和改善健康状况。该建议将社会医疗保险从疾病治疗进一步扩大到预防和保健上，使医疗保险在观念上有了质的飞跃，为各国制定和修改社会医疗保险法提出了新的目标。1952年国际劳工大会通过了《医疗保健和疾病补助最低标准公约》（第103号公约），1969年通过了《医疗保健和疾病补助公约》（第130号公约），并对第24号、第25号公约进行了修改，为医疗保健和疾病补助提供了重要的国际标准。

（二）我国社会医疗保险法的建立、发展和改革

新中国成立初期，我国以法律的形式对医疗保障予以规范。我国社会医疗保险法的建立和发展经历了如下历程：1951年政务院颁布《中华人民共和国劳动保险条例》，确立了企业职工的劳保医疗制度；1952年国家发布了《关于全国各级人民政府、党派、团体及所属事业单位的国家工作人员实行公费医疗预防的指示》；1953年国家发布《关于公费医疗的几项规定》，确立了公费医疗制度；1960年中共中央转发了卫生部关于《全国农村卫生工作会议的报告》及其附件，农村合作医疗制度得以建立；1979年国家颁布了《农村合作医疗章程（试行草案）》。这一系列的行政法规、部委规章和规范性文件构成了我国计划经济时代独具特色的医疗保障体系，基本上适应了当时国民的需求。

改革开放后，为适应中国特色社会主义市场经济的发展，1998年12月颁

布了《国务院关于建立城镇职工基本医疗保险制度的决定》（国发［1998］44号），决定在全国范围内进行城镇职工医疗保险制度改革，建立属地管理、双方负担、社会统筹和个人账户相结合的社会医疗保险新模式；自2001年始，新的社会医疗保险模式在全国各城市推广，北京、天津、江苏等省市纷纷出台《城镇职工基本医疗保险规定》以及相关法规、规章和规范性文件，形成了医疗保障制度全方位的变革；2007年7月，国务院又发布了《关于开展城镇居民基本医疗保险试点的指导意见》，将不属于城镇职工基本医疗保险制度覆盖范围内的中小学阶段的学生（包括职业高中、中专、技校学生）、少年儿童和其他非从业城镇居民纳入城镇居民基本医疗保险保障的范围，并提出将在2010年基本建立一个覆盖全体城镇居民（从业、非从业）的社会医疗保障体系。

在城镇医疗保险制度改革进行得如火如荼的同时，2002年中共中央、国务院发布了《关于进一步加强农村卫生工作的决定》，明确提出在全国逐步建立适合我国国情和农村群众需要的新型农村合作医疗制度。2003年1月，国务院办公厅转发卫生部等部门《关于建立新型农村合作医疗制度意见》，要求从2003年起，各省、自治区、直辖市至少要选择两个县（市、区）进行试点，到2010年，新型农村合作医疗制度要基本覆盖全体农村居民。

纵观我国社会医疗保险法建立、发展和改革的历程，从医疗保障法律规范的层面来看，新中国成立初期医疗保障方面的法律最高表现形式为行政法规，其次为部委规章、规范性文件，以及政策、规定；而自20世纪80年代开始的社会医疗保障制度改革至今仍没有一部全国统一的由全国立法机关制定的法律，多以部门或地方政府规章的形式存在，辅之以大量的规范性文件、政策和决定等。

三、我国社会医疗保险法的作用和必要性

（一）我国社会医疗保险法的作用[①]

从国家和社会的角度来看，建立和完善有中国特色的社会主义市场经济体制，必须以社会安定为前提条件，而包括社会医疗保险在内的社会保障制度正是社会必不可少的“稳定器”。从劳动者个人的角度来看，要实现宪法所赋予的“从国家和社会获得物质帮助的权利”，包括社会医疗保险在内的社会保障制度是必不可少的手段。然而社会医疗保险等社会保障制度的建立和发

① 程晓明．医疗保险学．上海：复旦大学出版社，2003．172～173

展离不开法律的规范和调整，这就决定了社会医疗保险法具有不可替代的作用。社会医疗保险法的作用主要体现在以下几个方面：

1. 保证社会医疗保险制度的顺利实施

发达国家开展社会医疗保险制度的成功经验之一是建立和完善社会医疗保险法律制度体系。例如，德国早在1883年颁布了世界上第一部《疾病社会保险法》，第二次世界大战以后，许多国家都采用立法的形式将社会医疗保险制度固定下来，如法国的《社会保障法》、日本的《健康保险法》、加拿大的《卫生法案》等。

社会医疗保险法律制度规定了医疗保险的医疗服务提供机构、医疗保险管理机构和监督机制。根据社会医疗保险法可以对医疗保险实施过程（参保，保险费用的征缴、使用与管理，对定点医疗机构、定点零售药店和医疗保险经办机构的管理）中所发生的违法、违规行为追究法律责任。如我国《社会保险征缴暂行条例》规定了社会医疗保险当事人的法律责任：对于缴费单位不按规定进行医疗保险登记和申报、伪造或销毁账册使医疗保险缴费无法进行、拒不缴纳医疗保险费情况，由劳动保障部门、税收部门和人民法院对主管人和其他责任人处以罚款、缴纳滞纳金和强制执行；劳动保障行政部门、社会医疗保险经办机构和税务机关工作人员滥用职权、玩忽职守，致使社会医疗保险基金流失，构成犯罪的，依法追究刑事责任，尚不构成犯罪的，依法给予行政处分；任何单位和个人挪用社会医疗保险基金，有违法所得，构成犯罪的，依法追究刑事责任，尚不构成犯罪的，依法给予行政处分。由此可见，社会医疗保险必须依托法律的强制力来保证其顺利实施。

2. 规范和调整社会医疗保险中的各种利益关系

从经济学的角度来说，社会医疗保险制度的本质是国民收入的再分配，它涉及多方面的经济利益转移：第一，从高收入者向低收入者转移；第二，从雇主向雇员转移；第三，从发病率低的青年人群向发病率高的老年人群转移；第四，从发病率低、经济效益好的企业向发病率高、经济效益差的企业转移。这种涉及社会各方经济利益的再分配只有依靠法律强制实施才能实现。

从实践的角度来讲，社会医疗保险制度的建立使有关各方建立了权利与义务的对应关系。这包括：

第一，在社会医疗保险基金筹集过程中，社会医疗保险机构、用人单位和参保者之间的关系。突出的问题在于能否保证凡属于社会医疗保险覆盖范围内的所有用人单位及其职工都参加社会医疗保险，能否保证所有参保单位及时、足额缴纳保险费。

第二，在提供医疗服务的过程中，定点医疗机构与参保者之间的关系。

突出的问题在于能否保证医疗服务提供者提供合理的检查、诊断和用药，既不降低医疗服务的质量和水平，也不过度提供医疗服务。同时能否保证参保者合理消费医疗服务，即不存在过度需求与过度利用医疗服务也是需要考虑的问题。

第三，在社会医疗保险的费用偿付过程中，社会医疗保险机构、定点医疗机构和参保者之间的关系。一方面是社会医疗保险机构对定点医疗机构的医疗费用偿付是否合理、及时、足额；另一方面是社会医疗保险机构对参保者个人账户超支部分的偿付是否合理。

第四，在整个社会医疗保险制度运行过程中还涉及中央与地方、部门与部门以及地方政府与其所辖的社会医疗保险机构之间的关系。

如此复杂的权利与义务关系应当而且必须通过法律法规来调整，对有关各方的权利与义务关系也必须通过法律法规明确加以规定，以维护社会医疗保险制度的健康和可持续发展。

3. 提高社会医疗保险制度的公平性

医疗服务消费以及医疗保险市场具有特殊性，如果医疗资源的配置完全由市场来调节，就有可能使一部分低收入人群因无力支付医疗费用而无法得到他们所必需的医疗服务，导致因病致贫、因病返贫现象。因此，只有通过社会医疗保险立法，才能保证低收入人群享受基本医疗服务的公平性与可及性，进而维护社会的安定。

（二）我国制定社会医疗保险法的必要性[①]

1. 保证每个公民获得基本的人权保障

人生充满着多种风险，难免生、老、病、残、死，一旦这些风险发生，必然给个体造成致命的打击。这些风险的存在使人们恐惧不安，甚至无法正常生活。

在市场经济体制下，市场竞争成为社会运行的主导机制，市场竞争的必然结果是优胜劣汰，适者生存。但是，对于任何个人来讲，每一个人都有生存和生活下去的权利，这种权利就是人权，它是一种不可剥夺的神圣权利。联合国大会曾在1948年12月10日通过的《世界人权宣言》第22条中规定："每一个人，作为社会的一员，有权享受社会保障"。在1966年12月16日通过的《经济、社会、文化权利国际公约》的第9条也规定："本盟约缔约国确认人人有权享受社会保障，包括社会保险"，至今已有140多个国家相继签署

① 卢祖洵．社会医疗保险学．北京：人民卫生出版社，2003.226～228

了该盟约。中国政府于1997年10月27日签署了该盟约，体现了中国政府对世界的庄严承诺：保证每个公民获得基本的人权保障。

2. 保证社会医疗保险基金来源的长期性和稳定性

根据大数法则，参保的人数越多，一方面意味着可以筹集到的社会医疗保险基金就越雄厚，社会医疗保险系统的共济能力和抗风险能力也就越强；另一方面可以分摊疾病风险的人数也就越多。在这种情况下可以适当降低社会医疗保险费率，以吸引更多的人参保。因此，为了保证社会医疗保险基金有长期、稳定的来源，提高社会医疗保险的保障水平，应尽可能地扩大社会医疗保险的覆盖面，而社会医疗保险立法是提高参保率的关键。如果没有法律作保证，即使人们参加了社会医疗保险，也可能会出现少缴、迟缴，甚至不缴纳社会医疗保险费的现象，这将导致社会医疗保险基金入不敷出，难以维持。

3. 转变人们的医疗消费观念，合理使用卫生资源

目前，世界上一些实行福利型社会医疗保险制度的国家，如英国、瑞典等，参保人生病就医时所有费用基本上都由国家或用人单位全部包揽下来，个人不分担或仅分担很少一部分医疗费用，以至造成消费者缺乏费用控制意识。这些国家的社会医疗保险制度普遍存在着以下问题：

(1) 患者向医生多要药、要好药；医生开“人情方”“大处方”，造成几乎家家都有“小药库”。但由于家庭存放的药品使用率低，使得大量药品过期失效，造成药品的极大浪费。

(2) 由于参保者看病、购药几乎不花钱，因而出现了参保者为未参保者购药，甚至出现未参保者冒名顶替参保者就医的现象，以及部分医务人员为参保者换药（以医疗保险规定给予偿付的基本用药处方，在药房换取等额的非医疗保险药品）的现象，从而导致社会医疗保险基金的大量流失。

(3) 极个别参保者利欲熏心，通过医疗保险渠道取出大量药品，然后再以低价转卖给药贩子或私营医疗机构，从中牟利，导致社会医疗保险基金大量流失。

(4) 由于缺少法律的约束，一些医疗服务提供机构从自身利益出发，诱导患者的消费需求，如滥开药、开高价药品和进行不合理的检查，导致有限资源的不合理使用，降低了医疗保险基金的利用效率。

由此可见，要转变人们医疗消费观念和规范医疗机构的行为，除了采取费用分担等机制外，采取立法规范才是最根本的，否则，卫生资源浪费现象难以改变，医疗保险基金也难以为继。只有通过社会医疗保险立法，对定点医疗机构实行法制化管理，才能防止定点医疗机构仅从供方利益考虑诱导消

费需求的行为，同时促使定点医疗机构改善服务态度，提高医疗服务质量，杜绝人为的消极行为与乱收费现象。也只有通过社会医疗保险立法来制约参保者的消费行为，才能使得参保者合理消费医疗服务。

4. 保障广大劳动者的基本医疗需求

联合国早在 1952 年的第 102 号公约中就把社会医疗保险作为社会保障的重要内容之一；在 1969 年的第 130 号公约中又详细规定了社会医疗保险的原则。由此可见，国际社会对保障劳动者的医疗需求是非常重视的。但是，我国的一些企业，特别是某些私营企业、外资企业或合资企业的企业主出于自身经济利益考虑，不愿意给职工投保社会医疗保险，由此产生了以下两个比较突出的问题：

（1）各类企业之间，不同身份的职工之间的医疗保障福利待遇差别很大。经济效益好的企业医疗待遇较好，除了医疗救助、基本医疗保险，企业还为职工购买补充医疗保险；经济效益差的企业则想尽办法降低职工的医疗保险费用，甚至有些企业的职工连最基本的医疗保障都得不到。这种现象已成为比较突出的社会问题。

（2）经济效益好的企业由于职工年龄较轻，医疗费用占总利润的比重较低，企业的负担较轻；而经济效益差的企业，其职工年龄一般较大，医疗费用占企业总利润的比重较高，企业的经济负担较重。这一方面使不同企业在市场竞争中站在了不同的起跑线上，造成竞争的不公平；另一方面又形成恶性循环，出现一种怪圈，即经济效益越不好的企业在市场经济环境下的竞争能力越来越弱，经济效益越来越差，进而导致企业职工的医疗待遇越来越低，甚至可能失去医疗待遇进而影响职工的基本医疗保障。

因此，只有通过社会医疗保险立法，强制所有企业的职工参加社会医疗保险，才能长久地保障广大劳动者享受基本医疗服务的权利。

5. 协调各方利益关系，保障社会医疗保险系统正常运转

首先，社会医疗保险如果不立法，将对医疗保险机构没有约束力，责、权、利的不明确可能导致管理混乱，无法确保医疗保险基金投资的安全性和有效性，从而可能损害定点医疗机构、用人单位以及参保者的利益。其次，社会医疗保险如果不立法，将对参保者没有约束力。对那些不遵守社会医疗保险规定、用各种手段寻求享受不合理的医疗保险待遇的少数人就无法可依、束手无策。最后，社会医疗保险如果不立法，制裁“供方”违反社会医疗保险规定的行为就缺乏法律依据，很难杜绝卫生资源浪费的现象。

可见，如果没有法律的约束，参加社会医疗保险的各方就不能协调一致，社会医疗保险管理系统就不能正常运转。

▶第二节　社会医疗保险法的内容

一、社会医疗保险法的法律关系

（一）社会医疗保险法律关系概述[①]

1. 社会医疗保险法律关系的概念

社会医疗保险法律关系是指社会医疗保险法确认和保护的、具有权利与义务内容的具体社会关系。社会医疗保险制度各主体间的权利与义务关系，即保险人、投保人、被保险人以及受益人之间，因医疗保险费的缴纳、偿付，医疗保险基金的管理和监督所发生的权利与义务关系。它通过法律确认的方式，使现实生活中的某些社会关系成为社会医疗保险法律关系。

社会医疗保险法律关系的产生取决于两个条件：现存的社会医疗保险关系和现行有效的社会医疗保险法律。社会医疗保险关系是产生社会医疗保险法律关系的社会基础；社会医疗保险法律关系是社会医疗保险关系的法律形式。

2. 社会医疗保险法律关系的性质

社会医疗保险法律关系体现的是在社会医疗保险中人与人之间的关系。它的内容和原则由社会、经济、人口、文化等多方面的因素所决定。尽管各国社会医疗保险模式不同，但到目前为止，世界上已有100多个国家制订了社会医疗保险法律制度。

社会医疗保险法律关系包括政府与国民之间的行政管理与服务关系；雇主与雇员之间基于劳动关系而发生的社会保险关系；患者与医疗机构之间被服务与服务的关系；社会医疗保险机构与医疗服务提供机构之间的合同关系。

社会医疗保险法律关系的性质体现在：一是多种社会关系的交叉，即行政法律关系、民事法律关系、劳动法律关系和保险法律关系的交叉；二是权利与义务在特定条件下的脱节。

3. 社会医疗保险法律关系的分类

社会医疗保险法律关系的分类可以有多种方式，如按照内容可以分为医疗津贴、医疗待遇和生育津贴等。此外，还可以根据社会医疗保险基金的来

① 仇雨临，孙树菡．医疗保险．北京：中国人民大学出版社，2001．133～134

源和管理方式，对社会医疗保险法律关系作如下分类：[①]

（1）公共医疗保险（public medical insurance）法律关系。即由国家筹集社会医疗保险基金，并由国家授权的社会医疗保险机构进行基金管理，在实施社会医疗保险服务的过程中与受益者之间的权利与义务关系。这种法律关系既具有行政管理和服务法律关系的特征，又不同于行政管理法律关系，其主体的权利与义务常常相互脱节；国家是义务主体，公民是权利主体，甚至公民可以不需要尽任何义务就能享受这种权利。例如，英国 1948 年颁布的《全民医疗保健服务法案》规定医疗保健服务完全由国家筹集资金，并且相当一部分受益人并不是纳税人。

（2）个人账户医疗保险法律关系。即由法律强制，也可能由雇主自愿选择单独或者雇主和雇员共同为雇员建立的个人账户。个人账户要求雇员为自己的基本医疗保障出资；在个人无力承担意外事件造成的医疗费用时，再通过社会统筹基金为其提供帮助。如在新加坡，个人账户由雇主与雇员按同等比例共同缴费，个人账户中的资金用于养老、医疗、住房和家庭补助等各项社会保险，个人账户基金由国家公共机构管理和运营。我国的城镇职工基本医疗保险为职工建立了与社会统筹相结合的医疗保险个人账户，由雇主和雇员按照不同的比例缴费。个人账户资金仅用于偿付门诊和非大病的医疗服务；社会统筹资金则用于偿付住院或大病医疗服务等费用。社会统筹和个人账户资金均由政府集中管理与运营。

（3）商业医疗保险法律关系。即在商业医疗保险市场中，保险人、投保人、被保险人、受益人和医疗服务提供机构之间的保险合同法律关系。商业医疗保险的保险合同关系属于平等的民事法律关系。

（二）社会医疗保险法律关系的构成要素[②]

社会医疗保险法律关系的构成要素与其他法律关系一样，由三部分构成：即医疗保险法律关系的主体、内容和客体。社会医疗保险法律关系三要素具有自身的特殊性。

1. 社会医疗保险法律关系的主体

社会医疗保险法律关系的主体是指参与社会医疗保险法律关系的各方当事人，也就是社会医疗保险法律关系中的权利享有者和义务承担者。社会医疗保险法律关系的主体应当是具有社会医疗保险权利能力和行为能力的人。

社会医疗保险法律关系的主体是社会医疗保险法律关系存在的前提条件，

---

① 程晓明．医疗保险学．上海：复旦大学出版社，2003.176～177

② 卢祖洵．社会医疗保险学．北京：人民卫生出版社，2003.229～231

而且数量上至少有两个。社会医疗保险法律关系的主体包括：雇用劳动者的单位（用人单位）、参加保险的劳动者或其他公民（投保人和受益人）、医疗服务提供机构（定点医疗机构和定点零售药店）和医疗保险机构（保险人）。

（1）雇用劳动者的单位。包括企业单位、国家机关、事业单位、工会组织、社区服务机构、慈善机构等非政府组织（non-government organization，NGO）和非营利组织（non-profit organization，NPO）以及其他社会团体等，它们在社会医疗保险法律关系中享有一定的权利并承担一定的义务，因而是社会医疗保险法律关系中的主体。

（2）参保人。按照国际条约和我国宪法规定，每一个公民（包括所有具有本国国籍的人，即城镇人口、农村人口、政府机关工作人员和企业职工等）都享有社会医疗保障的权利，尤其是老、弱、病、残、幼、城镇特困户、下岗失业人员、农村五保户、荣复退军人和军烈属，这些特殊的公民是社会医疗保障法律关系中的重要照顾对象，他们都是社会医疗保险法律关系的主体。

（3）行政主管机构。根据 1998 年 3 月 10 日第九届全国人民代表大会第一次会议通过的《关于国务院机构改革方案的决定》，城镇职工社会保险、机关事业单位社会保险、农村社会保障、各行业部门统筹的社会保险基金、卫生部门管理的医疗保险统归劳动和社会保障部门管理；社会救济、社会福利、社会优抚由民政部门管理。因此，劳动和社会保障部、民政部以及各级各地的劳动和社会保障、民政部门（厅、局等）是社会医疗保险法律关系中最主要的两大行政机关。它们在社会医疗保险法律关系中的主要职责是负责制定政策、制度和标准并监督执行，同时作为政府代表参与社会医疗保险的运行。

（4）社会医疗保险经办机构。社会医疗保险的承办机构，主要从事社会医疗保险业务经办，社会医疗保险基金的筹集、偿付和管理等工作。

（5）社会医疗保险的权利能力。即主体享有社会医疗保险法规定的权利和承担该法规定义务的资格。例如《城镇职工基本医疗保险定点医疗机构管理暂行办法》第 4 条就规定了在我国进入社会医疗保险领域的医疗服务提供机构的权利能力。

（6）社会医疗保险的行为能力。即主体以自己的行为享有社会医疗保险法规定的权利和承担该法规定的义务的能力。如《城镇职工基本医疗保险定点医疗机构管理暂行办法》第 5 条就规定了社会医疗保险对定点医疗服务机构提供行为能力的要求。

社会医疗保险法律关系主体的广泛性，决定了社会医疗保险法律关系的复杂性。在社会医疗保险法律关系中享有权利的一方为权利主体；承担义务的一方为义务主体。在某些情况下，具有社会医疗保险法律关系的参保者既是权利主体，又是义务主体。例如，雇员承担缴纳社会医疗保险费的义务，他们发生疾病时即开始享受医疗津贴和医疗待遇的权利。而在某些情况下，社会医疗保险法律关系的主体又是单纯的义务主体。例如，雇主为其雇员投保缴费，只尽义务而不享有权利。

2. 社会医疗保险法律关系的内容

社会医疗保险法律关系的内容是指社会医疗保险法律关系的各主体（各方当事人）依法应享有的权利和应承担的义务。权利是指当事人一方实现某种利益的可能性；义务是指当事人一方为了满足对方利益要求而履行一定职责的必要性。这些权利与义务既不是主体自由选择的，也不是主体之间相互约定的，而是由社会医疗保险法所规定并且由国家强制力予以保证实施的，国家对任何违反法定义务的主体都将实施一定的制裁。

权利与义务在一般情况下都是相互依存的，但在少数情况下也会脱节。任何法律规范都是通过规定法律关系主体的权利和义务来达到规范人们行为的目的，社会医疗保险法也不例外。

从社会医疗保险法律关系的分类来看，社会医疗保险法律关系的内容有：

（1）医疗津贴法律关系主体的权利与义务

医疗津贴是在一定时期内偿付给患者的病假工资和补贴。在短期医疗津贴法律关系中，主体一方是提供医疗津贴（即病假工资）的雇主，另一方是享有病假工资的患病职工。在长期医疗津贴法律关系中主体一方是提供医疗现金补助的医疗保险机构或者基金会，另一方是享有医疗补助的患者。

（2）医疗待遇法律关系主体的权利与义务

医疗待遇是在一定期限内偿付给医疗服务提供者的患者的住院、治疗和药物费用。在医疗待遇法律关系中有三方当事人，一方是医疗保险机构，一方是提供医疗服务的定点医疗机构或定点零售药店，第三方是享有医疗待遇的患者。他们之间的权利和义务关系由社会医疗保险法和医疗保险合同来规范。

3. 社会医疗保险法律关系的客体

社会医疗保险法律关系的客体是指社会医疗保险法律关系主体的权利和义务所涉及的对象，一般包括物质帮助权、物和行为三类。

（1）物质帮助权。社会医疗保险立法的宗旨决定了劳动者及其他国民获得物质帮助权是社会医疗保险法律关系的首要客体。我国宪法规定："中华人民共和国公民在年老、疾病或者丧失劳动能力的情况下，有从国家或社会获得物质帮助的权利。”并规定：“国家发展为保证这些权利实现所需要的社会保障、社会救济和医疗卫生事业。”社会医疗保险法旨在贯彻发展社会医疗保险事业的国家政策，实现劳动者或其他国民在生病时能从国家和社会获得物质帮助的权利。社会医疗保险法中的诸多权利义务最终都追溯到对劳动者或其他国民的物质帮助权的实现。

（2）物。物是可为人们控制和利用的一切物质财富。在社会医疗保险法律关系中，作为客体的物包括各种与医疗保险有关的费用（医疗津贴与补助）、医疗待遇、药品、医疗器械等。

（3）行为。行为可分为两种，一种是有所为，另一种是有所不为。在社会医疗保险法律关系中，这类行为包括定点医疗机构的医疗服务提供行为、用人单位及被保险人的参保行为与医疗消费行为、医疗保险经办机构的经办行为以及医疗保险行政管理机构的管理行为等。

有所为的行为包括：参保者应该及时、足额缴纳医疗保险费；行政主管部门应对医疗保险进行组织管理与监督；定点医疗机构应对参保者提供合理的医疗服务（合理检查、合理治疗和合理用药）等。

有所不为的行为包括：任何主体不得侵占、挪用、贪污医疗保险基金；医疗保险机构在办理参保手续时应避免出现“风险选择”行为；定点医疗机构在提供医疗服务时不应出现道德风险等。

（三）社会医疗保险法律关系产生、变更和消失的依据①

社会医疗保险法律规范不能直接引起任何具体社会医疗保险法律关系的产生。社会医疗保险法律关系产生、变更和消失的发生，必须依据一定的事实。能够引起法律关系产生、变更和消失的事实是法律事实。社会医疗保险法规定的权利，如医疗津贴，只是一种可能实现的利益，它的最终实现必须依据一定的法律事实。

法律事实包括法律行为和法律事件。法律行为是当事人有意识进行的各种活动，包括合法行为和违法行为，如依法签订医疗保险合同是产生医院与患者之间医疗服务关系的主要法律事实；参保者患病是开始提供医疗保险待遇的法律事实；医生诊断证明是患者合法离开工作岗位，开始领取医疗津贴的法律事实。而医生与患者合谋骗取医疗津贴是违法的法律行为。法律事件是当事人意志之外客观发生的事情，如重病患者死亡，医疗津贴和医疗待遇

① 仇雨临，孙树菡．医疗保险．北京：中国人民大学出版社，2001．138～139

关系终止，取而代之的是丧葬抚恤金待遇。

法律事实的出现可以引起下列法律后果：第一，社会医疗保险法律关系的产生，如被保险人患病；第二，社会医疗保险法律关系的变更，如医疗期届满，参保者的病假工资变更为医疗津贴；第三，社会医疗保险法律关系的消失，如医疗保险合同期限届满，医疗保险机构与定点医疗机构或定点零售药店之间法律关系的终止。

（四）社会医疗保险法律关系各主体的权利与义务[①]

任何法律关系的内容都可以归集为法律关系主体的权利与义务，而法律关系又是一部法律的核心内容。因此，一部完善的法律应对法律关系各主体的权利与义务明确加以阐述。社会医疗保险法律关系各主体的权利与义务包括：

1. 社会医疗保险行政主管部门的权利与义务

社会医疗保险行政主管部门的权利就是行使行政管理的职权，这是因为医疗保险行政主管部门作为国家行政机关，其行政管理中的行政职权是它固有的法定职权，此机构一经依法设立，就具备由宪法和有关组织法所赋予的行政职权；社会医疗保险经办机构作为事业单位，其本身并不享有行政职权，它需要由社会医疗保险法律规范明确授予，才能获得一定的行政职权。社会医疗保险法必须就保险人的资格、能力和职责给予明确的规定。

社会医疗保险行政主管部门的义务就是其应承担的行政职责，主要表现为依法履行国家法定的职责，接受国家、社会和个人的监督，保护参保人的合法权益。例如，我国劳动和社会保障部会同卫生部、财政部等部门制定定点医疗机构和定点药店的资格审定办法就是其所承担的义务。

2. 社会医疗保险经办机构的权利与义务

社会医疗保险经办机构要根据中西医结合，基层、专科和综合医疗机构兼顾，方便参保者就医的原则，负责为参保者确定定点医疗机构和定点零售药店，并同它们签订医疗服务合同，明确各方的责任、权利和义务。

3. 用人单位的权利与义务

用人单位的权利是力求让社会分担其雇员医疗费用的风险，使雇员能安心工作。用人单位的义务是依法为本单位雇员办理参保手续，按期足额缴纳医疗保险费，不允许在参保人数、参保对象、基本工资总额等方面弄虚作假，遵守社会医疗保险法律法规的各项规定。

---

① 程晓明. 医疗保险学. 上海：复旦大学出版社，2003. 180～181

4. 定点医疗机构的权利与义务

定点医疗机构也是社会医疗保险法律关系的主体。在医患双方关系中，医疗服务的提供者（医生）是“主动提供”，而患者则是“被动消费”，这种医疗服务消费信息不对称的现象使得医生在社会医疗保险费用控制中的作用重大。因此，离开医生和医疗机构的积极参与，社会医疗保险将无法达到预期的效果，医疗费用也将无法得到有效的控制。

定点医疗机构的权利是：可以从医疗保险经办机构获得医疗服务的费用补偿；可以从国家财政获取一定的财政补助；参与医疗保险费用偿付标准的制定；在医疗服务提供过程中行使一定的处置权。

定点医疗机构的义务是：向参保对象提供基本的医疗服务，做到合理检查、合理用药、科学诊治；严格遵守社会医疗保险法律法规以及与医疗保险经办机构签订的医疗服务合同的相关约定，并接受医疗保险行政管理机构的监督检查。

（五）社会医疗保险权利与义务主体之间法律关系的性质

(1) 在社会医疗保险基金的筹集过程中，医疗保险机构、用人单位及参保者之间的法律关系既具有契约性质，又具有管理与被管理的性质。

(2) 在社会医疗保险费用的偿付过程中，医疗保险机构与定点医疗机构之间的法律关系一方面具有契约性质，即定点医疗机构通过医疗服务合同向医疗保险机构承包医疗服务任务，并从医疗保险机构获取相应的费用补偿；另一方面，二者之间又具有管理与被管理的性质。

(3) 在医疗服务过程中，定点医疗机构与参保者（患者）之间是一种特殊的契约关系。它首先是平等民事主体之间的民事法律关系，但这种民事法律关系又受一些特殊规范的约束。例如，医生无权拒绝为任何一位患者诊治，患者必须服从定点医疗机构提供的合理的诊治服务。

(4) 用人单位与雇员（参保人）之间是纯契约关系。他们以劳动关系（劳动合同）为纽带建立纯契约关系。

(5) 医疗保险行政主管部门与其他主体之间的法律关系是管理与被管理的行政法律关系。

上述五种法律关系中的前两种都兼有民事法律关系和行政法律关系的性质。这表明社会医疗保险机构一方面是一个具有自身经济利益的事业单位或非营利组织，另一方面又具有一定的行政管理职权。

二、社会医疗保险法的法律体系

（一）社会医疗保险法涉及的相关法律①

1. 社会保障法

社会保障是指国家和社会帮助公民克服社会风险，保证公民基本生活需要的一种社会制度。社会风险是指威胁人们基本生活的风险事件，如年老、生病、残疾、工伤、生育、失业、死亡和意外事件等。克服社会风险的方式可以有多种：一是通过保险制度，使社会风险造成的损失在参保人之间进行分摊，从而达到互助共济的目的；二是救济性帮助，即对那些无力缴纳保险费的低收入人群，给予必要的、无偿的救济，以帮助他们渡过难关；三是福利性帮助，即向广大公民提供公共福利设施，改善生活环境。

社会保障是一个综合性的概念，它包括社会保险、社会救济、社会福利等内容，因而社会保障法是调整各类社会保障关系的综合性法律规范，包括社会保险法、社会救济法、社会福利法等子法。

社会救济法是调整社会救济关系的法律规范，社会救济法律关系具有国家筹资、有特定的救济对象和具体支付条件、定期或非定期一次性支付等特征。社会福利法是调整社会福利关系的法律规范，社会福利法具有国家筹资、无特定对象和具体支付条件、非定期支付等特征。

2. 保险法

保险法主要用来规范商业保险。例如，《保险法》第 6 条规定："经营商业保险业务，必须是依照本法设立的保险公司。"在法律意义上，保险是一方同意补偿另一方损失的合同关系。同意赔偿损失的一方是保险人；获得赔偿损失的一方是被保险人。被保险人通过购买保险，将损失风险转移给保险人。因此，保险具有三个最明显的特征，即互助性、合同行为和经济补偿。

《保险法》将保险定义为："投保人根据合同规定，向保险人支付保险费，保险人对于合同约定的可能发生的事故因其发生所造成的财产损失承担赔偿保险金责任，或者当被保险人死亡、伤残、疾病或达到合同约定的年龄、期限时承担给付保险金责任的商业行为。"

3. 劳动法与劳动合同法

劳动法是调整雇主与雇员劳动关系的法律规范的总称，包括国家劳动标准、集体劳动关系（工资、福利待遇、劳动条件、劳动者参与企业管理的机

---

① 卢祖洵．社会医疗保险学．北京：人民卫生出版社，2003.233～234

制与劳动者的责、权、利)、个体劳动合同关系(劳动关系的期限、岗位、待遇、培训)、集体与个体劳动纠纷的处理等。劳动合同法则是为了完善劳动合同制度,明确劳动合同双方当事人的权利和义务,保护劳动者的合法权益,构建和发展和谐稳定劳动关系的法律。

社会医疗保险首先发生在具有劳动关系的雇主与雇员之间,目的在于保护劳动者的合法权益。社会医疗保险法律关系是基于劳动关系产生的。因此,有些国家将社会医疗保险法置于劳动法的体系之内,或者将两者并列。

4. 合同法

合同是指两个或两个以上的当事人之间,就确立、变更或者终止特定的权利与义务关系而依法订立的协议。合同是一种最古老的商品交换的法律形式,它随着商品交换的产生而产生,随着商品经济的发展而发展。

合同法是用来规范各种类型合同关系的法律。合同法规范合同关系,重在明确合同的主体和内容的合法性,以及明确合同订立、变更、解除、终止和续订的条件,以保护当事人的平等地位与合法权益。因此,合同也是订立、变更、终止社会医疗保险关系的法律形式。如医疗服务提供机构和医疗保险机构之间法律关系的订立、变更、终止就是由两者所签订的医疗服务合同体现的。

(二)社会医疗保险法的主要内容[①]

社会医疗保险法首先应阐明社会医疗保险制度的基本原则和目的,例如加拿大的《健康保险法》阐述了其全民性、公开性、综合性、费用合理性、通用性的原则。其次,社会医疗保险法应对医疗保险法律关系主体的范围和主体权利、义务所涉及的内容作出具体规定:

1. 社会医疗保险法律制度的调整对象

包括医疗津贴、医疗待遇和生育津贴等。

2. 社会医疗保险法律的适用范围

社会医疗保险的覆盖范围从公务员、雇员、个体劳动者(含农民)、退休人员到所有公民和合法居民,有些国家还为特殊行业的劳动者建立了专门的医疗保险制度,如矿工、海员等。社会医疗保险的适用范围比其他社会保险制度更广泛。

3. 社会医疗保险基金的筹集范围、筹集比例和筹集方法

通常国家财政为公务员缴费;雇主为雇员缴费,或者雇员自己缴费;个

---

① 仇雨临,孙树菡. 医疗保险. 北京:中国人民大学出版社,2001. 139~140

体劳动者的缴费水平通常是雇主和雇员所缴费用之和或略低一些。在社会医疗保险法律制度中，缴费比例由政府规定和调整，一般采取现收现付的筹集办法。很多国家把社会医疗保险和其他社会保险险种统一在一起筹集资金。

4. 医疗津贴偿付条件、标准和期限，医疗待遇的偿付项目、方法和比例

社会医疗保险一般通过制定基本医疗保险诊疗项目、基本医疗保险用药范围和药品价格、基本医疗保险医疗服务设施范围和偿付标准、医务人员服务价格标准等法律法规，规范社会医疗保险中医疗津贴偿付条件、标准和期限，医疗待遇的偿付项目、方法和比例等。

5. 社会医疗保险管理机构和职责

在实行中央管理体制的国家，对于社会医疗保险政府一般会一管到底，如新加坡和中国；在实行多元化和混合管理体制的国家，通常由两方或者三方组成的委员会、疾病基金会对社会医疗保险进行管理并承担相应的职责。

6. 社会医疗保险基金的管理规范和监督

在社会医疗保险制度中，社会医疗保险基金的管理和监督都是政府行为，同时赋予缴费人监督权和诉讼权。

7. 社会医疗保险合同的内容及合同的订立、变更和消失

社会医疗保险合同是保险人（医疗保险机构）与医疗服务提供机构就医疗保险受益人的疾病治疗待遇签订的协议。社会医疗保险合同的主体（当事人）是保险人和医疗服务提供机构，社会医疗保险合同的标的是医疗服务，医疗保险受益人成为合同标的的承受人。作为合同的第三方，受益人是社会医疗保险合同的间接利益主体，由此构成社会医疗保险合同自身的特点。[①]

社会医疗保险合同的内容一般包括：医疗服务期限，医疗服务项目和质量，医疗服务费用的偿付方式和标准，双方当事人的权利、义务以及违约责任等。

（1）服务期限。社会医疗保险合同的服务期限通常以季度或年为界，比较普遍的做法是以一年为期。当事人在一年以后可以继续此合同，也可以重新选择合作者。合同中可以规定患者随时解除合同的条件，如异地迁徙等。

（2）服务项目与质量。社会医疗保险合同的服务项目和质量一般由社会医疗保险法统一规定。

（3）医疗服务费用的偿付方式和标准。这是判断不同类型社会医疗保险合同的主要依据。医疗服务费用的偿付方式和标准主要分为起付线、共付制、封顶线三种类型。

---

① 卢祖洵．社会医疗保险学．北京：人民卫生出版社，2003.239

(4) 双方当事人的权利和义务。医疗服务机构应当根据法律和合同的要求，配备医务人员和医疗服务设施，提供医疗服务，及时、准确地向保险人（医疗保险机构）报告参保患者的医疗费用和有关信息。社会医疗保险机构要加强对合同医院参保患者医疗费用的检查和审核，及时、准确地偿付医疗费用。

(5) 违约责任。一方当事人因违反合同给对方造成健康伤害和经济损失的，对方当事人可以要求协商、仲裁或判决。

社会医疗保险合同的订立、变更和消失，应当坚持合法、平等、互利、尊重社会公德和控制医疗服务费用总额的原则。

（三）我国社会医疗保险立法的设想

我国的社会医疗保险法律法规可以分为劳动保险时期和社会保险时期。改革开放之前是劳动保险时期，实施的是劳保医疗、公费医疗和农村合作医疗保险制度。改革开放之后，即 20 世纪 80 年代中期以后开始实施社会医疗保险制度。

1993 年我国政府明确提出，社会医疗保险制度要走“社会统筹与个人账户相结合”的道路。1998 年 12 月 14 日国务院发布了《关于建立城镇职工医疗保险制度的决定》，1999 年 1 月 14 日国务院颁布《社会保险征缴暂行条例》。根据这些法规和指导性文件，劳动保障部和有关部委针对社会医疗保险改革的具体问题制定了一系列操作规则，于 1999 年上半年全部出台。不过，这些法规和指导性文件仅构成了我国社会医疗保险立法的基本原则和框架，尚未涉及医疗津贴（病假工资或补贴）、伤残补助、遗属抚恤和生育保险等方面的内容。因此，这些法规和指导性文件还不能称为完全意义上的社会医疗保险法律制度。

城镇职工医疗保险制度运行到今天已经经过 10 年的改革实践，目前已经基本具备立法条件，应该尽早立法。①

第一，从社会医疗保险实践积累的经验看，社会医疗保险的立法条件已基本成熟。我国社会医疗保险制度改革，从“两江”试点到扩大试点，再到全面推广，全国各地在国务院《关于建立城镇职工医疗保险制度的决定》文件所规定的原则意见指导下，建立了统账结合的制度模式，形成了基金收支管理的规范，构筑了保、供协议管理机制。一种具有中国特色的社会医疗保险制度在全国范围内初步建立，并且运行基本平稳。在国务院文件规定的原

---

① 林枫．医疗保险立法之管见．中国卫生经济．2005，6

则框架下，各地不断探索、创新、完善社会医疗保险制度，已经积累了很多宝贵的经验，形成了很多制度规范，为社会医疗保险立法打下了良好的实践基础。

第二，从社会医疗保险发展所面临的问题看，社会医疗保险立法已迫在眉睫。随着社会医疗保险制度改革的不断深入，各地在实践中不断暴露出许多新问题、新矛盾。不断扩大覆盖面是社会医疗保险制度保障公民权益、维护社会公平的本质要求，也是增大基金总量、确保基金平衡的内在要求。但在实际工作中对许多社会人群的参保动员缺乏法律依据与强制性手段，广覆盖的目标难以实现。1998 年新制度选择统筹基金与个人账户相结合的模式，初衷是既发挥统筹基金现收现付制的互济作用，又发挥个人账户远期积累自我约束的保障作用。但在实际操作中造成了个人账户使用范围过分狭窄，筹措的有限资金使用效率受到影响，个人账户作用亟待重新定位；医疗保险不同于其他社会保险，待遇的落实要通过医疗机构的医疗服务来实现。由于社会医疗保险经办机构对医疗机构（医生）医疗行为的监督与管理缺乏法律依据和法律手段，难以有效遏制医疗费用增长、减少医疗资源浪费、提高医疗保险基金使用效率。这些矛盾和问题表明社会医疗保险立法滞后，已经严重影响制度的正常运转与改革的不断深入。

第三，从世界各国社会医疗保险法的发展进程看，大多数国家都是立法先行，制度运行后不断完善。社会医疗保险一旦立法，所有社会医疗保险应参保对象统一强制纳入制度运转，并没有一个漫长的逐步扩面的过程。但由于社会医疗保险自身的复杂性，在各国的实践过程中，可以明显看到社会医疗保险法有个不断完善的过程，修订的频率较高。每进行一次修订，法定覆盖人群就扩大一次，随之社会医疗保险的实际覆盖人群就离全民医保迈进一步，直至覆盖全民。

对我国社会医疗保险法的构建可从以下几个方面来考虑①：

1. 扩大基本社会医疗保险的覆盖范围，建立全面的基本社会医疗保险制度

我国目前的基本社会医疗保险制度主要在城镇职工中实行，这就意味着部分农村居民和城镇自由职业者或个体劳动者尚未得到最基本的医疗保障。

虽然灵活就业者的医疗保险已经推行数年，从 2007 年起国务院又开始推进“一老（人）一小（儿童）”的“城镇居民医疗保险”，但其和城镇职工基本医疗保险之间仍存在制度的鸿沟，未能形成统一的制度，尚需以立法的形

① 李俊勇，王丽萍. 关于完善我国疾病保险法律法规的构想. 鸡西大学学报. 2007，7（5）

式加以规定和统一。在大力推行城镇居民医疗保险的同时，还应积极探索农村医疗保险的实现方式，做到“全民皆保险”。我国农村人口占总人口的70%以上，自从20世纪70年代中期农村合作医疗制度结束后，农民的医疗保障基本上靠自己来解决，遇到重大疾病，整个家庭将陷入严重的财务危机之中。因此，要尽快总结新型农村合作医疗保险试点的经验，在全国范围内建立统一的农村医疗保险制度。

2. 建立完整的社会医疗保险制度

根据世界各国立法实践，社会医疗保险不仅要提供医疗服务，而且还要对疾病治疗期间所发生的收入损失提供补偿，即发给疾病津贴或病假工资。我国社会医疗保险的改革只涉及了基本的医疗服务，对于疾病津贴则未提到，要建立完整的社会医疗保险制度，还需将疾病津贴划入社会医疗保险的保障范围，由社会承担偿付疾病津贴的责任。为偿付医疗津贴而额外支出的医疗保险基金，可以由单位和个人共同承担，由社会医疗保险经办机构通过精算确定合理的费用缴纳标准。

3. 扩大基本社会医疗保险的对象，保障被保险人家属的医疗需求

我国传统的医疗保险制度曾经为被保险人供养的家属提供医疗保障，这虽然加重了单位的负担，但对被保险人供养的亲属提供医疗保障则是基本医疗保险制度的发展方向。世界大多数国家的社会医疗保险制度都对被保险人的家属提供医疗保障。在我国城镇居民医疗保险制度建立起来以后，要将被保险人家属的医疗需求逐步纳入基本社会医疗保险的保障范围。

4. 建立多层次的城镇居民医疗保障体系

城镇居民基本医疗保险作为国家强制实施的社会医疗保险，其目的是保证居民“整体”的基本医疗需求。此外，还应针对一些特定的社会群体的特殊医疗需求，建立多层次的城镇居民医疗保障体系。这个城镇居民医疗保障体系应该由5个层次组成，即基本医疗保险、大病补充医疗保险、互助医疗保险、老年人口医疗专项基金和商业医疗保险。这五个层次构筑了多道防线。第一道防线是基本医疗保险的个人账户，居民平时有一些小病痛可以通过个人账户解决。第二道防线是社会统筹基金，当发生了大病，达到统筹基金偿付起点但低于最高限额时，则由社会统筹基金承担大部分医疗费用。大病补充医疗保险是第三道防线，当居民得了重病，医疗费用超出了“封顶线”，就由大病补充医疗保险基金来偿付。商业医疗保险、互助医疗保险则主要为那些高龄居民的医疗提供保障，同时再通过老年人口医疗专项基金加以帮助。

此外，社会医疗保险法律法规的出台，还应该考虑到医疗保险市场的特殊性，需要结合医药卫生体制的“三医联动改革”外环境的变化，注重社会

医疗保险制度改革、医疗卫生体制改革以及药品生产流通体制的改革，制定配套的规范性文件同步实施。同时，构建多层次的医疗卫生保障服务体系，建立完善的供方监督机制和药品监督机制，并完善药品的招投标制度，实行医药分业管理制度等。

▶第三节　社会医疗保险法的制定和实施

一、社会医疗保险法制定的基本原则[①]

在确定社会医疗保险法制定的基本原则时必须考虑两个依据。首先是宪法依据，宪法是我国的根本大法，是其他一切立法活动的依据；其次是我国的基本国情，即我国生产力水平落后、各地区经济发展不平衡。

根据上述依据，社会医疗保险法制定应遵循以下基本原则。

（一）全员参保原则

基于保障全体公民基本医疗水平的社会医疗保险制度，必须强调全员参保。英国在1911年颁布《医疗保险法》以后，于1948年率先开始实行全民医疗保险制度，即由国家负担所有医疗费用，医院为国家所有，医生成为国家雇员，实行薪水制，全民享受免费医疗。

对于人口众多的中国，尽管社会医疗保险制度的覆盖面一开始就大于养老保险和其他社会保险险种，但是目前城镇职工基本医疗保险制度覆盖范围还比较小，只占城镇从业人员的1/4左右，截至2007年6月全国参保人数达16 479万人，也仅覆盖了全国人口的1/8。[②] 2005年社会医疗保险费用支出仅占全国卫生总费用的12.5%左右。[③] 这一方面有客观上的原因，如我国不同地区之间经济发展水平差异大，行业之间、企业之间的效益也大不相同；另一方面也有主观上的原因，如认识上的差异和制度上的不完善。因此只有尽快通过立法，才能彻底改变这种覆盖范围窄、参保人数少的现象，将疾病风险最大可能地分摊。另外，2003年我国遭遇的突发性“灾难”——“非典”

---

① 程晓明. 医疗保险学. 上海：复旦大学出版社，2003. 185～187

② 参保人数引自《关于2007年上半年劳动保障事业发展计划执行情况的通报》（劳社部函[2007] 197号），全国人口数按13亿计算。

③ 2005年医疗保险费用支出数据引自《2005年度劳动和社会保障事业发展统计公报》：“全年基本医疗保险基金支出1 079亿元。”全国卫生总费用引用自《2006年中国卫生事业发展情况统计公报》：“据测算，2005年，全国卫生总费用达8 659.9亿元。”

暴露出发人深省的问题：为什么进城农民逃离医疗条件较好的城市，而回到缺医少药的农村？显然他们有自己的苦衷。近年来，关于外出农民工安全和健康的事故不时见诸媒体，触目惊心，例如频频发生的矿难、工伤事故、工作或居住场所的火灾等。这些事实说明缺乏必要的健康保障是他们选择逃离城市的深层次原因。因此，大量的农民进城以后的医疗保障问题也需要通过立法加以解决。

（二）权利与义务相结合原则

无数事实表明，当权利与义务脱离而单独存在时，其存在不可能稳定、持久。具体来说，一个人在享受某种权利时必须履行相应的义务，只有这样，他才能稳定、长期地享受该权利。新中国成立后的几十年内，我国实施的医疗保障制度，无论是公费医疗还是劳保医疗，被保障者都是只享受权利而未履行义务，医疗费用几乎全部由国家或企业包揽，造成了医疗费用的急剧膨胀。随着时间的推移这种医疗保障制度的弊端日益突出。

因此，在探索建立以社会医疗保险为基本内容的新型医疗保障制度时，必须把权利与义务相结合作为一项基本原则。在筹集社会医疗保险基金时，必须由国家、用人单位和被保险人三方合理分担，即医疗保障权利的享受者必须履行缴纳医疗保险费的义务。从目前社会医疗保险的实施情况来看，参保职工的就医行为发生了明显的变化，出现了“小病自购药，大病上医院；在医院看病，到药店购药；大医院手术，小医院康复；家中存放的药逐步减少，高新技术检查利用率下降”等现象。这说明权利和义务相结合的医疗费用分担机制有效遏制了医疗费用的不合理增长。

（三）医疗保障水平与经济发展水平相一致原则

一国医疗保障水平的高低是由该国的经济发展水平（或生产力发展水平）决定的。生产力发展水平高了，医疗保障水平也会随之提高；如果医疗保障水平与国家的生产力发展水平脱节，必然会影响二者的健康发展和可持续发展。

1. 医疗保障水平低于生产力发展水平

如果医疗保障水平低于生产力发展水平，劳动者可能因为享受不到基本的医疗服务而导致“因病致贫”“贫病交加”的现象。这一方面会影响到社会安定，进一步影响经济发展的外部环境；另一方面也不利于劳动力的保护，从而影响经济发展的内在因素。总之，医疗保障水平过低，虽然在短期内减轻了国家和企业的负担，但从长远来看则会阻碍社会经济的发展。

2. 医疗保障水平高于生产力发展水平

如果医疗保障水平高于生产力发展水平，就有可能影响到国民经济发展所需要的生产资金，影响经济发展的速度和社会财富的积累，最终反过来影响医疗保障水平的提高。我国计划经济时期的公费医疗与劳保医疗在实施过程中就存在这种情况。当时生产力水平较低，但医疗保障却实行“按需分配”的福利制度，结果给国家、企业造成了沉重的负担，影响了国家和人民的长远利益。

由此可见，医疗保障水平必须与生产力发展水平相一致，这样才能有效促进生产，提高劳动者健康水平。

（四）统一性与多样性相结合

社会医疗保险的实施是一项复杂而艰巨的社会系统工程，必须进行统一规划并制定统一的政策法规。要在社会医疗保险的性质、范围、目标、管理体制等方面作出原则性规定，统一领导并组织实施。

世界上任何一个实行单一层次社会医疗保险制度的国家都遇到了不可克服的难题。因此，探索多层次的社会医疗保险已成为医疗保险制度研究的焦点。例如，新加坡的社会医疗安全网由保健储蓄、健保双全和保健基金三部分构成，保证了医疗服务对所有新加坡居民的可及性与公平性。其中，保健储蓄是一项全国性、强制性的储蓄计划，为大多数居民提供支付基本医疗服务所需的经费。健保双全是建立在保健储蓄基础之上的、以自愿参加为原则的一种大病补充医疗保险。保健基金是由政府设立的捐赠基金，为那些不能支付医疗费用的低收入人群提供保障，从而确保每一位公民都能得到最基本的医疗服务。

中国是一个幅员辽阔、人口众多的国家，各地区经济发展水平差异很大，不同企业之间福利待遇的差异也较大。因此，全国不可能实行统一的社会医疗保险模式和统一的筹资水平。目前，我国在进一步完善基本医疗保险制度的同时，致力于构建多层次的医疗保障体系。例如，上海市正逐步建立以社会基本医疗保险为主体、地方附加医疗保险为辅助、多种医疗保障方式为补充、医疗救助为托底的医疗保障体系，以形成与社会主义市场经济体制相适应的保障主体多元化、保障方式多层次、风险分担多渠道的医疗保障体系的新格局。

二、社会医疗保险法的立法程序①

社会医疗保险立法同其他法律法规的制定一样，需要依宪法规定进行。具体包括下列程序：法律议案的提出与起草、法律草案的审查与讨论、法律草案的审议与通过、法律的颁布。

（一）社会医疗保险法律议案的提出

社会主义市场经济体制要求建立与之相适应的社会保障制度。社会医疗保险是社会保障制度中重要的组成部分之一，它具有明显的公益性和强制性。立法是确保其强制性实施的最重要的手段。只有依靠法律作后盾，才能保证所有用人单位都参保，保证所有参保单位做到全员参保，保证所有参保单位自觉、主动地按雇员实际工资总额缴纳社会医疗保险费。因此，社会医疗保险机构应尽早提出社会医疗保险立法的愿望与要求，将社会医疗保险作为立法项目向法制主管部门申报。

在申报社会医疗保险立法时，应该提交《拟定法律、法规草案建议书》，建议书包括以下内容：法律、法规草案的名称；拟定法律、法规草案的依据；法律、法规草案的宗旨和目的；法律、法规草案的调整对象、所要解决的问题及准备采取的对策；起草单位和起草工作人员的组成；报送时间等。

法制部门对申报的立法项目进行综合协调后，编制立法规划（草案）报批。社会医疗保险被列入立法规划并获得批准后，由法制部门负责组织、督促、指导社会医疗保险法律、法规的起草工作。

（二）社会医疗保险法的起草

社会医疗保险法律、法规草案由社会医疗保险机构按立法规划组织起草，或同法制部门联合组成起草小组起草。拟订社会医疗保险法律、法规草案，应进行充分的调查研究。调查研究主要包括社会医疗保险缴费比例、个人与单位各自分担的比例、筹资机制与医疗费用制约机制等内容。

社会医疗保险法律、法规草案中的具体规范应明确规定可以做什么，禁止做什么，必须做什么以及当事人一旦违反这些规定所应当承担的法律责任。社会医疗保险法律、法规草案应符合立法技术的要求，做到结构严谨，条理清楚，层次分明，用词准确、简明。社会医疗保险法律、法规草案的内容应当用条文表达，条文可以分为“款”“项”“目”。“款”一般不冠以数字；

① 卢祖洵．社会医疗保险学．北京：人民卫生出版社，2003．237～239

"项"冠以（一）（二）（三）等数字；"目"冠以（1）（2）（3）等数字，并应该加具标点符号。社会医疗保险法律、法规草案条文较多的，可以分章，章下面可以分节。

社会医疗保险法律、法规草案的起草工作完成后，经起草机构主要负责人签署后，上报法制部门，再由法制部门具体审查修改。报送社会医疗保险法律、法规草案时应提交法律、法规草案以及起草社会医疗保险法律、法规草案的说明。

（三）社会医疗保险法的审查和讨论

一般来说，法制部门将对社会医疗保险法律、法规草案就以下几个方面进行审查：社会医疗保险法律、法规草案是否符合宪法、法律以及行政法规的规定；社会医疗保险法律、法规草案与现行的法律、法规是否衔接和协调一致；社会医疗保险法律、法规草案的内容所涉及的部门是否有不同意见；社会医疗保险法律、法规草案的结构、条款、文字等是否符合立法技术的要求。

社会医疗保险法律、法规草案应广泛征求意见。一是征求政府有关部门的意见；二是公开征询公民、法人和其他组织的意见，这是因为草案内容涉及他们的重大权益。被征求意见的部门或单位在收到征求意见函后应在规定期限内按要求填写意见，并将征求意见函送到法制部门。对登报公开征询意见的社会医疗保险法规、法律草案，任何公民、法人和其他组织都可以在规定的期限内提出意见，并将书面意见寄送法制部门。法制部门应对征集的意见进行整理、归纳，作为审查、修改社会医疗保险法律、法规草案的参考。法制部门还应对有关部门的不同意见进行协调。

法制部门对社会医疗保险法律、法规草案审查、修改后，报送政府审议。法制部门报审时，应提交下列文件或资料：社会医疗保险法律、法规草案（送审稿）；社会医疗保险法律、法规草案审查报告；起草社会医疗保险法律、法规草案的说明；其他有关资料。

其中，社会医疗保险法律、法规草案审查报告应该包括以下内容：拟订社会医疗保险法律、法规草案的目的、必要性和可行性；拟订社会医疗保险法律、法规草案的依据；社会医疗保险法律、法规草案的起草经过；社会医疗保险法律、法规草案的主要内容；征求、征询各方面意见和协调有关部门不同意见的情况；其他需要特别说明的事项。

（四）社会医疗保险法的审议与通过

社会医疗保险法律、法规草案由政府常务会议审议。审议社会医疗保险法律、法规草案时，首先由起草机构和法制部门作起草说明报告和审查报告，并宣读社会医疗保险法律、法规草案全文，然后由会议出席者对社会医疗保险法律、法规草案进行审议。社会医疗保险法律、法规草案的起草机构和法制部门的负责人对会议出席者提出的意见和问题负责解答。经审议，如果政府常务会议成员过半数赞成通过，则由政府行政首长决定予以通过。假如因条件不成熟或有重大问题需要进一步修改或协调，可以委托有关部门进一步修改或协调。相关部门协调、修改后的社会医疗保险法律、法规草案经法制部门审查后，提交下一次政府常务会议审议。

社会医疗保险法律、法规草案经政府常务会议通过后，以政府的名义提交立法机关审议。在我国，适用于全国的社会医疗保险法律、法规草案经国务院常务会议通过后，提交全国人民代表大会或其常务委员会审议；适用于地方的社会医疗保险法律、法规草案经该地方政府常务会议通过后，提交地方人民代表大会或其常务委员会审议；适用于某市的社会医疗保险法律、法规草案经该市政府常务会议通过后，如果该市人民代表大会及其常务委员会有立法权，就应该将市政府审议通过的社会医疗保险法律、法规草案提交该市人民代表大会及其常务委员会审议；如果该市人民代表大会及其常务委员会没有立法权，则需要提交省人民代表大会及其常务委员会审议。社会医疗保险法律、法规草案经全国或地方人民代表大会常务委员会审议后，进行表决，过半数赞成即表示通过。

（五）社会医疗保险法的颁布

社会医疗保险法律、法规草案经立法机关通过后，由国家元首发布施行令或公告，按规定的日期正式实施。

三、社会医疗保险法的执法①

（一）社会医疗保险法执法的基本概念

社会医疗保险法的执行是指由国家机关执行、适用社会医疗保险法律规范，使社会医疗保险法律规范在社会中得以实施的一切活动。

社会医疗保险法的执行是为了保障广大参保者的利益，保证社会医疗保险基金的合理使用，由政府的社会保障行政机关、卫生行政机关或法律、法规授权的组织，依照法定程序，执行、适用社会医疗保险法律规范的具体行

① 卢祖洵. 社会医疗保险学. 北京：人民卫生出版社，2003. 242～243

政行为。即社会医疗保险管理机构或者法律、法规授权组织，根据社会医疗保险的有关法规、规章、制度、合同对管理相对人所采取的具体的直接影响其权利与义务或者对管理相对人权利与义务的行使和执行情况进行监督检查的行为。

（二）社会医疗保险法执法的基本特征

1. 代表国家实施管理和监督

从法学角度来看，社会医疗保险法执法属于行政执法的范畴，原则上只有具有相应职权的社会医疗保险管理机构，即必须是依职权或依授权的行政部门才能进行社会医疗保险法执法活动。

社会医疗保险法执法的主体主要是各级政府的社会医疗保险行政管理机构——社会保障管理部门，这是由这些机构的性质和职能所决定的。各级政府的社会保障管理部门是国家社会医疗保险事业管理的行政主管部门。它作为执行机构，其基本职能是代表国家依法对社会医疗保险事务实施管理和监督。从这一意义上来说，社会医疗保险管理机构的日常管理活动大部分都是执法活动。

2. 行为效力仅制约特定的管理相对人

社会医疗保险法执法是一种具体的行政行为。它是针对具体的管理相对人做出的具体行政行为，而不是一般的行为规范，即其行为效力仅制约特定的管理相对人，并不具有普遍适用性。这与作为抽象行政行为的卫生行政立法行为有明显的区别。

3. 由国家强制力引起法律后果

社会医疗保险法执法是由国家强制力引起法律后果，即形成行政法律关系的行为。其主要内容是社会医疗保险法执法部门依法对相对人的权利与义务发生影响，包括两方面内容：一是社会医疗保险法执法机构依法作出决定，采取措施，直接影响相对人的权利与义务；二是社会医疗保险法执法机构对相对人行使权利和履行义务的情况进行监督检查。

4. 具有一定程度的裁量权

社会医疗保险法执法的主体有权对违法者给予制裁和处罚。

5. 运用行政法制手段和卫生技术手段

社会医疗保险法执法是医疗保险管理部门运用行政法制手段和卫生技术手段依法对管理相对人实施监督管理的活动。它除了具有行政执法的一般特征外，还具有以下三个特征：

（1）科学技术性。社会医疗保险法执法是一种带有很强的医学卫生专业技术特征的行政执法行为。其在执法手段上表现为医学卫生技术手段与行政法制手段相结合；在执法方式上表现为业务管理、专业指导和监督执法相结合；在实施执法行为时，对“许可”和“禁止”、“合法”和“违法”的判定，除适用有关的卫生法律、法规和规章外，相当一部分依照大量的卫生标准和卫生技术规范。

（2）时效性。社会医疗保险法执法活动具有很强的时效性，这是因为该项工作经常面临突发性事件。例如，当发现某一医疗机构的次均住院费用明显高于同类医院平均水平时，就必须及时对其进行检查，寻找原因，防止社会医疗保险基金的流失。

（3）社会性。社会医疗保险是一项涉及社会方方面面的系统工程，只有在政府的统一领导下，在社会各部门、各单位和全体公民的积极参与下，社会医疗保险制度才能顺利运行，社会医疗保险的法律、法规才能顺利实施。

（三）社会医疗保险法执法的基本原则

社会医疗保险法执法的基本原则，是指贯穿于社会医疗保险法执法过程中各个环节、指导并决定一切社会医疗保险法执法行为的基本法律准则。社会医疗保险法执法的基本原则是一切社会医疗保险法执法活动所必须遵守的共同准则。

社会医疗保险行政管理的特性，决定了社会医疗保险法律规范的广泛性、多样性、复杂性和专业性。但是，各种社会医疗保险法律规范所体现的基本精神是统一的。在社会医疗保险法执法过程中，执法行为虽然千差万别，但它们都不得违背某些基本精神，必须要遵循某些共同的准则。只有把握了社会医疗保险法执法的基本原则，才能准确、有效地执行和运用这些法律规范，并监控执法机关的执法行为。

1. 合法性原则

合法性原则是指所有社会医疗保险法执法机关，必须依法行使监督管理职权，按照社会医疗保险法律规范确定的内容与程序对社会医疗保险管理相对人实施监督管理。也就是说，合法性原则要求社会医疗保险法执法机关、执法人员及其执法行为必须合法。在我国，合法性原则是社会主义法制原则在社会医疗保险法执法中的具体体现。

具体而言，合法性原则包括以下几项内容：

（1）社会医疗保险法的一切执法机关必须严格执行社会医疗保险法律规范，任何执法权的行使必须有法律依据，即在法定范围内行使职权。

（2）社会医疗保险法的一切执法机关和执法人员都不得享有社会医疗保

险法律规范规定以外的特权。执法机关在行使社会医疗保险法律赋予的职权时，不得超越权限，滥用职权。在依法采取强制性措施和依法作出行政处罚时，处罚和强制性措施必须在社会医疗保险法律规范规定的幅度以内，严格按照社会医疗保险法的法定程序进行。

（3）社会医疗保险法执法机关的违法行为自其发生时起，就不具有法律效力，违法的社会医疗保险法执法机关必须承担相应的法律责任。

（4）社会医疗保险法执法机关必须接受国家行政法制监督，违法的社会医疗保险法执法机关必须接受管理相对人的申述和服从人民法院的审判。

2. 合理性原则

合理性原则又称适量原则。社会医疗保险行政管理的目的主要是调整人们在社会医疗保险活动中形成的社会关系，以最大限度地保障和提高人们的健康水平。合理性原则的内容主要包括以下几项：

（1）社会医疗保险法执法机关的自由裁量权必须在法定的幅度内，并且要合理、合情和适当，以避免执法行为内容上的不合理和失当。

（2）不合理、不适当的社会医疗保险法执法行为是不当行为，包括显失公正、自由裁量不当、不符合管理惯例、不符合传统或违背公众意志等行为。社会医疗保险法执法不当会给国家造成直接经济损失，给集体和个人的合法权益带来损害。因此，上级行政机关和司法机关应依法对社会医疗保险法执法过程中的不当行为予以纠正。

（3）社会医疗保险法执法机关既负有监督检查的职责，又负有业务指导的职责。因此，社会医疗保险法执法机关在进行执法行为时，要遵循“教育帮助”与“处罚强制”相结合的原则，自始至终贯穿说服教育和指导帮助，使犯错误者能够认识错误、吸取教训、避免再犯。但对明知故犯、屡教屡犯的对象，则要依法予以惩处。

（4）社会医疗保险法执法机关实施社会医疗保险法执法行为的程序必须客观公正，应当避免社会医疗保险法执法人员从事与其本人有利害关系的执法行为，即适用“回避制度”。

3. 统一领导、分级管理的原则

统一领导、分级管理的原则要求社会医疗保险法执法权的实施必须统一，以避免社会医疗保险法执法过程中出现矛盾和不协调的情况。这一原则包括两项内容：

（1）社会医疗保险法执法权的统一。社会医疗保险法执法权应由社会医疗保险法的执法机关统一行使，在组织结构上，全国社会医疗保险法执法机关的行政职权应该是统一协调，综合管理。如我国《宪法》第 89 条、第 107

条和108条规定，国家行政权由国家行政机关统一行使，其他社会组织非经法律授权或政府授权，不得行使行政职权。

（2）社会医疗保险法执法机关内部管理与外部管理的统一。这是指社会医疗保险法执法机关实行下级服从上级的管理原则。各级社会医疗保险法执法机关按纵向管理层次划分职责权限，实行分级管理。社会医疗保险法执法人员在外实施执法行为时，必须与社会医疗保险法执法机关的决定保持一致。

4. 公开原则

社会医疗保险法执法的公开原则是指除社会医疗保险法律法规另有规定外，社会医疗保险法执法机关的外部行政行为及行政程序应一律公开，以示公正和公平。

本章小结

社会医疗保险法是国家为了维护社会医疗保险的正常运行，规范社会医疗保险制度当事人之间权利与义务关系而颁布的各种法律规范的总称，也是调整社会医疗保险中存在的各种社会关系的法律规范的总称。社会医疗保险的当事人涉及参保人、参保单位、定点医疗机构、定点药店以及医疗保险管理机构。社会医疗保险法体现了保险人、投保人、被保险人和受益人间的相互关系。

社会医疗保险法主要包括医疗津贴、医疗待遇和生育保险三方面的内容。社会医疗保险法规定了医疗保险的医疗服务机构、管理机构和监督机制；规定了医疗保险基金的来源、筹集方法、偿付标准和管理办法；规定了医疗保险关系中各方的法律责任以及司法制度等内容。

我国现阶段社会医疗保险法具有以下特点：以实现所有公民的物质帮助权为宗旨；信息的不对称性；权利与义务的非对等性；法律规范的可变动性。我国社会医疗保险法的作用体现在保证社会医疗保险制度的顺利实施；规范和调整社会医疗保险中的各种利益关系；提高社会医疗保险制度的公平性。我国制定社会医疗保险法的必要性体现在保证每个公民获得基本的人权保障；保证社会医疗保险基金的来源长期、稳定；转变人们的医疗消费观念，合理使用卫生资源；保障广大劳动者的基本医疗需求；协调好各方利益关系，保障社会医疗保险系统正常运转等。

社会医疗保险法律关系是指社会医疗保险法确认和保护的、具有权利与义务内容的具体社会关系。社会医疗保险制度各主体间的权利与义务关系，即保险人、投保人、被保险人以及受益人之间，因医疗保险费的缴纳、偿付，医疗保险基金的管理和监督所发生的权利与义务关系。社会医疗保险法律关系的构成要素与其他法律关系一样，由三部分构成，即医疗保险法律关系的主体、内容和客体。医疗保险法律关系三要素具有自身的特殊性。

社会医疗保险法涉及的相关法律有社会保障法、保险法、劳动法与劳动合同法、合同法等。社会医疗保险立法首先应阐明社会医疗保险制度的基本原则和目的，再对医疗保险法律关系主体的范围和主体权利、义务所涉及的内容作出具体规定，包括：社会医疗保险法律制度的调整对象；社会医疗保险法律的适用范围；社会医疗保险基金的筹集范围、筹集比例和筹集方法；医疗津贴偿付条件、标准和期限，医疗待遇的偿付项目、方法和比例；社会医疗保险管理机构和职责；社会医疗保险基金的管理规范和监督原则；社会医疗保险合同的内容及合同的订立、变更和消失等。

社会医疗保险合同是保险人（医疗保险机构）与医疗服务提供机构就医疗保险受益人的疾病治疗待遇签订的协议。社会医疗保险合同的内容一般包括：医疗服务期限，医疗服务项目和质量，医疗服务费用的偿付方式和标准，双方当事人的权利、义务和责任以及违约的责任。

社会医疗保险法制定的基本原则是全员参保原则、权利与义务相结合原则、医疗保障水平与经济发展水平相一致原则、统一性与多样性相结合原则。社会医疗保险法的立法程序包括法律议案的提出与起草、法律草案的审查与讨论、法律草案的审议与通过、法律的颁布。

社会医疗保险法的执行是指由国家机关执行、适用社会医疗保险法律规范，使社会医疗保险法律规范在社会中得以实施的一切活动。社会医疗保险法执法的基本特征有代表国家实施管理和监督；行为效力仅制约特定的管理相对人；由国家强制力引起法律后果；具有一定程度的裁量权；运用行政法制手段和卫生技术手段。社会医疗保险法执法的基本原则是合法性原则，合理性原则，统一领导、分级管理的原则以及公开原则。

复习思考题

1. 结合我国社会医疗保险的实际情况，怎样理解社会医疗保险法的特征和作用？

2. 试述社会医疗保险法律关系中各主体间的权利与义务关系。

3. 根据社会医疗保险法制定的基本原则，简要阐述如何构建中国特色的社会医疗保险法。

4. 试述社会医疗保险法的立法程序。

5. 试述社会医疗保险法执法的基本特征和基本原则。

案例讨论 1

医院骗保“屡查屡骗”凸显监管乏力[①]

近期，安徽省蚌埠市传染病医院集体骗保事件被新闻媒体曝光后，合肥市又通报了一批骗保医院。从通报的情况看，大部分医保定点医院都不同程度存在骗保现象，不少医院甚至是屡次被查，屡次骗保。

安徽省一些医保管理干部说，医院骗保现象在全国各地不同程度地普遍存在，近年来有愈演愈烈之势，此风不刹，医保基金的安全令人担忧。

医保基金安全形势日趋严峻

医疗保险基金运行的基本原则是“以收定支”，通俗地说就是收多少用多少。“骗保”挖出的窟窿有多大？从安徽省一些已经查实的案件看，这些“蛀虫”们的胃口简直就像个无底洞。

仅今年以来，蚌埠传染病医院就骗保 32.67 万元。而据蚌埠市卫生局调查，该医院从 2003 年 4 月后，就“为解决因重大疫情导致医院业务收入锐减的问题，偿还医院自筹资金新建病房楼的债务压力，采取错误的方式，挂床收治医保住院病人，违规套取医保基金”。安徽省劳动和社会保障厅医疗保险处处长童宗伦说，该医院的实际骗保金额肯定不会只有 32.67 万元，有关部门组成的联合调查组正在医院深入调查取证。

据安徽省劳动和社会保障厅初步统计，2005 年，安徽省医保管理部门查处了 8 000 多人次的骗保行为，从“医保蛀虫”们的嘴中夺回了 1 800 万元医保基金。

“骗保”在部分医院成了“领导行为”

骗取医保基金违法违规，严重损害群众利益，可在部分医院这种违法行为却成了“领导行为”。

根据安徽省卫生厅的通报，近期暴露的安徽蚌埠传染病医院骗保事件，是一起以医院领导为主体、该院医护人员普遍参与的群体性违规事件。

根据安徽省劳动和社会保障厅的初步调查，仅今年以来，该医院就以多种方式骗保 113 次，套取医保资金 32.67 万元，全院 73 名医务人员参与骗保。

① 案例来源：经济参考报，2006—06—23

在蚌埠传染病医院暴露出骗保事件后，合肥市劳动和社会保障局公布了今年一季度的医保违规情况：合肥市目前约有 90 多家医保定点住院医院，而今年一季度，其中 62 家医院有违规套取医保基金行为，涉及金额高达 177 万元，有关部门对违规情况较严重的部分医院进行了公开点名曝光。

合肥市第一人民医院一季度分解出院 78 人次。安徽中医学院第二附属医院分解出院 14 人次。合肥市八院一季度降低入院标准 29 人次。包河区人民医院一季度降低入院标准 18 人次。东南骨科医院 2005 年 12 月 28 日因挂床住院降低入院标准受过黄牌警示，但一季度检查时仍存在挂床住院现象；蜀山区人民医院在多次检查中存在挂床住院、出院病人无病案记录等现象，整改后仍不到位。

安徽省医保管理部门的有关负责人说，现在医院骗保主要有两种方式：挂床和分解出院。大医院采取分解出院的方式骗保较多，小医院采取挂床的方式骗保较多。所谓挂床就是参保人员并没有住院治疗，但医院编造病人住院治疗的一系列假病历、假治疗项目，并向医保部门申请报销，从而牟利；所谓分解出院是指参保病人确实生病住院，但医院不一次性将其治好，而是分成几次治疗，让病人反复住院出院，从而牟利。

医保基金的“水龙头”为何拧不紧?

安徽省一位医保管理专家这样形容医保制度：“医保基金就是储水源，医保管理就是一个水龙头，而参保群众则是在水龙头下接水吃的人。”如果这个水龙头拧不紧，骗保医院就会把本该百姓喝的水偷吃了。

“屡查屡骗”，医院为什么既无悔改之心也无惧怕之意？一位业内人士说，最关键的原因在于监管部门对违规医院只能“摘牌不摘帽”，说穿了就是监管部门对被监管单位没有威慑力。

虽然医院骗保大多是在医院领导默许甚至故意组织下发生的，但医保管理部门却很难对这些违法违规的医院领导进行处理。原因在于医院的管理不属于社保部门职责，如果要采取相应措施，医保管理部门就得和其他部门协调，其结果大多是不了了之。因此，不管是社保部门内部通报，还是公开曝光，最后还是出现“你曝你的光，我做我的官”现象。

按照有关规定，发现医院违规，社保部门可将其医保定点医院取消。童宗伦说：“有的县只有一所像样子的医院，将其摘牌后，参保病人到何处看病？在城市中，人们看病大多会选择大医院，这些医院也存在骗保现象，可是将其摘牌了，参保病人看病就会不方便。”

牌子难摘掉，乌纱帽也拿不掉；监管部门只有医保基金这根“胡萝卜”，却无有威慑力的“大棒”，医院为什么要怕，有什么可怕？于是，不少医院院长亲自上阵，医务人员集体“配合”，骗保之风愈演愈烈，几乎已成医疗界又一公开的“潜规则”。

加强监管遏制医院骗保

这么多医院反复进行骗保，实际上已经为监管部门清楚地指出了漏洞之所在，堵住这些漏洞，是监管部门不容推卸的责任。

骗保事件频发，对医保报销的审查机制也提出了新的课题。医保报销的审查机制大致分为两种，一是包干制，二是细目审查制。由于医保报销的人员众多，在我国现有的情况下，很难做到对每一位医保病人的治疗情况进行逐一的细目审查，全国大多数地区实行的是包干制，即医保办根据各个医保定点医院的人均住院费用，向医保定点医院拨付相关费用。

有关医保管理专家认为，包干制虽然较好地解决了医保基金透支风险，但却给挂床和分解出院等骗保方式留下了空间。

案例讨论 2

加强医保法制建设，实现医保可持续发展①

当前，社会保障尤其是医疗保障成为制约经济社会发展的重要因素，百姓的看病难、看病贵等民生问题受到前所未有的关注，基本医疗保险的地位和作用变得更加突出、更加重要，同时其所承担的使命和压力也更加沉重。如何在保证基金安全的前提下，充分发挥保障功能，长期有效满足越来越多的参保人的基本医疗需求，维护其医保权益，是摆在基本医疗保险面前的必解之题。

在分担参保人因疾病所致经济风险的同时，由于医疗保险固有的特性和所处的环境，其本身也面临诸多风险。这些风险有客观的，也有主观的；有法律的，也有道德的；有政策的，也有管理的。要规避各种风险，实现基本医疗保险的可持续发展，需要我们以理性的思维和发展的眼光去观察医疗保险所处形势、去探求医疗保险的发展趋势，需要我们以全新的视角重新审视医疗保险内外关系，需要我们以更加审慎的态度去认识并改变我们的政策及管理行为。

三种矛盾——基本医疗保险制度面临的形势和挑战

面对“十一五”规划的人人享有医疗保障的要求，医疗保险必须扩大覆

① 案例来源：于瑞均. http：//www. yibaocx. com/communionv. aspx?

盖范围，必须从当初国企改革的配套地位，逐步转变为独立的医疗保障体系，必须从临时措施改变为长期战略。地位和作用的转换使得原本没有解决的矛盾变得更加突出。从制度建设之初，医疗保险就面临三大矛盾，也正是这三大矛盾造成了医保风险，客观上阻碍着医保的持续发展。

一是自然科学与社会科学之间的矛盾。医疗保险是社会保障的一部分，属于社会科学范畴，其管理理念和管理方法都遵循社会科学的一般规律，而医疗服务和药品这两个医疗保险的重要载体却属于自然科学领域，尤其是提供医疗服务的医生具有天然的垄断性，如何实现两者的有机结合，是医疗保险取得突破的关键。

二是公益民生与市场竞争之间的矛盾。作为改善民生的重要手段，医疗保险强调公益、公平。而药厂却要遵循市场规则，医院也越来越趋向市场，注重以竞争谋求发展。在医疗卫生体制和药品流通体制改革还没有取得突破性进展的情况下，医疗保险又必须扩大范围，提高保障水平，如此孤军深入，以公平对竞争，以公益对市场，势必造成基金的压力，极大冲击费用的筹集和分担机制。

三是有限资金与无限需求之间的矛盾。人口老龄化对于像天津这样采取在职缴费的地区形成很大压力，2005 年年底，天津城镇职工基本医疗保险缴费人口中在职和退休的比为 1.53：1，2006 年虽有所提高，但也只是维持在 1.62：1，如此高的比例，必然是医疗需求水平节节攀升，基金调控空间缩小。加上屡禁不止的过度需求和过度服务，有限资金和无限需求之间的矛盾从根本上制约了医疗保险的发展。

在解决了费用筹集和分担问题后，基本医疗保险已经初步摆脱了公费医疗和劳保医疗的困境，但三对矛盾所带来的风险时刻考验着医保支付能力、结算方式和经办水平，对医保基金形成直接冲击。总结起来，这些风险主要有客观上的人口老龄化、主观上的过度消费、法律上的责任缺位、道德上的欺诈骗保、政策上的监管乏力、经办上的方式落后。要化解风险、调和矛盾，必须运用法律手段，理顺医疗保险关系，建立责任体系，加强诚信建设，创新工作方法，提高管理水平，规范执法行为，加快推进医疗保险法制建设。

法、势、术——三驾马车推进医保可持续发展

法律是社会发展的产物，直接反映社会经济生活条件。法律是社会制度之一，通过对社会实行高度有效控制，维护社会文明，推动社会变革。法制是现代文明的重要标志，没有法制建设不足以保护经济社会发展成果，没有法制建设不足以规避经济社会发展的风险，没有法制建设不足以促进经济社会协调发展。作为社会保障的基本制度之一，医疗保险要实现可持续发展，在保证基金安全的前提下，最大限度地发挥基金的效能以保障参保人的医疗需求，必须实现法制化，综合运用法律手段调整医疗保障关系，确立法制理念，提高立法层次，树立法律权威，理顺法律关系，健全责任体系，提升执法水平，规范执法行为。以法树权威、以法促诚信、以法保和谐，实现法

(法律)、势（氛围）、术（机制）三者的有机结合，是保证医疗保险可持续发展的不二选择。

一、确立医疗保险法制权威

确立医疗保险法制权威要提高立法层次。到目前为止，有关医疗保险的最高效力的规范性文件是1998年12月发布的《国务院关于建立城镇职工基本医疗保险制度的决定》(国发［1998］44号)，天津在2001年开始医疗保险的社会统筹，几年来，多种制度相互补充，适应不同用人单位参保需求的多层次医疗保险体系框架基本形成。但最高效力的文件仍是2001年市政府颁布的《天津市城镇职工基本医疗保险规定》，其余近百件的规定多是市劳动保障局的规范性文件。而失业、养老、工伤等保险均有国家行政法规和地方行政法规。医疗保险立法层次之低可见一斑。这当然与启动时间最晚、关系主体最多、技术成分最复杂有很大关系。但立法层次低的负面影响也是显而易见的，一方面缺少法律权威，不能形成强制力，对违法违规行为缺乏制约手段；另一方面造成政策、管理、结算等环节职责不清，职能错位现象时有发生。尽快着手制定《天津市医疗保险条例》，确保医疗保险运行的法制化、规范化。

确立医疗保险法制权威要理顺法律关系。以三个基本主体为例，政府是基金的征收者，也是基金管理者；参保人是医保资金的缴纳者，也是医疗服务的享受者；医院是医疗服务的提供者，同时负担一定的管理职能（如监督医保病人依法就医)，也是医保的受益者（基金已经成为医院的主要收入来源)。理顺医保法律关系就是要明确关系各方的主体地位，明确各自的角色，厘清并界定相关各方的权利义务，并以法律的形式加以固定，用法律的权威和强制力保持这种关系的持续稳定和谐。

确立医疗保险法制权威要建立责任体系。没有责任规定，不足以震慑违法人，不足以制裁违法行为，不足以补偿基金损失。从医疗保险的基本原则出发，需要在费用分担上强调政府的有限责任、医院的社会责任和参保人的自我保障责任。在费用管理上强调政府监管和科学管理责任、医院规范行医责任和参保人规范就诊责任。

政府的有限责任是医疗保险基金安全原则的体现，要用有限的人力、物力、财力解决群众“最关心、最直接、最现实”的问题，同时强调医疗保障形式的多层次和多样化，在医疗保险之外建立医疗救助制度，形成多层次的医疗保障体系。医院的社会责任是指医院必须重视市场角色之外还有公益角色，充分考虑社会需求，尽力承担社会责任，努力实现自身的可持续发展。不能单纯以营利为目的、惟利是图、竭泽而渔。参保人的自我保障责任是费用分担机制的体现，必须吸取公费和劳保医疗经验教训。

二、营造医疗保险法制环境

良好的法制环境是贯彻医疗保险政策法规的必备条件，只有保证法律关系各方医保信息和权益的对称，才有可能实现相互促进、良性互动。坚持正面宣传，倡导诚实信用，创造和谐氛围。坚持不懈搞好普法，广泛普及医疗保险知识，深入宣传医保法制理念，提高全社会医疗保险法律意识；积极引导医保法律关系各方有序参与医疗保险法制建设，通过社会组织、新闻媒体等渠道组织群众、启发群众、群策群力；对违法违规行为予以坚决打击，形成震慑，对诚信守法的行为予以大力表彰，张扬公平、正义。

三、丰富医疗保险法律手段

理论研究、工作方法和队伍建设是建设医疗保险法制不可缺少的手段。

加强理论研究。包括对医疗保险法制建设中遇到的各层面问题进行探讨，比如医师违规责任如何承担，是医师承担，还是医院承担；还包括对医疗行为及医疗经营行为规律的探索，比如执行总额预付结算方式的医院在限额之外可否拒绝收治医保病人。对结算方式的研究是重点。科学合理的结算方式一要规避医疗行为、医疗经营行为和医疗消费行为带来的风险；二要保证医院的正常运转；三要保证医疗水平和质量不能降低。也就是说结算要盯住基金，但也要盯住医疗质量和医院发展。

创新工作方法。包括继续丰富诚信考评手段，完善考评指标，梳理考评程序，建立考评队伍，加强日常考评；包括加大监管力度，建立日常巡查机制、重大事项备案机制、责任追究机制；包括规范执法行为，透明经办管理，做到公开、公正、公平；包括建立医保纠纷调处机制；包括多部门联合管理。

狠抓队伍建设。包括政策、经办、医院等几支队伍的职能定位，政策队伍主司监管，经办队伍主司结算，医院医保科主司规范医疗行为；包括加强队伍培训，努力提高队伍理论、政策和管理水平；包括队伍稳定，建立医保工作积极性的调动机制。

强调公益、保障民生是医疗保险的终身使命。如果我们把医保、医疗、药品比作一个生态系统的话，三者绝对不是孤立存在的。要实现医疗保险的可持续发展，必须实现三者的和解与和谐，必须以法律手段巩固发展成果、维系三方关系，医疗保险法制建设必须成为社会的共识和努力的方向。

案例讨论 3

关于加快我市医疗保险制度法制化建设的提案①

提案单位：农工党大连市委

医疗卫生事业涉及千家万户，是社会稳定和社会和谐的重要基础和因素。几年来在市委、市政府的正确领导下，我市医疗保险工作克服各种困难，逐步建立了完善的医疗保障体系，职工参保率大幅度提高。到目前为止我市参

① 案例来源：2007 大连两会委员提案. http：//www.liaoning.xinhua.org/ztjn/2007－01/16/content_9058908.htm，2007.01.16

保人数为 190 万人，市本级有 125 万人参加医保。管理手段和规章制度也逐步完善，职工的基本医疗需求得到了保障。但在医疗保障的具体实施中，仍然存在筹资难、费用超标等诸多难题。为此，我们建议：

1. 管理与办理职能分开

长期以来医疗保险一直是在政府部门的行政法规和行政文件下实施，这种将医疗保障体系建设置于政府行政体系内部的做法限制了医疗保障体系建设中社会力量的广泛参与，虽然在实施中降低了行政成本，方便调整，但却难以保证政策的连续性和实施的稳定性，医疗保险应游离于政府管理之外，应以第三方购买者的身份参与。

2. 尽早出台《大连市医疗保险管理条例》

我市有多年管理医疗保险的经验，应尽早制定《大连市医疗保险管理条例》，以确保基金收缴、运营有法可依，用法律约束参保人和医疗机构，真正实现医疗保险制度的可持续发展。

3. 建立多层次保障机制

我市的医保政策仅在筹资比例上有所不同，在医疗结算上是相同的。这影响了经济状况较好的单位参保的积极性，若在结算上按不同险种给予不同的结算方式，保险人可根据经济能力参加相应的保险，以满足特殊人群的较高医疗需求。

4. 建立医疗保险基金风险预测、预警、监控机制

目前，我市医疗保险的基金扶养比（在职：离退休人员）为 2.15∶1，负担较重，扶养比的下降造成交付基数降低，支出医疗费用增加。因此，必须建立医疗保险基金风险预测、预警、监控机制，以确保我市医保制度的正常运行。

5. 调整企业离休人员的医疗保险政策

我市企业离休人员大约有 8 000～10 000 人。他们在社会上有一定的地位和影响力，是社会稳定的重要部分。目前我市虽然开展了企业离休人员的医疗保险，但资金结算的缓冲能力极差，灵活性不够，因而矛盾也较突出。政府应给予一定的资金保障，同时将企业离休人员纳入全市基本医疗保险中，在结算政策上给予特殊政策。

6. 对低收入人群的医疗保障应给予更多关注

对低收入人群应给予医疗保险上的政策和资金的支持。农民工的医疗问题应该在用人单位上有更强制的法律保障和政策支持。

第九章

社会医疗保险的管理与监督

■学习要点

通过本章的学习，掌握社会医疗保险管理中的行政管理、经办机构管理和基金管理，了解社会医疗保险的信息管理，掌握社会医疗保险用药、诊疗及设施管理和定点医疗机构管理以及医疗费用偿付办法管理，熟悉我国社会医疗保险服务管理中“三、二、一”管理方法，了解社会医疗保险参保人管理，掌握社会医疗保险监督。

■关键概念

社会医疗保险管理　社会医疗保险经办机构

社会医疗保险基金管理　社会医疗保险管理信息系统

“三、二、一”管理方法　定点医疗机构　定点零售药店

社区卫生服务　社会医疗保险监督

社会医疗保险管理，是指通过社会医疗保险机构和一定的程序，采取一定的方式、方法和手段，对社会医疗保险活动进行计划、组织、指挥、协调、控制及监督的过程。社会医疗保险管理按照管理内容可以分为行政管理、经办机构管理、基金管理、信息管理、服务管理等；按照管理层次可以分为国家的宏观管理和社会医疗保险机构的微观管理。①

我国社会医疗保险实践中一般将社会医疗保险管理分为社会医疗保险制度管理、社会医疗保险目录管理、社会医疗保险定点机构管理、社会医疗保险参保人管理四个部分。其中，社会医疗保险制度管理涵盖了国家宏观管理中的行政管理以及社会医疗保险机构微观管理中的医疗保险经办机构管理、基金管理、信息管理等内容。另外，社会医疗保险机构微观管理中较为复杂的是社会医疗保险的服务管理，它包括目录管理、定点机构管理、参保人管理三部分内容。

▶第一节　社会医疗保险制度管理

一、社会医疗保险行政管理

社会医疗保险的宏观管理，是从国家和社会的角度进行管理。在宏观上应该由政府行使社会医疗保险的管理职能。

（一）政府行使社会医疗保险行政管理职能的原因

公共经济学中将公共产品分为纯公共产品和准公共产品。公共产品的基本特征为效用的不可分割性、消费的非竞争性与非排他性。公共产品的特性使得在完全竞争的市场经济中存在个人“搭便车”的行为，使私人企业失去提供公共产品的动力。政府作为公权机构自然要担负起提供公共产品的责任和义务。当然，政府提供并非意味着一定要由政府组织生产，政府可以采取购买私人企业所提供的服务和产品的途径来为大众提供公共产品。

社会医疗保险是一种公共产品，市场在提供作为公共产品的医疗服务时往往显得效率低下或无能为力，政府的介入就成了自然或必然的结果。“但政府介入绝不等于政府可以替代企业来提供公共产品，更不能取代公共产品的市场。”例如，在社会医疗保险体系中，医疗服务由定点医疗机构来提供，然

① 仇雨临，孙树菡．医疗保险．北京：中国人民大学出版社，2001.125

而这并不意味着政府不介入这个方面，相反，定点医疗机构、社区服务机构等医疗服务提供机构需要政府进行严格的管制。具体来看，政府行使社会医疗保险行政管理职能的原因有以下几点①：

1. 卖方垄断权利的存在

医生作为医疗服务供给方相对于患者具有垄断的权力，而患者由于医疗知识的缺乏处于被动、从属的地位。当患者去看病时，由于心理和生理上的不适，变得更加被动，更加依赖医生。作为“经济人”的医生往往是理性的，他通过估计每种结果实际发生的可能性及其效用，来估价他行动的预期效用，追求利益最大化，而患者一方却没有办法约束医疗服务供给方以保护自己的利益。在这种医患双方不平等的情况下就需要政府干预。

2. 效用外部性的更好实现

从社会角度来说，社会医疗保险不仅有利于患者本人尽快康复，还有助于防止疾病扩大影响范围。社会医疗保险为个人接受治疗提供一定的物质帮助，既使其不会因为缺钱而放弃治疗，又能在一定程度上弥补疾病所带来的收入损失，从而提高个人接受预防和主动治疗的积极性。如果每个社会成员都能积极关注疾病的预防和治疗，那么就能较好地控制疾病的传播，从而降低所有社会成员患病的概率，这种效用外部性加强了社会医疗保险的必要性。政府通过提供物质帮助来介入社会医疗保险领域，不仅可以减轻个人的医疗费用负担，而且能够促进效用外部性的更好实现。②

3. 信息不对称的校正

社会医疗保险涉及医疗服务提供机构、医疗保险机构和患者等多方利益主体，不同主体之间建立起相应的经济联系，同时也需要较多的信息交流。由于社会医疗保险领域中的相关信息具有较强的专业性和完备性，所以由信息不对称导致的逆选择和道德风险现象非常普遍，而改变这种状态的难度也很大。

信息不对称是指相比其他利益主体，医疗服务提供机构对患者的疾病信息和治疗信息最为清楚。在医疗服务的提供与经济利益挂钩的情况下，医疗服务提供机构有诱导患者过度消费医疗服务的冲动，从而造成整个社会医疗资源的浪费。为了减轻信息不对称带来的负面效应，维护相关主体的利益和提高医疗资源的利用效率，行政引导和政府监管必不可少。

政府监管可以降低得到信息的成本，特别是以下两种情况：一是医疗服务提供者通过使患者上当受骗而获得高额利润时，患者通过民事法庭得到赔

---

① 许正中．社会医疗保险：制度选择与管理模式．北京：社会科学文献出版社，2002.151～154

② 高伟凯，邢伟．和谐社会与基本医疗保障制度中的政府职能转变．宁夏社会科学．2007，3

偿的成本比政府监管的成本要高。二是患者很难对所获得的医疗服务的信息作出适当地评价，犯错误的代价很高。例如，患者对于某些疾病的治疗方法了解甚少，他们既没有足够的信息去选择医疗服务提供者，又没有能力评估他们的医疗服务情况，因此需要通过政府监管来保护患者的利益。

4. 第三方付费情况的存在

政府监管社会医疗保险更深层次的原因是，当患者自己不付费或很少付费，全部或大部分费用由社会医疗保险机构作为第三方来偿付时，会导致社会医疗保险运作的低效率。这是因为由医疗保险机构来偿付医疗费时，患者不会产生节约费用的动力，他们一般会选择价格较高的医疗服务以期望获得更高质量的服务。与患者自己直接付费购买医疗服务的情形相比，医疗价格对逆向的市场行为缺乏灵敏度，这种情况使得医疗服务提供者（医生）对医疗服务市场拥有垄断权，并导致医疗服务提供的低效率。

5. 弱可替代性

医院、医生和医药行业关乎人的生命和健康，专业性较强，具有较高的进入和退出壁垒，可替代性较弱。

按照马斯洛的“需求层次理论”，生命和健康处于人类需求的最低层次，越是最基本的需求，其可替代性越弱。此外，伴随科技进步，特别是医学发展向分子水平的迈进，医疗服务的专业化在所有行业中最为显著。医疗服务的专业化主要表现为医生职业的专业化、医疗设备的专业化以及医疗产业的专业化。医疗服务的专业化客观上使社会医疗保险中医疗服务的壁垒高于其他产业。但是，技术进步也使医疗服务系统内部趋于同化，促使常规医疗设备普及化和不同医疗卫生单元服务标准化，这一特点使得医院、医生和药厂之间所提供的服务和产品在一定程度上可以相互替代。

弱可替代性决定了在对医疗卫生服务系统管制的制度安排上，既要出于对人类生命健康高度负责的态度，严格社会医疗保险中医疗机构的资格认证和服务标准化；又要积极推进医疗机构之间的竞争，提高医疗机构的服务效率。

（二）社会医疗保险行政管理的类型①

从国外的实践来看，社会医疗保险的宏观管理基本上都是由政府的一个部门统一操作。根据各国的情况，行政管理主要分为两种类型：

1. 社会保障部门（或劳动部门）管理

① 仇雨临，孙树菡．医疗保险．北京：中国人民大学出版社，2001．126

社会保障部门（或劳动部门）管理即社会保障部门（或劳动部门）负责统筹所有社会成员的医疗保险经费，医疗卫生部门则只负责提供医疗卫生服务。这种方式的特点是养老、失业、医疗等社会保险项目由一个部门统一管理。这样，各个社会保险项目之间关系协调，社会保险经费也便于管理和使用；医疗费用管理部门和医疗服务提供部门被分离开来，便于相互约束和控制。

这种管理方式的缺点是，由于社会医疗保险较其他社会保险项目复杂，并且社会医疗保险与卫生部门有着千丝万缕的联系，社会保障部门（或劳动部门）操作社会医疗保险时常常会感到力不从心，对医疗费用难以控制，管理成本较高。

2. 卫生部门管理

卫生部门管理，即卫生部门既负责医疗卫生服务的提供，又负责医疗保险经费的筹集和使用。卫生部门管理可以分为两种形式：第一种是由国家全面承担国民的医疗卫生责任，卫生服务的提供和卫生资源（包括资金）的供给都由国家统一规划，卫生部门只负责贯彻实行。第二种是医疗卫生服务的提供部门和医疗保险的运作部门是互为独立的系统，由卫生部门同时对二者进行管理和调控。由卫生部门管理的方式避免了因医疗保险部门和医疗服务部门相互分离、难以协调而产生的诸多问题。但是，由于医疗保险方和医疗服务方是同一部门，这种管理体制可能会导致某些系统性缺陷，如社会医疗保险的活力不足。

我国原有的社会医疗保险管理体制是卫生部门负责管理公费医疗经费，并由其提供全社会大部分的医疗卫生服务；劳动部门负责管理劳动保险医疗经费，并由其提供部分劳动保险医疗服务。1998 年以后，随着城镇职工医疗保险制度的建立，原有的公费、劳保“双轨”医疗保险制度转变为“单轨”的基本社会医疗保险制度。与此相适应，劳动和社会保障部门成为综合主管全国社会医疗保险的管理部门，改变了过去多头管理的混乱局面。

（三）政府在社会医疗保险行政管理中的职责和作用

在社会医疗保险的宏观管理中，政府的职责和作用主要体现在以下几个方面[①]：

1. 规范社会医疗保险制度的建立

社会医疗保险制度的建立和发展不可避免地要受到政治、经济、文化、

① 仇雨临，孙树菡. 医疗保险. 北京：中国人民大学出版社，2001. 126～127

医疗卫生状况等因素的影响，因此，各国政府都是根据本国的实际情况，对社会医疗保险制度的一些总体特征和总体规则进行设计。

例如，要对社会医疗保险的发展规模、发展速度和发展水平等内容进行整体规划，从而为社会医疗保险制度的建立提供总的依据；要在宏观上把握社会医疗保险制度的发展方向；要以法律的形式对社会医疗保险系统中各方的地位、权利、义务和相互关系作出总体规定。

2. 促进社会医疗保险制度的发展

在社会医疗保险制度建立的过程中，制度涉及的三方主体往往会缺乏自觉性。保险人（社会医疗保险机构）往往由于社会医疗保险的风险大而缺乏积极性；参保人（被保险人）一般比较缺乏社会医疗保险意识和社会医疗保险知识；医疗服务提供方担心失去医疗服务的垄断地位，有时候甚至会产生抵触社会医疗保险的情绪。因此，政府要积极培育和开发社会医疗保险体系，政府的作用表现在对社会医疗保险的宣传教育、政策扶持、经济支持，甚至行政支持。

3. 监督社会医疗保险制度的运行

社会医疗保险制度同其他社会制度一样可能会存在着一些不规则、不正常的因素。例如，医疗服务提供方有垄断医疗服务市场的可能；参保人有不付费或少付费便可享受医疗服务的权利。在这一制度中，社会医疗保险的三方主体之间有相互监督、相互制约的作用，特别是社会医疗保险机构作为保险人在很大程度上可以代表政府对医疗服务提供方和参保人进行监控。当然，社会医疗保险机构本身也需要监控。因此，政府有关部门应该成立专门的机构和组织，建立起一套严格的社会医疗保险监督控制制度，尽可能地减少社会医疗保险制度运行中的各种违规行为，保证社会医疗保险制度的正常运转。实际上，这是政府部门管理医疗保险最主要的日常工作。

4. 弥补医疗市场的不足

在社会医疗保险制度中，医疗服务中的有些问题不能通过市场机制来解决。例如，居民的某些医疗问题（如疾病的预防）不能简单地用社会医疗保险的方式解决；某些人群（如贫困人群）无法参加社会医疗保险。这就需要政府干预以便解决市场失灵的情况，进而促进社会医疗保险制度的健康发展。

二、社会医疗保险经办管理①

社会医疗保险经办机构是指在社会医疗保险系统中具体负责社会医疗保

① 卢祖洵. 社会医疗保险学. 北京：人民卫生出版社，2003. 29～34

险基金的筹集、管理和医疗费用偿付等社会医疗保险业务的机构。从性质上讲，它具有一定的独立自主经营权，并且具有非营利性（非商业性）。

（一）社会医疗保险经办机构的特征

1. 社会医疗保险经办机构属于事业单位或非政府组织

社会医疗保险经办机构是隶属于政府的事业单位或非政府组织。在我国，社会医疗保险经办机构是隶属于劳动和社会保障行政机关的事业单位，它的事业经费不能从社会医疗保险基金中提取，而是由中央及各级财政负担。

社会医疗保险经办机构所从事的医疗保险业务是一项社会公益事业，它不以营利为目的。它代表国家执行社会医疗保险的各种方针政策，在这个意义上它相当于政府的一个部门。在我国，社会医疗保险经办机构是全额拨款的事业单位，其工作人员享受参照公务员的待遇。

2. 社会医疗保险经办机构是独立运营的机构

社会医疗保险经办机构按照国家社会医疗保险的相关法规和政策运作，并接受政府的监督，但在社会医疗保险的运营上基本是独立的。

各统筹地区的社会医疗保险经办机构根据当地的经济发展水平，按照“以收定支，收支平衡”的原则自主确定社会医疗保险实施方案，包括社会医疗保险基金的筹资水平、起付标准、最高支付限额、参保人在起付标准以上和最高支付限额以下医疗费用的个人负担比例、医疗保险费率的设计以及医疗保险的偿付范围等。另外，社会医疗保险经办机构在定点医疗机构的选择和变更方面也有很大的自主权。可以看出，社会医疗保险经办机构在医疗保险业务中具有独立运营的特点。

3. 社会医疗保险经办机构是多学科的综合体

社会医疗保险经办机构的业务管理包括：社会医疗保险基金的筹资、使用、支付与补偿；对定点医疗机构的管理，包括审查医疗保险定点医疗机构的资格、监督其药物和医疗设备的使用、确定医疗费用的偿付方式等；对参保人员和参保单位的管理，了解参保人员对医疗服务质量的满意程度；利用社会医疗保险基金进行有效安全地投资，做到基金的保值和增值。完成以上的医疗保险业务内容，需要综合运用卫生管理学、卫生经济学、社会学、医疗保险学以及金融学等多个学科的知识。

从社会医疗保险经办机构的人员安排来看，社会医疗保险经办机构需要医师、经济师、精算师、保险业务人员、财务审计人员、计算机工程人员以及各级管理人员。因此，社会医疗保险经办机构是一个多学科交融、综合、立体的机构。

（二）社会医疗保险经办机构的分类

根据独立运营程度的高低，社会医疗保险经办机构可以分为以下三类：

1. 政府机构型

政府机构型社会医疗保险经办机构的运行基本按照政府的规定办事，其主要目标是落实政府计划。它们没有独立运营的能力，可视其为政府的派出机构，其机构成员类似于国家公务人员。这类经办机构的运营活动几乎没有风险，运营效果主要取决于行政管理水平。这类社会医疗保险经办机构在世界上所占比例较小，目前我国的社会医疗保险经办机构就属于此种类型。

2. 独立经营型

独立经营型医疗保险经办机构在运营方面基本独立，包括在人事、财务、运营决策等方面都可以自行决定，只是在总体上需要按照政府的相关法规办事，并接受有关部门的监督。这类医疗保险经办机构在财务经营方面自负盈亏，所以存在倒闭的可能。例如美国、荷兰等国的医疗保险经办机构属于此种类型。

3. 中间型

世界上许多国家的社会医疗保险经办机构属于中间型。这类机构一方面接受政府统一的计划安排，另一方面又具有相对独立的运营权，如在一定程度上可以自主决定医疗保险范围、医疗保险费率和运营方式。由于居民可以自由选择医疗保险经办机构，因此医疗保险经办机构之间存在着一定的竞争。这类医疗保险经办机构既可以在实施社会医疗保险过程中保证社会公益性，又可以通过竞争确保较高的效率和较好的效益，因此是一种较为合理的机构模式。

（三）社会医疗保险经办机构与商业医疗保险机构的区别

社会医疗保险从总体上讲是一种非营利性的社会公益事业，因此社会医疗保险经办机构与一般的营利性商业保险公司存在着本质上的区别。

1. 经营目的不同

社会医疗保险经办机构的经营目的是管好用好被保险人的社会医疗保险基金，保障医疗保险基金有能力偿付被保险人的医疗费用。社会医疗保险基金的使用原则是“收支平衡，略有结余”。社会医疗保险基金的结余一般会重新投入基金中，作为后备基金，以增强医疗保险基金抵抗特殊风险的能力。而商业保险公司以营利为目的，商业保险基金的运作不会受到严格限制，商业保险公司可以将利润再投资或者以红利的形式分配。

2. 经营权利不同

社会医疗保险的强制性使社会医疗保险经办机构成为国家政策的执行机构，一些国家社会医疗保险经办机构已成为政府的执法部门之一。社会医疗保险经办机构不可能像商业保险公司那样完全按照市场规律运作，也不具有完全的独立经营权，当然，这也影响了社会医疗保险经办机构发展的活力和运作效率。

（四）社会医疗保险经办机构的组织结构

根据保险的“大数法则”原理，社会医疗保险经办机构的设置应将被保险人的数量考虑进来。一个社会医疗保险经办机构所覆盖的人数越多，其抵抗疾病风险的能力就越强；相反，如果社会医疗保险经办机构的抵抗疾病风险能力不足，则容易造成收不抵支，甚至严重亏损的情况。在社会医疗保险经办机构的设置中，通常有以下几种情况：

1. 以行政区划为单位设置社会医疗保险经办机构

以行政区划为单位设置社会医疗保险经办机构即要求本行政区中所有单位和个人全部（或大部分）作为医疗保险覆盖对象，设立一个统一的社会医疗保险经办机构。实施“计划型医疗保险”方案的国家一般多采用此种方式，如我国大部分地区都采用这种方式。

2. 以行业为单位设置社会医疗保险经办机构

以行业为单位设置社会医疗保险经办机构即以一个行业的劳动者（也可包含劳动者家属）为对象设置社会医疗保险经办机构。这种形式多见于早期的社会医疗保险组织。

3. 依据市场需求设置社会医疗保险经办机构

荷兰和美国等国家采用这种“市场型医疗保险”方式。在这种情况下，社会医疗保险经办机构的设置首先还是以地区为基础，但被保险人不一定包括区域内的所有人群（或大部分人），同时也不限于本地区的人群。社会医疗保险经办机构的发展不受行政区域的限制，而是根据市场需求的变化而变化，地区内和地区间的社会医疗保险经办机构能形成较强的竞争态势。

为了承担起全体居民的社会医疗保险责任，社会医疗保险经办机构通常不是一个单独的组织，而是以组织系统（组织网络）的形式存在。此外，各地区的社会医疗保险经办机构还可以在更大的范围内（如省、区、市）形成一个联合机构，成立社会医疗保险中心或联盟。联合机构的作用表现为：一是统筹、协调和指导一个地区内社会医疗保险业务的开展；二是可以形成一个更高层次上的社会医疗保险基金。当某地区社会医疗保险经办机构出现医疗保险费用偿付困难时，可利用这个医疗保险基金维持医疗保险机构的正常运转。这种类似“再保险”的机制对提高社会医疗保险经办机构的抗风险能力非常重要。在社会医疗保险联合机构之上，通常还需要国家有关部门进行管理和调控，这样就形成了社会医疗保险机构的组织网络。

（五）社会医疗保险经办机构的任务[①]

社会医疗保险经办机构的基本任务就是按照国家的社会医疗保险法律法规，有效地开展社会医疗保险业务，保证社会医疗保险体系的正常运转。

这一任务可具体划分为以下几个方面：

1. 参与社会医疗保险有关法律、法规和政策的制定

社会医疗保险经办机构是社会医疗保险制度的直接实施部门，最了解社会医疗保险整个系统的运行情况。因此，当国家要制定社会医疗保险有关的法律、法规时，最需要社会医疗保险经办机构的参与，有的时候甚至是首先由社会医疗保险经办机构拿出方案。

2. 筹集社会医疗保险基金

这项工作主要包括：对社会医疗保险制度的有关指标进行测算和预算；选择有效的资金筹集方式；组织缴纳社会医疗保险费等。

3. 保证医疗卫生服务的提供

社会医疗保险经办机构一般不直接提供医疗卫生服务，但是要负责组织提供医疗卫生服务。其工作主要包括：选择合适的医疗卫生服务提供机构；确定医疗卫生服务的范围和种类；确定被保险人享受医疗卫生服务的方式。另外，还包括组织一些直接的卫生服务，如开展疾病的预防工作、给被保险人提供身体检查和健康教育活动等，这对于提高社会医疗保险的效率和效益是非常必要的。

4. 偿付社会医疗保险医疗费用

偿付社会医疗保险医疗费用是社会医疗保险经办机构日常工作中工作量最大的一项，它主要包括：选择和确定合适的偿付方式；检查审核提供医疗服务的情况等。此外，还包括大量的财务会计工作。

5. 对医疗服务提供方和参保人的监督

在社会医疗保险的运行过程中会出现各种违反社会医疗保险法规和政策的行为，对这些行为的监控是开展社会医疗保险业务不可缺少的一部分。社会医疗保险相对其他社会保险险种而言，涉及的对象较多，因而监督工作也

---

① 仇雨临，孙树菡．医疗保险．北京：中国人民大学出版社，2001．127～128

更加复杂。

对医疗服务提供方的监督包括对医疗服务范围、种类的监督，对医疗服务价格、收费的监督以及对医疗服务水平和质量的监督。对参保人的监督主要是对各种违反社会医疗保险规定的欺诈行为的监督。

6. 社会医疗保险基金的管理和运营

尽管社会医疗保险基金相对于其他社会保险资金周转速度较快、沉积时间较短，但是，从基金的筹集到偿付毕竟有个时间差，为了抵御不可预料的疾病风险，有一部分资金必须积蓄下来。这样就产生了对社会医疗保险基金进行管理的任务。它主要包括：对社会医疗保险基金进行分配、核算、分析，确保社会医疗保险基金的保值和增值。

以上六个方面构成了社会医疗保险经办机构的基本任务。可以简单地概括为：计划、筹资、服务、付费、监督和管理。除这些基本任务外，还包括社会医疗保险就诊手册的制定、“社会医疗保险卡”（IC 卡）的发放和管理、社会医疗保险信息统计与管理、计算机管理以及社会医疗保险科研工作等。

（六）社会医疗保险经办机构的管理原则

1. 加强政府对社会医疗保险系统的调控作用

政府对社会医疗保险的调控是世界上许多国家共同的做法。政府可以通过制定严格的社会医疗保险政策法规、任命社会医疗保险经办机构的主要负责人、制定指令性计划和严格的监督检查等措施，来监督和控制社会医疗保险经办机构的运行。

2. 把握好社会医疗保险经办机构自主运营的范围和尺度

一方面，社会医疗保险经办机构应当有一定程度的自主运营权，如允许社会医疗保险机构有确定医疗保险费率、医疗保险服务范围、医疗保险偿付方式、内部管理等方面的权利，以提高其运营效率；另一方面，社会医疗保险经办机构的自主权也应受到一定的限制，例如社会医疗保险经办机构一般不能随意选择参保对象，避免社会医疗保险经办机构进行“风险性选择”，以保证每一位公民平等获得医疗保障的权利。

3. 社会医疗保险经办机构内部宜实行企业化管理

尽管社会医疗保险经办机构属于非商业性组织，但其内部管理可采用类似企业化管理的方式，即在运营自主权有限的前提下，给予社会医疗保险经办机构充分的内部管理自主权，以提高机构的效率和效益。这种自主权表现在人事及工作人员收入分配的自主权等方面。要避免社会医疗保险经办机构演变成政府的下属部门，出现官僚主义的倾向。

（七）社会医疗保险经办机构能力因素指标体系

社会医疗保险经办机构管理的一个重要方面就是要加强社会医疗保险经办能力建设，经办能力建设是一个综合性课题，涉及职、能、效三个方面，它由一个完整的能力指标体系构成。

从定性、定量的角度构建社会医疗保险经办机构能力因素指标体系，借此衡量、分析、考核、界定社会医疗保险经办机构的业务经办管理绩效是十分重要的。社会医疗保险经办管理的能力要素由人、财、物、医、患、保六个方面构成，完整的社会医疗保险经办机构能力因素指标体系可以由以下五类经办能力因素指标构成①：

1. 社会医疗保险经办机构能力的机构设置因素指标

社会医疗保险经办机构能力的机构设置因素指标是一个体制指标，即政府合理设置社会医疗保险经办管理服务体制，是实现社会医疗保险经办机构管理服务能力的保证。我国现在大部分地区还是以县级以上行政区域为单位设置一个统筹地区，这是社会医疗保险经办机构能力的机构设置因素指标的一种模式。如何确定合适的社会医疗保险经办机构能力的机构设置因素指标，是社会医疗保险经办管理能力建设的一个基础性问题。

2. 社会医疗保险经办机构能力的人员配置因素指标

人员配置因素指标是衡量社会医疗保险经办机构管理能力的重要因素指标之一。人员配备的数量和质量影响社会医疗保险经办机构经办管理的能力。数量要以质量为前提，并与社会医疗保险经办机构经办管理的工作量成正比。从我国参保人数与管理人员的平均比例看，2002—2004 年每个社会医疗保险经办管理人员平均管理服务对象分别为 4 145 人，4 315 人和 4 461 人。由于现阶段我国社会医疗保险参保对象的动态性，社会医疗保险经办机构能力的人员配置因素指标的合理、科学设置将直接影响到社会医疗保险改革的进程。

3. 社会医疗保险经办机构能力的经费保障因素指标

经费保障因素指标直接关系到社会医疗保险经办机构的给养。给养不充分，经办管理能力肯定不足。社会医疗保险经办机构的经费保障，可以按经办管理业务的规模，组合各个业务因素，制定财政拨款标准，也可以直接从社会医疗保险征缴基金中提取一定比例的管理费，并可以结合经办工作业绩进行必要的激励。从我国当前的情况来看，社会医疗保险经办机构的日常经费都是由中央及地方各级财政解决，各个统筹地区的经办机构工作人员经费

---

① 胡伟忠，蒋根清．医疗保险经办管理机构能力建设探讨．见：中国社会保险学会医疗保险分会编．医疗保险优秀论文集（2006）．北京：中国劳动社会保障出版社，2006．498～450

都是根据当地政府财力状况供给，经济条件不同的统筹地区，经费投入相差很大，因此，当前急需制定可执行的社会医疗保险经办机构能力的经费保障因素指标。

4. 社会医疗保险经办机构能力的物质支持因素指标

社会医疗保险经办机构能力的物质支持因素包括经办管理机构的办公场所、办公设施、交通工具等有形物件。这些物质支持因素也直接影响到社会医疗保险经办机构的管理能力，没有现代化信息系统的建设，就无法实现社会医疗保险管理的信息化。

5. 社会医疗保险经办机构能力的协调配合因素指标

协调配合因素的一方面是指社会医疗保险经办机构与定点医疗机构和定点零售药店之间的协调配合情况。社会医疗保险待遇是通过这两个定点机构提供医疗服务和药品来实现的，定点机构对社会医疗保险政策的执行程度和服务质量关系到社会医疗保险经办管理的质量，尤其在目前“医、保、患”三方信息极度不对称的情况下，社会医疗保险经办机构与两个定点机构的协调配合显得尤为重要。

协调配合因素的另一方面是指社会医疗保险经办机构与参保单位和参保对象之间的协调配合情况。参保对象是社会医疗保险的直接参与者和利益受体，除了无单位管理的人员（灵活就业人员、城镇居民等），参保单位是参保对象的直接管理者。参保对象和参保单位对社会医疗保险政策、社会医疗保险文化的接受程度，以及对社会医疗保险制度的配合支持程度等都将对经办管理效果产生影响。

三、社会医疗保险基金管理

社会医疗保险基金管理在整个社会医疗保险管理中是一个非常重要同时又相对独立的部分，是根据国家社会医疗保险相关政策和法规，按照社会医疗保险基金运行的客观规律，对社会医疗保险基金的筹集、偿付、使用、运营进行计划、组织、协调、控制和监督等各项工作的总称。它侧重于医疗保险基金自身的管理，属于价值形式的管理，是一项综合性的管理工作。社会医疗保险基金的管理水平将直接影响到社会医疗保险制度生存与运作的物质基础。[①]

我国现在实行的城镇职工基本医疗保险制度的主体是“个人账户与社会统筹相结合”，其核心内容是将社会医疗保险基金分成两部分：一部分是个人

① 周绿林，李绍华. 医疗保险学. 北京：科学出版社，2006. 77

账户基金，它一般占职工工资总额的3%～4%。原则上，职工个人缴纳的医疗保险费全部纳入个人账户，用人单位缴纳的医疗保险费中30%纳入个人账户。个人账户基金由职工个人使用，主要用来偿付门诊费用。如果发生超支，超支部分由职工自付。社会医疗保险基金的另一部分是社会统筹基金，这部分基金主要来自于单位缴纳的医疗保险费，约占单位缴纳的医疗保险费的70%。统筹基金属于全体参保人，它由社会医疗保险机构集中调剂使用，主要用来偿付参保职工的住院费用，以实现社会医疗保险的互助共济功能。

社会医疗保险基金从筹集到偿付、从管理到使用，本质上是国民收入的再分配过程。它涉及多方经济利益关系的调整与均衡。对社会医疗保险基金的管理，即社会医疗保险费的征缴、偿付、使用和运营都应该建立详细而完善的制度，使社会医疗保险基金的管理科学化、规范化。

（一）社会医疗保险基金的性质与构成[①]

社会医疗保险基金是国家和社会为保障社会成员的基本医疗服务，由医疗保险机构按照国家社会医疗保险法律、法规的有关规定，向单位和个人筹集用于社会成员看病就医的专项基金。同失业和养老保险基金一样，社会医疗保险基金也属于社会保障基金的一种。而建立和运行社会保障基金是国民收入的再分配，因此社会医疗保险基金也具有调节收入再分配的功能。同时，作为社会保障基金的一种，社会医疗保险基金的筹集是强制性的。

与其他社会保障基金相比，社会医疗保险基金有其特殊性，这主要体现在社会医疗保险所承担的疾病风险损失不易测定和人们对医疗服务的消费需求会随着生活水平的提高而增加。这就给社会医疗保险基金筹集标准的测定以及基金的管理带来了一定的困难。因此，国际上通常将社会医疗保险作为一个单独的社会保险项目，将其与养老、失业等其他社会保险项目分开管理，在医疗保险基金的偿付上也较多强调参保者个人的责任。不过这并不影响社会医疗保险的社会保障性质，国家在社会医疗保险中仍然承担着较大的经济责任。

社会医疗保险基金的构成可以从不同角度进行划分：按时间可以分为即期资金和准备金；按用途可以分为医疗补偿金、准备金和管理费；按使用对象可以分为个人账户基金和统筹账户基金。

从实际用途的角度，对社会医疗保险基金可以作以下划分：

1. 社会医疗保险责任准备金

① 程晓明. 医疗保险学. 上海：复旦大学出版社，2003. 70～72

社会医疗保险责任准备金是指社会医疗保险机构为了使医疗保险偿付金额与保险责任保持平衡，根据社会医疗保险法的有关规定，按一定比例从征缴的社会医疗保险费中提取的统筹资金。之所以要提取社会医疗保险责任准备金，是因为社会医疗保险机构承担了未知的疾病风险。因此，为了保持社会医疗保险财务收支平衡，社会医疗保险机构必须从筹集的医疗保险费中提取责任准备金。

2. 社会医疗保险意外准备金或调剂金

社会医疗保险意外准备金或调剂金是指社会医疗保险机构为了应付不可预料的波及较大范围人群的疾病风险所提取的调剂金，或逐年积存的一部分资金。一般情况下，被保险人基本的医疗费用偿付金额可以通过事先的保险精算测算并确定下来，然而对于一些突发性疾病、传染病或自然灾害引起的疾病所造成的危害（如我国 2002 年年底开始流行的“非典”传染病），则难以预测与估算。并且这种突发性疾病、传染病或自然灾害引起的疾病所造成的危害往往比较大，需要消耗巨额的医疗保险补偿金，这将给社会医疗保险基金带来支付危机。为了应付这种突发的“危”“急”“重”的公共卫生问题，增强社会医疗保险基金统筹共济和抗风险能力，需要社会医疗保险部门提取意外准备金或调剂金，以便在社会医疗保险基金偿付困难时使用。

3. 社会医疗保险管理基金

社会医疗保险管理基金即社会医疗保险机构在管理工作和开展社会医疗保险业务过程中所发生的费用。管理费用的控制是降低社会医疗保险成本的关键，必须做到节约开支，精简机构，提高工作效率。如我国 1998 年以前，部分社会医疗保险试点地区规定，社会医疗保险机构管理费的提取比例，一般不能超过实际收取医疗保险基金的 2%。而且，社会医疗保险管理基金提取比例的确定，需要经过社会医疗保险行政主管部门与财政部门审核，审核通过后报当地人民政府批准。

4. 社会医疗保险滞纳金

社会医疗保险滞纳金即社会医疗保险机构因参保单位拖欠或拒付医疗保险费而对其进行罚款所获得的资金。滞纳金可以并入社会医疗保险统筹基金。

5. 社会医疗保险费年度收支结余

随着社会医疗保险制度的推行、实施和社会医疗保险机构的建立，医疗保险费收支结余的管理日趋科学。一般情况下，这部分结余资金可用于充实社会医疗保险统筹基金。

（二）社会医疗保险基金的管理机构

社会医疗保险基金运营部门与社会医疗保险行政部门是分开管理的。在我国，按照国务院规定，地方各级政府都要设立社会医疗保险基金管理委员会或者相应的组织来负责医疗保险基金的运营管理。社会医疗保险基金管理委员会由劳动、人事、财政、审计、卫生等行政部门的工作人员及参保职工代表组成，社会医疗保险基金管理委员会负责指导与监督医疗保险基金的使用情况，并检查和监督社会医疗保险基金积存部分的运营与保值增值情况。

社会医疗保险经办机构作为政府授权的非营利性事业单位或非政府组织，依据社会医疗保险法相关规定，独立行使其运营社会医疗保险基金的职能，负责社会医疗保险工作的正常开展。对这一机构不能多头管理，否则不利于社会医疗保险事业的宏观规划与管理。

此外，社会医疗保险基金应接受财政预算的监督。如我国目前正在建立的医疗保障制度是覆盖全民的医疗保险体系，即通过城镇职工基本医疗保险、城镇居民医疗保险、农村新型合作医疗等三条医疗保障线，从制度上实现城乡居民的全覆盖，而三条医疗保障线都设有医疗保险社会统筹基金。医疗保险社会统筹基金作为国民收入再分配的一部分，应该接受财政预算的监督，财政预算的监督也有利于解决医疗服务利用的不公平问题。

除了财政预算监督，政府部门对社会医疗保险基金的管理任务还包括：参与社会医疗保险基金总体预算的制定；将来源于财政预算中的社会医疗保险基金，按照计划拨付给社会医疗保险经办机构掌握使用；参与制定社会医疗保险基金的偿付范围、基金偿付标准、管理费提取标准、基金的运营投向；按照财政体制，实行分级管理等。

四、社会医疗保险信息管理①

（一）社会医疗保险信息的概念与特点

社会医疗保险信息具体包括：一是社会医疗保险政策信息，如社会医疗保险费的缴纳比例和社会医疗保险的待遇水平等；二是社会医疗保险的基本信息，包括社会医疗保险经办机构、定点医疗机构、定点零售药店、参保单位、在职人员、退休人员等基本情况；三是社会医疗保险业务信息，包括参保单位的登记和申报、缴费核定、费用征集、个人账户管理、费用审核、费用偿付以及与审核相关的医疗服务信息；四是社会医疗保险基金管理信息，包括基金收入、支出、结余等信息；五是社会医疗保险统筹区内国民经济和社会发展的信息。社会医疗保险信息，除了具有一般信息所共有的准确性、

① 卢祖洵．社会医疗保险学．北京：人民卫生出版社，2003．175～187

及时性、适用性等特点外，还具有其自身的特殊性，包括以下三个方面：

1. 综合性

社会医疗保险信息是一国劳动力状况、社会发展、经济发展以及社会稳定的综合反映，体现了国家的社会保障水平、居民的健康状况、社会事业和国民经济的运行情况以及未来的发展趋势等。

2. 流动性

社会医疗保险信息是动态的，它与每一个劳动者和用人单位都有信息交换。劳动者个人和用人单位经济状况及组织形式是经常变动的，由此产生的信息流动可动态地反映居民健康状况、劳动生产力状况、卫生保健服务水平、经济状况和基金使用效益等。

3. 随机性

参保人群个体间的健康状况差异较大，疾病风险在很大程度上也具有不可避免性和不可预知性，这些都导致了社会医疗保险信息的随机性。

（二）社会医疗保险管理信息系统

社会医疗保险管理信息系统是一个以提高社会医疗保险信息管理效率和进行科学决策为目的，由人、计算机技术及数据信息等要素组成的，具有社会医疗保险信息的收集、传递、储存、加工维护等功能的有机整体。[①] 社会医疗保险管理信息系统可监测医疗保险运行过程中的各种情况，利用过去及现在的数据预测未来，从全局出发辅助社会医疗保险管理机构进行决策，帮助社会医疗保险机构达到规划目标。

社会医疗保险管理信息系统的内容，可分为信息资源、信息网络、信息技术和设备、信息化人才、信息技术应用以及信息化政策法规和标准六个方面。其中，社会医疗保险管理信息系统的核心层由计算机信息网络和信息资源（最典型的是数据库，特别是提供在线服务的数据库）组成，它与信息设备一起构成信息的基础设施；社会医疗保险管理信息系统的支撑层包括信息化所需的人才队伍、信息技术、信息产业以及相关的政策法规环境等；社会医疗保险管理信息系统的最外层是应用层，决定信息管理应用层的重要因素有应用实效、组织机构、资金投入、用户需求、市场供应和价格定位等。

社会医疗保险管理信息系统的结构，是指医疗保险管理信息系统各个要素（人、计算机及技术、数据和信息）之间相互关系的总和。这个结构不同于医疗保险管理组织结构，它是信息联系结构，是收集和加工信息的体系。

① 仇雨临，孙树菡．医疗保险．北京：中国人民大学出版社，2001．140

由基本结构、信息结构、功能结构和网络结构四部分组成。

社会医疗保险管理信息系统属于信息处理系统，为不同的管理职能和不同的管理层次提供信息服务。其基本结构可分为信息源、信息处理器、信息接受者、信息管理者及其内部组织方式（见图 9—1）。

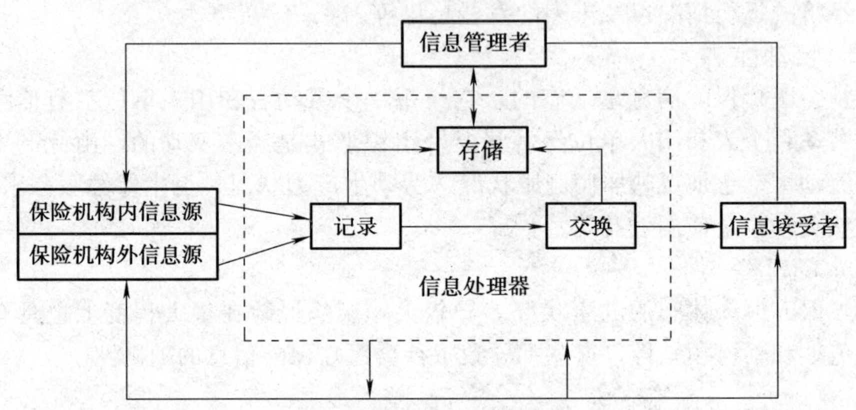

图 9—1　社会医疗保险管理信息系统基本结构示意图

资料来源：卢祖洵．社会医疗保险学．北京：人民卫生出版社，2003.178

社会医疗保险管理信息系统的信息结构包括政策参数信息、基本信息、业务信息、基金管理信息等。在系统管理的全部信息中，参保人员的医疗费用信息和必要的医疗服务信息来源于医院管理信息系统。信息结构的设计应"以个人信息为核心"，"以资金流动为主数据流"。

社会医疗保险管理信息系统的功能结构根据社会医疗保险管理信息系统的业务内容和使用对象的不同可划分为宏观决策系统和业务管理系统两个部分（见图 9—2）。

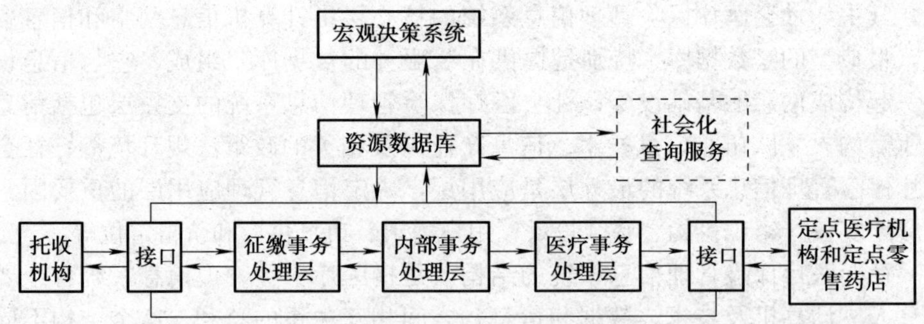

图 9—2　社会医疗保险管理信息系统功能结

资料来源：卢祖洵．社会医疗保险学．北京：人民卫生出版社，2003.179

宏观决策系统与业务管理系统之间通过资源数据库进行信息交换，资源数据库同时还是系统提供社会化查询服务的基础。

社会医疗保险管理信息系统的网络结构包括局域网和广域网两部分。社会医疗保险管理信息系统随着信息技术的不断发展和社会医疗保险改革的不断深化而逐步完善。目前，社会医疗保险的信息化已经从收支核算型逐步发展成为智能知识型，它涵盖了事务处理、业务操作、决策分析、知识和专家系统等各个领域，功能不断完善，子系统不断扩展，基本满足了社会对医疗保险管理和服务的需求。

（三）社会医疗保险管理信息系统的组成及其功能

由于社会医疗保险系统的复杂性，以及社会对医疗保险需求的层次性和多样性，社会医疗保险管理信息系统所包含的内容不尽相同。

社会医疗保险管理信息系统一般由四大系统组成，即社会医疗保险管理信息中心系统、医疗服务子系统、社会化服务系统和信息决策支持系统。其中，每个系统又可进一步分解为若干个子系统。

1. 社会医疗保险管理信息中心系统

社会医疗保险管理信息中心系统是整个管理信息系统的核心部分，它除了具有自身的系统功能，还具有对其他系统的调节控制功能。具体来说，该系统功能包括系统管理、基础信息管理、审核、基金管理、通信管理、IC 卡管理（包括制作、发放、挂失、解挂、补发、注销等）、查询检索和统计报表等内容。

根据我国社会医疗保险运行的实际情况，可将社会医疗保险管理信息中心系统分成五个子系统：医疗保险基金管理信息子系统、参保人管理信息子系统、服务机构管理信息子系统、财务管理信息子系统和医疗保险机构内部管理信息子系统（见图 9—3）。

2. 社会医疗保险医疗服务子系统

医疗服务子系统是指对定点机构（定点医院、定点卫生所和定点药店）管理的信息系统，它是社会医疗保险基本信息的重要采集点之一，如服务质量监控和基金偿付审核等重要信息。一个系统能否成功持续地运行，取决于运行条件的满足程度。医疗服务子系统的运行条件包括：医院管理者对系统的需求、用户在业务上对系统的需求、系统的支持者对系统的需求。

医疗服务子系统的基本功能包括系统管理、字典维护、日常业务管理、医院基础信息维护、医生与护士工作站和决策支持等。医疗服务子系统在整个社会医疗保险管理信息系统中发挥着重要作用，从医院信息系统的发展趋

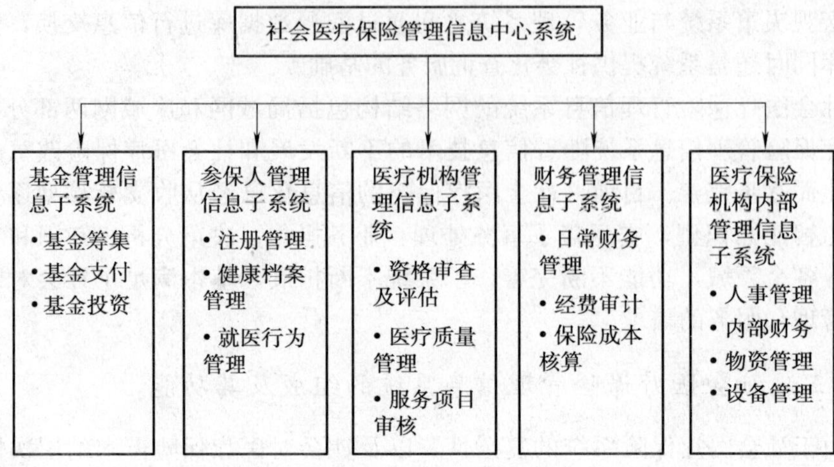

图 9—3　社会医疗保险管理信息中心系统构成

资料来源：周绿林，李绍华. 医疗保险学. 北京：科学出版社，2006. 157

势看，除了上述基本功能以外，医疗服务子系统还必须具备各种核查功能和成本核算功能，并进一步增加查询统计功能，完善系统的安全机制。

3. 社会医疗保险社会化服务系统

随着经济和社会的发展，劳动者逐步从“单位人”走向“社会人”，过去由劳动者所在单位负责办理的大量医疗保险事务逐渐被社会化服务所取代，这就要求社会医疗保险能够提供信息化和智能化的服务。

根据社会医疗保险的不同业务内容和使用对象的不同要求，社会化服务系统的功能可分为业务处理系统和综合查询系统两个部分，这两个系统都是以互联网（Internet）、触摸屏和电话语音作为技术支持。互联网在社会医疗保险信息管理服务中主要应用于两个方面：一是提供信息服务的咨询，告诉用户用怎样的工作流程来架构整个社会保障系统，如何在国家政策的指引下为社会医疗保险管理机构的客户提供快捷安全的服务手段；二是提供网上业务办理，如网上参保登记、缴费申报以及参保变更等，尤其是网上参保变更功能，极好地解决了机构调整带来的大量参保人员变更的问题，减轻了社会医疗保险机构和参保单位的工作量。

4. 社会医疗保险信息决策支持系统

信息决策支持系统是在管理信息系统的基础上发展起来的一种新型的信息处理方法，是运筹学理论和现代信息技术相结合的产物，其中最成熟、应用最广泛的技术有统计技术、优化技术以及近几年基于数据仓库发展起来的决策支持系统。社会医疗保险信息决策支持系统主要是面向数据（数据驱动）的，就是在快速准确地提供信息的基础上，建立数学模型，对以基金的“征、收、支、管"为主线的社会医疗保险的运行提供可选择最优方案的定量化管理方法。它能够及时收集、整理、存储和提供与社会医疗保险决策过程有关的各种数据。例如，基金征集、收入、划分、支出的过程及结构，患者医疗费用项目、费用偿付项目等方面的动态数据，其基本功能是为管理者提供灵活性较强、又很"友好"的工具及环境来使用已有的数据，或者定义和输入新的数据并按管理者要求的方法分析数据。

在目前阶段，社会医疗保险信息决策系统可以分为参保者就医行为分析系统、社会医疗保险即时分析管理系统、社会医疗保险评估管理系统、统计信息管理系统和系统数据组织管理。

（四）社会医疗保险管理信息系统的建立

社会医疗保险管理信息系统建设的目标是：通过建立计算机管理信息系统，实现业务处理计算机化；通过与定点医疗机构、定点零售药店以及银行、税务等相关部门建立网络联结，改善社会医疗保险费用支出的监控手段，为减少医疗资源浪费以及控制医疗费用不合理支出提供决策数据；在统筹地区的上一级城市建立资源数据库，对社会医疗保险基金的收入和偿付进行动态监控和分析预测，对政策执行情况进行评估，支持社会医疗保险系统持续安全运行。

要完成以上目标，结合我国社会医疗保险运行的实际情况，我国社会医疗保险管理信息系统建设的原则是"统一规划、统一标准、城市建网、网络互联、分级使用，分步实施"，以社会医疗保险业务为基础，按照社会保险一体化管理的要求和系统工程的理论、方法进行系统建设。

社会医疗保险管理信息系统的建设过程可分为五个阶段：系统规划、系统分析、系统设计、系统实施及系统维护与评价等阶段，每个阶段都有其基本任务和工作结果（见表 9—1）。

表 9—1　　社会医疗保险管理信息系统建设各阶段基本任务和工作结果

阶段（步骤）		基本任务	工作结果
系统规划	初步调查 提出总体方案 可行性分析	理解工作范围，定义用户要求 拟定新系统的雏形 对总体方案进行可行性分析	系统需求调查报告 系统总体方案 系统可行性分析报告
系统分析	详细调查 分析描述	深入详细调查系统需求 分析和描述系统需求	系统需求分析说明书
系统设计	概要设计 详细设计	建立系统的逻辑模型 建立系统的物理模型	系统概要设计说明书 系统详细设计说明书

续表

阶段（步骤）		基本任务	工作结果
系统实施	设备购置和安装程序编码和测试系统转换	购买硬件、软件设备，并安装 编写程序并进行调试 新系统安装（代替老系统）	建立系统运行环境 程序、文档、用户说明书试 运行记录
系统维护与评价	系统维护 系统评价	完善系统 对系统进行全面评价	保证系统顺利运行 评价报告

资料来源：卢祖洵. 社会医疗保险学. 北京：人民卫生出版社，2003. 189。

（五）社会医疗保险管理信息系统的安全

社会医疗保险管理信息系统一旦投入运行，其数据安全问题就成为决定系统能否持续正常运行的关键。作为一个联机事务系统，社会医疗保险管理系统要求必须全天候不间断运行，如医疗基金管理、医院住院情况、医疗费用偿付等系统的运行，绝对不允许任何数据丢失，稍有不慎就会造成灾难性后果和巨大损失。

造成数据不安全问题的原因是多方面的，可能是因为互联网黑客侵入，或者内部局域网非法用户侵入，也可能是因为系统或人为故障等。来自互联网的病毒和黑客侵入很难防范，因此应将内部信息系统和外部因特网在物理上隔离起来。对于内部局域网非法用户入侵的防范，可采用多级动态密码体系，并用相关软件把与局域网内业务无关的系统功能锁起来，尽量使用无盘工作站，有硬盘的应安装防毒、防黑软件。对系统或人为故障的防范可以通过严格的安全管理和技术措施来减少该类损害。

要保证数据安全，仅采取以上措施是远远不够的，还需要建立一个完善的安全管理体系，如采取风险管理、安全边界、链路安全管理等措施。

▶第二节　社会医疗保险服务管理

社会医疗保险区别于其他社会保险项目的一个显著特点，就是医疗保险经办机构不能直接向参保人提供保险服务，而必须借助于医疗机构来提供医疗服务，因此在社会医疗保险中对医疗服务的管理是很重要的一个方面。

目前，医疗保险在全球范围内遇到了不少难题，主要表现在医疗资源浪费严重、医疗费用居高不下、国家和企业不堪重负、医疗服务质量不高等方面。之所以出现这些问题，最主要的原因就是对医疗服务的管理不够。通过对医疗服务管理的加强，可以有效地控制医疗费用的支出，遏制医疗资源的浪费。

就我国而言，1998 年《国务院关于建立城镇职工基本医疗保险制度的决定》（国发［1998］44 号）中特别强调要加强医疗服务管理，并针对基本医疗保险有关的服务管理提出了几个方面的改革措施：一是对提供基本医疗服务的医疗机构和药店进行定点管理；二是制定基本医疗保险药品目录、诊疗项目和医疗设施标准及其管理；三是加快社区卫生服务的发展。

劳动和社会保障部在总结近年来各地社会医疗保险试点经验时，特别强调的一个服务管理经验是社会医疗保险"三、二、一"的管理方法，即三个目录（《基本医疗保险药品目录》《基本医疗保险诊疗项目目录》和《基本医疗保险医疗服务设施范围和支付标准目录》）、两个定点（定点医疗机构和定点零售药店）、一个办法（定点医疗机构医疗服务费用偿付办法）。目前我国主要是通过"三、二、一"规范和管理社会医疗保险业务，同时辅之就医行为管理和各种控制医疗费用的措施，在保障参保人基本医疗需求的前提下，控制医疗费用不合理增长，从而促进社会医疗保险事业的快速、健康、可持续发展。

一、社会医疗保险用药、诊疗及设施管理

（一）社会医疗保险药品目录

1. 社会医疗保险药品目录纳入、排除、删除药品的条件

社会医疗保险用药范围通过制定社会医疗保险药品目录进行管理。确定社会医疗保险药品目录中药品品种时要考虑临床治疗的基本需要，也要考虑地区间的经济水平差异和用药习惯。在我国，纳入《基本医疗保险药品目录》的药品，应是临床必需、安全有效、价格合理、使用方便、中西药并重、市场能够保证供应的药品，并要具备下列条件之一：《中华人民共和国药典（现行版）》收载的药品；符合国家食品药品监督管理部门颁发标准的药品；由国家食品药品监督管理部门正式批准进口的药品。

以下药品一般不能纳入社会医疗保险用药范围：主要起营养滋补作用的药品；部分可以入药的动物及动物脏器；干（水）果类；用中药材和中药饮片泡制的各类酒制剂；各类药品中的果味制剂、口服泡腾剂；血液制剂、蛋白类制品（特殊适应证与急救、抢救除外）。

在《基本医疗保险药品目录》中的药品，有下列情况之一的，应从社会医疗保险用药范围或国家和地方的社会医疗保险药品目录中删除：食品药品

监督管理局撤销批准文号的；食品药品监督管理局吊销《进口药品注册证》的；食品药品监督管理局禁止生产、销售和使用的；经主管部门查实，在生产、销售过程中有违法行为的；在纳入社会医疗保险药品目录评审过程中有弄虚作假行为的。

2. 社会医疗保险药品目录的结构及分类

我国《基本医疗保险药品目录》分西药、中成药（含民族药）和中药饮片（含民族药）三部分。西药和中成药部分采用“准入法”，所列药品为社会医疗保险基金准予偿付费用的药品，药品名称采用通用名，并标明剂型。商品名不同，但通用名相同，且符合目录中剂型要求的药品，都应纳入社会医疗保险基金偿付范围。中药饮片部分采取“排除法”，所列药品为社会医疗保险基金不予偿付费用的药品，药品名称采用药典名。

《基本医疗保险药品目录》中的西药和中成药在《国家基本药物》的基础上遴选，并分“甲类目录”和“乙类目录”。“甲类目录”的药品是临床治疗所必需的、使用广泛、疗效好、同类药品中价格较低的药品。“乙类目录”的药品是可供临床治疗选择使用、疗效好、同类药品中比“甲类目录”药品价格略高的药品。“甲类目录”由国家统一制定，各地无权调整。“乙类目录”由国家制定，各省（自治区、直辖市）可根据当地经济水平、医疗需求和用药习惯，适当进行调整，增加或减少的品种数之和不得超过国家制定的“乙类目录”药品总数的15%。各省（自治区、直辖市）对本省（自治区、直辖市）《基本医疗保险药品目录》“乙类目录”中易被滥用、毒副作用大的药品，可按临床适应证和医院级别分别予以限定。

3. 社会医疗保险药品费用的偿付原则

我国社会医疗保险参保人使用《基本医疗保险药品目录》中的药品，所发生的费用按以下原则偿付：使用“甲类目录”的药品所发生的费用，按社会医疗保险的规定偿付；使用“乙类目录”的药品所发生的费用，先由参保人自付一定比例，再按社会医疗保险的规定偿付。个人自付的具体比例，由统筹地区规定，并报省、自治区、直辖市劳动保障部门备案。使用中药饮片所发生的费用，除社会医疗保险基金不予偿付的药品外，均按社会医疗保险的规定偿付。

急救、抢救期间所需药品的使用可适当放宽范围，各统筹地区应根据当地实际制定具体的管理办法。

4. 社会医疗保险药品目录的遴选与调整

国家社会医疗保险药品目录由劳动保障部门会同财政部门、卫生部门、食品药品监督管理部门等共同制定，并由劳动保障部门发布。

社会医疗保险药品目录评审领导小组由劳动保障部门、发展改革部门、财政部门、卫生部门、食品药品监督管理部门等组成，负责评审社会医疗保险药品目录以及每年新增补和删除的药品，审核社会医疗保险药品目录遴选专家组和专家咨询小组名单，以及社会医疗保险药品目录评审和实施过程中的协调工作。领导小组下设办公室，办公室设在劳动保障部门，负责组织制定国家社会医疗保险药品目录的具体工作。

社会医疗保险药品目录评审领导小组办公室在全国范围内选择专业技术水平较高的临床医学和药学专家组成药品遴选专家组，负责遴选药品。同时聘请专业技术水平较高的临床医学、药学、药品经济学以及医疗保险、卫生管理等方面的专家，组成专家咨询小组，负责对领导小组办公室的工作提出专业咨询和建议。

在我国，国家《基本医疗保险药品目录》原则上每两年调整一次，各省、自治区、直辖市《基本医疗保险药品目录》随之进行相应的调整。国家《基本医疗保险药品目录》的新药增补工作每年进行一次，各地不能自行进行新药增补。增补进入国家“乙类目录”的药品，省、自治区、直辖市可根据实际情况，确定是否将其纳入当地的“乙类目录”。省、自治区、直辖市《基本医疗保险药品目录》的制定工作由省、自治区、直辖市劳动保障部门负责，参照国家《基本医疗保险药品目录》制定工作的组织形式，建立相应的评审机构和专家组。省、自治区、直辖市的《基本医疗保险药品目录》由省、自治区、直辖市劳动保障部门会同有关部门共同制定，并报劳动保障部备案。社会医疗保险统筹地区无权制定《基本医疗保险药品目录》，也无权调整《基本医疗保险药品目录》。

5. 社会医疗保险药品目录的执行

社会医疗保险药品目录能否在社会医疗保险统筹地区得到有效的贯彻执行，是各统筹地区社会医疗保险经办机构需要认真研究的一项重要工作。

定点医疗机构和定点零售药店不按社会医疗保险药品目录执行的表现有以下几种：一是定点医院药房或定点药店不进或少进药品目录中的药品；二是医生不开或少开药品目录中的药品；三是将药品目录的药品换成药品目录外的药品；四是将药品目录外的药品费用直接记入社会医疗保险。前两种情况的直接后果是增加参保人的个人负担，提高了自付率；后两种情况的直接后果是造成社会医疗保险基金的流失，增加了基金风险。

为解决社会医疗保险药品目录执行上的问题，可采取以下措施：一是在社会医疗保险机构与定点机构的协议书中明确要求定点医疗机构和定点零售药店必须配有药品目录中80%以上的药品，有些地区该比例的要求可略低一些；二是在社会医疗保险机构与定点机构的协议书中明确要求定点医院使用药品目录外的药品必须控制在一定比例内，该比例一般定为10%～20%；三是加强监督和处罚力度，对增加参保人个人负担的情况，社会医疗保险经办机构应先给予参保人偿付，然后从偿付给定点医疗机构和定点零售药店的款项中扣除；对造成社会医疗保险基金损失的情况，先追偿损失，然后视情节轻重，对当事人施以警告、通报批评、罚款、暂停或取消其定点资格等处罚措施。

（二）社会医疗保险诊疗项目①

1. 社会医疗保险诊疗项目的概念

社会医疗保险诊疗项目是指符合临床诊疗必需、安全有效、费用适宜的诊疗项目，由物价部门制定了收费标准的诊疗项目，由定点医疗机构为参保人员提供的定点医疗服务范围内的诊疗项目等三项条件的各种医疗技术的劳务项目和采用医疗仪器、设备与医用材料进行诊断、治疗的项目。

医疗技术劳务项目是指诊断、处方、手术、麻醉、化验、护理、注射等。采用医疗仪器、设备与医用材料进行诊断和治疗的项目指B超、CT、人工器官、心内导管、血管内支架等。非医疗技术劳务指护工、餐饮等生活服务项目非医疗技术劳务不能纳入社会医疗保险诊疗项目的范围。

社会医疗保险偿付部分费用的诊疗项目主要是指一些临床诊疗必需、效果确定但容易滥用或费用昂贵的诊疗项目。社会医疗保险不予偿付费用的诊疗项目主要是一些非临床诊疗必需、效果不确定的诊疗项目以及属于特需医疗服务的诊疗项目。

2. 社会医疗保险诊疗项目目录的制定

社会医疗保险诊疗项目通过制定社会医疗保险诊疗项目范围和目录进行管理。制定社会医疗保险诊疗项目范围和目录既要考虑临床诊断、治疗的基本需要，也要兼顾不同地区经济状况和医疗技术水平的差异，做到科学合理，方便管理。

在我国，劳动和社会保障部负责组织制定国家基本医疗保险诊疗项目范围。制定过程中采用排除法分别规定基本医疗保险不予偿付费用的诊疗项目范围和基本医疗保险偿付部分费用的诊疗项目范围。国家基本医疗保险诊疗项目范围要根据基本医疗保险基金的偿付能力和医学技术的发展进行适时调整。劳动保障部门在组织制定基本医疗保险诊疗项目范围和目录的工作中，

---

① 卢祖洵．社会医疗保险学．北京：人民卫生出版社，2003．152～154

应充分征求财政、卫生、物价、中医药管理部门和有关专家的意见。

各省、自治区、直辖市的劳动保障行政部门根据国家《基本医疗保险诊疗项目目录》的范围规定，组织制定本省的《基本医疗保险诊疗项目目录》。可以采用排除法，分别列出基本医疗保险不予偿付费用的诊疗项目目录和基本医疗保险偿付部分费用的诊疗项目目录；也可以采用准入法，分别列出基本医疗保险准予偿付全部费用的诊疗项目目录和基本医疗保险偿付部分费用的诊疗项目目录。对于国家基本医疗保险诊疗项目范围规定的基本医疗保险不予偿付费用的诊疗项目，各省、自治区、直辖市可适当增补，但不得删减。对于国家基本医疗保险诊疗项目范围规定的基本医疗保险偿付部分费用的诊疗项目，各省、自治区、直辖市可根据实际情况适当调整，但要求严格控制调整的范围和幅度。各省的《基本医疗保险诊疗项目目录》在国家基本医疗保险诊疗项目范围调整的基础上作相应的调整。

各统筹地区劳动保障部门执行本省、自治区、直辖市的《基本医疗保险诊疗项目目录》。对于本省、自治区、直辖市的《基本医疗保险诊疗项目目录》中所列的基本医疗保险偿付部分费用的诊疗项目，各统筹地区劳动保障行政部门根据当地实际规定具体的个人自付比例，并可结合区域卫生规划、医院级别与专科特点、临床适应证、医疗技术人员资格等限定使用和制定相应的审批办法。未列入当地区域卫生规划或按国家有关质量管理规定技术检测不合格的大型医疗设备，不得纳入基本医疗保险偿付范围。

3. 社会医疗保险不予偿付费用的诊疗项目

社会医疗保险不予偿付费用的诊疗项目主要有以下几类：

（1）服务项目类。挂号费、院外会诊费、病历工本费等；出诊费、检查治疗加急费、点名手术附加费、优质优价费、自请特别护士等特需医疗服务。

（2）非疾病治疗项目类。各种美容、健美项目以及非功能性整容、矫形手术等；各种减肥、增胖、增高项目；各种健康体检；各种预防、保健性的诊疗项目；各种医疗咨询、医疗鉴定。

（3）诊疗设备及医用材料类。应用正电子发射断层扫描装置（PET）、电子束 CT、眼科准分子激光治疗仪等大型医疗设备进行的检查、治疗项目；眼镜、义齿、义眼、义肢、助听器等康复性器具；各种自用的保健、按摩、检查和治疗器械；物价部门规定不可单独收费的一次性医用材料。

（4）治疗项目类。各类器官或组织移植的器官源或组织源；除肾脏、心脏瓣膜、角膜、皮肤、血管、骨、骨髓移植外的其他器官或组织移植；近视眼矫形术；气功疗法、音乐疗法、保健性的营养疗法、磁疗等辅助性治疗项目。

（5）其他类。各种不育（孕）症、性功能障碍的诊疗项目；各种科研性、临床验证性的诊疗项目。

4. 社会医疗保险偿付部分费用的诊疗项目范围

社会医疗保险偿付部分费用的诊疗项目主要有：

（1）诊疗设备及医用材料类。应用X—射线计算机体层摄影装置（CT）、立体定向放射装置（γ—刀、χ—刀）、心脏及血管造影X射线机（含数字减影设备）、核磁共振成像装置（MRI）、单光子发射电子计算机扫描装置（SPECT）、彩色多普勒仪、医疗直线加速器等大型医疗设备进行的检查、治疗项目；体外震波碎石与高压氧治疗；心脏起搏器、人工关节、人工晶体、血管支架等体内置换的人工器官、体内置放材料；物价部门规定的可单独收费的一次性医用材料。

（2）治疗项目类。血液透析、腹膜透析；肾脏、心脏瓣膜、角膜、皮肤、血管、骨、骨髓移植；心脏激光打孔、抗肿瘤细胞免疫疗法和快中子治疗项目；劳动保障部门规定的价格昂贵的医疗仪器与设备的检查、治疗项目和医用材料等。

（三）社会医疗保险医疗服务设施标准

1. 社会医疗保险医疗服务设施的概念

社会医疗保险医疗服务设施是指由定点医疗机构提供的，参保人员在接受诊断、治疗和护理过程中必需的生活服务设施。社会医疗保险医疗服务设施费用主要包括住院床位费及门（急）诊留观床位费。对已包含在住院床位费或门（急）诊留观床位费中的日常生活用品及院内运输用品和水、电等费用，社会医疗保险基金不再另行偿付，定点医疗机构也不得再向参保人员单独收取。

2. 社会医疗保险床位费偿付标准

社会医疗保险住院床位费偿付标准，由我国各统筹地区劳动保障行政部门按照本省物价部门规定的普通住院病房床位费标准确定。需隔离以及危重病人的住院床位费偿付标准，由各统筹地区根据实际情况确定。社会医疗保险门（急）诊留观床位费偿付标准按本省物价部门规定的收费标准确定，但不得超过社会医疗保险住院床位费偿付标准。

定点医疗机构应公开床位收费标准和社会医疗保险床位费偿付标准，在安排病房或门（急）诊留观床位时，应将所安排的床位收费标准告知参保人员或其家属。参保人员可以根据定点医疗机构的建议，自主选择不同档次的病房或门（急）诊留观床位。由于床位紧张或其他原因，定点医疗机构必须将参保人员安排在超标准病房时，应首先征得参保人员或家属的同意。

参保人员的实际床位费低于社会医疗保险住院床位费偿付标准的，根据社会医疗保险的规定按实际床位费偿付；高于社会医疗保险住院床位费偿付标准的，在偿付标准以内的费用，按社会医疗保险的规定偿付，超出部分由参保人员自付。

3. 不予偿付的生活服务项目和服务设施费用

社会医疗保险基金不予偿付的生活服务项目和服务设施费用主要有：就（转）诊交通费、急救车费；空调费、电视费、电话费、婴儿保温箱费、食品保温箱费、电炉费、电冰箱费及损坏公物赔偿费；陪护费、护工费、洗理费、门诊煎药费、膳食费；文娱活动费以及其他特需生活服务费用等。

（四）对我国“三个目录”管理的探讨

目前，我国社会医疗保险偿付管理普遍实行的是《基本医疗保险药品目录》《基本医疗保险诊疗项目目录》和《基本医疗保险医疗服务设施范围和支付标准目录》为一体的“三个目录”管理，实施“三个目录”管理对规范医疗行为，明确待遇标准，保障基本医疗需求，维护参保人员合法权益，确保基金收支平衡等都起到了十分重要的作用。然而，“三个目录”管理方式当前还存在着不少问题，要使其在社会医疗保险管理中发挥更好的作用，尚需要从以下几个方面加以改进和完善：

一是目录的制定与调整应坚持“三个目录”并重原则。1998 年以来，我国社会医疗保险的管理主要依据《国务院关于建立城镇职工基本医疗保险制度的决定》（国发［1998］44 号）、《城镇职工基本医疗保险用药范围管理暂行办法》（劳社部发［1999］15 号）、《关于城镇职工基本医疗保险诊疗项目管理、医疗服务设施范围和支付标准意见的通知》（劳社部发［1999］22 号）等政策法规，除《基本医疗保险药品目录》发布了 2000 年和 2004 年两个版本，《基本医疗保险诊疗项目目录》和《基本医疗保险医疗服务设施范围和支付标准目录》一直没有建立相应的调整机制。

对于目录的制定与调整应坚持“三个目录”并重的原则，要改变目前存在的重药品目录轻诊疗项目目录和医疗服务设施范围和支付标准目录的倾向。诊疗项目目录和医疗服务设施范围和支付标准目录的制定也应总结和借鉴药品目录制定和调整的经验，在医疗机构服务项目与价格的基础上，采用准入法。

二是建立“三个目录”管理的长效机制。“三个目录”管理是一个长期工作，随着医疗科学技术不断发展，各项诊断和检查技术日新月异，医疗保险的保障水平也在逐步提高，这就需要在“三个目录”的管理中紧跟临床医学的发展，对过去积累的数据和经验进行总结分析。积极开展“三个目录”管理的应用评价研究，增强目录管理的科学性，形成管理的长效机制。

三是完善“三个目录”信息化管理。社会医疗保险信息管理系统对“三个目录”的管理发挥着重要的作用。通过信息化管理可以发挥目录标准的准入、筛查和审核等功能。在目录的实施过程中经常需要进行增补、删除和勘误等工作，这些工作都需要通过社会医疗保险信息管理系统来完成。

二、社会医疗保险定点医疗机构和定点零售药店管理[①]

社会医疗保险对医疗机构和药店实行定点管理，参保人应在定点医疗机构就医、购药。社会医疗保险允许参保人持处方到定点零售药店购药，这是合理利用卫生资源、避免医疗费用浪费、控制医疗费用过快增长以及保证医疗保险基金收支平衡的重要手段。

（一）社会医疗保险定点医疗机构的管理

定点医疗机构是指通过劳动保障部门、卫生部门、财政部门等有关部门的资格审定，并与社会医疗保险经办机构签订合同，为社会医疗保险参保人员提供医疗服务并承担相应责任的医疗机构。实行定点医疗机构管理，有利于提高医疗卫生资源的利用效率，促使医疗机构合理竞争，提高医疗服务质量，降低医疗服务成本，控制医疗费用过快增长，保证医疗保险基金收支平衡。目前世界上大多数国家都采取定点医疗机构的管理方法来强化医疗服务管理，控制医疗费用支出。

在确定定点医疗机构时，必须符合当地区域医疗机构设置规划，本着有利于促进分级医疗、双向转诊体系的建立，促进医疗机构合理竞争，提高医疗服务质量，方便参保人员就医，引导患者更多利用基层医疗服务，兼顾综合与专科、中医与西医，合理布局，形成网络的原则进行。愿意承担社会医疗保险定点医疗服务的医疗机构，可向统筹地区主管部门提出书面申请，并提供审查所必需的各项材料。主管部门根据医疗机构提供的各项材料，对医疗机构的资格进行审查和认定。对于取得定点资格的医疗机构，发给社会医疗保险定点医疗机构资格证书，并向社会公布名单，以利于患者就医和开展社会监督。

社会医疗保险经办机构有权对参保人员在定点医疗机构就医所发生的医

---

① 仇雨临，孙树菡．医疗保险．北京：中国人民大学出版社，2001．129～130

疗费用进行审核，定点医疗机构有义务提供病案等全部诊治资料及账目清单。社会医疗保险经办机构要按照社会医疗保险相关政策、法规规定的偿付办法，按时、足额地向定点医疗机构偿付医疗费用。对不符合规定的医疗费用，社会医疗保险经办机构不予偿付，对已偿付的不符合规定的医疗费用，应追回损失并追究相关法律责任。

劳动保障部门会同卫生部门对定点医疗机构实施监督管理，对定点医疗机构的服务和管理情况进行定期检查和考核。对违反社会医疗保险相关政策、法规规定的定点医疗机构，可视情节轻重分别给予限期改正、通报批评、取消定点资格等处罚。劳动保障部门每年应对定点医疗机构的资格进行重新审定，并向社会公布结果。同时，要建立社会公众、社会医疗保险经办机构对定点医疗机构的服务情况进行不定期评议的制度，完善监督机制。

（二）社会医疗保险定点零售药店的管理

定点零售药店是指通过国家有关主管部门审定并与社会医疗保险经办机构签订合同，为社会医疗保险参保人员提供处方外配服务，并承担相应责任的零售药店。所谓“处方外配”，是指参保人员在定点医疗机构就医后，持处方在定点零售药店购药的行为。

建立定点零售药店制度，规范定点零售药店行为，加强对定点零售药店的管理，有利于加快社会医疗保险制度的建立与健全，促进医药卫生体制的深化改革，维护国家、企业和参保人员的利益。

符合条件的零售药店可向当地主管部门提出书面申请，主管部门本着保障参保人员基本医疗需求，保证药品品种数量和质量，方便患者、合理布局的原则，对定点零售药店进行资格审定。为方便参保人员购药和进行社会监督，应向取得资格的定点零售药店颁发社会医疗保险定点零售药店资格证书，并向社会公布定点零售药店名单。

为了明确各方的责任、权利和义务，为管理提供依据，社会医疗保险经办机构应与取得定点资格的零售药店签订社会医疗保险合同。合同内容包括供药范围、服务项目、药品价格、费用偿付以及奖惩措施等。定点零售药店因故需终止社会医疗保险合同的，须提前向社会医疗保险机构提出申请，经同意后方可终止合同。在终止合同的申请获得批准之前，定点零售药店不得停止履行社会医疗保险合同规定的各项义务。

国家有关行政管理部门和社会医疗保险经办机构要加强对定点零售药店的监督管理，督促它们认真遵守国家有关药品管理监督的法律和法规，严格执行社会医疗保险的有关政策、法规，积极主动地配合社会医疗保险经办机构做好各项管理工作。

定点零售药店应主动加强内部管理，确定专门的联络员，与社会医疗保险经办机构保持联系，并协调处理工作中的各种问题。对社会医疗保险用药和自费药品要分别管理、单独建账，并定期向社会医疗保险经办机构报告处方外配服务情况及费用发生情况。社会医疗保险经办机构有权对定点零售药店的处方外配服务及其费用发生情况进行检查和审核，定点零售药店有义务提供有关资料及账目清单。对于违反社会医疗保险用药范围的规定，以物代药及其他超出用药范围的费用，社会医疗保险经办机构有权拒绝偿付，对已偿付的费用，应追回损失并追究相关法律责任。

三、社会医疗保险医疗费用偿付办法管理

（一）社会医疗保险医疗费用偿付管理的目的和要求

加强社会医疗保险费用偿付管理，是为了有效地控制医疗费用不合理的增长，保证统筹基金收支平衡，规范医疗服务行为，保障参保人享受基本的医疗服务以及提高社会医疗保险的社会化管理水平。

社会医疗保险统筹地区可根据当地的实际情况，以及社会医疗保险基金支出管理的需要，制定社会医疗保险医疗费用偿付办法。偿付办法应包括偿付方式和标准、偿付范围和程序、审核办法和管理措施等内容。

社会医疗保险统筹地区的医疗保险经办机构按照“以收定支、收支平衡”的原则，合理确定社会医疗保险基金的支出总量，并根据定点医疗机构的不同级别和类别以及所承担的社会医疗保险任务量，预定各定点医疗机构的定额控制指标。社会医疗保险经办机构在办理医疗费用偿付时，可以根据具体采用的偿付方式和实际发生的合理费用等情况对定额控制指标作出相应的调整。

（二）社会医疗保险医疗费用偿付方式及应注意的问题

社会医疗保险费用的偿付方式，应根据社会医疗保险经办机构的管理能力以及定点医疗机构的不同类别来确定。具体可采取总额预算制、按服务项目付费、按服务单元付费等方式，也可以多种方式结合使用。根据不同的偿付方式，合理制定社会医疗保险费用的偿付标准，并在社会医疗保险经办机构和定点医疗机构签订的协议中明确双方的责任、权利和义务。此外，社会医疗保险偿付办法的管理还应注意以下问题：

1. 针对不同偿付方式自身存在的缺点做好补足工作

例如，若采取总额预算制，要根据社会医疗保险的给付范围和参保人的年龄结构，合理确定对定点医疗机构的预付总额。同时，要加强监督检查，防止定点医疗机构为降低医疗成本而减少必需的医疗服务，确保参保人获得社会医疗保险规定的、诊疗疾病所必需的、合理的医疗服务。若采取按服务项目付费的，要根据医疗服务的收费标准和社会医疗保险医疗服务管理的有关规定以及服务数量进行偿付，同时，要加强对医疗服务项目的监督和审查工作，防止发生大额处方、重复检查、延长住院、分解诊疗服务收费等过度利用医疗服务的行为。若采取按服务单元付费的，可以把诊断病种、门诊诊疗人次和住院人次作为偿付的服务单元，具体偿付标准可以按同等级医疗机构服务单元的平均费用剔除不合理因素后确定，并根据物价指数适时调整。同时，要加强对服务单元的管理和费用审核，防止出现推诿病人、分解服务收费等现象。

2. 社会医疗保险经办机构要加强与定点医疗机构的合作配合

社会医疗保险经办机构同定点医疗机构的合作配合是医疗费用偿付办法实施效果好坏的关键。在社会医疗保险医疗费用偿付过程中，定点医疗机构与社会医疗保险经办机构在目标取向上是不一致的。社会医疗保险经办机构力图用最低廉的费用保障参保人员的基本医疗，并确保社会医疗保险基金收支平衡。定点医疗机构的目标则是通过给患者提供医疗服务，获取更多的经济利益。因此，社会医疗保险经办机构和定点医疗机构之间应该建立一种共同的博弈关系。当两者之间形成具有约束力的协议的时候，就会处于合作博弈的关系，双方就会朝着双赢的目标，互相沟通、互相合作，强化医疗机构的改革和管理，不断提高偿付办法的运行质量，共谋发展。①

3. “多元化”“复合式”的偿付办法是社会医疗保险医疗费用偿付办法的发展方向②

单一的医疗费用偿付办法各有利弊，难以应对复杂的社会医疗保险医疗费用的支出管理。单一的医疗费用偿付办法，在新办法运行之初，由于医疗机构缺乏对偿付办法弱点的认识，不能马上给出相应对策，在医疗费用支出的管理效果显著，但经过一段时间的实践，医疗机构就会发现该偿付办法的缺陷，进而采取不同方式的偿付办法。只有采取多元化、复合式的医疗费用偿付办法才能综合多种偿付办法的优点，克服各自的缺点，使医疗费用增幅控制在合理的范围内，达到良好的制度运行效果。

---

① 张腾．合作博弈还是非合作博弈．卫生经济研究．2005，5

② 李一平．对医疗费用结算办法的研究．见：中国社会保险学会医疗保险分会编．医疗保险优秀论文集．北京：中国劳动社会保障出版社，2006．305～306

（三）社会医疗保险医疗费用偿付的审核与管理

社会医疗保险医疗费用偿付应加强定点医疗机构在门诊处方、出入院标准、住院病历和特殊检查治疗等方面的审核和管理。社会医疗保险经办机构可按核定的各定点医疗机构定额控制指标暂扣不超过一定比例（如10%）的费用，根据偿付期末的审核情况，再相应拨付给定点医疗机构。社会医疗保险经办机构对不符合社会医疗保险规定的医疗费用不予偿付，对符合规定的费用要按时足额拨付，未按时足额拨付的要按与定点医疗机构协议的有关规定承担相应责任。

社会医疗保险医疗费用的偿付应加强对转诊转院就医的医疗费用的管理。参保人在社会医疗保险同一统筹地区内转诊转院的，发生的医疗费用按当地的规定偿付。参保人异地转诊转院的，应经定点医疗机构同意，并经当地社会医疗保险经办机构批准。异地转诊转院发生的医疗费用可先由参保人或用人单位垫付，经社会医疗保险经办机构复核后，按参保人所在地有关规定偿付。

社会医疗保险经办机构要规范偿付程序，明确偿付期限，简化偿付手续，逐步提高社会化管理服务水平，减轻定点医疗机构、定点零售药店和用人单位的负担。社会医疗保险经办机构应按与定点医疗机构和定点零售药店签订协议的有关规定及时、足额偿付社会医疗保险医疗费用。

社会医疗保险费用偿付办法，由社会医疗保险统筹地区劳动保障行政部门会同卫生、财政等有关部门制定。要及时总结经验，建立健全社会医疗保险费用偿付监督制约机制，不断完善社会医疗保险费用偿付办法，加强社会医疗保险基金支出管理，保证社会医疗保险制度的健康运行。

（四）社会医疗保险医疗费用偿付程序[①]

无论是门诊、住院，还是大型医疗设备检查或诊疗项目，不管社会医疗保险统筹地区选用一种或多种医疗费用偿付方式，社会医疗保险医疗费用的偿付程序都可归纳为以下几个步骤：

第一步，由定点医疗机构和定点零售药店按要求向社会医疗保险经办机构上报上月社会医疗保险费用统计表及其他相关材料；第二步，社会医疗保险经办机构核对定点医疗机构和定点零售药店上报的医疗费用统计表及相关资料；第三步，社会医疗保险经办机构审核并扣除定点医疗机构或定点零售

---

① 卢祖洵. 社会医疗保险学. 北京：人民卫生出版社，2003. 159～160

药店的违规款；第四步，按月先将应付款的一定比例（如90%或95%）偿付给定点医疗机构和定点零售药店；第五步，年终总偿付，可根据全年社会医疗保险服务质量考核结果，决定每月应付款剩余部分（如5%或10%）的偿付比例和偿付金额。如我国深圳市规定，社会医疗保险经办机构在扣除违规款后，按月将应付款的95%先偿付给各定点医疗机构和定点零售药店，剩余5%的应付款与年终医疗保险服务质量挂钩，年终总评分85分以上（含85分）的，全部偿付给定点医疗机构和定点零售药店；70～85分（不含85分）的，80%偿付给定点医疗机构和定点零售药店；60～70分（不含70分）的，60%偿付给定点医疗机构和定点零售药店；60分以下的，5%的应付款全部扣除，不偿付给定点医疗机构和定点零售药店。

四、社区卫生服务管理

社区卫生服务的开展在国外由来已久，已经有半个世纪的历史，且发展速度越来越快。我国社区卫生服务的开展虽然始于20世纪80年代，但近年来的发展速度已经超过了西方国家过去几十年的发展速度。蓬勃发展的社区卫生服务使社会医疗保险的管理触角从城市中心的综合大中型医疗服务提供机构向基层社区卫生服务机构延伸。

（一）社区卫生服务概述

“社区”一词源于德国腾尼斯（F. Tonnis）1887年的《社区与社会》一书，腾尼斯认为社区是社会的理想类型。目前社会学界对社区的理解主要基于地域性观点，即社区是由若干社会团体或社会组织聚集在一定地域所形成的生活共同体。我国著名的社会学家费孝通将社区定义为：社区是由若干社会群体（家庭、氏族）或社会组织（机关、团体）聚集在某一地域里所形成的一个生活上相关联的大集体。世界卫生组织认为一个代表性的社区人口数大约在10万～30万之间，面积在5 000～50 000平方公里之间。1987年在阿拉木图召开的初级卫生保健国际会议将社区定义为：以某种形式的社会组织或团体结合在一起的一群人。

社区卫生服务是社区服务中一种最基本、最普遍的服务，是由全科医生作为主要卫生人力的卫生组织或机构所从事的一种社区定向的卫生服务。这与医院定向的专科服务有所不同，它是社区（发展）建设的重要组成部分，是在政府领导、社会参与、上级卫生机构指导下，以基层卫生机构为主体、全科医师为骨干、合理使用卫生资源和适宜技术，以人的健康为中心、以家庭为单位、社区为范围、需求为导向，以妇女、儿童、老年人、慢性病病人、残疾人、低收入居民为重点，以解决社区主要卫生问题，满足基本医疗卫生服务需要为目的，融预防、医疗、保健、康复、健康教育和计划生育技术服务等功能为一体的，有效的、经济的、方便的、综合的、连续的基层卫生服务。①

社区卫生服务的功能在于补充国家卫生资源的不足，实现卫生服务的社会化。由于社区卫生服务具有投资少、覆盖面大、小型分散、灵活多样的特点，因此，它方便群众就医就诊。当前，我国部分城市建立了社区卫生服务站，开展了社区卫生服务，这对实现城市的初级卫生保健目标提供了组织保证。社区卫生服务中的基本医疗服务项目应纳入社会医疗保险的偿付范围。

世界上许多国家都建立了家庭医生和家庭病床制度，我国一些地区也在试行这种制度。在这种制度下，家庭医生、接受服务的家庭以及所在社区卫生服务组织三方共同签订服务合同，由社区卫生组织按照合同给付报酬。家庭病床是医院病床的延伸，家庭康复是医院治疗的继续。它由社区的卫生服务组织管理，由签订合同的家庭医生负责治疗业务，不仅可以减少患者的医疗费用支出，还可以把慢性病卧床患者和术后康复期患者的治疗移出医院，缩短了患者的住院时间，提高了病床周转率。家庭病床的费用由社区卫生服务组织列支，家庭医生的报酬和家庭病床费用均纳入社会医疗保险的偿付范围。一些发达国家的经验证明，家庭医生和家庭病床制度与社区卫生服务组织和各级医院所形成的医疗卫生服务体系，不仅可以保证向居民提供便捷、周到的卫生服务，而且会大大降低社会医疗保险医疗费用支出。

我国北京市为探索医疗保险付费方式的改革，促进基层社区卫生服务发展，合理控制医疗费用，特别是缓解退休参保人员“看病难、看病贵”的问题，于2005年8月开始进行慢性病社区管理试点工作，将门诊慢性病患者固定在社区就医。北京市医疗保险事务管理中心将管理规范、医疗水平较高、慢性病管理基础较好的社区站纳入试点范围；通过两个协议（医保中心与社区站签订协议，明确约定社区站的管理职责；社区站与患有诊断明确的高血压、糖尿病两种慢性病的退休人员签订协议，约定参保人员固定在社区全面诊治并可以享受相关的优惠政策）明确社区站的职责，将参保人员固定在社区就医；治疗用药中属于基本医疗保险用药范围内的部分药品，可不受医院级别限制；同时取消了部分乙类药品个人负担；试点参保人员可以享受健康体检、建立健康档案、健康咨询等免费服务；试点参保人员可以在社区卫生服务站直接进行门、急诊医疗费用报销（包括在其他医院发生的门、急诊费

---

① 梁万年．卫生事业管理学（第2版）．北京：人民卫生出版社，2007.294

用）；试点社区站发生的门诊医疗费用可进行上传，区、县社会医疗保险经办机构可进行明细审核；试点社区进行“知己健康管理”，通过对参保人员的生活干预，提高其生活质量，降低其医疗费用。试点两年来，在北京市、区医疗保险管理部门、卫生部门及各试点站的共同努力下，各项试点工作取得了较好的效果，得到了参保人员的广泛认可。据北京市医疗保险事务管理中心统计显示，2006 年全年全市共有 2 763 名参保人员参加慢性病管理社区试点，共发生医疗费用 1 121.8 万元，其中社区站发生医疗费用 404.9 万元，参保人员得到医疗费用的优惠为 6.4 万元。①

（二）我国社区卫生服务发展的历程

从作为依附于医疗卫生体系的一部分出现在政策文件中到专门政策的出台，社区卫生服务的发展比较迅速。一系列社区卫生服务有关政策的出台（见表 9—2）表明我国政府对社区卫生服务的重视，也促进了社区卫生服务的蓬勃发展。同时也可以看出，发展社区卫生服务和加强社区卫生服务管理是医疗卫生体系建设的趋势之一。

表 9—2　　我国社区卫生服务相关政策文件

文件名称	发文机构	发布时间
《关于卫生改革和发展的决定》	中共中央、国务院	1997 年 1 月
《关于开展区域卫生规划工作的指导意见》	国家计委、财政部、卫生部	1999 年 3 月
《关于发展城市社区卫生服务的若干意见》	卫生部等国家十部（委、局）	1999 年 7 月
《关于印发城镇职工基本医疗保险定点医疗机构管理暂行办法的通知》	劳动和社会保障部、卫生部、国家中医药管理局	1999 年 5 月
《关于城镇医药卫生体制改革的指导意见》	国务院体改办等八部（委、局）	2000 年 2 月
关于转发《民政部关于在全国推进城市社区建设的意见》的通知	中共中央办公厅、国务院办公厅	2000 年 11 月
《城市社区卫生服务机构设置原则》	卫生部	2000 年 12 月
《城市社区卫生服务中心设置指导标准》	卫生部	2000 年 12 月
《城市社区卫生服务站设置指导标准》	卫生部	2000 年 12 月
《城市社区卫生服务基本工作内容（试行）》	卫生部	2001 年 10 月
《全国城市社区示范建设活动指导纲要》	民政部	2001 年 7 月

① 根据 2007 年 12 月 10 日中国医疗保险研究会座谈会（北京）内部资料整理。

续表

文件名称	发文机构	发布时间
《2005年城市社区卫生服务发展目标的意见》	卫生部	2001年12月
《关于开展科教、文体、法律、卫生“四进社区”活动的通知》	中央文明办等八部委	2002年1月
《全国“卫生进社区”活动工作方案》	中央文明办、卫生部	2002年6月
关于印发《关于加快发展城市社区卫生服务的意见》的通知	卫生部等八部（委、局）	2002年8月
关于印发《社区卫生服务中心中医药服务管理基本规范》的通知	卫生部、国家中医药管理局	2003年12月
《关于发展城市社区卫生服务的指导意见》	国务院	2006年2月
《国务院关于加强和改进社区服务工作的意见》	国务院	2006年4月
《关于促进医疗保险参保人员充分利用社区卫生服务的指导意见》	劳动和社会保障部	2006年6月
《关于加强城市社区卫生服务机构医疗服务和药品价格管理意见的通知》	国家发展改革委、卫生部	2006年6月
《关于在城市社区卫生服务中充分发挥中医药作用的意见》	卫生部、国家中医药管理局	2006年6月
关于印发《城市社区卫生服务机构管理办法（试行）》的通知	卫生部、国家中医药管理局	2006年6月
《关于公立医院支援社区卫生服务工作的意见》	卫生部、国家中医药管理局	2006年6月
《关于印发城市社区卫生服务中心、站基本标准的通知》	卫生部、国家中医药管理局	2006年6月
《关于加强城市社区卫生人才队伍建设的指导意见》	人事部、卫生部、教育部、财政部、国家中医药管理局	2006年6月
《关于城市社区卫生服务补助政策的意见》	财政部、国家发展改革委、卫生部	2006年7月
《关于印发城市社区卫生服务机构设置和编制标准指导意见》的通知	中央编办、卫生部、财政部、民政部	2006年8月
《社区卫生服务机构用药参考目录》	卫生部、国家中医药管理局	2007年9月

1997年，中共中央在《关于卫生改革和发展的决定》中分析了我国所面临的双重疾病负担，明确提出要“积极发展社区卫生服务，逐步形成功能合理、方便群众的卫生服务网络。基层卫生机构要以社区、家庭为服务对象，开展疾病预防，常见病与多发病的诊治、医疗与伤残康复，健康教育，计划生育技术服务和妇女儿童与老年人、残疾人保健等工作。”这一决定的出台标志着我国开展社区卫生服务的宏观政策正式形成，自此，我国各级有关机构开始重视并推广社区卫生服务工作。

1999年，《关于开展区域卫生规划工作的指导意见》在国家卫生资源配置上为发展社区卫生服务提供了政策保障，并且开始重视社区卫生服务中的人力资源管理问题。

1999年十部委出台的意见中明确了发展社区卫生服务的意义、目标和基本原则等，并对社区卫生服务站的设置和管理作出了规定，社区卫生服务的框架初步建立。

2000年，卫生部出台的《关于印发城市社区卫生服务机构设置原则》等三个文件，进一步明确了社区卫生服务的服务范围、基本设施、人员配备和管理制度。社区卫生服务政策进一步细化。

2002年，《关于加快发展城市社区卫生服务的意见》促进了30个省级行政区出台了城市社区卫生服务的相关政策文件，标志着我国城市社区卫生服务的政策体系框架已经基本建立。

2006年2月21日出台的《国务院关于发展城市社区卫生服务的指导意见》进一步明确了发展城市社区卫生服务的指导思想、基本原则和工作目标，提供了一系列行之有效的政策措施，表明了国家大力发展社区卫生服务的决心。2006年6—8月期间，中编办、发展改革委、人事部、财政部、卫生部、劳动保障部、中医药管理局等部门先后制定出台了有关社区卫生服务的9个配套文件，进一步细化了《国务院关于发展城市社区卫生服务的指导意见》提出的有关政策措施，为加快推进城市社区卫生服务工作提供了有力的制度保障。

目前，全国98%的地级以上城市、93%的市辖区和一半以上的县级市都不同程度地开展了社区卫生工作。[①] 截至2007年年底，全国社区卫生服务中心（站）2.4万个，其中：社区卫生服务中心约2 500个，社区卫生服务站2.1万个。社区卫生服务中心人员达7.7万人（其中卫生技术人员6.4万人），每个中心平均31人；社区卫生服务站总人员8万人，每站平均4人。与2003

① 数据来源：探索创新 把城市社区卫生工作提高到新水平——吴仪副总理在全国城市社区卫生工作会议上的讲话. http://www.moh.gov.cn/newshtml/20451.htm

年比较，社区卫生服务中心（站）增加 1.4 万个，卫生人员增加约 10 万人（增长 1.6 倍）。[①] 一些大中城市已初步形成政府主导、社会力量参与、服务功能比较齐全的社区卫生服务网络。

（三）加快发展我国社区卫生服务

《国务院关于建立城镇职工基本医疗保险制度的决定》[国发（1998）44 号] 中指出：要加快发展社区卫生服务，建立社区卫生服务机构与医院的双向转诊制度。双向转诊制度有利于减少重复检查，减轻病人负担，降低医疗费用支出，提高医疗卫生服务的效率和质量。

工业化国家的双向转诊制度较为完善，例如一些手术病人，术前的检查均在门诊进行，住院后立即手术，拆线后转回家庭病床，由家庭医生负责康复治疗。这种转诊制度不仅方便了病人，也极大地提高了效率，节约了卫生资源。我国在推行基本医疗保险制度时，可以结合各地的具体情况，对国外社区卫生服务的经验加以总结和学习。

加快发展我国的社区卫生服务，需要做好以下几项工作：

1. 充分发挥政府的主导地位

政府应明确其在社区卫生服务中的角色和作用。社区卫生服务是医疗卫生体系中最基层的部分，鉴于其所承担的预防保健功能具有公共和准公共卫生服务的性质，政府必须在政策、财政和管理上给予必要的支持，发挥宏观调控功能。

2. 提高社区卫生服务的科学化水平，满足社会多层次的需要

当前，我国社区卫生服务人员的业务水平、服务意识、自身素质都亟待进一步提高。卫生行政部门在积极推进社区卫生服务中心标准化建设工作的同时，应逐步明确社区卫生服务机构的设置原则、设置标准、基本条件、功能定位和内部管理制度。

3. 社会医疗保险制度要与社区卫生服务有机结合

《国务院关于发展城市社区卫生服务的指导意见》中明确指出，要发挥社区卫生服务在医疗保障中的作用。一是可以通过提高居民对社会医疗保险的认可度和参保率，将符合条件的社区卫生服务机构纳入定点医疗机构的范围，引导参保人员充分利用社区卫生服务。二是发挥全科医生的作用，社区卫生服务可以在整个医疗卫生服务体系和社会医疗保险体系中起到“守门人”的作用。三是尽快建立家庭医生和家庭病床制度。随着我国国民文化程度的普

① 数据来源：2003—2007 年我国卫生发展情况简报. http://www.moh.gov.cn/newshtml/20964.htm

遍提高和人口老龄化的到来，建立家庭医生和家庭病床制度显得极为迫切。家庭医生和家庭病床制度不仅向居民提供便捷、周到的卫生服务，而且会大大降低社会医疗保险医疗费用支出，从而有利于社会医疗保险制度的实施。四是有效建立双向转诊机制，优化资源配置。社会医疗保险扶持社区卫生服务相关政策的出台，促使社区卫生服务机构与医院合理分工，建立分级医疗和双向转诊制度，实现“小病不出社区，大病及时转诊”的医疗服务模式。

▶第三节　社会医疗保险参保人管理①

近年来，随着第三方付费的社会医疗保险覆盖范围的不断扩大，参保人由于缺乏费用意识，出现过度利用医疗服务的行为，引起了社会医疗保险医疗费用支出的大幅上涨。为此，对参保人的管理在社会医疗保险管理中越来越得到重视。

我国城镇职工基本医疗保险实行社会统筹与个人账户相结合的管理模式。个人账户的建立对参保人的就医行为有一定的约束，但不能因此放松对参保人就医行为的管理。个人账户对社会统筹基金偿付范围的就医行为，如住院、转院等没有约束力，对参保人利用个人账户资金为其家属开药、以药换药、以药换物等行为也没有约束力。

（一）规范参保人就医程序

1. 规范门诊就医程序及行为

参保人到门诊就医，首先应凭社会医疗保险证（卡）挂号，领取社会医疗保险专用处方和门诊病历，然后持社会医疗保险证、社会医疗保险专用处方和门诊病历到科室就诊，如有需要，到社会医疗保险窗口划价记账后去化验、检查。最后参保人凭医生的处方到社会医疗保险窗口划价记账，到药房取药。

门诊就医管理的关键是把好挂号关、门诊就医验证（卡）关和药房取药关。参保人在门诊同一科室就医，一般不允许同一时间重复挂号。

2. 规范住院就医程序及行为

符合入院标准的参保人，凭社会医疗保险证（卡）、入院通知书和门诊诊疗资料办理住院手续。参保人出院结账时，由社会医疗保险基金偿付的医疗

① 卢祖洵. 社会医疗保险学. 北京：人民卫生出版社，2003. 160～161

费用只需记账，由个人自付的医疗费用需用现金支付。

住院就医管理的关键是把好入院关、验证关、费用清单关、出院带药关和偿付关。把好入院关，主要是要求严格掌握入院标准。把好验证关，主要是要求核对住院人与社会医疗保险证件上的照片是否相符。把好费用清单关，主要是要求定点医疗机构提供每日费用清单，并由参保人或其亲属签字，防止医院乱收费或“搭车开药”。把好出院带药关，主要是要求出院带药不能违规，出院所带药品必须与本次住院的疾病有密切关系，并且不能超过七日（一周）用量。把好偿付关，主要是要求核对参保人每日住院的医疗费用之和与其住院医疗总费用金额是否相符。

3. 规范转诊转院程序及行为

如果参保人需要转诊到外地就医，要由主诊医生提供病历摘要，提出转诊理由，填写外地转诊审核申请表，经科主任签署意见，送医务办和业务院长审核并加盖公章，经社会医疗保险经办机构核准。

转诊转院就医管理的关键是把好转诊条件关、转诊资格关和费用审核关。把好转诊条件关，主要是要求符合转诊条件：一是经当地最高水平的医疗专家会诊仍未确诊的疑难病症；二是当地无先进的设备或技术进行诊治抢救的危重伤病人。把好转诊资格关，主要是要求转诊资格必须受到严格控制，原则上只有统筹地区最高级别的综合和专科定点医疗机构才有提出转诊的资格。把好费用审核关，主要是要求参保人提供比较齐全的异地就医材料，包括住院病历复印件、疾病诊断证明书或出院小结、费用明细清单、有效收费收据和社会医疗保险证件等，对属于社会医疗保险统筹基金偿付范围内的住院医疗费用，按当地有关规定审核报销，对于弄虚作假的，不予报销，并按社会医疗保险相关法律法规追究相关人员的法律责任。

4. 规范急诊抢救就医程序及行为

对于大部分地区的参保人来说，一般只能到自己选定的几家定点医疗机构就医。参保人因病需要急诊抢救时，可以不受此限制，根据就近诊治的原则可到最近的医疗机构诊治，但病情稳定后必须转到定点医疗机构继续治疗。参保人在非定点医疗机构诊治期间的医疗费用，先由个人现金垫付，痊愈后按社会医疗保险有关规定审核报销，门诊医疗费用从个人账户冲销，住院医疗费用由社会统筹基金偿付。

异地急诊抢救就医管理的关键是要把好报告关、急诊抢救事件核实关和医疗费用审核关。把好报告关，主要是要求参保人在外急诊抢救住院后，在一定时间内（一般规定为10天）必须报告用人单位，用人单位须立即报告社会医疗保险经办机构，同时办理异地就医登记手续。把好急诊抢救事件核实关，主要是要求认真核实急诊抢救事件的真实性，防止参保人私自到外地就医。把好医疗费用审核关，主要是要求严格分清哪些属于社会医疗保险偿付范围，哪些不属于社会医疗保险偿付范围，防止社会医疗保险基金的流失。

（二）明确应查处的就医情形

我国一般规定，参保人就医行为中有以下情形之一的，社会医疗保险经办机构应该进行查处：一是月普通门诊就诊次数累计 15 次以上；二是连续 3 个月内普通门诊就诊次数累计 30 次以上；三是月普通门诊医疗费用累计 6 000 元以上；四是同一医疗保险年度内普通门诊医疗费用累计 2 万元以上；五是个人账户用完后需使用社会医疗保险统筹基金；六是将本人社会医疗保险证件转借他人使用；七是持他人社会医疗保险证件冒名就诊；八是对病历、处方、费用单据等弄虚作假多报或者冒领；九是其他异常情形。

（三）多种途径发现就医异常情况

要开辟多种途径，发现就医异常情况：一是在日常监督检查过程中发现异常情况；二是开发社会医疗保险信息管理监测系统，当参保人就医出现异常情况时，信息管理监测系统就自动发出预警信息，从而提高发现和查处就医异常情况的效率；三是建立违规行为举报制度。社会医疗保险经办机构可以向社会公布电话、信箱、电子邮箱等举报方式，举报人应提供具体的线索和详实的资料，以便核实。举报经核实后，社会医疗保险经办机构对署名举报人予以奖励。通过建立举报奖励制度可以大大提高民众举报的积极性，形成就医异常情况的立体监测网。

（四）严肃查处违规行为

对参保人就医的违规行为应严肃查处。除追回社会医疗保险基金损失外，视情节轻重，给予警告、通报批评、罚款、建议用人单位给予行政处分等处罚，构成犯罪的，移交司法机关依法追究其刑事责任。例如，我国上海市就成立了社会医疗保险监督所，其主要职责就是监督参保人的就医行为。如果发现参保人就医异常情况，社会医疗保险监督所工作人员立即通知当事人到监督所谈话，要求解释就医异常的原因，上海市社会医疗保险管理机构已将多名犯罪嫌疑人移交司法机关并依法追究刑事责任。

▶第四节　社会医疗保险的监督[①]

一、社会医疗保险监督的含义与功能

（一）社会医疗保险监督的含义和必要性

社会医疗保险监督是社会医疗保险管理的重要组成部分，也是社会医疗保险管理过程中不可或缺的环节，它是指享有社会医疗保险监督权的监督主体，通过法定的方式，依据法定的程序对社会医疗保险系统中各方的行为进行监督和控制的综合管理过程。

建立社会医疗保险的目的是为了保障人们的基本医疗需求，同时，又要控制医疗费用的不合理增长，减少卫生资源的浪费。然而在实施社会医疗保险的过程中，会出现参保单位不按规定参保，参保人不按规定就医，定点医疗机构不按规定提供医疗服务，社会医疗保险机构不按规定运营等行为，为了保证社会医疗保险的有效运行，有必要对社会医疗保险的各个方面进行强有力的监督。

社会医疗保险涉及定点医疗机构、医生、社会医疗保险经办机构和被保险人等多个利益主体，由于各自的经济利益不同，对社会医疗保险的期望不同，在社会医疗保险运行过程中必然会出现各种矛盾，而这些矛盾的解决无一例外地都要求加强社会医疗保险的监督，从而确保社会医疗保险制度的可持续发展。这些矛盾具体表现在以下几个方面[②]：

1. 定点医疗机构与社会医疗保险经办机构之间的矛盾

定点医疗机构考虑的是医疗质量，即如何利用现有的检查治疗手段，尽早对患者作出疾病诊断并使其痊愈，但对医疗费用控制则考虑较少；而社会医疗保险经办机构考虑较多的是如何不让医疗保险基金出现赤字，对医疗质量的考虑相对较少。

2. 医生与被保险人之间的矛盾

医生面对患者既要考虑医疗质量又要考虑其自身医疗服务的价值补偿，使医疗服务既能得到补偿又能达到预期疗效；而被保险人考虑更多的则是投了保就要得到最满意的医疗服务，至于费用高低是定点医疗机构与社会医疗

① 仇雨临，孙树菡．医疗保险．北京：中国人民大学出版社，2001．146～154

② 施建祥．中国医疗保险发展模式论．北京：中国物价出版社，2003．180～181

保险经办机构之间的问题，被保险人一般不会考虑。

3. 疗效与医疗费用之间的矛盾

被保险人期望得到最满意的疗效，希望使用更好的药品和医疗仪器设备；社会医疗保险经办机构则要求定点医疗机构要努力控制医疗费用，并在偿付方式上施予硬约束。这样就导致定点医疗机构面临既要提高疗效，又要受到费用约束的困境，因此在医疗行为上难免发生扭曲。

4. 社会医疗保险基金的筹集与偿付之间的矛盾

社会医疗保险基金的偿付原则是“以收定支，收支平衡”，其征缴的比例是根据前几年实际发生的医疗费用运用保险精算技术测算的，这是影响收支平衡的因素之一。就医疗费用支出来说，随着社会医疗保险制度的不断完善，偿付的项目将不断拓宽，如特殊病种的医疗费用、诊疗项目的费用、大型设备的检查费用等项目费用及额度都较以前得到提升。再加上医疗科技的发展，新设备、新药品、新技术的不断推广，医疗成本不断提高，医疗费用也随之提高，这都会影响社会医疗保险基金的收支平衡。因此，有必要通过加强社会医疗保险监督来监控社会医疗保险基金收支的平衡。

5. 期望与结果之间的矛盾

随着生活水平的提高，人们对生命质量要求更高，期望有健康的体魄，期望到医院治疗后能尽快康复，能用上最好的药，能做最先进的检查，这种期望虽然可以理解，但必然只能部分地实现。原因主要有：一是疾病有诊断和治疗的过程，即使用最好的药，做最先进的检查，也未必一定有最好的效果。二是检查手段与药品使用应有一个选择的过程，就效益而言，应该选择以较低的费用取得较好疗效或同样疗效的检查手段和药品。三是社会医疗保险费用的偿付办法使医疗机构不得不考虑医疗服务的费用能否得到补偿。从这个意义上来说，如果没有社会医疗保险的监督，医疗费用也难以得到有效控制。

（二）社会医疗保险监督的功能

社会医疗保险监督的功能是指社会医疗保险监督活动在社会医疗保险管理过程中所起的作用。社会医疗保险监督主要有四个功能，即制约、参与、预防和反馈。其中，制约功能确定了监督的范围，参与功能提出了监督的过程，预防功能突出了监督的重点，反馈功能则为监督提供了依据。它们之间相互联系，相互配合，形成了监督活动的功能体系。

1. 制约功能

社会医疗保险监督的制约功能，是指为了保证社会医疗保险的顺利实施，对社会医疗保险运行过程中的各要素、各环节、各阶段进行的检查活动。社会医疗保险系统的内外环境每时每刻都在发生变化，为了保证这种变化不会影响社会医疗保险的实施，就必须对社会医疗保险运行的全过程进行监督检查，以便及时纠正每项具体活动的偏差。

2. 参与功能

社会医疗保险监督的参与功能，是指为了保证社会医疗保险监督活动的有效性，监督者应该参与每项具体的社会医疗保险管理活动，并在参与中实施监督。监督活动要渗透到社会医疗保险管理活动的每一个环节之中。对监督目标的实现，不仅要根据客观实际情况，检查、核实目标的先进性和科学性，而且还要审查计划的严密性和可行性；不仅要及时发现实施过程中出现的偏差和缺陷，还要督促社会医疗保险有关部门和工作人员纠正偏差，克服缺陷。

3. 预防功能

社会医疗保险监督的预防功能，是指社会医疗保险监督活动除了要检查、发现并纠正社会医疗保险运行过程中出现的各种偏差之外，还要善于发现和寻找可能对社会医疗保险产生不利影响的现实因素和潜在因素，以预防和阻止各种错误和偏差的产生，保证社会医疗保险的顺利实施。社会医疗保险的监督既要发现偏差、纠正偏差，还要防止出现偏差，监督活动能起到防患于未然的作用。

4. 反馈功能

监督是一种反馈，而且是一种及时的反馈。社会医疗保险监督的首要工作是检查，通过审核检查，能够及时发现社会医疗保险管理中存在的各种问题和偏差，并及时向社会医疗保险各主体反馈信息。社会医疗保险管理机构根据反馈的信息可以采取针对性措施，及时纠正偏差和不断改进、完善工作。

二、社会医疗保险监督的基本原则

（一）目的性原则

社会医疗保险监督最根本的任务是保证社会医疗保险的顺利实施。为此，在开展社会医疗保险监督时，首先就要考虑社会医疗保险的运行是否和这一目的相一致，这就是社会医疗保险监督的目的性原则，也是社会医疗保险监督的首要原则。

社会医疗保险监督的过程，实际上就是发现偏差、纠正偏差的过程。无论是发现偏差，还是纠正偏差，都存在两类问题：一类是目标和计划正确，执行活动中偏离了计划的轨道，这时，需对执行活动进行纠正；另一类是目标和计划制定不符合客观实际，继续实施下去会带来不良后果，这时，需要对目标和计划作相应的修改。

（二）客观性原则

社会医疗保险监督是一种信息反馈，而且是一种及时的信息反馈。有效的反馈要求做到准确、全面和及时。这就决定了社会医疗保险监督活动必须遵循客观性原则。首先，要求社会医疗保险监督主体从思想认识上注重客观事实；其次，社会医疗保险监督的标准必须是客观的；再次，在实施社会医疗保险监督检查的过程中，对所发生的问题要进行细致的调查和科学的分析，弄清楚产生问题的原因，为制定纠正偏差的措施提供科学依据；最后，在给出监督结论时，应本着实事求是的态度，作出真实和全面的评价。

（三）异体监督原则

社会医疗保险的异体监督是指对社会医疗保险行为主体的监督，是由行为主体之外的其他主体实施的，社会医疗保险监督者与被监督者应是不同的主体机构。

异体监督原则是现代管理的基本要求。有效的社会医疗保险管理活动应该具有相对的封闭性，即不仅要有科学的决策，还要有准确贯彻决策的执行活动，最后还要有对执行活动强有力的监督。没有监督，就有可能出现下面几种后果：社会医疗保险执行部门对有关决策未能正确贯彻或根本不贯彻，导致社会医疗保险管理失控；社会医疗保险执行过程中受种种因素的影响，使实际成效偏离了目标，社会医疗保险决策部门却无从知晓，不能对社会医疗保险执行活动进行有效的控制；决策与客观实际不符，在社会医疗保险执行过程中已暴露出来，但社会医疗保险决策部门却无法知道，因而无法纠正。

此外，在社会医疗保险监督机构的建立和监督人员的配备上，也必须遵循异体监督的原则。

（四）超前监督原则

社会医疗保险的监督具有预防功能，因此，在实施社会医疗保险监督的过程中，还应遵循超前监督这一原则。遵循超前监督的原则，需做好以下几个方面的工作：

（1）在社会医疗保险系统内公开监督制度、监督内容及监督标准，使系统内的各级管理人员及工作成员了解社会医疗保险监督工作的性质和内容，增强他们参与监督预防的积极性，并提高社会医疗保险监督活动的权威性。

（2）对社会医疗保险管理运行中产生的重大失误、问题以及纠正措施等情况进行通报，以引起社会医疗保险全体管理人员和社会医疗保险相关机构工作成员的高度警惕，避免以后出现类似的差错。

（3）社会医疗保险监督主体要努力认识社会医疗保险运行的客观规律及实施有效监督的客观条件，提高科学预见能力，即在实施社会医疗保险监督之前，预先想出有效的监督对策。

（4）根据以前社会医疗保险监督活动所发现的社会医疗保险管理中的失误和问题，针对社会医疗保险运行中的薄弱环节，提出积极的建议和有效的解决措施，建立严格的社会医疗保险管理制度，采取严密的管理防范措施，消除隐患，堵塞漏洞，防患于未然。

（五）经济性原则

社会医疗保险监督的成本应小于社会医疗保险监督活动所带来的收益，这是社会医疗保险监督的经济性原则。

社会医疗保险监督的经济性原则要求：首先，社会医疗保险监督所支出的每一项监督成本必须是合理的、有效的。为此，在规划和组织社会医疗保险监督活动时，要从组织机构的大小、监督对象的重要程度、监督所能带来的收益等诸多方面进行考量，从而决定所投入人、财、物的合适数量；其次，在社会医疗保险监督过程中，监督人员应将注意力集中到关键性问题的监督上，这样既能抓住社会医疗保险监督的重点，又能防止在枝节问题上花费过多精力，从而降低监督成本，获得较高的监督收益。

三、社会医疗保险监督的方式

（一）一般监督

社会医疗保险的一般监督是指按行政管辖关系实行的社会医疗保险监督，即国家行政机关对社会医疗保险工作的监督。如我国各级人民政府对所属的社会医疗保险管理机构进行的监督。

（二）专门监督

社会医疗保险的专门监督是指国家设立专门的社会医疗保险监督机构对

辖区内的社会医疗保险工作进行具体监督。从发展趋势来看，国家需设立社会医疗保险监督机构，或者在社会保险监督机构内设立专门的社会医疗保险监督部门对用人单位、定点医疗机构和参保人进行监督。另外，国家还需要设立专门的监督机构对社会医疗保险管理机构或部门进行监督。

（三）职能监督

社会医疗保险的职能监督是指政府各职能部门在其职能范围内对社会医疗保险工作进行的监督。社会医疗保险的职能监督主要有财政监督、审计监督和物价监督。

1. 财政监督

财政监督是指国家通过财政部门，利用财政手段对社会医疗保险机构的资金运营活动实施的一种深入的监督。对社会医疗保险财政监督的内容包括：监督社会医疗保险机构在社会医疗保险费的征缴上有无违反规定随意征收的现象；在社会医疗保险基金的支出上有无违反财务制度的现象等。

2. 审计监督

审计监督是指各级审计机关和审计人员以国家的财政金融制度、政策、法规为标准，对社会医疗保险机构的财务收支及经济业务活动所进行的监督检查、约束控制的管理活动。审计部门与社会医疗保险机构不存在直接的关系，仅仅是依法行使审计监督的权力，这使它具有很强的独立性。

3. 物价监督

物价监督主要是指国家物价部门对定点医疗机构和定点零售药店所提供的医疗服务、药品价格等的监督。在社会医疗保险基金规模一定的情况下，为了维持基金的收支平衡，减少医疗保险基金的不合理支出就成为关键。这就要求定点医疗机构和定点零售药店不仅要做到合理检查、合理用药、合理治疗，而且还要合理定价，不能违反国家物价部门所规定的价格标准。通过物价监督，可以防止定点医疗机构和定点零售药店随意提高医疗服务和药品的价格，减少社会医疗保险基金的流失。

（四）社会监督

社会医疗保险的社会监督是指在社会医疗保险监督机构之外的，非官方的、非专门的其他监督系统，它符合普通民众的需求与意愿，属于群众性的、社会性的、非强制性的监督。在我国，社会监督主要包括人民政协监督、群众团体监督和社会舆论监督。

四、社会医疗保险监督的内容

（一）对参保单位的监督

参保单位是社会医疗保险基金的“水源地”，为了增强社会医疗保险基金的抗风险能力，也为了保障参保者的合法权益，必须加强对参保单位的监督。对参保单位的监督包括以下几个方面：

1. 选择性参保

许多企业为了减少社会医疗保险费的支出，降低企业用人成本，会有选择性地让体弱、多病或年老的员工参保，而不让年轻、健康的员工参保。劳动密集型企业往往只让企业固定员工参保，而不让临时工参保。为了达到选择性参保的目的，企业在办理社会医疗保险参保手续时往往提供虚假资料隐瞒员工人数。

2. 少报工资总额

社会医疗保险费的征缴一般是以企业员工工资总额为基数。员工工资总额的高低直接影响到社会医疗保险缴费的多少。企业为了减少社会医疗保险费用支出，常采用人为压低员工工资总额的办法，企业上报给社会医疗保险机构的员工工资总额往往只是实际水平的1/2甚至1/3。因此，必须加强对参保单位员工工资总额的审核和监督检查。

3. 突击参保

有些用人单位不在规定的时间范围内到社会医疗保险机构办理参保手续，而是当单位出现重病患者时，主动要求参保，目的是将单位应承担的巨额医疗费用转嫁给社会医疗保险机构。这种投机性的突击参保行为往往会造成社会医疗保险基金的大量流失。

（二）对定点医疗机构的监督

由于患者没有足够的医学知识来选择医疗服务，患者所需要的检查与治疗服务完全由医生做主，医生的这种特殊地位决定了定点医疗机构在社会医疗保险医疗费用的控制上起着举足轻重的作用。为了维持社会医疗保险基金的收支平衡，减少不合理的医疗开支，保障广大参保人的基本医疗需求，加强对定点医疗机构及医生的监督是很必要的。

1. 对定点医疗机构监督的内容

（1）不合理用药。包括在一张处方上多种药物的不合理搭配，或同时开具多种同类药物；对非慢性疾病患者，开具超出正常用量的药物剂量；不顾病情需要，人为限制处方金额或处方用药剂量等情况。

(2) 违规用药。在处方中出现社会医疗保险用药目录之外的药物，有些药物并非患者特别需要，有些确属病情需要，但未办理审批手续。

(3) 药房换药。在处方上开具的是社会医疗保险用药，而实际上从药房拿到的却是进口药、滋补药或其他贵重药品。

(4) 不必要检查。在疾病诊断明确的情况下，为增加医院或科室的收入，诱导甚至强迫参保人作不必要的诊断检查。对于那些无痛苦的检查项目以及"高""精""尖"的检查项目，这种现象尤其多见。另外还有一种忽视常规检查的现象：本来常规检查即可满足需要，医生却开出不必要的大型检查。

(5) 违规记账。包括将非参保人的医疗费用记入社会医疗保险基金支付账内；将自费药品、自费项目、生活用品及其他非社会医疗保险偿付的检查治疗等费用记入社会医疗保险基金的支付账内。

(6) 乱收费。表现为擅自提高收费标准，无视卫生行政与物价管理部门颁布的医疗服务收费标准，自定收费标准，这在一些暂时未纳入医疗服务收费标准的"高""新"医疗项目上表现得尤为明显；另外，分解收费项目也属于乱收费行为。

(7) 不坚持出入院标准。患者的入院、出院都有一定的临床标准，但有些定点医疗机构将不该住院的病人收入住院，造成医疗卫生资源的浪费，而一些真正需要住院的病人却不能及时入院接受治疗，或病情尚未稳定的病人被通知出院，这些行为都严重损害了参保人的合法权益。

(8) 医疗机构工作人员利用工作之便多开药。医疗机构内部工作人员利用工作之便，为熟人开人情方，或为自己多开药，这也是社会医疗保险基金流失的一个重要渠道。

(9) 虚报社会医疗保险医疗费用金额。定点医疗机构向社会医疗保险机构虚报、重报、多报参保人的医疗费用记账金额，甚至伪造假处方、假病历来骗取医疗保险基金。

2. 对定点医疗机构常用的监督方法

(1) 查处方。门诊处方检查内容包括：书写是否规范；是否超出用药目录；用药是否合理；计价是否合理；是否分解处方等。

(2) 查病历。住院病历检查内容包括：病历书写是否符合社会医疗保险要求，是否超出用药目录，是否合理用药，是否合理计价；病历上的姓名与患者是否对应；是否符合出入院标准；是否存在有意延长或缩短住院时间的问题；费用与结账单是否一致；其他违规情况。

(3) 查化验单和检查单。监督检查的内容有：化验和检查的阳性率和计价是否合理。

(4) 查药房。主要检查药房中社会医疗保险药品目录内药品备药率是否符合要求，每种药的库存量加上处方使用量是否等于进货量。

(5) 查账。主要检查内容有：社会医疗保险门诊记账人次数与社会医疗保险挂号人次数、定点医疗机构上报到社会医疗保险机构的门诊人次数是否一致；社会医疗保险门诊记账费用加个人自付的现金与医疗保险门诊检查、治疗、处方上的金额之和和定点医疗机构上报到社会医疗保险机构的门诊医疗费用是否一致；社会医疗保险住院结账人次数与社会医疗保险出院人次数、上报的住院人次数是否一致；住院结账单费用与实际住院的医疗费用、上报的住院医疗费用是否一致；是否将非社会医疗保险基金偿付的费用记入社会医疗保险账内；是否存在分解收费等。

(6) 查电子账单。如果社会医疗保险采用了医疗保险信息系统并和定点医疗机构进行了联网，则可以通过信息系统对参保人、参保单位、定点医疗机构在一定时间内（日、月、季、年）的就诊人次数和就诊费用进行分类统计，从中发现异常情况。

(7) 通过审批偿付发现问题。审批偿付中不但可以发现定点医疗机构执行社会医疗保险政策的情况，还可根据参保人反映的情况发现社会医疗保险实施中产生的各种新问题。

(8) 受理投诉。投诉包括电话、来信、来访等多种形式。通过投诉可以发现定点医疗机构在执行社会医疗保险政策过程中存在的各种问题。

（三）对参保人的监督

社会医疗保险基金的支出主要取决于定点医疗机构，但这并不意味着社会医疗保险基金的支出与参保人无关。参保人是医疗服务的使用者，参保人的行为对社会医疗保险基金的支出也有直接影响。因此，必须加强对参保人的监督。对参保人监督的主要内容有以下几个方面：

1. 过度医疗消费和超前医疗消费

过度医疗消费是指参保人过度利用医疗服务，例如，通过利用一种以上的检查技术确诊或要求医生开具多种同类药品等。超前医疗消费是指参保人超越社会经济发展水平，利用“高档”医疗服务，即常规检查能够确诊的，要求用特殊检查确诊；一般治疗手段能解决的，要求用“高”“精”“尖”的治疗技术；普通廉价药物能治愈的，要求用价格昂贵的进口药物等。过度医疗消费和超前医疗消费会给社会医疗保险基金带来大量不必要的支出，因此，必须严加控制。社会医疗保险要求建立特殊检查治疗审批制度，目的就在于通过审批和监督来控制参保人不合理的医疗需求。

2. 为他人开药或转借社会医疗保险证件给他人就诊

按规定缴纳社会医疗保险费用是每个用人单位及其员工应尽的义务，按规定享受社会医疗保险待遇是每名参保人的基本权利，权利与义务是对等的。只有参加社会医疗保险，才具有享受社会医疗保险待遇的资格。参保人为他人开药或转借社会医疗保险证件给他人就诊，让非社会医疗保险参保者享受社会医疗保险待遇是一种不正当的行为，涉及金额较大的还会构成犯罪。同时，对其他参保人来说，这也是一种侵权行为。这种情况应通过监督加以控制。

（四）对社会医疗保险机构的监督

尽管社会医疗保险机构代表国家行使社会医疗保险的管理职能并具体经办社会医疗保险业务，但不能忽视对社会医疗保险机构自身的监督管理。

对社会医疗保险机构监督的主要内容有：执行社会医疗保险政策有无偏差，如有偏差，应分析产生偏差的原因，并督促其纠正偏差；社会医疗保险工作是否有计划、有步骤地进行；单位参保率、员工参保率和资金到位率是否达到了预定目标；对定点医疗机构的医疗费用偿付是否合理、准确、及时；是否做到专款专用；社会医疗保险基金的投资是否符合国家有关规定，是否同时具有安全性和收益性；管理费的提取和使用是否适当；社会医疗保险基金的支出是否符合国家财务制度和相关规定；对用人单位、定点医疗机构以及参保人的处罚是否公正、合理；是否切实保障了参保人的基本医疗需求，是否将医疗资源的浪费降到了最低程度，是否达到医疗保险基金“收支平衡、略有结余”的目的等。

本章小结

社会医疗保险管理按照管理内容可以分为行政管理、经办机构管理、基金管理、信息管理和服务管理；按照管理层次可以分为国家的宏观管理和社会医疗保险机构的微观管理。

政府行使社会医疗保险行政管理职能主要是因为卖方垄断权利的存在、效用外部性的更好实现、信息不对称的补偿、第三方付费情况的存在以及弱可替代性。

社会医疗保险行政管理可分为两种类型：一是由社会保障部门（或劳动部门）管理；二是由卫生部门管理。

政府在社会保险行政管理中的职责和作用主要体现在：规范社会医疗保

险制度的建立；促进社会医疗保险制度的发展；监督社会医疗保险制度的运行；弥补医疗市场的不足。

社会医疗保险经办机构是指在社会医疗保险系统中具体负责社会医疗保险基金的筹集、管理和医疗费用偿付等社会医疗保险业务的机构。根据独立运营程度的高低，医疗保险经办机构可以分为政府机构型、独立经营型和中间型。

社会医疗保险经办机构的管理原则包括加强政府对社会医疗保险系统的调控作用；把握好社会医疗保险经办机构自主运营的范围和尺度；社会医疗保险经办机构内部宜实行企业化管理。

社会医疗保险基金的构成可以从不同角度进行划分：按时间可以分为即期资金和准备金；按用途可以分为医疗补偿金、准备金和管理费；按使用对象可以分为个人账户基金和统筹账户基金；从实际用途的角度可以划分为社会医疗保险责任准备金、社会医疗保险意外准备金或调剂金、社会医疗保险管理基金、社会医疗保险滞纳金以及社会医疗保险费年度收支结余。

社会医疗保险基金运营部门与社会医疗保险行政部门应分开管理。政府部门对社会医疗保险基金的管理任务包括财政预算监督；参与总体预算的制定；将来源于财政预算中的社会医疗保险基金，按照计划拨付给社会医疗保险经办机构掌握使用；参与制定社会医疗保险基金的偿付范围、偿付标准、管理费提取标准、基金的运营投向；按照财政体制，实行分级管理等。

社会医疗保险信息具体包括社会医疗保险政策信息、社会医疗保险的基本信息、社会医疗保险业务信息、社会医疗保险基金管理信息、社会医疗保险统筹区内国民经济和社会发展的信息。社会医疗保险信息，除了具有一般信息所共有的准确性、及时性、适用性等特点外，还具有综合性、流动性和随机性。

我国社会医疗保险业务主要是通过“三、二、一”（三个目录、两个定点机构和一种偿付办法）来进行规范和管理，同时辅之就医行为管理和各种控制医疗费用的措施。

社区卫生服务是社区服务中一种最基本、最普遍的服务，是由全科医生作为主要卫生人力的卫生组织或机构所从事的一种社区定向的卫生服务。社区卫生服务的功能在于补充国家卫生资源的不足，实现卫生服务的社会化。

对社会医疗保险参保人管理主要通过规范参保人就医程序；明确应查处的就医情形；多种途径发现就医异常情况；严肃查处违规行为等手段来实现。

社会医疗保险监督是社会医疗保险管理的重要组成部分，也是社会医疗保险管理过程中不可或缺的环节。社会医疗保险监督主要有四个功能，即制约、参与、预防和反馈。社会医疗保险监督的基本原则包括目的性原则、客观性原则、异体监督原则、超前监督原则和经济性原则。监督的方式有一般监督、专门监督、职能监督和社会监督等。社会医疗保险监督的内容主要有对参保单位的监督、对定点医疗机构的监督、对参保人的监督以及对社会医疗保险机构的监督四个方面。

复习思考题

1. 政府实施社会医疗保险行政管理的原因、职责以及作用是什么？

2. 试述社会医疗保险经办机构管理的主要任务。

3. 结合实际简述你对社会医疗保险基金管理重要性的看法。

4. 社会医疗保险管理信息系统的结构是什么？

5. 结合我国目前的“三、二、一”管理方法，简单论述社会医疗服务管理的内容。

6. 试述发展社区卫生服务的重要性和必要性，以及我国现阶段应该如何开展社区卫生服务。

7. 社会医疗保险监督的内容、原则和手段有哪些？

8. 试述在社会医疗保险的实际工作中，应该怎样对医疗服务的供需双方进行监督。

案例讨论 1

上海市医保局关于本市部分定点医院医保监督检查情况的通报[①]

上海市医保局于 2007 年 7 月 26 日对外公开发布了《关于本市部分定点医院医保监督检查情况的通报》，通报的主要内容如下：

为了加强医保基金管理，控制医疗费用的过快增长，我局于近期对 15 所定点医疗机构（其中三级医院 4 所、二级医院 5 所、一级医院 6 所）进行了城镇参保人员和离休干部医疗情况的医保监督检查。检查发现，部分医院违反医保有关规定，导致医保基金不合理支出，加重了参保职工的负担。现将有关情况通报如下：

一、不合理收费

部分医院不按收费标准收费，如某三级医院骨科小 C 臂机每次检查多收

① 案例来源：上海市人民政府网

50 元；部分医院的 CT 同日多部位检查，眼部 A、B 超检查，骨密度检查，紫外线负离子喷雾治疗等按部位收费；某三级医院的国产红外线治疗仪按进口设备收费；某医院在超声乳化白内障手术时加收电凝器使用费；某三级医院在 DSA 数字减影血管造影时加收电视下操作费用等。

有的医院将医保不予支付的诊疗项目纳入医保偿付，如某三级医院将整形手术费纳入医保偿付；某区级医院将斜视矫正术费用纳入医保偿付；有的社区卫生服务中心将孕产妇保健手册、裹尸单、床单元臭氧消毒等费用纳入医保结算等。

有 5 家受检医院擅自将部分医保乙类药品按甲类药品进行结算。

二、不合理检查

部分医院对住院参保病人进行无指征、重复检查，如某三级医院对一患上呼吸道感染、冠心病的住院病人，无指征检查肿瘤标志物；某二级中心医院对一Ⅱ型糖尿病、冠心病病人，无指征检查甲状腺功能全套；某二级医院对一脑梗、高血压病人，19 天内无指征重复检查肝功能全套等。

三、不合理用药

部分医院存在较严重的超量配药、重复用药、分解处方、超品种配药等违规现象，如某三级医院给一离休干部在三个月内累计配药保列治 43 盒、复方丹参滴丸 127 盒、通心络 110 盒、迈之灵 51 盒、仙灵骨葆 68 盒、消痛贴膏 345 张，合计 3.25 万元；某三级医院给一离休干部在三个月内累计配药罗盖全 22 盒、消痛贴膏 29 盒、保列治 14 盒、弥可保 36 盒、络活喜 9 盒、格华止 20 盒、达美康 12 盒等，合计 8 584.03 元；某中心医院给一离休干部一次门诊开消痛贴膏、伤痛舒贴膏、天和骨痛贴膏三种功能相同的外用贴膏；另一中心医院给一病人一次门诊开 2 张处方，配 10 种药品，计 1 400 元；某社区卫生服务中心给一病人同日分别在内、伤科配仙灵骨葆 16 盒；另一社区卫生服务中心给一病人三个月配仙灵骨葆胶囊 27 盒，超量 11 盒等。

部分二级医院在门诊违规使用“限定支付”范围的药品，发生违规费用 13 万余元。

四、不合理治疗

本次检查中发现部分医院门诊治疗项目众多，治疗部位重复，疗程过长，如某社区卫生服务中心为一离休干部同日进行半导体激光治疗、氦氖激光治疗、脑循环治疗、功能训练、多功能电脑中频等 6 种治疗；某社区卫生服务中心一次门诊为一离休干部开 80 次的低频脉冲治疗单；某三级医院为一离休干部在三个月内进行电脑按摩机治疗 110 次；某社区卫生服务中心为一离休干部在三个月内进行微波治疗 170 次等。

五、分解住院

经查，有 5 所定点医院存在分解住院，如某三级医院一患者从监护病房转到普通病房，按 2 次住院结算；另一医院一病人以相同的疾病诊断间隔 8 天再次入院，住在同科室、同床位等。

依据《上海市城镇职工基本医疗保险办法》第 36 条的规定，经研究，我局作出如下处理决定：

1. 追回15所定点医院违规结算医保费用1 743 175.46元；

2. 对违规医院分别处以5 000元至30 000元的行政罚款。

希望全市各医保定点医疗机构引以为戒，规范医疗行为，认真执行医保有关规定，严格医保管理制度，切实保障医保基金的合理使用。

案例讨论2

医保资金乱用背后的监管缺位①

超剂量用药、自行加收费用、不合理检查、将自费项目改为医保内项目——北京市劳动保障部门日前根据调查全市定点医疗机构结果分析，发现医保管理方面的四大问题，损害参保市民利益，造成医疗资源浪费并影响医保政策实施。市劳保局表示，上述问题在部分定点医保医院中具有共性，各个定点医疗机构要对照上述问题进行自查。医保管理部门目前已对定点医疗机构存在的问题开始审查和治理。(5月7日《北京晨报》)

医保资金是百姓的救命钱，直接关系广大参保人的切实利益与生命健康安全。多家医院的医保资金被违规使用，会给广大参保群众留下怀疑空间，也会损害医保信誉，其危害显而易见、毋庸置疑，有关部门认真查找问题，为百姓保住救命钱，都是必要的。但该案暴露出的问题更值得有关部门反思。

保障参保人员的合法权益，促进医保事业健康、有序发展，应该是医保监管部门的责任。医保资金管理、使用本应有十分严格的程序。医院为什么又能通过“超剂量用药、自行加收费用、不合理检查、将自费项目改为医保内项目”这些并不高明的手段骗取医保资金呢？笔者认为，这除了说明医院惟利是图、管理混乱外，也暴露出医保管理部门的监管漏洞。正是因为有关部门对医保资金使用缺乏有力监督，才让医院钻了空子。

按理说，医保管理部门应该认真监督医保资金使用，然而由于体制的原因，医保管理部门（一般是劳动保障部门）并不是医院的直接上级，彼此之间没有行政隶属关系。医保管理部门与医院之间只是委托合同关系，医保资金到了医院账户以后，医保资金的管理使用大权主要在医院，医保管理部门受定点医保医院点多面广、人手缺乏及自身管理权限不足等因素的影响，对医保医院的监管处于一种松散状态。

而且现行的医保监管主要是对参保人员的医疗费用进行监督检查，这种监督检查，主要是在就诊结束以后，对患者的病史与用药情况进行监督。违规医院可以凭借专业医疗卫生知识，也完全拥有足够的时间从中做手脚。这样的监管制度难免存在滞后性。由于监管工作松散、滞后，又缺乏制度、法律保障，导致医院瞒天过海，挪用、套取医保资金的事情不断发生。媒体曾

① 案例来源：http：//www.china.com.cn/review/txt/2007—05/08/content _ 8215679.htm

报道过陕西延安大学附属医院将医保专项资金用于支付手机费、业务招待费、服装费的丑闻。从本报道来看，多家医院乱用医保资金，医保管理部门显然没有起到应有的监管作用。

因此，笔者认为，有关部门除了要求定点医疗机构对照问题进行自查自纠外，还应该处理相关责任人，追回被蚕食的医保资金，对医务人员加强职业道德教育，督促医院从严自律，坚决取消违规医院的医保资格。更关键的是，要完善医保监管机制，把医保监管关口前移，堵住监管漏洞，让医保事业回归良性轨道。如果不从制度设计上动脑筋，医院违规使用医保资金的问题只会层出不穷。

案例讨论 3

社会医疗保险综合管理信息系统①

一、设计思想

以先进管理制度、管理方法为先导的通用医保管理系统平台；采用国家标准，超前设计适当扩展，保证系统规范性；高效、规范的专业化管理，保证系统权威性；“高安全，低成本，易操作，广覆盖”的建设原则，保证系统可行性；充分考虑政策、制度的变化，保证系统灵活性；系统支持多承保单位，实现系统共享。

1. 以先进管理制度、管理方法为先导的通用医保管理系统平台

系统采用以承保机构面向定点医疗机构、定点医疗机构面向个人的两级结算方式为主，承保机构面向个人直接审核结算为辅的先进管理模式设计。个人就医结算时只需支付超出社保医疗保险范围而应由自己承担的费用，其他由个人账户代扣，或统筹基金支付的部分由定点医疗机构定时申报拨付，实践证明这种分散结算方式使承保机构结算压力大大降低，同时明确定点医疗机构的作用和责任，能够真正理顺个人、医院、承保机构之间的关系，使医保资金周转流动更加有效、合理。

高度重视对设立的定点医院和定点药店的审查和管理，在尊重医疗单位合理的治疗意见的同时也加强对医疗单位专业化的科学管理。运用计算机实现对所有参保人员档案、医疗记录、医保账管理；对医疗机构的药品分类、药品价格、医疗收费项目、收费标准进行确认和登记备案管理；医疗机构在一定范围内可调整价格标准；对每天每一个诊疗记录特别是保险基金支出部分的记录进行动态跟踪管理并且进行抽样审核，通过一系列具有医疗和财务高度专业化的管理可以有效地堵塞医保支出费用的漏洞，最大限度地减少不合理开支。

系统已经涉及医保管理全过程，在具体应用时只需稍加调整、化简就可

① 案例来源：http：//www.globalmis.com/? action—viewnews—itemid—15

适应不同的管理深度。

2. 采用国家标准，超前设计适当扩展，保证系统规范性

在系统设计时尽量使用最新的国家标准或国际标准编码，如采用18位身份证号码、ICD—9国际标准疾病编码等；对药品字典、收费标准利用现有标准，适当扩展后使用；暂时还没有可用国家标准的预留转换手段。通过以上措施，实现了整个系统数据规范化、标准化。系统设计具备规范性，可与部分医疗机构原已投资建立的信息系统实现可靠连接、数据共享，最大限度地保护医疗机构的系统管理投资。

3. 高效、规范的专业化管理，保证系统权威性

对医疗保险实现动态管理，以有效、合理、高度专业化的管理制度为核心，随时审核和监控系统的运行，使系统发挥出高效规范的管理职能。月度审核结算可在当月完成。通过对医疗保险信息进行统计分析，还可总结各种疾病治疗所需的正常费用范围，为科学决策提供可靠的依据，提高了管理水平。

定点医疗单位通过实行社会医疗保险计算机化的过程可以进一步规范自身的管理，减少管理人员工作强度，提高了管理层次。特别是定点医院可在当月与社保局社会医疗保险管理部门完成结算，及时收回当月社保医疗支出费用，减少资金占用，直接带来经济、管理效益。堵塞漏洞做到收支平衡的同时，本医保管理系统也十分重视投保病员的利益，不针对个别病种不加区别地搞硬性限制，而是科学地对待各种疾病，充分尊重医疗单位科学合理的治疗意见，使投保病员最大限度地得到治疗康复，易于使群众接受。投保病员就医过程方便及时、准确高效。参保单位可自行确定四家定点医院，职工个人还可以适当调整。投保病员到定点医院看病，定点医疗机构可即时实现对其处方、检查单、治疗单的审核及结算，简化了投保病员的就医手续，如患者个人账户有余额则免付现金，计算机自动进行结算（基金拨付和个人账户扣款)，患者即可取药完成就医过程。参保人员可方便、清晰地查询每次医疗服务内容，了解自己的医疗费用情况，加强透明度。

4. “高安全，低成本，易操作，广覆盖”的建设原则，保证系统可行性

本社会医疗保险综合管理信息系统采用先进的系统多重密码保护技术，基于路由协议、操作系统和数据库的三级安全保密机制，采用防火墙、操作系统密钥、数据库账户安全、表及表内域的多级操作权限的角色赋予等措施达到更安全的保密体系。

采用IC卡可实现多重密码保护，就医记录在IC卡、医院、结算中心多处保存，不易受到攻击，即使受到攻击也容易查出原因，快速恢复。全面引入IC卡识别身份，通过上岗证、口令和严密的加密处理有效地控制操作人员进入系统的权限，在系统的入口和运行过程都充分保证安全性。定点医疗机构与结算中心的数据交换有一定延迟，但是由于IC卡本身具有数据存储功能，可以在24小时以内通过数据交换使IC卡、医院、结算中心的数据保持一致。这种时间延迟本身既是结算中心审核程序所需，也可在数据交换过程

中对可能发生的违规或作弊行为发出警示。

本公司汲取全国各医保试点城市的经验，在确定管理系统计算机化方案时，始终把医疗管理、社会保险管理和财务管理等专业的高水平放在首位，深入细致地精心设计系统结构和性能，使其成为高度专业化和性能优异的管理系统。在计算机技术的应用上，充分考虑我国国情和社会医疗保险所要求的广覆盖精神，力求做到高技术起点的同时，也真正做到了经济适用、安全稳定可靠、低成本运行。系统以先进的大容量 IC 卡为基本流动数据载体和基本信息单元，利用电话网以拨号入网方式为主建立网络，它的建设费用低，运行费用低，十分有利于在基层城市普及推广。以参保人数约四万人的地区为例，该系统建设费用为 200 多万元，每个定点医疗单位每天的运行费用约为几元，小规模的医疗点仅需几角钱。

系统操作界面简练友好，易于学习，操作人员稍加解说即可上手操作。

5. 充分考虑政策、制度的变化，保证系统灵活性

按照国务院最新的建立基本医疗保障制度的有关规定和管理办法，系统程序对管理制度进行了规范化描述，可适应省、地、县各级统筹要求，在医保制度需要调整变化或各个具体实施地区需结合本地情况制定实施细则时，不用修改软件，只需修改描述即可完成。

在已经成功完成的基本社会医疗保险系统中留有 20 种其他保险险种的接口，可以方便地扩展到其他保险险种，做到用同一张 IC 卡完成养老、医疗、失业、工伤、生育以及增加的补充保险等各种社会保险。在特定地区还可以扩展到商业保险领域。

系统设计充分考虑了网络的接口和扩展能力，具有较强的兼容性，可方便地并入扩展成为大型的系统网络，适用于地市级或省级以上的管理系统。

6. 系统支持多承保单位，实现系统共享

本系统支持多承保单位。各承保单位可共用同一管理系统，根据国家相关政策标准承担不同的保险业务。系统可自动分离和传送定点医疗机构产生的相关数据、报表至各承保单位。定点医疗机构仅使用本系统即可完成与各承保单位的业务结算，方便不同投保范围的投保人群就医。

二、讨论要点

1. 分析该管理信息系统设计思想的特点。

2. 分析该管理信息系统的层次问题。

3. 社会医疗保险管理信息系统与医院的管理信息系统如何连接，信息流有何特点？

第十章

补充医疗保险

■ **学习要点**

通过本章的学习，理解补充医疗保险的含义、特征、意义和作用、补充医疗保险的实施范围以及补充医疗保险与基本医疗保险及商业医疗保险的关系，同时了解政府对商业补充医疗保险的监管，并在此基础上进一步了解我国目前现有的补充医疗保险模式。

■ **关键概念**

补充医疗保险　大额医疗费用保险　职工医疗互助保险　商业补充医疗保险

▶第一节　补充医疗保险概述

一、补充医疗保险的含义

补充医疗保险是相对于基本医疗保险而言，有广义和狭义之分，广义的补充医疗保险泛指国家和社会建立的基本医疗保险（主体医疗保险）以外的各种医疗保险形式的总称，既可以是非营利性的医疗保险，如企业互助医疗保险等，也可以是营利性的商业医疗保险。狭义的补充医疗保险是指对现有基本医疗保险制度下支付水平的补充，是为了满足不同层次的医疗消费需求，补偿超过基本医疗保险封顶线部分的医疗服务费用，以及基本医疗保险不覆盖的服务项目费用。①

补充医疗保险是医疗保险体系中不可或缺的重要组成部分。世界上大多数国家都采取了补充医疗保险制度。当前阶段，我国的补充医疗保险是指在社会基本医疗保险基础之上的各种补充性保险形式。

补充医疗保险不仅是满足人们对不同层次医疗服务需求的保障机制，而且也是提高医疗费用风险分摊与控制道德危害的重要平衡机制。社会基本医疗保险着重于卫生服务的公平性，而补充医疗保险则着重于卫生服务的效率。从这个意义上说，补充医疗保险应该体现自愿性与选择性的原则，更多地依赖于市场机制，通过市场竞争与需方选择，达到其最有效率地保障卫生服务可及性的目标。国家对发展补充医疗保险要加强宣传，积极提倡和鼓励，但企业是否举办、个人是否投保均应由单位和个人自主决定。

二、补充医疗保险的特征

（一）保险性

补充医疗保险具有健康保险的共性，即大数法则下的风险共济。参保人和保险机构按照保险合同的规定，明确双方的权利和义务，参保者通过支付定额的保险费来换取对不确定疾病风险发生后的医疗费用一定程度的补偿。虽然在实际操作运行中，补充医疗保险也有互助共济的特点，其主要体现了

① 卢祖洵. 社会医疗保险学. 北京：人民卫生出版社，2003. 254

更高层次的风险分摊机制，即健康状况好的人对健康状况差的人进行了补贴①，但补充保险首先应体现的是风险分散的保险性质，因此，政府在推进补充医疗保险发展的过程中，特别是由社会保险部门举办补充医疗保险时，应遵循补充医疗保险的保险性原则，依据市场经济规律，切实保障补充医疗保险的健康发展。

（二）补充性

补充性是补充医疗保险的最基本的特征。在整个医疗保险体系中，基本医疗保险是主体保险，补充医疗保险是重要组成部分，其作用是弥补基本医疗保险的不足，满足人们对不同层次医疗服务的需求，以及减轻或消除个人享受基本医疗保险时承受自付医疗费用的负担。在确定补充医疗保险的筹资额和给付标准时要适度，筹资额不能过大，待遇水平不能过高，对个人自付部分的报销给付仅是起弥补作用，而不应完全替代，以免削弱个人自付医疗费用这一重要费用控制机制的作用。

如果补充医疗保险未能遵循补充性原则，与基本医疗保险一起进行重复保障，显然会降低医疗保险体系的总体效率，损害社会福利水平。另外，如果不对补充医疗保险的覆盖范围进行适当的限定，就会造成其补充性过度扩展，甚至完全消除了基本医疗保险的需方控制机制（如起付线、封顶线等），使得基本医疗保险和补充医疗保险两者合计达到或接近完全保险，在目前各种监督调控机制尚不健全的情况下就会导致严重的道德损害现象，以致医疗费用和保险偿付费用急剧上涨，反过来会危害基本医疗保险的稳定和持续运作。

（三）自愿性

补充医疗保险与社会基本医疗保险的不同之处在于其自愿性，即单位或个人自愿投保。医疗保险组织自愿向市场提供各种补充保险，需方个人或团体自愿购买其愿意参保的补充保险险种，双方按市场原则以保险合同形式确定需方支付的保险费和供方提供的保险承诺或服务，国家只能以法规、政策、宣传、信息披露等来管制或推动保险市场，而不能强制性要求需方参保或供方提供保险。但由于医疗消费的特殊性，为了防止逆选择等情况，补充医疗保险在某些条件下也允许有一定的强制性或半强制性。

① 陈文，应晓华等．补充医疗保险的需求理论及其政策意义．中华医疗管理杂志．2004，20：11

（四）多样性

补充医疗保险的主要作用是弥补基本医疗保险的不足，满足人们对不同层次医疗服务的需求，因此需要建立功能不同、相互衔接的多层次医疗保险体系，鼓励多种模式的补充医疗保险并存。

三、补充医疗保险的意义

（一）调节收入分配，引导合理消费，鼓励健康储蓄，促进社会经济发展

一种社会保险资金的投入即意味着社会资金的转移和作用方向的改变。对政府而言，可借助市场经济条件下利益机制的作用，运用财政税收政策来影响补充医疗保险的规模和基金的运营，同时利用税收减免手段，鼓励单位和个人增加在补充医疗保险方面的投入，减少个人可支配收入和社会群体间的收入差距，促进社会公平，同时又可减少对一般商品的消费需求，直接增加健康需求以及促进全民健康保障和社会稳定的社会服务类的消费需求，从而起到调节社会消费结构和产品结构的作用。对于个人而言，补充医疗保险方面的投入则意味着个人收入支配量的变化和个人名义财富的使用方向的变化，这均会影响到收入差距与公平、消费需求与经济增长。

（二）有助于提高居民卫生服务利用的公平性，增加卫生投入，促进卫生事业的发展

这主要表现在补充医疗保险可提高医疗保险的人群覆盖面，使更多的人能够在保险基金的帮助下提高疾病风险的抵御能力，提高对卫生资源的利用程度。在卫生投入方面，在发达国家，健康保险或医疗保险是卫生服务经费的主要筹资渠道之一，通过发展补充医疗保险，可以最大限度地满足非基本医疗甚至是特殊医疗服务的需求，增加各个渠道对卫生事业的投入。同时，还可以扩展医疗保险的空间，分流社会保险的风险，促进保险业的发展。

（三）有利于调动各方面的力量和积极性，共同参与和促进医疗保险事业的发展

建立补充医疗保险，可以培育和形成多元的医疗保险行为主体，调动个人、企事业单位、工会与社区组织等社会团体的积极性，满足多层次的保障需求，共同促进医疗保险事业的发展。

（四）有利于强化职工自我保健意识

虽然企事业单位对职工参加补充医疗保险可能会给予一定的资助和补贴，但在通常情况下，一般都要个人出资投保，有时完全要个人出资。这样，通过举办补充医疗保险，就可以克服过去那种单纯依靠国家或企业来保障个人疾病经济风险的倾向，有利于树立个人健康保障意识和健康投资理念。

（五）有利于增强企业凝聚力与吸引力，调动职工积极性，稳定职工队伍

在满足基本医疗保险的基础上，企业的补充医疗保险与个人对单位的劳动贡献和经济利益挂钩，有利于激励职工为企业多作贡献，增强企业凝聚力。同时，企业根据自身经济状况为职工参加补充医疗保险提供全部或部分保险费资助作为职工的企业福利之一，是企业吸引人才、调动职工工作积极性的重要手段。

（六）有利于促进医疗保险市场的发展，为商业医疗保险提供了广阔的发展空间

社会医疗保险只保基本医疗需求，人们更高层次的医疗需求需要借助补充医疗保险来获得满足，这就为商业医疗保险的发展提供了充足的空间和难得的机遇。

四、补充医疗保险的作用

补充医疗保险的主要功能是补充基本医疗保险的不足或填补基本医疗保险的空白，即基本医疗保险未保到和不应保的特殊医疗需求，或减轻个人自付医疗费用的困难。其主要作用表现在以下几个方面：

（一）填补基本医疗保险的空白或不足，满足多层次的医疗保障需求

从医疗服务需求层面看，随着经济体制市场化进程的推进，不同地区、行业、企业、人群的收入水平逐渐分化，进而形成不同的需求层次。从医疗服务供给层面看，医疗技术的发展和医疗服务设施的改善，也形成了多层次的供给。作为社会医疗保险的补充，针对不同参保人群和参保单位，根据不同承受能力和不同层次医疗消费需求，补充医疗保险成为了社会医疗保险的一种有效辅助措施。

（二）有利于减轻个人医疗负担

在社会医疗保险制度下，个人负担较重。参保人在享受基本医疗保险时，先要自付起付线以下的费用，进入社会统筹之后，在起付线和封顶线之间，个人还要自付一定比例的费用。基本医疗保险的主要作用是通过互助共济保障人们的基本医疗权益，维护社会的稳定。而补充医疗保险则会弥补和减轻少数参保人自付费用过多的困难。

（三）有利于强化医患制约关系

医疗服务消费具有即时性、不确定性和被动性，因此医疗费用的支出具有明显的医疗服务供方主导和医生技术垄断的特征，它所带来的突出难题就是医疗费用的控制。而控制医疗费用最有效的途径就是通过加强个人自我医疗保障的意识，增强其责任感，直接形成医疗消费对医疗服务的约束，即直接的医患制约。同时，也可以发挥医疗保险机构对医疗服务的外部监督约束的功能，以合理地控制医疗费用支出。由于基本医疗保险本身带有一定的福利性，缺乏直接的投保人利益约束机制。而补充医疗保险，特别是商业医疗保险，不仅具有直接的投保人利益约束，更具有保险公司内在的机构利益约束，较之基本医疗保险而言，更有利于控制不良医疗消费和不合理医疗费用的支出。

五、补充医疗保险的实施范围

补充医疗保险主要覆盖以下三方面的风险：

（一）基本医疗保险所设定的起付线以下、封顶线以上部分的费用以及共付段中由个人支付的费用

这种情况下的补充医疗保险对基本医疗保险具有双重作用：积极的一面是，让部分具有避险心理并有支付能力的居民自愿参加补充保险，分担起付线以下、封顶线以上以及共付段中由个人支付的费用风险，能够增加社会总体福利水平，也可使基本医疗保险费用控制机制更易被接受；消极的一面是，由于补充医疗保险分担了这部分费用风险，就使得基本医疗保险的费用控制机制失去或削弱其原有降低道德损害的作用。参加补充医疗保险的人越多，基本医疗保险费用控制的作用就越弱。

（二）基本医疗保险没有覆盖的医疗卫生服务

基本医疗保险为体现公平性原则，一般只保障基本医疗卫生服务，非基

本医疗卫生服务有赖于补充医疗保险加以保障。如果医疗机构既为基本医疗保险提供基本医疗服务，又为补充医疗保险提供非基本医疗服务，由于能从补充医疗保险获得更大的收益，就会倾向于提供非基本医疗服务，从而影响基本医疗服务的可及性。这时，适宜的支付方式与服务质量控制机制对基本医疗保险更显重要。

（三）与基本医疗保险覆盖的不同质量或档次的医疗卫生服务

如单人病房、点名手术、高价药等特殊服务或项目等。在这种情况下，基本医疗保险是否按标准服务或项目提供补偿就直接影响到补充医疗保险的设计和投保率，如果基本医疗保险能为这些特殊服务或项目按标准价格进行补偿，补充医疗保险就会只为这些特殊服务或项目的差价部分提供保障，有避险心理的人们就会更愿意参加此类补充医疗保险。

六、补充医疗保险与基本医疗保险的关系

基本医疗保险具有国家强制实施、政府承办、普遍保障等主要特征，而且其保障水平是基本的医疗卫生需求。而补充医疗保险是在基本医疗保险的基础上发展起来的，是对基本医疗保险的补充与完善，具有保险性、自愿性、补充性等重要特征，两者既有联系，又有区别。

（一）补充医疗保险与基本医疗保险的联系

补充医疗保险是在基本医疗保险的基础上发展起来的，是对基本医疗保险的补充与完善，只有在与基本医疗保险衔接的基础上才会显示出其巨大的生机与活力。两者相同之处在于：

1. 目的相同

补充医疗保险和基本医疗保险均旨在保障参保人群的健康，解除参保者的后顾之忧，促进社会的稳定和经济的发展。

2. 手段相同

补充医疗保险和基本医疗保险均运用大数法则来分散疾病风险所造成的经济损失。

3. 独立性相同

两者的筹资、支付与管理都具有独立性，专款专用。

（二）补充医疗保险与基本医疗保险的区别

1. 性质不同

基本医疗保险是由政府强制执行的一种医疗保障制度，具有强制性，它不取决于参保人的意愿，作为一种社会福利性事业，它具有非营利性。而补充医疗保险是由社会保险经办机构或商业保险公司举办的，参保对象是自愿参加或相对自愿参加的，由商业保险公司举办的补充医疗保险具有营利性，而社会保险经办机构办理的补充医疗保险具有非营利性。

2. 作用不同

基本医疗保险是为了保障劳动者的基本医疗需求，在医疗保险范围内人人平等，基本医疗保险能用来调节收入差别和社会关系，维护社会公平；而补充医疗保险则是参保人或参保单位根据自身经济实力自愿投保以满足较高层次的医疗需求或其他方面的特殊需求，遵循“多缴保险费多受益”的原则，更多体现效率性。

3. 权利与义务关系不同

基本医疗保险的权利与义务关系建立在劳动关系上，只要参保人履行了缴纳保险费的义务，就能获得享受基本医疗需求的权利，但在某种程度上，参保人所缴纳的医疗保险费与医疗保险待遇水平之间并不成正比，即权利与义务并不完全对等。而补充医疗保险的权利与义务关系建立在合同或协议的基础之上，只要参保人或参保单位有经济承受能力、自愿地参加补充医疗保险，并按规定缴纳保险费就能获得相应的权利，所享受的医疗待遇水平与所缴纳的保费正相关，体现“多缴保险费多受益”的原则。

4. 待遇水平确定的基础不同

基本医疗保险只保障职工的基本医疗需求，所享受的医疗保险待遇水平要随着国家财政状况、物价水平、社会生产力水平的变化作出相应调整。而补充医疗保险给付水平的确定一般只考虑参保人缴费的多少，并不过多考虑其他因素。

5. 立法范畴不同

基本医疗保险属于国家立法范畴，它反映国家、用人单位和劳动者三方之间的利益关系，受法律保护，为劳动者投保医疗保险也是国家对劳动者应尽的责任和义务。而在补充医疗保险的保险关系中，双方当事人享受的权利和义务则以合同或协议为依据，保险关系的建立是在平等、自愿、互利、等价的基础之上，其权利义务关系应由民事法律调整。

▶第二节　补充医疗保险与商业医疗保险

在补充医疗保险中，商业医疗保险发挥着重要作用，往往成为主要的补充医疗保险形式。

一、补充医疗保险与商业医疗保险的关系

补充医疗保险与商业医疗保险既有联系又有区别。补充医疗保险具有商业医疗保险的一般特征，其经营方式、管理办法也与商业医疗保险有相同之处，具体表现在：第一，二者都遵循自愿参加的原则，实行权利与义务对等的关系；第二，补充医疗保险与商业医疗保险是一种局部交叉的关系，部分补充医疗保险项目是按商业保险模式运营或委托给商业保险公司经营的。

补充医疗保险与商业医疗保险之间存在本质的区别：

1. 范畴不同

补充医疗保险是纳入整个社会医疗保险体系的，属于社会保障的范畴；而商业医疗保险则纳入商业保险体系。

2. 目的不同

补充医疗保险是在国家有关法规的指导下，企业根据自身的经营状况建立的，用来保障企业参保人员的健康；商业医疗保险则由保险公司经营，客观上虽然具有社会保障的作用，但保险公司是独立核算、自负盈亏的企业单位，必然考虑营利问题，其机构与人员的管理费用也由投保人负担。市场经济中的商业保险公司多以获取利润为其直接目的。

3. 保险关系不同

补充医疗保险，保险人与被保险人之间以企业的规章制度为根据建立保险关系；而商业医疗保险，保险人与被保险人之间则是根据保险合同确定双方的权利与义务，两者之间是一种契约关系。

4. 保险对象不同

补充医疗保险以企业在职职工和退休人员为参保对象，有一定的强制性；而商业医疗保险则以个人自愿参加为原则，对险种的选择完全由个人自由决定。

5. 保险基金运营管理的不同

由社会保险经办机构办理的补充医疗保险必须坚持非营利性质，社会医疗保险基金的运行可以享受财政、税收上的优惠政策；由商业保险公司办理的补充医疗保险以营利为主要目的，按照市场法则运营保险基金，必须依法向国家足额纳税。

6. 保险金的给付及其标准不同

补充医疗保险着眼于“保障”，而商业医疗保险着眼于“偿还”。前者根

据企业的规章制度以保障参保人员基本医疗需求为给付标准，一般以伤病的实际情况决定保险金的给付数额。商业医疗保险金的给付完全以投保人所缴保险费的高低为标准，按保险契约规定定额给付，是一种等价交换的关系。

二、商业医疗保险的补充作用

从世界范围看，各国对商业医疗保险作用的看法有很大差异。归纳起来有三类：

（一）为不能参加社会医疗保险的人提供保险

典型代表是美国和韩国。在美国，商业医疗保险被认为是医疗保险的主体，社会医疗保险只为商业医疗保险不愿保障的人群而建立，如老人和穷人（老人医疗保险和穷人医疗保险）。美国 65 岁以下的非穷人人群中 80% 自愿参加商业医疗保险[①]。韩国实施强制性健康保险，但不存在公共健康保险组织，公众只能选择商业保险公司投保。

（二）为不愿意参加社会医疗保险的人提供保险

在这种情况下，商业医疗保险是公共保险的替代形式。典型代表国家是智利和德国。如在智利，医疗保险是强制性的，但个人可以参加社会医疗保险，也可以投保商业医疗保险，结果是形成了两级保险系统，高收入的健康者愿意参加商业医疗保险，而其他人更愿意参加社会医疗保险。在德国，高收入人群职工可以退出法定疾病基金而参加商业医疗保险，但是实际上这样做的人很少，因为一旦退出法定疾病基金就不能重新参加。

（三）社会医疗保险的补充保险

商业医疗保险作为各国社会或政府公共医疗保险的补充或附加形式，是世界大多数国家通行的做法（详见表 10—1、表 10—2）。代表国家如英国，英国实行的是国家医疗保险模式，国家卫生服务体系覆盖英国全体公民，通过税收进行筹资，由公共医疗机构提供医疗卫生服务。而商业医疗保险作为国家卫生服务体系的补充形式，主要覆盖老人和残疾人护理（46%）、药品（22%）以及医院服务（17%）等国家卫生服务体系不予以提供的服务项目。

---

① 程晓明. 医疗保险学. 上海：复旦大学出版社，2003

表 10—1 在 OECD 国家商业医疗保险的作用与人口覆盖率 %

国家	作用	作用范围	人口覆盖率
澳大利亚	社会医疗保险的补充	仅支付私立医疗机构的住院服务，也覆盖超出公共保险补偿范围的住院医师费	45
比利时	自营者的补充保险	支付急救、非手术服务	—
加拿大	社会医疗保险的补充	只覆盖省公共保险不覆盖的医疗服务	—
法国	社会医疗保险的补充	支付超出社会医疗保险合同规定的私立医院费和医师费，设有起付线	—
德国	社会医疗保险的替代保险	放弃法定社会医疗保险而选择商业保险的人（此类人群不能再回到社会医疗保险）	9
爱尔兰	社会医疗保险的补充	一家垄断的法定保险公司为社会医疗保险参与者提供的自愿商业保险，支付医师费和私立医院床位费（包括公立医院里的高档床位）	30（1991）
荷兰	社会医疗保险的替代保险	对高收入者急诊服务的强制性商业保险；补偿性保险	30（1991）
墨西哥	社会医疗保险和强制性职工社会保险的附加	大公司为非工会职工提供的保险	1～2
西班牙	社会医疗保险的补充	医院和医师服务的自愿补充保险	
土耳其	强制性社会保险的附加	29 个保险公司大多提供个险，而非团险	50 万人
英国	社会医疗保险的补充	覆盖急救服务，NHS 的补充或替代	10（1990）
美国	非 Medicare 和 Medicaid 体系覆盖者的自愿保险	免税的自愿医疗保险	71（1995）

资料来源：Chollet D. J. and Lewis M. Private Insurance：Principles and Practice. World Bank Discussion Paper 365 ：Innovations in Health Care Financing. Schieber G. J .（ed）. Proceedings of a World Bank Conference ，March 10－11 ，1997 ：77－114

表 10—2 非 OECD 国家商业医疗保险的作用和人口覆盖率 %

国家	作　用	人口覆盖率
阿根廷	社会福利基金的附加保险	19
巴西	公共资助卫生保健的附加保险	25
智利	社会医疗保险的替代保险	27
哥伦比亚	社会医疗保险的补充保险	11
哥斯达黎加	社会医疗保险的附加保险	低

续表

国家	作　用	人口覆盖率
多米尼加	社会保障的附加及其他公共服务的补充	14
厄瓜多尔	社会医疗保险的替代保险；社会保障的附加	12
埃及	社会医疗保险的替代保险或补充保险	3
危地马拉	社会医疗保险的附加保险	5
印度	社会医疗保险的替代保险	3.3
印度尼西亚	社会医疗保险的替代保险	少
牙买加	社会医疗保险的替代保险	15
约旦	社会医疗保险的替代保险	12
洪都拉斯	社会医疗保险的附加保险	1.5
肯尼亚	社会医疗保险的替代保险	11.4
黎巴嫩	非政府组织和社会医疗保险的替代保险	8
马来西亚	社会医疗保险的替代保险	3
尼日利亚	社会医疗保险的补充保险	0.4
巴基斯坦	社会医疗保险的替代保险	低
巴拿马	社会医疗保险的补充保险	低
秘鲁	社会医疗保险的替代保险；社会保障的附加	6
非律宾	社会医疗保险的补充保险	1.6
新加坡	社会医疗保险的替代保险	低
南非	职工疾病基金的替代	16
斯里兰卡	社会医疗保险的替代保险	2
泰国	社会医疗保险的附加保险	0.7
乌拉圭	补充保险	5.9
委内瑞拉	社会医疗保险的附加保险	低
津巴布韦	社会医疗门诊保险的替代保险	5

资料来源：程晓明．医疗保险学．上海：复旦大学出版社，2003

▶第三节 政府对补充性商业医疗保险的监管

在纯粹的市场环境中，投保者的逆选择与保险公司的风险选择会造成卫生服务利用公平性下降，这种市场失灵使得各国政府对商业医疗保险市场，特别是担当基本医疗保险补充形式的商业医疗保险市场实行种种管制或监管，以实现国民健康目标。

政府主要通过以下途径实现对补充性商业医疗保险的监管：

一、对补充性商业医疗保险制定管制体系

典型代表为美国的 Medigap，即政府对老人医疗保险的商业性补充保险的监管制定了一系列的管理体系。为了克服商业医疗保险带来的种种弊端，切实保障医疗服务对老年公民和某些特殊人群（部分伤残和终末期肾病病人）的可及性，美国政府制定出一套日益完善的管制体系。第一，以法制形式强制规定老人医疗保险享受者对 Medigap 的自由投保与续保、保险公司开办 Medigap 的资质审定及费率厘定等内容；第二，对 Medigap 的保险内容进行标准化，根据美国老人医疗保险 Part A（医院服务保险）与 Part B（医生服务保险）的覆盖内容，设计了不同组合与不同层次的 10 个标准化 Medigap 方案。开办 Medigap 的商业保险公司只能竞争性地向老人医疗保险享受者提供这 10 个方案选择，分别覆盖补充保险基本项目（Part A 和 B 的共付）、护理服务（共付）、Part A 起付线、Part B 起付线、医药额外收费、国外旅游急诊、家庭康复、处方药、预防保健等不同内容[①]，见表 10—3。

表 10—3　　美国标准化的 10 个 Medigap 方案

项目	A	B	C	D	E	F	G	H	I	J
基本项目	●	●	●	●	●	●	●	●	●	●
护理服务			●	●	●	●	●	●	●	●
Part A 起付线		●	●	●	●	●	●	●	●	●
Part B 起付线			●			●				●
医师额外收费						●	●		●	●

① Health Care Financing Administration. 2000 Guide to Health Insurance for People with Medicare. Health Care Financing Administration ，the Federal Medicare Agency ，2000. 参译：陈文. 商业医疗保险与补充保险. 中国卫生资源. 2001，4：3

续表

项目	A	B	C	D	E	F	G	H	I	J
国外旅游急诊			●	●	●	●	●	●	●	●
家庭康复				●			●		●	●
处方药								●	●	●
预防保健					●					●

美国还对保险公司开办老人商业补充医疗保险的赔付率设定有最低限定要求，其中团体保险的最低赔付率为75%，个险为65%，若低于限定要求，则保险公司需向保险投保者退还部分保费或降低下一年度的保费。当医疗照顾制度与其他补充医疗保险发生重复保障时，则首先由其他补充医疗保险予以支付，其余部分再由医疗照顾制度按补偿标准支付费用。

除了对上述老人商业补充医疗保险进行监管外，20世纪90年代以后美国各州对传统的医疗保险市场进行了以管理竞争为核心的医疗保险制度改革，从保险偿付、营销、信息披露、保险金厘定与再保险等方面对商业医疗保险实施管制。为了确保保险市场能够更好地运作，目前有些州正在实施新的保险管制改革，其主要内容是：确保每个人都能投保；保险责任的持续性；保险费级差的限制；完全的信息披露；标准化的保险内容等①。

二、对补充性商业医疗保险的覆盖范围有明确规定

典型代表如加拿大，加拿大禁止商业健康保险覆盖社会医疗保险所提供的医疗保障范围；澳大利亚、英国与新西兰则允许，但对交叉部分的偿付亦作出了明确的规定。

三、对补充性商业医疗保险是否覆盖社会医疗保险所设定的需方费用共担部分有不同的规定

如在药品费用需方分担方面，德国、奥地利、西班牙、瑞士与日本不允许补充医疗保险覆盖，比利时和匈牙利则仅允许非营利性补充医疗保险覆盖（见表10—4）。

① GAO（U.S. General Accounting Office）. Health Insurance Regulation，Varying State Requirements Affect Cost of Insurance. GAO/ HEHS2962161. Washinqton，D.C，1996. 参译：陈文. 商业医疗保险与补充保险. 中国卫生资源. 2001，4：3

表 10—4　不允许补充医保覆盖社会医保的需方共担部分（药品）

国家	药品费用需方共担部分	是否允许补充医保分担
奥地利	1998 年每包装定额 5 美元	不允许
德国	按处方量定额支付 8，9 或 10 马克；慢性病患者豁免	不允许
日本	定额，0～1 美元不等；老人、儿童与低收入者豁免	不允许
西班牙	价格的 0%～40%；拿养老金者与慢性病患者豁免	不允许
瑞士	定额 230 法郎加 10%药价，每年不超过 600 法郎；儿童豁免	不允许
匈牙利	按药品类别共付率为 0%～100%	只允许非营利性补充保险
比利时	投保者及其家属按比例支付（100%，80%，60%，50%）	非营利性补充保险只适用于住院

资料来源：程晓明．医疗保险学．上海：复旦大学出版社，2003

四、在商业医疗保险公司责任方面，保险监督管理部门采用管制手段予以保证

保险监管部门必须（保监会）对从事商业医疗保险的公司进行资质审查，对保险从业人员进行定期资质考核，并对最低资本金和储备金要有相应的规定。同时规定对某些风险较大的项目要合理作出再保险安排。另外，保险监管部门还需制定出一套应急保证系统，一旦某些保险公司面临破产，由该应急保证系统接管这些保险公司的所有业务，以确保投保者的权益不被损害。保险监管部门对保险合同的格式和内容也应制定出相应的标准，对保险公司的信息披露应有明确的规定，并应有投保者投诉的渠道与相应的程序。

▶第四节　我国现有的补充医疗保险模式

一、我国补充医疗保险与基本医疗保险的衔接

对照基本医疗保险的政策框架，目前我国补充医疗保险与基本医疗保险的衔接，主要有以下几个方面：

（一）覆盖人群的衔接

职工基本医疗保险虽然确定了广覆盖的范围，但是目前多数统筹地区尚未将原来享受半公费医疗的人员、少年儿童、城镇个体劳动者、城镇居民、

乡镇企业职工等列入覆盖范围。已列入覆盖范围的，由于种种原因，有些地方征缴扩面难度较大，要真正实现广覆盖还有一个过程。2007 年年底参加城镇基本医疗保险的人数仅 22 311 万人，其中参加城镇职工基本医疗保险人数 18 020 万人，参加城镇居民基本医疗保险人数 4 291 万人[①]。对于这些基本医疗保险未覆盖的社会群体，补充医疗保险将为其提供保障。如 2002 年 9 月，中国太平洋人寿保险股份有限公司在国内保险市场上首次推出《太平洋城镇职工门（急）诊补充团体医疗保险条款》和《太平洋城镇职工住院补充团体保险条款》，主要为乡镇企业、私营企业、个体劳动者等未覆盖的社会群体提供医疗保障[②]。

（二）与“三个目录”以外的医疗需求衔接

1999 年国家劳动和社会保障部先后颁布了职工基本医疗保险“三个目录”：一是《基本医疗保险药品目录》。规定使用“甲类目录”的药品所发生的费用，按基本医疗保险的规定支付；使用“乙类目录”的药品所发生的费用，先由参保人员自付一定比例，其余部分再按基本医疗保险的规定支付。二是《基本医疗保险诊疗项目目录》。主要是采取排除法或准入法，分别规定基本医疗保险不予支付费用的诊疗项目范围和支付部分费用的诊疗项目范围。医疗保险支付部分费用的诊疗项目，先由参保人员按规定的比例自付之后，其余部分再按基本医疗保险的规定支付。三是《基本医疗保险医疗服务设施范围和支付标准目录》。分别规定了参保人在接受诊断、诊疗和护理过程中所必需的生活服务设施及支付标准，以及医疗保险统筹基金不予支付的生活服务项目和服务设施费用。由此可见，上述“三个目录”只是保障基本医疗需求；“三个目录”以外的范围、项目或超过目录标准的费用，可以由各种形式的补充医疗保险来分担。

（三）与解决“两条线”以外的医疗费用衔接

按照《国务院关于建立城镇职工基本医疗保险制度的决定》［国发（1998）44 号］的精神，分别设置了“起付线”和“封顶线”。“起付线”原则上控制在当地职工年平均工资的 10%左右，起付标准以下的医疗费用，从个人账户支付或由个人自付。“封顶线”原则上控制在当地职工年平均工资的 4

① 2007 年劳动和社会保障事业发展统计公报．http：//wl. mohrss. gov. cn/gb/zwxx/2008－06/05/content _ 240415. htm

② 社会医疗保险改革对商业医疗保险发展的影响．http：//www. ins. com. cn/material/2006/08/04/2006080414364669. html

倍左右，超过“封顶线”的医疗费用，可以通过补充医疗保险等途径解决。

（四）与特需的医疗消费衔接

职工基本医疗保险规定了一系列不予以付费的特需服务项目，例如院外会诊费、高档病房、点名手术附加费、昂贵药品、美容、减肥、增高、一次性医用材料、各类器官或组织移植的器官源或组织源、各种不育（孕）症、性功能障碍、气功疗法等，均不列入基本医疗保险支付费用范围。这些更高层次的医疗消费需求，只能通过各种形式的补充医疗保险渠道解决。

二、补充医疗保险的具体形式

在城镇职工基本医疗保险制度改革实践中，各地根据当地的社会经济状况，因地制宜地探索出各种形式的补充医疗保险，因此各地实施的补充医疗保险种类繁多、形式多样。从不同的角度有不同的分类：

1. 按保障内容可分为住院补充医疗保险、门诊补充医疗保险、门诊特殊疾病补充医疗保险。

2. 按营利性质可分为营利性补充医疗保险和非营利性补充医疗保险。

3. 按其举办机构与保险属性可分为社会医疗保险机构举办的强制附加型医疗保险、社会医疗保险机构举办的自愿性补充医疗保险、非营利性组织（或企业及行业）举办的自愿性职工互助补充医疗保险与商业补充医疗保险等。

4. 按保障范围可分为对封顶线以上费用进行补充的保险、对封顶线以下的门诊特种疾病费用补充的保险、综合性补充医疗保险等。

5. 按保障层次可分为公务员医疗补助、企业补充医疗保险、职工医疗互助和商业医疗保险等。

以下主要按其举办机构与保险属性，分为四种运作模式进行介绍：社会医疗保险机构举办的强制附加型医疗保险、社会医疗保险机构举办的自愿性补充医疗保险、非营利性组织（或企业及行业）举办的自愿性职工互助补充医疗保险以及商业补充医疗保险。

（一）社会医疗保险机构举办的强制附加型医疗保险

社会医疗保险机构举办的强制附加型医疗保险由社保机构在基本医疗保险方案的基础上，以社会保险的形式强制性筹集大病医疗费用互助基金。其具体承办机构可由社保机构自身，如上海、镇江、北京、南京、杭州、大连等地；也可由社保机构统一投保的商业保险公司来经办，如厦门、天津、珠海、汕头、福州等地。目前，我国各地常见的由社会医疗保险机构举办的强制附加型医疗保险是大额医疗费用保险。

大额医疗费用保险是指医疗保险机构在基本医疗保险的基础上强制性要求按职工工资的一定比例或定额筹集保费，对大额医疗费用（严重疾病和伤害事故引起的费用）进行补助的一种保险。大额医疗费用保险对基本医疗保险最高支付限额以上至一定数额的医疗费用给予补助，筹资对象是基本医疗保险的参保人员。即凡是参加社会医疗保险的参保人员必须参加大病医疗费用互助医疗保险，并按规定缴纳大额医疗保险补助资金，由社会医疗保险机构强制征缴，保险项目主要是对基本医疗保险最高支付限额以上至一定数额的部分医疗费用给予一定补偿。

1. 由社会医疗保险机构自身经办——以北京为例

随着 2001 年《北京市劳动和社会保障局、北京市财政局关于印发〈北京市大额医疗费用互助暂行办法〉的通知》的发布，北京市在基本医疗保险制度的基础上建立了大额医疗费用互助制度。北京市大额医疗费用互助覆盖了所有参加北京市基本医疗保险的用人单位及其职工和退休人员，但实行国家公务员医疗补助办法的用人单位及其职工和退休人员除外。其覆盖范围具有强制性，即参加北京市基本医疗保险，不享受国家公务员医疗补助的用人单位及其职工和退休人员都必须参加大额医疗费用互助制度。2001 年度全市已有19 343户企业，216.6 万名职工参加了基本医疗保险，同时参加了大额医疗费用互助，原大病统筹范围的企业和职工基本实现了新老制度的转换[①]。

大额医疗费用互助基金的来源渠道由国家、单位和个人三部分组成，并按照“1＋3”的原则进行缴纳，即由用人单位缴纳全部职工缴费工资基数之和的 1%，职工和退休人员按每人每月 3 元缴纳，政府再予以适当补贴。大额医疗费用互助基金实行全市统筹，单独列账，纳入社会保障基金财政专户，并由社会保险经办机构负责统一筹集、管理与使用。

大额医疗费用互助基金用于支付门诊、急诊大额医疗费用和基本医疗保险统筹基金最高限额以上的医疗费用，具体支付比例如图 10—1 所示：

2. 由社保机构统一投保的商业保险公司经办——以厦门市为例

福建省厦门市是全国首批开展补充医疗保险的城市之一。从 1997 的 7 月开始，厦门市职工医疗保险管理中心作为投保人，为参加厦门市职工医疗保险的职工集体向商业保险公司——太平洋保险公司厦门分公司投保，参保职工作为被保险人，其发生的超出社会统筹医疗基金支付最高限额的医疗费用

① 北京市劳动和社会保障局、北京市统计局. 2001 年北京市劳动和社会保障事业发展公报. http://www.bjldbzj.gov.cn/dzzw/xxcx/fzgb/t20020614_4196.htm

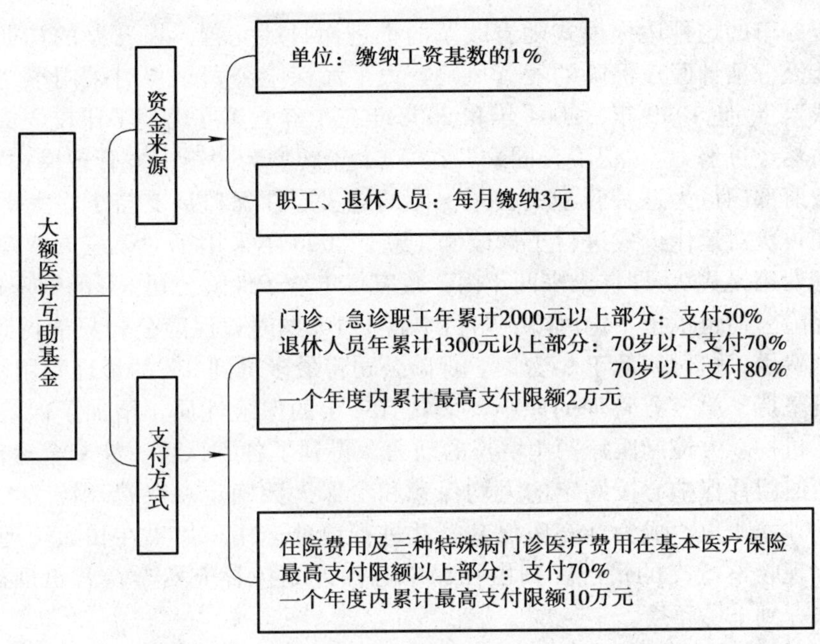

图 10—1 北京大额医疗费用互助制度支付比例图

由商业保险公司负责赔付。

具体的保险费标准和赔付办法如下：

厦门市社保中心作为投保人，每人每年（2007 年）从个人医疗账户提取 36 元，从社会统筹医疗基金提取 16.80 元，集体向中国太平洋人寿保险股份有限公司厦门分公司投保。[①] 在该社保年度（厦门市为当年的 7 月 1 日至次年的 6 月 30 日）内，参保人员若发生社会统筹医疗基金支付最高限额 5.3 万元以上的医疗费用，由本人先垫付，就医终结时，向保险公司索赔，保险公司负责赔付 90%比例，个人负担 10%比例。每结算年度太平洋人寿保险股份有限公司厦门分公司赔付的医疗费用每人最高额度为 16 万元。[②] 厦门太平洋保险公司在承办该保险业务的 10 年间累计赔付支出 0.95 亿元，全市共有近 5 000 名罹患重病的职工获得赔付。2007 年，城镇职工补充医疗保险参保职工突破 50 万人，覆盖率达到了 100%，保费收入 2 300 万元，保险保障金额为 750 亿元，成为城镇职工大病医疗的“保护伞”。[③]

① 厦门补充医疗保险为大病患者减负. http：//wisehr.com.cn/sys/sbfl/2007－2/14/133122782.html

② 补充医疗保险最高可保 16 万元. http：//www.xm.gov.cn/sm/kstd/ybz/200709/t20070929_183581.htm

③ 厦门率先全国实现“全民医保”. http：//news.sohu.com/20070207/n248091340.shtml

厦门市的这种运作模式随着改革的推进而日臻完善。在开办的初期，由于未能充分估计医疗保险的经营风险，太平洋保险公司承保时采用了“保险合同式”，致使1999年、2001年和2002年三个经营年度出现了比较严重的亏损。虽然经过努力，“保险合同式”在2003年转型为“第三方管理模式”，但有些政府部门认为这种转型失去了保险的意义。在保监局支持下，太平洋保险公司再次对运作模式进行了修改和创新，2006年采用了“第三方管理+浮动管理费用模式”，即在未来两年内，政府每年给予保险公司6%的管理费用，同时保险公司也承担一定风险。赔付率高于103%时，保险公司只能得到3%的管理费用；赔付率低于97%时，保险公司将最多得到9%的管理费用[①]。新模式既坚持了第三方管理的原则，又具有一定的保险性质，增加了保险公司和医保机构双方控制医疗费用增长的动力，得到了各方认可。在基金运作上，每年由厦门社保中心按约定的人均保费和参保人数确定总保费，转入太平洋人寿的独立账户，成为补充医保基金并进行单独运作。如果在扣除管理费后基金出现收不抵支的情况，则由社保中心额外划拨补充资金；若出现盈余，自动滚存到下一年度。

在控制风险方面，太平洋保险公司主要采取了以下四项措施：一是对部分特殊的门诊、慢性病人（如尿毒症），规定医疗费用额度；二是对转外就医人员，要求其向政府职能部门报备，获准后才能异地就医；三是引入医疗费用预警制度，即对所有参保人员的医保费用使用情况进行即时跟踪，对达到预警线的被保险人给予提醒，对已进入补充医疗保险状态的被保险人进行必要的诊疗指导，尽量减少过度医疗；四是对典型的过度医疗行为，向政府职能部门举报并介入调查，间接警示医疗机构。

厦门模式以社会基本医疗保险和商业补充医疗保险为参保人构建了双重“保护网”，对稳定社会、减轻大病患者的经济负担起了积极的作用，但其中也存在着一些问题，如理赔服务方面，仍需要加强和完善。

（二）社会医疗保险机构举办的自愿性补充医疗保险

由社会医疗保险机构举办的自愿性补充医疗保险的优点在于：社会医疗保险机构可以同时征缴基本医疗保险费和补充医疗保险费，并且可以参考企业和职工参加基本医疗保险时的资料，不用再去重复收集、整理和录入，节省了人力、物力和财力，节约了经营管理成本。缺点是增大了社会医疗保险机构的经营风险，加大了社会医疗保险机构运营医疗保险基金的难度，提高

① 商业保险开办补充医疗保险的探索与实践. http://insurance.jrj.com.cn/news/20070524/000000133533.htm

了医疗保险机构的管理难度。

社会医疗保险机构举办的自愿性补充医疗保险的典型代表是成都市。为了减轻职工在享受医疗保险待遇之后仍然面临的住院与门诊医疗费用负担，成都市劳动局、财政局、社会保障委员会办公室分别从 1992 年和 1996 年起，组织开展了两项补充保险制度的试点工作。在总结经验的基础上，市劳动局对两项补充保险的实施办法进行了修改完善，形成了三个住院补充医疗保险办法和一个门诊补充医疗保险办法，由市行政区域内所有用人单位的职工（含离退休人员、自由职业者、个体工商户及其雇工）自愿参加。2005 年 11 月又对三项住院补充医疗保险办法的缴费标准、报销条件及享受待遇、限制条款等作出了修订。

三个住院补充医疗保险办法负责偿付属于基本医疗保险报销范围内的一次性住院医疗费用中的部分费用。住院补充医疗保险办法一主要用于减轻职工住院发生的大额费用风险，用于扣减上年度职工平均工资以后剩余的部分；住院补充医疗保险办法二主要用于减轻职工患慢性病发生的住院费用风险，只在一次性住院医疗费超过上年度职工 3 个月平均工资时才支付定额津贴；住院补充医疗保险办法三主要是为了把住院医疗费用个人负担部分控制在个人完全可以承担的范围之内，偿付扣除完基本医疗保险报销的费用以及上年度 1 个月职工平均工资后的剩余部分。门诊补充医疗保险则覆盖当年内每季度门诊药品费用累计在职工平均工资的 5%以上、15%以下的部分，以降低职工门诊发生的大额费用风险。其具体的报销办法和缴费标准如表 10—5 所示：

表 10—5　　成都市 4 种补充医疗保险办法的对照分析

项目	补充办法一	补充办法二	补充办法三	门诊补充办法
报销范围	属于基本医疗保险报销范围内的一次性住院医疗费扣减本市上年度职工平均工资后余下的部分	属于基本医疗保险报销范围内的一次性住院医疗费超过本市上年度职工 3 个月平均工资的部分	属于基本医疗保险报销范围内的一次性住院医疗费扣减基本医保的报销费用和本市上年度职工 1 个月平均工资的部分	当年内每季度门诊药品费用累计在本市职工平均工资的 5%以上、15%以下的部分
报销比例	30%，若参加大病医保，则最多报 40%	根据缴费年限不同报 300～2 000 元不等，每份本补充医疗保险每报销一次医疗费，下一次报销医疗费时减少应报销额的 5%，减少的比例最多不超过 40%	90%	根据基本医保及门诊补充医保的缴费年限，最低 50%，最高 90%

续表

项目	补充办法一	补充办法二	补充办法三	门诊补充办法
最高限额	每次报销只能使用1份保险单，1份保单只能使用一次，每份保单最高报销5万元	每次报销可同时使用多份保单，但1次最高报销1万元	无最高封顶限额	无最高封顶限额
缴费基数	上年度职工平均工资	每份1 000元	上年度职工平均工资	上年度职工平均工资
缴费标准	每份保险为缴费时上一年全市职工平均工资的5%，年龄在55岁以上者每超过一周岁增加10元	年龄在55岁以上者每超过一周岁增加20元	35周岁以下（含35周岁）按1.5%缴纳，35周岁以上至55周岁以下按2%缴纳，55周岁以上（含55周岁）按2.5%缴纳	上年度职工平均工资的0.1%乘以本人年龄
缴费间隔	一次性缴费，终身有效，可买多份保单	一次性缴费，终身有效，可买多份保单	每年缴费	每年缴费

资料来源：成都市住院补充医疗保险办法一．成都市住院补充医疗保险办法二．成都市住院补充医疗保险办法三．http：//www.cdldbz.gov.cn/PD0308280024/WD0603023073.asp

（三）非营利性组织（或企业及其行业）举办的自愿性职工互助保险

职工互助医疗保险是指由有关组织如工会组织等独立机构承办，职工群众自愿参加，资金以职工个人筹集为主，各方资助为辅，在职工及其家属发生疾病风险时给予一定物质帮助的一种补充医疗保险。① 一般是企事业单位工会会员以团体形式加入互助保险会。互助保险会不是一个金融机构，不以营利为目的。

由中华全国总工会主办的“中国职工保险（保障）互助会”就是以职工互助的形式从事保险业务的组织。② 该组织主办和经营管理的职工互助保险由工会组织主办，职工个人自愿参加，资金以个人筹集为主，具有“群众性，

① 张琪．中国医疗保险理论、制度与运行．北京：中国劳动社会保障出版社，2003.123

② 仇雨临，孙树菡．医疗保险．北京：中国人民大学出版社，2001.25

自愿性，民主性，互济性与补充性”等特点。

1. 职工互助医疗保险的对象范围

职工互助医疗保险的对象范围主要包括中小企业职工及其家属。实行基本医疗保险制度改革后，职工家属被取消了可享受半费医疗的待遇。因此，参加互助医疗保险的职工及家属在患大病、重病时，在享受国家基本医疗保险待遇后，个人负担医疗费仍居高不下时，可按规定享受相应的互助医疗保险待遇。根据大数法则，在保障对象上一般要求以单位团体的形式参加保险，部分地区还要求参加者的数量要占到单位职工总数的80%。

2. 职工互助医疗保险的资金来源

职工互助医疗保险的资金来源主要是职工自愿为本人和家属缴纳互助医疗保险费、各级行政部门给予的补助、工会的资助以及资金的利息等。企业为职工所缴纳的费用按国家有关规定渠道列支，若企业未参加企业补充医疗保险但参加职工互助医疗保险，则其为职工所缴纳的互助医疗保险的费用可经主管财政部门审核同意，允许将工资总额4%以内部分列入成本。

3. 职工医疗互助保险基金的管理和使用

医疗保险经办机构应加强互助医疗保险基金的管理，建立健全各项规章制度，接受政府、社会、投保企业和职工的监督，保证基金的安全和发放。职工互助医疗保险经办机构在经批准运行一定时期后，被证明确实是有基金投资运营能力的，必须经当地社会保障行政管理部门和金融保险行政管理部门的审核，报国家金融保险行政管理部门审批，并须严格遵照投资营运范围的规定，才能进行基金的投资。

为了保证互助医疗保险基金的共济能力，降低保险基金的营运风险，职工医疗互助保险基金在管理和使用过程中应做到以下三点：

（1）申请并经办职工互助医疗保险的机构必须是地级市以上城市工会等独立法人团体。

（2）职工互助医疗保险经办机构必须经同级社会保障行政管理部门和金融保险管理部门严格审核，并报上级社会保障行政管理部门和金融保险管理部门审批。

（3）须严格规定职工互助医疗保险经办机构的投资运营范围，以保证基金投资运营的顺利进行，确保互助医疗保险资金的保值增值。

在基本医疗保险制度改革的进程中，全国许多城市的企业或行业都纷纷自发地建立了内部职工医疗互助保障基金，实行职工互助医疗保险，提高了职工及其家庭抗疾病风险的能力。目前，职工互助保险已初步形成了企业、市、省、国家四级互为补充、协调发展的局面。工会举办的各种类型的职工互助保险组织已有 8 万多个，全国参加职工互助保险的职工人数达到 2 400 余万人，保险资金结存达到几十亿元，累计有 600 余万人次获得了待遇给付。①

以北京市为例，北京总工会于 1996 年正式成立了“北京市职工互助保险工作管理委员会”和“中国职工保险互助会北京办事处”，覆盖了北京市各区、县、局、总公司的 4 000 多家企事业单位。其中，中国职工保险互助会北京办事处开办了职工安康互助保险、团体人身意外互助保险、女职工特殊疾病保险以及在职职工住院医疗互助合作保险。全市有 60 多个区、县、局、总公司参加了互助医疗保险，参加人数达到 46.1 万人。到 2004 年年底，办事处安康储蓄金达到 20.2 亿元，比 2003 年增长 8.56%；女职工特殊疾病保险保费收入 799 万元，增长 21.12%；新增互助保险会员 34.56 万人，增长了 23.8%。2004 年，职工互助医疗保险共计赔付 7 095 人，共计 865 万元，平均 1 219.75 元/人。② 由此可见，职工互助医疗保险大大提高了职工互助共济水平和抗风险能力。

（四）商业补充医疗保险

商业补充医疗保险是针对社会基本医疗保险不能提供医疗保障的部分，由商业保险公司通过团体保险的形式向社会基本医疗被保险人提供的保险。商业补充医疗保险一般采取与社会基本医疗保险管理机构合作的形式或直接向企事业单位提供商业补充医疗保险服务，由单位出资或者由单位和个人共同出资缴纳保险费。

商业补充医疗保险是基本医疗保险基础上的附加保险，主要用于覆盖社会基本医疗保险中投保者自付部分及社会基本医疗保险没有覆盖的项目，它与基本医疗保险存在着范围和程度上的衔接。范围上的衔接是指为没有参加基本医疗保险的人员，提供包括基本医疗保险在内的医疗保险项目。程度上的衔接是指对已参加社会基本医疗保险的人员，提供基本医疗保险不覆盖的服务项目，以及高水平的偿付。

1. 商业补充医疗保险的主要险种

（1）普通医疗保险。普通医疗保险是医疗保险中保险责任最广泛的一种，主要用来偿付被保险人因疾病和意外伤害支出的门诊医疗费和住院医疗费。普通医疗保险通常采用团体承保的形式，或是作为个人长期寿险的附加责任承保，一般采用补偿方式来给付医疗保险金，并规定每次偿付的最高限额。

（2）意外伤害医疗保险。意外伤害医疗保险负责被保险人因遭受意外伤

---

① 关于维护职工的劳动权利．http：//www.china.com.cn/chinese/2003/Jan/268308.htm

② 周静．五十万职工受益于互助保险．http：//www.bjzgh.gov.cn/2005/4

害支出的医疗费，作为意外伤害保险的附加责任。保险金额可以与基本险相同，也可另作约定。一般采用补偿方式给付医疗保险金，并规定保险金额即给付限额，同时还要规定治疗期限。

（3）手术医疗保险。手术医疗保险属于单项医疗保险，仅用来偿付被保险人因进行手术而支出的医疗费，包括门诊手术治疗和住院手术治疗。此险种可单独承保，也可作为意外保险或人寿保险的附加险承保。采用补偿方式给付医疗保险金的手术医疗保险，只规定作为累计最高给付限额的保险金额。采用定额给付医疗保险金的手术医疗保险，保险公司只按被保险人进行手术的种类定额给付医疗保险金。

（4）住院医疗保险。住院医疗保险用来偿付被保险人因疾病或意外伤害而需住院治疗时支出的医疗费，不负责被保险人的门诊医疗费。既可采用补偿给付形式，也可采用定额给付形式。

（5）特种疾病保险。特种疾病保险以被保险人患特殊疾病为保险事故。当被保险人被确诊为患某种特定疾病时，保险人按约定的金额给付医疗保险金。一份特种疾病保险的保单可仅承保某一种特定疾病，也可承保若干种特定疾病。可单独投保，也可作为人寿保险的附加险投保，一般采用定额给付形式，保险人按照保险金额一次性给付保险金后，保险责任即终止。

2. 商业补充医疗保险提供的保障范围

商业补充医疗保险提供的保障范围力争实现商业医疗保险与社会基本医疗保险的有效衔接，大致包括以下六个方面：

（1）基本医疗保险“起付线以下”部分的保障。2002 年 8 月，太平洋寿险推出了国内第一个分红型的健康险，即太平盛世康健一生重大疾病保险，投保该险种不仅可以享受高保障，而且还能分享保险公司的经营成果，额外的红利可以用于基本医疗保险中起付线以下部分普通门诊费用的报销。

（2）基本医疗保险“封顶线以上部分”的保障。1997 年中国太平洋保险公司厦门分公司率先在全国推出了职工补充医疗保险计划，承保厦门市企业职工基本医疗保险封顶线以上部分中的大额医疗保险费用，满足了职工较高层次的医疗消费需求。

（3）基本医疗保险中个人自付部分的保障。基本医疗保险的住院费用自付部分，商业保险也给予保障。

（4）基本医疗保险不提供保障的部分。如疾病引起的营养费、交通费、误工费等是基本医疗保险不予以保障的部分，但这部分医疗费用支出可以通过投保综合保险计划获得保障。

（5）基本医疗保险不承担责任的医疗责任保险。由医疗事故引起的经济赔偿是基本医疗保险中不承担的责任，发生医疗事故后由医患双方自愿协商双方都能接受的处理办法。2002 年 9 月，中国平安保险公司台州中心支公司推出医疗责任保险，保障由于医疗事故而引发的经济赔偿。

（6）基本医疗保险不予提供保障的社会群体。2001 年 11 月，太平洋寿险公司在江苏省江阴市进行了农村医疗保险试点，由政府、集体和个人按一定比例出资，保险公司采取定点医院、信息网络、医疗专员相配套的综合管理模式。运行一年多来，参保人数超过 70 万，参保率达到 85%，保费收入 2 100 万元，保险公司首年即实现了保本微利的目标。2002 年 9 月，中国太平洋人寿保险股份有限公司在国内保险市场上首次推出《太平洋城镇职工门（急）诊补充团体医疗保险条款》和《太平洋城镇职工住院补充团体保险条款》，主要承保乡镇企业和私营企业的职工以及个体劳动者等未被基本医疗保险覆盖的社会群体。①

3. 目前我国商业补充医疗保险的发展机遇与挑战

国务院颁发的《国务院关于建立城镇职工基本医疗保险制度的决定》（国发［1998］44 号），对商业医疗保险的发展，既提供了良好的机遇，又带来了严峻挑战。

（1）该决定明确了基本医疗保险的任务，客观上给商业医疗保险提供了一个很大的发展空间，为保险公司参与医疗保障体系建设提供了一个良好的平台。现有国家福利性医疗费用的削减，意味着非基本医疗保险需求的增长。基本医疗保险制度满足不了大部分居民更高层次的医疗保障需求，居民就会考虑购买商业健康保险以提高保障程度，从而刺激商业健康保险的发展。

（2）国民经济持续稳定的增长和个人收入的不断提高，为商业补充医疗保险的发展奠定了经济基础。随着经济的发展和人民生活水平的提高，人们会越来越关注健康方面的投入。特别是高收入阶层的形成和高付费医疗项目、新医疗技术的使用均为商业补充医疗保险的发展提供了市场空间。

（3）商业保险公司自身的优势也使商业补充医疗保险拥有巨大的发展潜力。商业医疗保险公司起步较早，有较为完备的管理机制和灵活多样的经营手段，为商业补充医疗保险的发展提供了组织机构方面的基础。

但是同时，商业补充医疗保险的发展也面临着严峻的挑战：

（1）部分险种有待调整和创新。基本医疗保险制度所覆盖的人群进一步加大，《关于开展城镇居民基本医疗保险试点的指导意见》颁布后，以前开发的传统健康保险产品，如部分以中小学生、少年儿童为参保对象的商业健康

① 社会医疗保险改革对商业医疗保险发展的影响. http：//www.ins.com.cn/material/2006/08/04/2006080414364669.html

险险种将面临很大挑战。这些险种是否还有生存空间、应如何创新以适应新的变化等，是健康保险公司急需解决的重大问题。

（2）与社会基本医疗保险覆盖范围交叉重叠，形成重复保障。城镇居民基本医疗保险制度的保障范围主要是住院和门诊大病医疗费用，这与部分传统商业健康保险险种，如住院医疗保险、重大疾病保险等在保障范围上有重合。如何改良这些险种，使二者的关系转化为互补关系，也将是保险公司面临的一个重大课题。

（3）非理性竞争严重，经营风险加大。主要表现在两个方面：一是低费率竞争。社保经办机构或客户向各保险公司寻求低价位，尤其是有些地方政府采用招标的形式，费率几乎成为中选的唯一因素；保险公司不计后果竞相压价，使产品费率与真实费率严重背离。二是盲目扩大保障责任。各公司产品同质化严重，门诊社保起付线以下的免赔额逐步降低甚至达到“零免赔”，而免赔额以上的医疗费用报销比例则高达90％甚至100％[①]。恶性竞争降低了保险公司的经营效益，扰乱了市场秩序，降低了保险的效用。

（4）缺乏健康险经营管理经验。长期以来，我国人身保险市场主要经营寿险和意外险，而将健康险作为附加险。多数保险公司缺乏健康险经营管理的专业理念，将健康险业务等同于寿险业务管理，忽视其内在规律的研究和分析，没有相应的配套政策措施、管理模式、风险控制、数据积累和综合业务支持。

（5）专业化程度低，基础薄弱。一是专业人才缺乏。目前各公司普遍缺少专门经营补充医疗保险的管理人员、风险控制人员、销售人员、业务处理和服务人员，现有人员的专业水平和经验不足。二是专业技术薄弱。补充医疗保险主要是以基本医疗保险为基础，根据投保人的管理需求与被保险人的风险需求而设计的保险保障计划，相应的费率需根据投保人群各项因素，如职业类别、性别系数、员工年龄分布等，经过专业的精算来确定，具有标准化与个性化相结合、灵活性大等特点。现阶段各公司缺乏核算、理赔、精算及成本风险分析能力等专业技术，无法科学合理地确定保险费率风险指标，产品同质化严重。三是相关数据积累不足，后台支持能力薄弱。补充医疗保险业务数据积累需要一个较长的过程，由于经营时间尚短，保险公司经验数据积累不足。同时，还普遍缺乏强大的信息处理能力和管理能力，没有相对独立的业务系统和数据库，难以实现核保、理赔、数据分析、后期服务等大量数据处理操作，与业务需求差距较大。

---

① 中国保监会. 商业保险开办补充医疗保险的探索与实践. http：//insurance.cnfol.com/070530/135，1518，3013915，00.shtml

(6) 保险公司与社保部门、医院和被保险人缺乏沟通制约机制。保险公司与社保部门沟通不畅，易受社保政策影响，同时对医院、投保人和被保险人缺乏有效的监督制约。我国医疗机构实行“医药合业制度”，医院既拥有处方权，又拥有药品专卖权，医疗费用管理失控。部分单位利用保险公司之间的竞争，在市场上多方询价，在各保险公司之间反复转保，加大了保险公司对投保单位的管控难度。

本章小结

补充医疗保险相对于基本医疗保险而言，是医疗保险体系不可或缺的重要组成部分，具有保险性、补充性、自愿性、多样性的特征。补充医疗保险不仅是满足人们对不同层次医疗服务需求的筹资机制，而且也是提高医疗费用风险分摊与控制道德危害的重要平衡机制。社会基本医疗保险着重于卫生服务公平性，而补充医疗保险则着重于卫生服务效率，从这个意义上说，补充医疗保险应该体现自愿性与选择性的原则，更多地依赖于市场机制，通过市场竞争与需方选择，达到最有效率地保障卫生服务可及性的目标。补充医疗保险与基本医疗保险、商业医疗保险既有联系，又有区别。目前我国补充医疗保险应与基本医疗保险作好空间的衔接。

由于商业补充医疗保险市场存在着风险及失灵的现象，因此政府须加强监管力度。政府主要通过以下途径实现对商业补充医疗保险的监管：第一，对商业补充医疗保险制定管制体系；第二，对商业补充医疗保险的覆盖范围明确规定；第三，对商业补充医疗保险是否覆盖社会医疗保险所设定的需方费用共担部分有不同的规定；第四，在商业医疗保险公司责任方面，保险监督管理部门（保监会）采用管制手段予以保证。

我国现有的补充医疗保险模式包括以下四种：一是社会医疗保险机构举办的强制附加型医疗保险；二是社会医疗保险机构举办的自愿性补充医疗保险；三是非营利性组织举办的自愿性职工互助保险；四是商业补充医疗保险。

复习思考题

1. 如何理解补充医疗保险的含义和功能？
2. 试分析补充医疗保险与社会医疗保险的关系。
3. 政府通过哪些途径实现对商业补充医疗保险的监管？
4. 针对现行的厦门补充医疗保险模式，请提出你对此模式的看法及建议。
5. 试分析我国商业补充医疗保险存在的机遇与挑战。

案例讨论 1

无锡市的“第三方管理＋盈亏自负＋保费周期性调整”承保模式①

一、基本情况

无锡市的基本医疗保障水平一直处于全国前列，但随着医疗费用的逐年增长，个人仍需承担较高支出。2001 年，经无锡市政府同意，市总工会和退休职工管理委员会（以下简称“退管会”）决定建立城镇职工补充住院医疗互助保险制度。平安人寿无锡中心支公司主动与相关部门合作，利用自身在产品开发、管理和服务等方面的经验，积极参与制度设计，并于 2003 年 1 月 1 日起正式启动。该制度分为在职职工（不包括公务员）和退休职工补充住院医疗互助保险两部分，分别由市总工会和退管会主办。在职职工一年期每人缴费 32 元、三年期每人缴费 95 元，原则上由个人承担，单位视情况予以补贴；退休职工每人每年缴费 60 元，其中个人缴纳 45 元，政府补贴 15 元。保障责任为医保目录范围内属于个人自付部分的医疗费用，其中在职职工补偿 60%，退休职工补偿 50%，无给付次数和额度的限制。

截至 2006 年年底，累计保费收入 6 010.95 万元，支付赔款 3 918.3 万元。其中第一个周期（2003—2005 年度）保费收入 4 267.85 万元，支付赔款 2 598.30 万元，简单赔付率 60%，有近 11 万人次获得补偿，补偿面超过 10%，件均补偿 238.21 元；第二个周期的 2006 年度保费收入 1 743.1 万元，支付赔款 1 320 万元，简单赔付率 75.3%，比第一个周期上升 15 个百分点。目前在职职工参保 9.8 万人，参保率达 25%；退休职工参保 24 万人，参保率接近 100%，社会反响及发展势头良好。

二、运作模式

采用协议承保方式，平安人寿按保费收入提取 15%左右的运营管理费，发生亏损则由公司承担。以 3 年为一个运作周期，在同一周期内，缴费标准和补偿方案保持不变；新的周期开始，则可以根据上一轮运行情况修订方案。

三、风险管控

一是保障全面投保。市劳动和社会保障局、退管会、总工会、卫生局和财政局联合下发文件，规定在职职工的投保人数不低于总数的 80%；退休职工投保人数不低于 90%，有效避免了逆选择和道德风险。二是双方共同建立审核结报结算处。市退管会、总工会分别与平安人寿签订协议，在市社保中心成立结算处，设置专门柜面负责审核结报。三是保险公司实施专业化运作。建立业务专管员制度，分片区或单位将责任落实到人；自行设计开发理赔作业系统，将风险管控前置；不定期对定点医院进行抽查和暗访等。

① 案例来源：商业保险开办补充医疗保险的探索与实践. http：//insurance.jrj.com.cn/news/20070524/000000133533.htm

案例讨论 2

A 企业补充医疗保险计划[①]

一、A 企业背景介绍

A 企业是全球领先的管理咨询、技术服务和外包机构。其在 49 个国家设立了分公司，员工逾 175 000 名，作为一家《财富》全球 500 强的企业，A 企业在大中华区开展业务已超过 20 年。于 1989 年在香港及台北设立分公司，1993 年成立上海分公司，1994 年成立北京分公司。2002 年，在大连和上海分别成立了信息中心以支持全球外包业务。2004 年，随着广州分公司的成立，进一步加强了在华南地区的业务。

目前 A 公司在大中华区设有 6 家分公司：北京、上海、大连、广州、香港和台北，拥有一支超过 3 000 人的员工队伍。A 公司在北京的分公司共有 1 000 多名员工，其员工年龄主要分布在 25～40 岁，所有员工均为本科及以上学历，还包括很多海外留学人员。

A 公司由于是一家管理咨询、技术服务和外包公司，由专业人员利用先进的方法论和工具为客户提供迅速可靠、经济有效的解决方案，因此公司的员工就成为公司最宝贵的财产，公司的核心价值观包括：传承卓越（打造长青企业，倡导主人翁精神，关注员工培养），最优人才（吸引和培养最优人才，激发员工的潜力和工作创造性），尊重个人（营造一个轻松、包容环境，重视他人）等。

二、A 企业补充医疗保险计划介绍

基于以上原因，A 公司在政府及地方法规规定的社会保险基础上，为公司的员工建立了补充医疗保险。下面详细介绍该公司的补充医疗保险计划。

1）保障对象：年龄在 16～60 周岁，身体健康，能正常工作的 A 公司在职中国籍员工。

2）保险期限：2007 年 1 月 1 日零时至 2007 年 12 月 31 日 24 时。

3）保障范围：中国内地地区。

4）资金筹集：由雇主缴纳保险费用，员工无需缴纳任何费用。

5）保险形式：基于专业化考虑，公司采用商业保险公司经办的保险形式，由公司向商业保险公司投保，双方签订合同，对员工发生的保险责任范围内的费用进行补偿。

6）保险种类：公司为员工提供的补充医疗保险包括：门诊、急诊医疗保险，住院医疗保险，重大疾病保险和住院津贴等保险类别，具体内容见表 10—6。

---

① 王玥. 北京市企业补充医疗保险运行效果研究——基于 A 企业的个案调查. 硕士论文. 2008

表 10—6　　补充医疗保险权益一览

保险项目	保险赔付限额	赔付说明
门诊、急诊医疗保险	1万元	100%赔付
住院医疗保险	2万元	100%赔付
药店买药	120元	限医保范围用药
重大疾病保险	15万元	定额给付
住院津贴	200元/天	按照合理住院天数给付

7）与基本医疗保险的衔接：补充医疗保险同基本医疗保险的衔接主要体现在与补偿方式、费用补偿范围、就诊医院、购药药店和理赔程序等方面的衔接，具体内容见表 10—7。

表 10—7　　基本医疗保险与企业补充医疗保险的衔接

衔接项目	基本医疗保险	企业补充医疗保险
补偿方式	医疗费用补偿	医疗费用补偿+收入损失补偿
费用补偿范围	符合规定的基本医疗保险药品目录、诊疗项目目录以及服务设施范围和支付标准目录	符合规定的基本医疗保险药品目录、诊疗项目目录以及服务设施范围和支付标准目录的自付费用，累计给付以保险金额为限
就诊医院	社会保险部门规定的定点医院，急诊除外	门诊、急诊均需要在社会保险部门规定的定点医院就诊
购药药店	在社会保险部门规定的定点药店购买医保范围内用药	正规药店购买医保范围内用药，药量同基本医疗保险一致
理赔程序	持医保卡就诊，在规定的费用支出范围内由定点医院同社保机构进行结算	持医保卡就诊，凭费用发票和明细向保险公司理赔

第十一章

中国社会医疗保险制度的发展（上）

■学习要点

通过本章的学习，全面和深入地了解中国社会医疗保险制度的历史沿革、改革、创新以及不断完善的过程。具体来说，包括计划经济时期劳保医疗和公费医疗的主要特点和作用；原有制度的弊端；城镇职工基本医疗保险制度的主要内容和制度体系；城镇居民基本医疗保险制度试点的开展情况。从总体上把握中国城镇基本医疗保险制度的改革和发展进程。

■关键概念

劳保医疗　公费医疗　“低水平、广覆盖”

城镇职工基本医疗保险　社会统筹与个人账户相结合

医疗救助制度　城镇居民基本医疗保险

长期以来，我国社会结构呈现城乡二元分割局面，居民的社会医疗保险制度也按照城乡地域和户籍制度分为两个部分。计划经济时期，在城镇有劳保医疗和公费医疗，在农村有农民合作医疗。20 世纪 80 年代后，随着中国经济体制转轨，社会医疗保险制度也随之发生了根本性变革。以 1998 年《国务院关于建立城镇职工基本医疗保险制度的决定》（国发［1998］44 号）的颁布为标志，在城镇逐渐建立起城镇职工基本医疗保险制度；2003 年起在农村地区开展新型农村合作医疗制度；2007 年开始建立城镇居民（非从业人员）医疗保险制度。我国覆盖城乡的居民医疗保险制度体系已经初步形成，即在制度层面上已经初步形成了以基本医疗保险制度（包括城镇职工基本医疗保险、新型农村合作医疗、城镇居民基本医疗保险）为主体，以各种形式的补充医疗保险（公务员补充医疗保险、大额医疗互助、商业医疗保险和职工互助保险）为补充，以社会医疗救助为底线的多层次医疗保障体系的基本框架。我国的社会医疗保险制度正在逐步扩大到城乡所有居民，全民医保的目标正在逐步实现。

由于我国目前的医疗保险制度仍然是二元结构的，因此本章将主要介绍城镇医疗保障制度的改革发展情况，本书第十二章将专门介绍农村医疗保险制度。

▶第一节　计划经济时期的城镇职工医疗保险制度

我国的城镇职工医疗保险制度是 20 世纪 50 年代初建立起来的，是我国重要的劳动政策之一。我国国民经济经过恢复，于 1954 年开始纳入计划经济轨道，当时所创立的传统的城镇职工医疗保险制度亦是与此相适应的。我国传统的城镇职工医疗保障体制由公费医疗和劳保医疗两部分组成。劳保医疗在企业实行，医疗费用从企业根据国家政策规定按工资总额的一定比例所提取的职工福利费中支付，职工福利费计入企业成本；公费医疗在机关、事业单位实行，医疗费用由财政按规定的年人均定额拨款支付，各地区负责统一管理使用。这两项制度是新中国成立以后为适应以高度集中的指令性计划为特征的产品经济模式而逐步建立并发展起来的，以工资收入者为主要对象，并惠及亿万城镇居民。

一、劳保医疗制度

我国的劳保医疗制度是根据政务院 1951 年 2 月公布试行、1953 年 1 月修正公布的《劳动保险条例》（简称《劳保条例》）建立的。实施范围包括全民所有制企业和城镇集体所有制企业的职工及离退休人员。改革开放后，还包括中外合资企业职工在内。《劳保条例》对职工劳保医疗作了明确规定，其基本内容是：

1. 职工因工负伤，应在企业医疗所、医院或特约医院医治。企业医院无法治疗时，应转送其他医院治疗。全部诊疗费、药费、住院费、住院时的膳费、就医路费由企业负担。医疗期间的工资照发。

2. 职工因病或非因工负伤在企业医疗所、医院、特约医院医治时，诊疗费、住院费、手术费及普通药费由企业负担；贵重药费、住院的膳费及就医路费由本人负担；是否应住院或转院治疗，由医院决定。

3. 劳保医疗的保险项目和待遇标准与公费医疗基本相同，但在管理体制、经费来源和开支范围上与公费医疗有所不同。劳保医疗由企业行政自行管理。经费是按企业工资总额的一定比例（11%，其中福利费和医疗费各占 5.5%）提取，列入成本；超支的部分在企业税后留利中列支，不计入成本。

4. 劳保医疗经费开支范围，除了职工医药费外，还开支职工供养的直系亲属的医疗补助费（即家属半费医疗）、企业医务人员工资、医务经费和因工负伤就医的路费等。

针对劳保医疗国家和企业包揽过多、药品浪费等现象，1966 年 4 月劳动部和全国总工会颁发了《关于改进企业职工劳保医疗制度几个问题的通知》，对劳保医疗又作了一些新的规定：

1. 企业职工患病或非因工负伤，在指定的医院（包括分设的和独立的门诊部）或本单位附设的医院医疗时，其所需的挂号费和出诊费均由职工个人负担。

2. 企业职工患病或非因工负伤，在指定的医院或本单位附设的医院、医务室（所）、保健室（站）医疗时，所需的贵重药费由企业负担，但服用营养滋补药品（包括药用食品）的费用应由职工个人负担。

3. 企业职工因工负伤或患职业病住院医疗期间的膳费，由本人负担1/3，企业负担 2/3。

4. 劳保条例规定享受医疗待遇的职工供养的直系亲属患病医疗时，除了手术费和药费仍然实行半费外，挂号费、检查费、化验费等均由个人负担。

5. 企业职工实行计划生育手术时，所需医疗费用由企业负担，住院膳费由个人负担。关于因病手术的输血费、理疗费、X 光透视费等问题，全总劳动保险部在《劳动保险问题解答》中规定：凡经医师决定的治疗时所必需的输血费、理疗费、X 光透视费均由企业行政负担。

此外，国务院还对因病或非因工负伤的临时工及农民工医疗待遇作了明确规定：临时工患病或非因工负伤，停工医疗期限按其在本企业的工作时间确定，最长不超过3个月。在医疗期内其医疗待遇，应当与合同制工人同等对待；农民工患病或非因工负伤，企业应当根据劳动合同期限长短给予3～6个月的停工医疗期。停工医疗期的医疗待遇和病假工资与城镇合同制工人相同。停工医疗期不能从事原工作被解除劳动合同的，由企业发给相当于本人3～6个月标准工资的医疗补助费。

1977年以后，国家有关部委开始陆续作出了一些有关基金费用等方面的政策规定。其中，对职工福利基金计提的渠道和比例给予了进一步的明确，将职工福利基金改按扣除奖金后的工资总额计提。另外，还专门对集体企业的费用提取列支问题作了规定。

劳保医疗经费在1953年以前全部由企业行政负担，1953年改为根据行业性质分别按工资总额的5%～7%提取。在劳动保险的管理体制上，1954年5月起将最初劳动部和全国总工会两部门共管的格局，改为由全国总工会一家统管。但文化大革命将其全部打乱。在劳动保险金统一征集管理调剂使用制度已经难以为继的情况下，财政部于1969年2月发文提出改革意见，为了便于企业统筹运用基金，要求国营企业停止提取劳动保险金，改由企业营业外列支；后又决定中央国营企业将原按工资总额2.5%提取的福利费、3%提取的奖励基金和5.5%提取的医疗卫生费合并改按工资总额的11%提取职工福利基金。职工福利基金主要用于医疗卫生费和福利费的开支。如果11%提取的福利基金仍不敷使用，企业可以从税后留利中提取职工福利基金进行弥补。即奖励基金、职工医疗卫生补助费与福利费捆在一起，计提比例为工资总额的11%，由企业自行管理，并打入成本。超支的部分在企业税后留利中列支，不计入成本。1992年年底和1993年年初，财政部对企业财务制度进行了全面改革，分别发布了《企业财务通则》和分行业的企业财务制度，规定企业按工资总额（包括副食品价格补贴和全部奖金）的14%提取职工福利费，并且规定企业职工福利费主要用于企业的医疗卫生支出和职工的其他福利支出，企业职工福利设施费用从税后利润提取的公益金中开支，不再从职工福利费中开支，提取的职工福利费计入企业的成本。通过这种方式解决了企业职工福利基金的赤字问题，使职工的医疗费用得到了保障。

二、公费医疗制度

政务院1952年颁布《关于全国各级人民政府、党派、团体及所属事业单位的国家工作人员实行公费医疗预防措施的指示》，确立了公费医疗制度。享受范围和对象是各级政府、党派、人民团体及文化、教育、科研、卫生等事业单位的工作人员、二等以上革命残废军人、高等院校在校学生。关于公费医疗的待遇，除挂号费、营养滋补药品以及整容、矫形等少数项目由个人自付费用外，其他医药费全部或大部分由公费医疗经费开支。费用支付方式是按服务项目支付门诊费、住院的检查费、药品费、治疗费、手术费、床位费、计划生育手术的医药费，及因公负伤、致残的医药费用等。公费医疗经费全部由国家预算拨款，由各级政府卫生行政部门设立公费医疗管理机构统管，或享受单位自管，个人实报实销，因此，属于国家医疗保险的形式。1952 年 8 月，政务院批准发布《国家工作人员公费医疗预防实施办法》，进一步明确了享受公费医疗待遇人员的范围。1964 年国务院批转卫生部、财政部文件，明确了享受公费医疗的国家工作人员经批准到外地就医路费可参照差旅费的规定报销，未经批准，不准报销。

公费医疗制度是在国家工作人员实行“供给制”和“包干制”的条件下制定的，这在当时情况下是必要的。后来由于公费医疗享受范围的扩大，享受人数的不断增加，以及工资制度的改革等情况的变化，职工医药费再由国家全部包下来，就必然产生某些消极的结果，对此，周恩来总理早在 20 世纪 50 年代就指出：“劳保医疗、公费医疗要进行改革，少量收取个人的医药费用”。根据中央的批示，当时中南地区组织了试点。随后，卫生部、财政部根据国务院的指示，对职工医疗制度的改革进行了调查研究，并于 1965 年作出了收取职工挂号费的决定。劳动部、全国总工会两部门于 1966 年分别发出了改进公费医疗和改进劳保医疗制度管理问题的通知。其中对于整顿方针和指示精神给予了初步的体现和落实。但待遇规总体改变不大，只是将一般情况下的门诊挂号费、出诊费等以及职工亲属半费医疗的一些项目的费用改为由个人承担。而且在随后的实际工作中也未能完全收到预期改进成效。

文化大革命期间，公费医疗制度的宏观管理工作受到挫折，经费管理陷于一片混乱。文化大革命后期，恢复国民经济逐步成为民心所向。针对公费医疗管理混乱无序的状态，卫生部、财政部于 1974 年 1 月发文进一步明确公费医疗可享受的人员范围，事隔半年又对自费药品作出扩大范围的全国统一的试行规定。1977 年 10 月，卫生部、财政部和劳动部共同发布规定，对公费和劳保医疗的自费药品范围作出了限制。其后，开始陆续作出了一些有关基金费用等方面的政策规定。到 20 世纪 70 年代末期，公费医疗制度存在的问题逐渐突出起来，引起了各方面的关注。为此，国家采取了一些措施，例如把公费医疗经费从卫生事业费中单列出来等。但由于公费医疗制度本身的弊端及某些情况的变化，经费开支增长过快的问题并没有控制住。1979 年 6 月

23 日和 11 月 28 日，卫生部和财政部先后下发了《关于公费医疗两个问题的复函》及《关于公费医疗几个问题的答复》，规定原来不享受公费医疗的行政事业单位的职工，凡是符合国务院退休办法，退休后由民政部门发退休金的，可以享受公费医疗待遇，其医疗费用，由当地公费医疗管理部门报销。凡是退休后由原单位发退休金的，仍享受原单位的医疗待遇，其医疗费用由原单位报销。享受公费医疗人员施行计划生育手术的费用和手术后遗症的治疗费用，在公费医疗经费中开支。据统计，1982 年全国平均每人公费医疗开支近 50 元，个别地区高达百元以上，公费医疗超支严重。为了保障干部和职工的身体健康，防止浪费，提高经济效益，切实改革和加强公费医疗管理，1984 年卫生部和财政部联合发出《关于进一步加强公费医疗管理的通知》（卫计字［1984］第 85 号），提出要加强领导，建立健全公费医疗管理机构；建立健全各项规章制度；严格执行国家规定的公费医疗享受范围、医药费报销范围的有关规定；坚持分级分工医疗的原则。并且提出要积极慎重地改革公费医疗制度。

国家机关及全额预算管理单位的公费医疗经费来源于各级财政拨款；差额预算管理及自收自支预算管理的事业单位，其医疗经费从提取的医疗基金中开支。医疗费核准定额，1961 年以前国家规定机关工作人员每人每年 18 元，以后进行过多次调整，逐步提高为 20 元、22 元、25 元、30 元，1979 年提高为 70 元，以后根据财政体制的变化，具体标准由各地制定。中央驻地方人员的医疗费补助标准，1993 年为 150 元，三个直辖市为 206 元。

三、我国原有社会医疗保险制度存在的问题

我国职工社会医疗保险制度的实施，对防病治病，保证职工身体健康，解除职工在医疗上的后顾之忧，促进社会主义建设事业的发展，保障社会稳定，发挥了重要作用。但是，由于原有的医疗保险制度是在计划经济体制下建立的，多年来基本上没有随着客观情况变化进行必要的改革，因而存在着许多问题。随着国家经济体制改革的不断深入，这些问题暴露得越来越明显。

（一）医疗保险社会化程度较低

主要表现在：（1）医疗社会保险覆盖面窄。原有的公费医疗、劳保医疗和农村合作医疗仅能覆盖全国 20%～25%的人口，仍有 75%～80%的广大人口尤其是农民医疗服务没有保障。（2）劳保医疗没有体现企业之间的风险分担。经费以企业为单位提取，自行管理、使用，实际是“企业自我保险”。企业承受医疗风险的能力有限，尤其是中小企业、亏损企业和老企业更是如此。

(3) 企业负担畸轻畸重，不能适应社会主义经济体制的要求。企业之间因为行业不同、工种不同、新旧程度不同、离退休人员的多少不等，企业负担也不一样，影响企业参与市场竞争。(4) 不利于劳动力的合理流动。由于企业医疗保险保障程度差，企业没有从社会事务中摆脱出来：一些大中型国有企业负担过重，办学校、办医院牵扯了企业大量的财力和人力，使企业缺乏活力；而一些效益差的企业，如果职工有大病发生，不仅严重影响企业的生产经营活动，而且不能保证职工的基本医疗。由于企业负担不同，职工享受的保险待遇也不同，为劳动力流动带来了障碍。

（二）医疗保险资金筹集机制不健全

医疗保险资金筹集机制不健全表现在：一方面，公费医疗、劳保医疗的经费完全由政府和企业负担，职工个人不缴任何保险费，没有体现权利和义务的对等原则，导致职工没有费用意识，滥用所享受的医疗保险权利，过度医疗和浪费现象严重；另一方面，没有科学的经费提取标准、办法和调整机制。公费医疗经费受财政状况影响较大，劳保医疗的经费提取标准和比例多年不变，致使经费严重不足，超支现象严重。

（三）医疗保险费用支付方式不合理，缺乏有效的费用控制机制

一方面医疗费用由国家和企业包揽太多，超出了我国的生产力发展水平；另一方面医疗费用增长过快，超出了国家财政和企业的负担能力。1986—1990 年 5 年间，公费医疗费用年平均增长速度达 23.3%，人均开支增长 17.8%，远远高于同期全国财政收入和支出的增长速度（分别是 10% 和 12.5%）。劳保医疗费用增长速度也大体如此，国家和企业都不堪重负。

（四）医疗保险与医疗服务不配套

一方面，公费医疗、劳保医疗的医疗服务机构分属卫生部门和企业（主管部门为劳动部门）两个系统，二者各自为政，不利于实行区域卫生规划和行业管理，也难以避免医疗资源的重复配置和浪费，尤其在劳保医疗中，许多企业的医疗服务工作处于“企业领导顾不上管，主管部门没人管，卫生部门不便管”的状况；另一方面，公费医疗和劳保医疗都没有建立分级转诊制度。劳保医疗和公费医疗实行定点医疗制度，但各单位都与一个固定的医院签订合同，而且都千方百计地定点在大医院，大小病都到大医院看，既不利于大医院发挥技术优势和应有功能，又使大量中、小医院不能发挥作用，造成医疗资源的闲置与浪费。

（五）医疗保险管理体系不健全、不合理

医疗保险长期以来一直没有建立起科学、完善的医疗社会保险法律、法规和制度；没有建立起专门的医疗社会保险管理机构和管理体系；缺乏统一的宏观调控，部门分头管理、难以协调。

（六）基本医疗需求不能满足和医疗资源浪费的现象并存

在医疗资源严重浪费的同时，还存在着某些困难企业职工医疗费不能报销的问题，尤其是一部分离退休人员，患重病时，医疗费不能报销，严重伤害了离退休人员的感情，影响社会稳定。

（七）公费医疗和劳保医疗制度不统一，带来诸多弊端

公费医疗和劳保医疗制度的主管单位不同，致使保险政策和法令规章的制定、执行、修订及改革难以协调一致，行政效率低下；两种模式各自为政，难以避免医疗设备的重复购置和医疗设施的重复建设，医疗资源浪费严重；两种制度实施的管理办法不同，不仅对保险人不公平合理，也容易造成医疗费用的转移，而且需要两套管理机构和人员，管理成本大。

上述弊端严重制约了我国社会主义市场经济体系的建立和发展，已经危害到广大职工的利益，因此进行医疗保险制度改革是“大势所趋，势在必行”。

▶第二节　城镇职工基本医疗保险制度改革

一、改革的背景

中国共产党第十一届三中全会宣告了中国将以经济建设为中心作为党和政府工作的主基调。此后，在计划经济与市场经济此消彼长的过程中，中国的社会保障制度开始经历重大变化。在这种变化之中，传统职工医疗保险制度逐步失去了自身存在的基础。

（一）企业模式发生转变

计划经济下政企合一的企业，逐步转变成为相对独立的经济实体。原有单位保障体制下的收入分配与再分配并存、社会福利与单位福利混同安排的

格局已经难以继续维持。

（二）城镇就业格局多样化

就业的所有制结构由单一化转向多元化，就业模式、用工形式亦开始向多样化发展，逐步形成了以国有、集体等公有制企业为主体，各种不同非公有制企业并存、共同发展的多元所有制就业结构。这是对以往城镇单位具有的“低工资、高福利”和“就业、福利、保障三位一体”传统格局的严峻挑战。

（三）财政体制“从统到分”

开始由中央“统收统支型”的财政体制向分级负责、“分灶吃饭”的财政体制转变，各项事业的运行和发展也随之由中央财政的大包大揽变为分级负责的各财政主体负责制。这期间，中央财力相对削弱，地方财力迅速增强。在失去统收统支支撑条件的情况下，中央与地方的财权、事权未能得到及时明确的划分。医疗卫生事业的发展和传统职工医疗保险制度的运行明显受到中央财力和地方决策的影响，在各地不同财力水平和使用方向的影响下，医疗卫生事业呈现不平衡的发展和运行状态。

（四）医疗机构面临挑战

按福利原则开办设立的医疗机构，在国家的投入再也无法跟上其发展速度时，其实际运行与财务支撑产生明显的矛盾和问题。1981 年 2 月由国务院批转卫生部文件，允许其试验按成本收费，并特许其对公费与自费实行双轨；1985 年 4 月由国务院批转卫生部文件，同意鼓励开展社会办医。医疗机构顺应形势而显示出了自己的市场化、商品化取向，这既为其带来了一定的活力，也产生了医疗机构的不规范行为并由此所致职工医疗费用的大幅度上升。“单位保障”框架下职工免费医疗保障体制所存在的根本性缺陷已暴露无遗。对原有医疗保险制度的改革势在必行。

医疗保险体制在这个时期也发生了转变，经历了由企业和单位自发变革到地方政府介入，再到中央政府出面直接领导推动这样三个由不同层次的责任主体主导变革的不同阶段。

第一阶段，1981 至 1985 年 8 月。部分企业和单位开始自发进行控制医疗费用的变革。为摆脱难以预料的费用负担，一些单位将医疗费定额发给职工个人，节约归己，超支自理。1982 年 3 月，全国总工会、国家劳动人事部和财政部共同发出通知，制止了这种把医疗费全部发给个人包干使用的作法。

还有一些单位采取了医疗费与职工利益挂钩的办法，诸如超支全不报销或按不同比例报销，以及把医药经费拨付企业医院承包使用等。这些办法在控制医疗费用上取得了一定的成效。1983 年 9 月，劳动人事部召开部分省市医疗制度改革座谈会，进一步推动了各地医疗制度的改革。此后，这种医疗费用支付与个人利益挂钩的办法得到了比较广泛的推行。与此同时，公费医疗也在基层进行着一些改革尝试，如将费用与享受单位、医疗单位或个人的利益适当挂钩。1984 年 4 月 28 日，卫生部和财政部联合发出通知，专门针对实际存在的问题，提出了改革和加强公费医疗管理的意见，要求积极慎重地改革公费医疗制度。上述改革实践的持续发展也为职工个人负担医疗费用打下了一定的心理基础。但城镇劳动者在享有医疗保障权益上还是呈现出相当明显的阶梯性、层次性，并显现出一种由医疗公费制向适度自费制的过渡。而在实际享受的层次上，则形成了全保、职工全保家属半自费、半保半自费、无保全自费并存的格局。

第二阶段，1985 年 9 月至 1989 年 3 月。地方政府开始直接介入，在增强费用控制的基础上，通过试验费用社会统筹，使制度变革开始转向追求效率。在企业对分散风险责任的需求日趋强烈之时，先期推进企业退休费用社会统筹的试点地区已经纷纷组建起了社会保险经办机构。例如 1987 年 5 月，北京市东城区菜蔬公司首创“大病医疗统筹”办法。对于企业尤其是中小企业来说，按规定提取的医疗经费只能应付一般疾病的开支，若是遇到大病重病，在巨额医疗费用面前，不但无法保证职工进行正常医疗，而且还会危及企业的生存与发展。“大病医疗统筹”对这一难题提供了一种比较容易操作的解决思路。这种做法尽管只是初步冲破了单位保障的束缚，但一出现就引起了劳动部门的重视，经过初步总结完善，这一办法由劳动部印发简报介绍出来。不久，就被四川、河北等地的劳动部门在区县一级或行业总公司之内运用推行起来。

第三阶段，1989 至 1994 年。1989 年 3 月 4 日国务院发文批转了《国家体改委 1989 年经济体制改革要点》，正式确定在丹东、四平、黄石、株洲四市进行医疗保险制度改革试点。卫生部和财政部于 1989 年 8 月联合颁发了《公费医疗管理办法》，这是自新中国成立初期的法规发布以来，又一个内容较为完整全面的管理办法。虽然这仍是一种大包大揽的传统模式，但其中对公费开支和自费范围分别作了较为详尽的规定，对享受范围所作出的规定更为细化。相对于公费医疗而言，对于劳保医疗的改革在这一阶段更具实质性和代表性。1992 年 9 月 7 日，劳动部颁布了《关于试行职工大病医疗费用社会统筹的意见》，其后，实施的范围逐步从县市扩展到地级市乃至大城市。

为增强部门间的合力，国务院办公厅于 1992 年 5 月 4 日发出《关于进一步做好职工医疗制度改革工作的通知》，决定成立由 8 个部门组成的医疗制度改革小组，负责推进和指导全国医改工作。此后，卫生部于 1992 年 5 月 21 日成立了公费医疗制度改革领导小组，下设了全国公费医疗管理与改革办公室，同时下发了《关于加强公费医疗制度改革试点工作的通知》。劳动部也于 1993 年 10 月 8 日印发了《关于职工医疗保险制度改革试点的意见》。意见在原试行大病统筹意见的基础上对统筹基金做了修正，提出变单一的大病统筹基金为由个人专户金、单位调剂金和大病统筹金三金组成的医疗保险基金。改革传统制度、建立新型医疗保险制度已逐渐成为共识。

二、城镇职工医疗保险制度改革试点

从 1994 年年底开始，国务院选择江西省九江市和江苏省镇江市作为综合改革试点城市，它以 1994 年 4 月 14 日国家体改委、财政部、劳动部、卫生部四部委联合发布的《关于职工医疗制度改革的试点意见》和同年 11 月 18 日国务院发布的《关于江苏省镇江市、江西省九江市职工医疗保障制度改革试点方案批复的通知》为标志，从 1995 年开始在镇江、九江两个中等城市开始了对公费医疗、劳保医疗制度的根本改革。与此同时，海南省、深圳市等地也在继续着自己的医疗保险制度改革试验。上述改革试点的中心均是确立社会统筹与个人账户相结合的基本医疗保障模式。1996 年 4 月，国务院在江苏省镇江市召开全国职工医疗保障制度改革扩大试点工作会议上，决定在九江、镇江医疗改革取得经验的条件下在全国范围内扩大改革试点，1996 年年底即有各地上报的 57 个城市参加医疗保险社会统筹与个人账户相结合的改革试点。截至 1998 年 1 月，先后有苏州、威海、石家庄等 38 个城市开始了改革试点。

全国具有代表性的改革模式主要有三大类：第一类是以深圳市为代表的“混合型”；第二类是以镇江市、九江市为代表的“统账结合型”；第三类是以海南省为代表的“双轨并行式”。下面以“两江试点”为例，介绍试点改革方案。

（一）资金的筹集与管理

用人单位以上年度在职职工工资总额与离退休人员费用总额之和的 10%确定为当年单位筹资比例，职工个人缴费按本人年工资额的 1%提取，社会统筹医疗基金与职工个人医疗账户相结合。个人缴费的 1%和社会统筹基金的 50%左右划归个人账户。个人账户的本金、利息为个人所有，只能用于个人医疗支出，可以结转使用和依法继承，但不能提取现金和挪作他用。另外，镇江市从统筹基金中提取10%的风险调节基金，以预备支付突发情况和大的流行病的费用。

（二）资金的给付方式

医疗费用先从个人医疗账户支付，个人账户用完后，再由个人自付年工资的5%，然后进入社会统筹基金支付段。社会统筹部分支付时，个人要负担一定比例，分段计算，费用越大，负担比例越小。退休人员自付比例为在职职工的50%。

（三）医疗保险的管理体制

镇江市采用政事分开制度，社保局负责行政管理工作，基金管理中心由卫生局公费办、劳动局保险管理处的企业职工大病医疗保险科和社会保险局的基金管理科合并组成，负责业务工作。

几年来，各地的改革试点取得了初步成效，建立了由国家、单位、个人三方负担的筹资制度；建立了个人账户和社会统筹相结合的新的保险运行机制；保障了职工的基本医疗，解决了部分困难单位职工看病“报销难”的问题，抑制了医疗费用的过快增长，促进了医疗机构的改革。实践证明，用医疗社会保险的办法取代福利医疗制度是一个正确的选择，实行社会统筹和个人账户相结合的基本医疗保险制度是符合我国国情、具有中国特色的。与此同时，北京等地在探索和完善职工大病医疗费用统费，上海等地在试行住院医疗保险等方面也取得了积极的进展，积累了许多经验。

三、城镇职工基本医疗保险制度的建立和发展

在广泛试点的基础上，国务院于1998年颁布了《国务院关于建立城镇职工基本医疗保险制度的决定》（国发［1988］44号）。该《决定》的颁布，标志着我国的医疗保险制度的改革进入了一个崭新的阶段。在我国，实行了将近半个世纪的公费医疗和劳保医疗制度，被新的职工基本医疗保险所取代。

《国务院关于建立城镇职工基本医疗保险制度的决定》（国发［1998］44号）的主要内容包括七个方面：一是明确了改革的任务和原则；二是确定了覆盖范围、统筹层次和缴费的控制比例；三是制定了医疗保险统筹基金和个人账户的主要政策；四是规范了基本医疗保险基金的管理和监督机制；五是提出了配套推进医疗机构改革和加强医疗服务管理的要求；六是规定了有关人员的医疗待遇；七是提出了改革工作的组织领导者的具体要求。这些内容

确定了新的城镇职工基本医疗保险制度的大致框架，奠定了将来统一全国医疗保险制度的基础，便于各地在制订改革方案时有所遵循，同时也给各地留下了根据实际作出具体规定的空间。新制度的基本内容包括：

（一）坚持“低水平、广覆盖”，保障职工基本医疗需求

“低水平”是指目前我国处于社会主义初级阶段，生产力水平不高，只能从我国国情和国家财政、企业的承受能力出发，确定合理的基本医疗保障水平。体现在筹资水平上，就是单位缴费率为职工工资总额的6%左右，个人缴纳额为其工资收入的2%左右。对于一些非基本医疗服务，则应通过补充医疗保险、商业医疗保险等途径解决。“广覆盖”是指所有城镇用人单位及其职工都要参加基本医疗保险，全国实行统一的医疗保险制度。乡镇企业及其职工、城镇个体经济组织的业主及其从业人员，也可以纳入基本医疗保险体系之中。

（二）基本医疗保险费由单位和个人共同负担，形成新的筹资机制

改变过去国家财政和企业全部包揽职工医疗费的做法，实行基本医疗保险费用由用人单位和职工个人按工资收入的一定比例共同缴纳。个人缴费机制的引进，使人们彻底从吃“大锅饭”中摆脱出来，增强了职工的节约意识和保险意识，并且有利于减轻政府和企业的负担，有利于体现公平和效率的原则。

（三）完善社会统筹和个人账户相结合的制度

《决定》进一步明确，统筹基金和个人账户的支付范围要分别核算，不能相互挤占。个人账户主要支付门诊或小病医疗费，统筹基金支付住院或大病医疗费。实行统账结合的基本医疗保险制度，还必须明确统筹基金的起付标准和最高支付限额。统筹基金起付标准原则上控制在当地职工年平均工资的10%左右，最高支付限额原则上控制在当地职工年平均工资的4倍左右。

（四）合理确定基本医疗保险统筹范围，加强基金管理

基本医疗保险的统筹层次原则上为地市级，确有困难的可以以县为统筹单位。京、津、沪、渝实行全市统筹。为了保证职工基本医疗保险基金的安全、完整，将其纳入单独的社会保障基金财政专户，实行收支两条线管理。

（五）加快医疗机构改革，提高医疗服务的质量和水平

1. 确定基本医疗服务的范围和标准。制定基本医疗保险药品目录、诊疗

项目目录和医疗服务设施标准目录以及相应的管理办法。

2. 对提供基本医疗服务的医疗机构和药店实行定点管理；引进竞争机制，职工可以在定点医院就医、购药，也可以在定点药店购药。

3. 对医疗机构进行调整、改革，分流富余人员，并在进行经济运行分析和成本核算的基础上，合理提高医疗技术收费价格，体现医生的劳务技术价值。

4. 实行医药分开核算、分别管理。

5. 积极发展社区卫生服务，将社区卫生服务中的一些项目纳入基本医疗保险范围。

6. 特殊人员的医疗待遇与基本医疗保险制度的衔接。离休人员、老红军、二等乙级以上革命伤残军人的医疗待遇不变，医疗费用按原渠道解决；退休人员个人不缴纳基本医疗保险费，对退休人员个人账户的计入金额和个人负担医疗费的比例给予适当照顾；国家公务员享受医疗补助政策；允许特定行业的企业建立职工补充医疗保险；国有企业下岗职工的基本医疗保险费，由再就业服务中心以当地上年度职工平均工资的60%为基数缴纳。

7. 职工基本医疗保险范围。职工基本医疗保险原则上以地级以上行政区（包括地、市、州、盟）为统筹单位，也可以县（市）为统筹单位，京、津、沪、渝原则上在全市范围内实行统筹。所有单位及其职工都要按属地管理原则参加所在统筹地区的基本医疗保险，执行统一政策，实行基本医疗保险基金统一筹集、使用和管理。

从各地的改革实践中可以发现，在贯彻《决定》的过程中，各地在坚持《决定》基本原则的基础上，纷纷结合本地特点，在制度的具体实施中选择了不同的形式和方法。可以说，目前我国的医疗保险制度在基本原则和框架上是统一的，而在实际操作办法上是多种多样的。

自《决定》颁布后，经过近10年的改革实践，截至2007年年底，全国参加城镇职工基本医疗保险的人数为18 020万人，其中参保职工13 420万人，参保退休人员4 600万人。参加基本医疗保险的农民工人数为3 131万人。城镇职工基本医疗保险制度的改革已经取得了明显的成果，其标志是：多层次医疗保险体系框架初步形成，满足了职工的基本医疗需求；医疗保障功能逐渐显现并产生较好的社会效应；医疗服务监管和费用结算体系形成（目录管理、协议管理、结算管理），有效地遏制了医疗费用的不合理增长；医保经办管理人力资源体系开始建立，管理服务能力逐步提高。

医疗保险制度的改革已经产生了积极的社会影响，一是它对促进国企改革和社会稳定发挥了作用。医疗保险制度的推行，有效地保障了这些处于企业改革和结构调整中的职工的利益。二是促进了参保人员就医方式和医疗消费观念的转变，参保人员比过去有了更大的就医选择权。三是推进了医疗服务和药品服务市场的竞争和健康发展。定点医疗机构和定点药店的管理，以及一系列配套管理措施，如基本医疗保险用药范围、基本医疗保险诊疗项目、医疗服务设施范围和支付标准，以及基本医疗保险费用结算办法等都加强了对医疗服务供方的约束，使其提供成本更低、效率更高的服务。四是抑制了医疗费用不合理的增长势头。

四、各种类型的补充医疗保险制度形成

基本医疗保险的保障水平是有限的，因此，国家鼓励用人单位为职工建立补充医疗保险制度。我国《劳动法》第 75 条指出，“国家鼓励用人单位根据本单位实际情况为劳动者建立补充保险。”《决定》提出，“超过（基本医疗保险）最高支付限额的医疗保险费用，可以通过商业医疗保险等途径解决。”

在实践中，除了国家公务员补充医疗保险外，各地还摸索出多种形式的企业补充医疗保险模式。按经营方式分类，补充医疗保险运作模式有三种形式：一是社会保险模式。社会保险管理机构除了管理基本医疗保险外，还将基本医疗保险之外的医疗保障也纳入自己的管理范围，以社会保险的方式运作补充医疗保险。二是社会保险与商业保险合作模式。社会保险管理部门利用商业保险的资源和经验为社会保险提供服务，同时商业保险组织利用社会保险所拥有的社会信用发展自己的保险业务。三是互助保险模式。由工会组织经营的职工互助保险主要利用原有的工会组织系统开展互助保险业务。

（一）国家公务员补充医疗保险

我国国家公务员的补充医疗保险制度是完全由政府主管和经办的。《决定》指出，“国家公务员在参加基本医疗保险的基础上，享受医疗补助政策。”在此基础上，劳动和社会保障部于 2000 年 5 月出台了《关于实行国家公务员医疗补助的意见》，对国家公务员补充医疗补助政策的原则、范围、经费来源、经费的使用、经办机构（由社会保险经办机构负责经办）的监督等问题作出了相应的规定。建立国家公务员医疗补助制度的目的是解决国家公务员基本医疗保险不予支付的大额医疗费用和个人账户用完后个人自付部分的医疗费用。补充医疗保险的经费将全部由财政拨付。

（二）社会保险机构经办的职工补充医疗保险

北京市在出台《北京市基本医疗保险规定》的同时，制定了“大额医疗

互助制度”。[①] 通过建立大额医疗互助资金，解决门诊、急诊和封顶线以上的大额医疗费用问题。大额医疗互助资金来源渠道由国家、单位和个人三方组成，用人单位在参加基本医疗保险的基础上，再缴纳工资总额的1%，职工和退休人员每人每月交3元钱，用来解决门诊、急诊、住院的大额医疗费用，以及恶性肿瘤放射治疗和化学治疗、肾透析、肾移植后服抗排异药的门诊医疗费用。大额医疗费用互助资金不足支付时，财政给予适当补贴。大额医疗费用互助资金由社会保险经办机构负责统一筹集、管理和使用。

（三）商业保险公司经办的职工补充医疗保险

厦门市于1997年7月在全国率先推出了由商业保险公司经营的职工补充医疗保险计划。这部分内容详见本书第十章。

（四）工会经营的职工医疗互助补充保险

由中华全国总工会主办的“中国职工保险（保障）互助会”是以职工互助的形式从事保险业务的组织。该组织推出的“职工互助补充保险”是由工会组织主办，职工自愿参加，资金以职工个人筹集为主，单位资助为辅，职工内部互助互济性质的一种保险。在国家法定社会保险之外，开展与职工生、老、病、死、伤、残或发生意外灾害、伤害等特殊困难有关的保险活动。职工保险互助会不是一个金融机构，不以营利为目的，它依靠各级工会组织的力量办理业务。所有企事业、机关单位的工会会员均可以团体形式加入保险互助会，参加保险互助计划。

尽管目前中国存在着以上几种补充医疗保险形式，但总体上看，补充医疗保险的发展还不是很普遍。多数地区和单位还没有建立职工补充医疗保险制度，补充医疗保险制度仍然停留在文件上，没有实际运行。

（五）医疗救助政策出台

城镇职工基本医疗保险制度有两个基本特点：一是基本上是以正式就业的工作单位（企业或机关）作为参保单元；二是这种保险制度是按照保险机制建立起来的，即缴纳保险费与享受待遇对等。这两个基本条件事实上就将没有在正规部门就业的人口和没有能力缴费的单位的职工排除在现行制度之外。在被排除在制度外的城镇人口中，有相当部分的人属于低收入或没有收入的弱势群体。尽管其中符合条件的城市居民可以享受“城市最低生活保障

① 北京市社会保险现行法规选编．北京计划劳动管理干部学院学报（增刊）．2003，194

制度”提供的社会救济，但最低生活保障津贴的水平非常低，只能保证最低的日常生活，不包括看病就医的费用。因此，一旦他们生病住院，就会面临巨大的生活困难，甚至家破人亡。针对医疗保障制度的这一缺陷，一些城市纷纷出台了对于弱势群体的医疗救助制度。以北京市为例，2001 年 12 月，北京市民政局与财政局、劳动保障局、卫生局联合出台了《北京市城市特困人员医疗救助暂行办法》，从 2002 年 1 月 1 日开始实施。主要内容有：①

1. 医疗救助对象

享受本市城市居民最低生活保障（以下简称城市低保）待遇的人员；家庭月人均收入高于本市城市低保标准但低于本市最低工资标准的本市城镇职工基本医疗保险对象；本市规定的其他特殊生活困难人员。

2. 医疗救助待遇

低保对象凭《北京市城市居民最低生活保障金领取证》就诊时，减收基本手术费和 CT、核磁共振大型设备检查费 20%，减收普通住院床位费 50%；城市低保对象患危重病时发生的医疗费用，全年个人负担累计超过1 000元，可申请享受医疗救助。医疗救助的额度按照个人负担医疗费用的 50%支付，全年个人累计医疗求助支付额度原则上不超过 1 万元。“三无人员”、因公致残返城知青及 20 世纪 60 年代初精简退职老职工的医疗费，按原有政策规定执行（“三无人员”报销 100%，后两类人员报销 2/3）。参加本市城镇职工基本医疗保险的困难企业职工和退休人员也享受类似低保对象的医疗救助待遇。

3. 医疗救助办法

各区县指定 1～2 所非营利性二级公立医院负责本地区城市低保对象的医疗救助任务。城市低保对象患病时需持《北京市城市居民最低生活保障金领取证》到定点医院就医。

4. 医疗救助资金的来源

实施医疗救助所需资金通过政府资助和社会筹集等方式解决。市财政每年安排一定资金用于市劳动保障部门管理的医疗救助对象的医疗救助和困难区县医疗救助资金缺口的补助；各区县应根据上年度享受城市低保待遇人数，按照每人每月城市低保标准的 15%安排医疗救助资金，列入区县财政预算；从社会福利彩票所筹集的福利资金中提取 15%用于城市特困人员的医疗救助。

（六）其他配套政策

为了使基本医疗保险制度能够顺利实施，1999 年劳动和社会保障部、卫

① 北京市特困人员医疗救助暂行办法. 2001，12

生部、国家中医药管理局联合制定了《城镇职工基本医疗保险定点医疗机构管理暂行办法》；劳动和社会保障部、国家发展计划委员会、国家经济贸易委员会、财政部、卫生部、国际药品监督管理局、国家中医药管理局联合制定了《城镇职工基本医疗保险用药范围管理暂行办法》；劳动和社会保障部、国家药品监督管理局联合制定了《城镇职工基本医疗保险定点零售药店管理暂行办法》；劳动和社会保障部、国家发展计划委员会、财政部、卫生部、国家中医药管理局联合制定了《关于城镇职工基本医疗保险诊疗项目管理的意见》；劳动和社会保障部、财政部、国家经济贸易委员会、卫生部、国家中医药管理局联合制定了《关于加强城镇职工基本医疗保险费用结算管理的意见》。这 5 个部颁配套文件的实质，是要引入竞争机制，强化医疗保险管理机构对医院和患者的约束。

2000 年 2 月国务院办公厅转发国务院体改办等部门《关于城镇医药卫生体制改革的指导意见》，卫生部等有关部门就城镇医疗机构分类管理、卫生事业补助政策、医院药品收支两条线管理、医疗卫生机构有关税收政策、医疗机构药品集中采购试点、药品招标代理机构资格认定及监督管理办法、实行病人选择医生办法等问题发布了一系列配套政策。以上配套政策的出台，从制度上提出对医疗机构改革和药品流通体制改革的措施，其目的是保证基本医疗保险制度的顺利推行，控制医疗费用的不合理增长，提供优质低价的医疗服务，满足人民群众对基本医疗服务的需求。

经过近 10 年的改革和建设，目前我国的医疗保障制度已经基本上实现了体制转轨和机制转换。在体制上，完成了从原来公费医疗和劳保医疗的福利型向社会医疗保险型的转轨；同时，在新制度下，实行了社会统筹与个人账户相结合、费用分担、医疗服务竞争（定点医院）、费用控制（结算方式）以及社会化管理等新的运行机制。在制度层面上已经初步形成了以基本医疗保险制度为主体，以各种形式的补充医疗保险为补充，以社会医疗救助为底线的多层次医疗保障体系的基本框架。医疗卫生体制的改革也取得了一定的进展，对基本医疗保险制度的发展发挥了一定的促进作用。

五、城镇居民基本医疗保险制度开展试点

（一）城镇居民基本医疗保险制度的启动

1998 年我国开始建立城镇职工基本医疗保险制度，2003 年又启动了新型农村合作医疗制度试点，建立了城乡医疗救助制度。但城镇仍有 2.9 亿非就业人口还没有相应的医疗保险制度安排，为实现基本建立覆盖城乡全体居民

的医疗保障体系的目标，国务院决定从2007年起开展城镇居民基本医疗保险试点。2007年7月国务院发布《关于开展城镇居民基本医疗保险试点的指导意见》（国发［2007］20号），提出2007年在有条件的省份选择2～3个城市启动城镇居民基本医疗保险试点，2008年扩大试点，争取2009年试点城市达到80%以上，2010年在全国全面推开，逐步覆盖全体城镇非从业居民。

2007年共确定了79个城市作为第一批试点城市，它们分别是：河北省的石家庄、唐山、秦皇岛，山西省的太原和阳泉，内蒙古的呼和浩特、包头、乌海，辽宁省的沈阳、大连、葫芦岛，吉林省的长春、吉林、松源，黑龙江省的哈尔滨、齐齐哈尔、鸡西，江苏省的无锡、盐城、泰州，浙江省的杭州、湖州、绍兴，安徽省的合肥、芜湖、马鞍山，福建省的福州、厦门、南平，江西省的上饶、抚州、赣州，山东省的淄博、东营、泰安，河南省的郑州、南阳、洛阳，湖北省的武汉、孝感、荆门，湖南省的长沙、湘潭、常德，广东省的梅州、湛江、揭阳，广西壮族自治区的南宁、柳州、梧州，海南省的海口、三亚、东方，四川省的成都、攀枝花、广元，重庆市的市级统筹区的部分地区、南川区、永川区，贵州省的贵阳、遵义，云南省的昆明、红河哈尼族彝族自治州、楚雄彝族自治州，陕西省的西安、宝鸡、咸阳，甘肃省的兰州、定西、酒泉，宁夏回族自治区的银川、石嘴山、中卫，青海省的西宁、德令哈、格尔木，新疆维吾尔自治区的乌鲁木齐、阿克苏地区、伊犁哈萨克自治州。

（二）城镇居民基本医疗保险制度试点的基本内容

根据国务院《关于开展城镇居民基本医疗保险试点的指导意见》，该项制度的主要内容包括：

1. 试点目标

2007年在有条件的省份选择2～3个城市启动试点，2008年扩大试点，争取2009年试点城市达到80%以上，2010年在全国全面推开，逐步覆盖全体城镇非从业居民。

2. 试点原则

试点工作坚持低水平起步，根据经济发展水平和各方面承受能力，合理确定筹资水平和保障标准，重点保障城镇非从业居民的大病医疗需求，逐步提高保障水平；坚持自愿原则，充分尊重群众意愿；明确中央和地方政府的责任，中央确定基本原则和主要政策，地方制定具体办法，对参保居民实行属地管理；坚持统筹协调，做好各类医疗保障制度之间基本政策、标准和管理措施等的衔接。

3. 参保范围

不属于城镇职工基本医疗保险制度覆盖范围的中小学阶段的学生（包括职业高中、中专、技校学生）、少年儿童和其他非从业城镇居民都可自愿参加城镇居民基本医疗保险。

4. 筹资水平

试点城市应根据当地的经济发展水平以及成年人和未成年人等不同人群的基本医疗消费需求，并考虑当地居民家庭和财政的负担能力，恰当确定筹资水平；探索建立筹资水平、缴费年限和待遇水平相挂钩的机制。

5. 缴费和补助

城镇居民基本医疗保险以家庭缴费为主，政府给予适当补助。参保居民按规定缴纳基本医疗保险费，享受相应的医疗保险待遇，有条件的用人单位可以对职工家属参保缴费给予补助。国家对个人缴费和单位补助资金制定税收鼓励政策。

对试点城市的参保居民，政府每年按不低于人均 40 元给予补助，其中，中央财政从 2007 年起每年通过专项转移支付，对中西部地区按人均 20 元给予补助。在此基础上，对属于低保对象的或重度残疾的学生和儿童参保所需的家庭缴费部分，政府原则上每年再按不低于人均 10 元给予补助，其中，中央财政对中西部地区按人均 5 元给予补助；对其他低保对象、丧失劳动能力的重度残疾人、低收入家庭 60 周岁以上的老年人等困难居民参保所需家庭缴费部分，政府每年再按不低于人均 60 元给予补助，其中，中央财政对中西部地区按人均 30 元给予补助。中央财政对东部地区参照新型农村合作医疗的补助办法给予适当补助。财政补助的具体方案由财政部门商劳动保障、民政等部门研究确定，补助经费要纳入各级政府的财政预算。

6. 费用支付

城镇居民基本医疗保险基金重点用于参保居民的住院和门诊大病医疗支出，有条件的地区可以逐步试行门诊医疗费用统筹。

城镇居民基本医疗保险基金的使用要坚持以收定支、收支平衡、略有结余的原则。要合理制定城镇居民基本医疗保险基金起付标准、支付比例和最高支付限额，完善支付办法，合理控制医疗费用。探索适合困难城镇非从业居民经济承受能力的医疗服务和费用支付办法，减轻他们的医疗费用负担。城镇居民基本医疗保险基金用于支付规定范围内的医疗费用，其他费用可以通过补充医疗保险、商业健康保险、医疗救助和社会慈善捐助等方式解决。

此外，《关于开展城镇居民基本医疗保险试点的指导意见》还提出加强管理和服务，包括组织管理、基金管理、服务管理；充分发挥城市社区服务组织等的作用；深化相关改革，继续完善各项医疗保障制度，协同推进医疗卫生体制和药品生产流通体制改革；加强组织领导，建立国务院城镇居民基本医疗保险部际联席会议制度，选择确定试点城市，制定配套政策和措施，精心组织实施，做好舆论宣传工作等要求和规定。

（三）目前试点的进展情况

按照国务院对试点工作的统一部署，各省（自治区、直辖市）和试点城市认真贯彻国务院20号文件精神，加强组织领导，统筹协调试点工作，认真制定试点方案，精心组织实施。到目前为止，79个试点城市的试点工作全面启动，稳健推进。

1. 试点城市制度框架基本形成

各试点地区按照国务院的试点要求，根据当地的实际情况，制定了本地区的试点方案；确定筹资标准；落实财政补助，重点向困难群众倾斜；确定保障范围和支付待遇；制定居民医疗服务管理政策等。基本完成了制度建设工作。

2. 试点城市初步建立基本医疗保险组织管理体系

试点城市充分利用城镇职工医疗保险的现有管理基础对居民医保进行管理，79个试点城市全部由劳动保障部门主管的医疗保险经办机构负责城镇居民基本医疗保险的经办管理。

新制度的最大特色之一是以社区为重点进行制度管理。因为居民分散在社区，因此各地针对居民参保管理和服务的重点在社区的实际，重点加强社区平台建设，采取按照参保人数核定经费，聘用社区管理人员和购买公益性岗位的方式进行管理。

为了完善信息管理系统，大多数试点城市投入了专项经费进行计算机信息系统开发和升级，用于居民医疗保险的管理，部分地方重点加强社区管理平台建设和与新增定点机构联网建设。

3. 参保人数快速增长，参保居民开始享受基本医疗保险待遇

各地实施方案颁布之后，城镇居民特别是困难人群参保踊跃，参保人数逐月增加。尽管这项惠民制度开展时间不长，但在全国的进展速度比较快：截至2007年年底，全国城镇居民参保人数已经达到4 291万人。同时，已经有参保居民享受到这项制度带来的福利。如洛阳市居民徐某2007年9月参保，10月住院治疗费用14 528元，医疗保险支付7 985元，支付比例为55%。新制度已经初见成效，正在受到越来越多居民的认可和欢迎。

本章小结

本章系统地介绍了中国城镇职工基本医疗保险制度的发展历程，从20世纪50年代计划经济时期建立的劳保医疗和公费医疗，到80年代随着中国经济体制转轨和社会结构转型而进行的制度改革与创新，即城镇职工基本医疗保险制度的建立和发展，再到2007年在城镇开始进行的非从业人员的医疗保险制度试点。中国的社会医疗保险制度越来越完善，“全民医保”正在逐步实现。

复习思考题

1. 为什么要对劳保医疗和公费医疗制度进行改革?

2. 城镇职工基本医疗保险制度的主要内容是什么?

3. 如何理解城镇职工基本医疗保险制度中的“基本”的含义?

4. 请谈谈城镇职工基本医疗保险政策与城镇居民基本医疗保险试点政策的异同。

案例讨论

城镇职工医疗保险基金报销制度分担参保人的经济负担[①]

根据《国务院关于建立城镇职工基本医疗保险制度的决定》，参保病人门诊医疗费用由个人账户支付；特殊门诊的部分医疗费用可由统筹基金负担；住院期间发生的医疗费用由基本医疗保险统筹基金和个人按一定比例共同负担。下面以唐山市为例，说明医疗保险制度如何分担了患者的经济负担。

(1) 门诊患者负担情况

2004年唐山市医疗保险参保职工门诊就医购药个人负担率为9%，个人负担最高的县（市）区为迁安市，负担率为23%，最低的是滦县，为0.55%。2004年市本级参保职工门诊个人负担率为13%。

(2) 门诊特殊疾病患者个人负担情况

市本级门诊特殊疾病患者个人负担率为18%，负担最高的是丰润区，负担率为37%。由于门诊特殊病属慢性病，具有病程长、治愈率低、医疗消费高、医疗费用可控程度低、道德风险高的特点，在政策制定上较为宽松，药品不再分甲、乙类，超过起付标准部分直接报销80%，因此总体个人负担水平明显低于住院患者，尤其在尿毒症（肾移植术后排异）、癌症、糖尿病、脑血管病后遗症等几种疾病上，个人负担在15%左右，低于个人总负担比率。

① 刘希玲. 医疗保险参保职工个人负担状况调查分析. 中国医药导报. 2007, 4: 13

(3) 住院患者负担情况

唐山市参保职工住院患者个人负担率为24%，个人负担最高的县（市）区为古冶区，负担率为35%，最低的是路北区，为20%。2004年市本级参保职工住院患者个人负担率为26%。

案例分析：

(1) 社会医疗保险确实起到了分担个人医疗负担的作用

唐山市参保职工个人负担总平均比率为21%，市本级参保职工个人负担总平均比率为23.8%，且呈下降趋势。市本级2001年个人负担总平均比例为33%，2002年为25.5%，2003年为24.4%，呈逐年下降趋势。主要有以下几方面原因：乙类药品自付比例由20%降低到10%再降到5%；扩大了门诊特殊疾病病种（由8类18种增加到13类29种）；药品目录扩大等。

(2) 影响参保职工个人负担水平的因素

一是费用结算方式。目前采用较多的是定额结算、总额预付、按项目结算三种。唐山市采取的是按项目付费结算方式，这种结算方式容易诱导医院提供过度的医疗服务，扩大费用支出。

二是药品费用虚高。药价居高不下，"以药养医"现象依然严重，成为参保人个人负担难以下降的障碍。2004年参保职工药品费用占住院医疗总费用的比重虽然较上年大幅下降，但仍然占住院总费用的50%左右，药品费用的高比例严重地冲击了医疗保险基金的平衡性，增加了社会和个人的负担。

三是制度因素使个人负担率难以再降。医疗保险政策规定，乙类药品要先自付5%，特殊检查特殊治疗要先自付20%，然后在职职工再自付15%，退休职工再自付12%。这样算下来，参保职工最终个人要负担32%或29.6%。外地转院、异地安置、急诊在非定点医院住院，参保职工住院费用要先自付医保范围内费用的20%，个人负担明显加重，一般在50%左右，高出普通住院患者一半以上。

(3) 降低医疗保险个人负担的措施

第一，优化结算办法，控制费用支出。建立"按服务项目付费、病种定额、按实结算"等多种结算办法并举的结算机制，实行立体化的费用结算，充分发挥结算办法的杠杆作用。

第二，对定点医疗机构实行分级分类管理。推行定点医疗机构分级管理和"两定点"信誉等级制度，确定A、B、C信誉等级，给予相应政策，采取不同管理办法，激励医疗服务机构降低成本。

第三，加强政策引导，推进"三改并举"。药品价格管理改革应和药品生产流通体制改革结合起来，与城镇职工基本医疗保险制度改革、医疗卫生体制改革同步推进，尽可能建立比较完善的医药竞争体系和规则，降低药品价格，让利于民。

第十二章

中国社会医疗保险制度的发展（下）

■ *学习要点*

通过本章的学习，重点掌握新型农村合作医疗制度发展的现状、制度的主要内容和原则、与传统农村合作医疗制度相比具有的特点；熟悉农村医疗保障体系的构成和发展前景；了解我国传统农村合作医疗制度的发展与演变。

■ **关键概念**

传统农村合作医疗　新型农村合作医疗　农村医疗保障

▶第一节　传统农村合作医疗

合作医疗保健制度简称合作医疗，它是我国人民在长期实践中探索出来的、适合我国国情的农民健康保障制度的一种有效形式。农村传统合作医疗，是指我国农村在20世纪50年代后期开始，六七十年代全面推行，80年代初期日趋萎缩的合作医疗制度。它是相对于我国政府当前所推行的新型农村合作医疗制度而言的。“合作医疗”“保健社”“赤脚医生”被誉为这项制度的三大法宝。这项农村合作医疗制度与当时的农业生产方式相适应，与农村集体和个人收入水平相适应，也与当时的农村医疗条件相适应，为农村经济的发展提供了切实的保障。曾经大范围地取得成功（20世纪60—70年代）、且在国际上影响较大的传统合作医疗制度，经历了萌芽时期、形成时期、发展时期、衰落时期和重建时期这五个阶段。

一、传统农村合作医疗制度的发展与演变

（一）萌芽时期

在探求合作医疗制度的源头时，可以追溯到抗战时期的“医药合作社”。从目前的研究资料看，我国的农村合作医疗可上溯到1923年，河北香河出现的中国乡村史上第一个“雷发森式”信用合作社。1929年9月，中华平民教育会设立卫生教育部，以定县作为实验点，来开展当时的农村医疗卫生工作。为了改善当时定县农村的医疗卫生工作，卫生教育部制定了行之有效的措施，其中有：采取自下而上的策略，在村、区、县建立三级医疗保健网；预防医学与治疗医学同等重视，齐头并进，在计划、经费、训练内容方面，二者均不偏废。这就是中国最初的三级医疗保健网。[①] 同时还在全县设保健所，并为农村培养保健员，为保健员配备药箱并发年底酬金。1932—1935年初在定县设立的三级医疗保健网已经基本解决了大多数农民无医无药的困难。在定县消灭了天花、黑热病、霍乱，大大减少了其他肠胃传染病，儿童的沙眼、头癣、婴儿破伤风均明显减少，农民的卫生知识也有很大提高，饮水得到了改良，预防注射普遍实行，轻重病人均能得到及时的诊断和治疗。整个卫生网所用经费平均每人每年1角左右。三级医疗保健网的模式及农村改水改厕、

① 张大庆．中国近代疾病社会史（1912—1937）．济南：山东教育出版社，2006

预防接种的经验，此后几十年在我国的乡村卫生工作实践中一直被继承和采纳。1938 年在陕甘宁边区创立的保健药社和 1939 年创立的卫生合作社是合作医疗的“雏形”。直到 1955 年山东招远县还保留有 158 个医药合作社。这段时期的合作医疗具有互助共济的性质。由于这些保健社基本采用的是“合作制”和“群众集资”，不具有医疗保险的性质，所以应把它们看作是后来合作医疗制度的萌芽，它们为后来实行保险性质的合作医疗保障制度奠定了基础。

（二）形成时期

我国农村正式出现具有医疗保险性质的合作医疗制度是在 1955 年正值农业生产合作化高潮时期。当时山西、河南、河北等省的农村出现了一批由农业生产合作社举办的保健站，先后建立合作医疗制度。1956 年，全国人大一届三次会议通过《高级农业生产合作社示范章程》，规定合作社对于因公负伤或因公致病的社员要负责医疗，并且要酌量给以劳动日作为补助，从而首次赋予集体承担农村社会成员疾病医疗的职责。随后，许多地方开始出现以集体经济为基础、集体与个人相结合的互助互济的集体保健医疗站、合作医疗站或统筹医疗站。1959 年 11 月，卫生部在山西省稷山县召开全国农村卫生工作会议，正式肯定了农村合作医疗制度。此后，这一制度在广大农村逐步推广。但是由于受人民公社化运动中“左”的影响，农村合作医疗制度脱离了农村现实的经济条件和农民的觉悟水平，为后来合作医疗的正常发展埋下了隐患。

（三）发展时期

到 20 世纪 60 年代中期，我国已基本形成了县、乡（公社）、村（生产大队）三级医疗卫生保健网。但是，广大农村长期处于缺医少药的状况没有得到根本改变，由于多方面的原因，国家医疗卫生的重点仍在城市。据 1964 年统计：在卫生技术人员分布上，高级卫生技术人员 69%在城市，31%在农村（县和县以下），其中在县以下的仅占 10%。中级卫生技术人员城市占 57%，农村占 43%，其中在县以下的仅占 27%。中医则大多数在农村。在经费使用上，全年卫生事业费用于公费医疗的占 30%，用于农村的占 27%，其中用于县以下的仅占 16%。这就是说，用于享受公费医疗的 830 万人员的经费，比用于 5 亿多农民的还要多。1965 年 6 月 26 日，毛泽东对此提出严厉批评，指示“把医疗卫生工作的重点放到农村去”，这一指示激起了全国上下对农村医疗卫生工作的高度重视，极大地推动了农村合作医疗制度的发展。1968 年，毛泽东批示，推广湖北长阳乐园公社的合作医疗经验。同年，卫生部、农业部和财政部联合下发了《农村合作医疗章程试行草案》。当时由于政治运动的推动，全国掀起了举办合作医疗的第二次高潮。1978 年我国将合作医疗制度写入宪法，到 20 世纪 80 年代初期合作医疗的覆盖率已达到 90%。发展时期合作医疗制度的主要特点是：在农村集体经济制度下，农村三级医疗卫生保健网逐渐建立，培养出一批土生土长的赤脚医生，客观上为合作医疗的推广和运行提供了医疗技术方面的条件。当时赤脚医生他们组成了农村合作医疗制度的主要实施者，他们组成了农村防病治病、保障农民健康的基本医疗队伍。在这一时期，农村合作医疗制度得到了极大的推广并获得了快速的发展，但由于受文化大革命极“左”思潮的影响，过多地迎合了现实政治的需要，存在着采用行政命令的办法和片面追求减免率、搞“一刀切”等问题，使合作医疗制度的正常运行机制在发展过程中受到一定的扭曲，某些地方存在的形式主义弊端也在一定程度上影响了合作医疗水平的提高。

（四）衰落时期

20 世纪 80 年代，农村经济体制发生了巨大的变化。随着家庭联产承包责任制的实行、人民公社制度的废除，合作医疗失去了赖以生存的经济基础。农村合作医疗开始萎缩。其中的主要原因是：

1. 缺乏制度的可持续性，主要表现为财务制度和管理制度的不可持续

从财务制度上看，合作医疗的资金筹集普遍不足但支出却难以控制。合作医疗制度的运行需要有充足的资金作保证，而资金筹集的水平又与集体经济的强弱以及农民收入的多少密切相关。从管理制度上看，合作医疗制度运行中机会主义倾向的逆选择和败德行为未被严格约束。从合作医疗的管理者（社队干部）和提供者（医生）方面看，他们分别拥有医疗资金与药品、医疗服务的直接分配权，在缺乏有效约束机制的情况下，上述资金、药品和服务的分配就会呈无序状态，为他们之间进行权权交易、权钱交易提供了可能，从而造成干部和社员在合作医疗中的权利与义务不平等和不对等，从社员那里筹集资金也就越发困难。

2. 集体经济组织的解体也是合作医疗制度衰落的重要因素

合作医疗的迅速推广和普及是以集体经济组织的存在为前提的。在人民公社时代，生产队掌握着收入分配权，在自上而下要求推广这一制度的形势下，生产队一般在进行年终个人收入分配前，就根据社员家庭人口数从其应得收入中扣除合作医疗费上缴大队，从而轻而易举地避开了挨门挨户收费的困难，交易成本较低。

3. 医务人员的减少与流失

一方面，开放搞活、放宽农村政策，拓宽了农民的经营门路和生财之道，一部分农村医务人员放弃医疗卫生工作，从事其他行业。另一方面，伴随合作医疗制度的发展而涌现和发展起来的赤脚医生，其名称、工作方式、服务性质与改革开放后出现的新情况已经不相适应。按照1981年国务院批转的《关于合理解决赤脚医生补助问题的报告》，有关部门对125万名赤脚医生进行了考核，其中64万人通过考核并被授予"乡村医生"证书。卫生部于1985年决定停止使用赤脚医生这一名称。[①] 这样，农村医务人员减少了一半，又无法及时补充，当然会影响合作医疗事业的发展。

传统合作医疗面对新时期经济、政治、社会背景下的新情况、新问题，除存在上述问题外，还暴露出一些其他问题。主要表现在：目标定位偏低、资金筹集渠道不畅、运行机制不良、管理水平较低、价值取向扭曲、利益机制缺失、制约调控不力等。

由于上述原因，合作医疗事业发生严重萎缩。1985年全国实行农村合作医疗制度的行政村由过去的90％骤减至5％；1989年继续实行农村合作医疗制度的行政村仅占全国的4.8％。20世纪90年代初期，仅存的合作医疗主要分布在上海和苏南地区，曾被世界卫生组织誉为"发展中国家解决卫生经费唯一范例"的中国农村合作医疗制度面临消亡的危险。大部分农民看不起病，"因病致贫""因病返贫"的情况重新开始出现。

（五）重建时期

20世纪80年代以来，党和政府为了扭转农村合作医疗制度的颓废局面，在加大投资改造公共卫生保健设施和整顿医药市场的同时，寄希望于改革和重建农村合作医疗制度。1993年中共中央在《关于建立社会主义市场经济体制若干问题的决定》中提出，要"发展和完善农村合作医疗制度"。1995年，国务院研究室、卫生部、农业部与世界卫生组织合作，在全国7个省14个县（市）开展了"中国农村合作医疗制度改革"试点及跟踪研究工作，旨在为合作医疗立法提供理论依据。1996年在全国卫生工作会议上，江泽民总书记明确提出，"加强农村卫生工作，关键是发展和完善农村合作医疗制度"。李鹏总理也在会议上指出，在农村卫生工作中，已明确把建立县、乡、村三级卫生服务网、合作医疗制度和乡村医生队伍作为三大支柱。1997年1月，中共中央、国务院在《关于卫生改革与发展的决定》中提出要"积极稳妥地发展和完善合作医疗制度"。为贯彻上述决定，卫生部等部门于1997年3月向国

① 昆明医学院健康研究所．从赤脚医生到乡村医生．昆明：云南人民出版社，2002

务院提交了《关于发展和完善农村合作医疗若干意见》，国务院于5月批转了这个意见。1999年1月，国务院批准卫生部等部门《关于改革和加强农村医疗卫生工作的请示》，提出“稳步推行合作医疗保健制度，为实现‘人人享有卫生保健’提供社会保障”。①

但是这次恢复和重建工作除了部分试点地区和城市之外，农村合作医疗保障制度并没有像希望的那样恢复和重建起来。1998年卫生部“第二次国家卫生服务调查”结果显示，全国农村居民中得到某种程度的医疗保障的人口只有12.6%，其中合作医疗的比重仅为6.5%。2000年世界卫生组织在对191个会员国进行的医疗卫生公平性评价中，把中国排在倒数第4位，其原因就是占人口绝大多数的农民失去了医疗保障。

二、传统农村合作医疗制度的基本特点

传统农村合作医疗制度的构建是和当时的社会经济状况相适应的，具有以下特点：

1. 政府引导，农民自愿参加，统筹层次较低，一般是以乡镇为单位。

2. 个人缴纳的费用是合作医疗资金的主要来源，合作医疗资金可以接受团体和个人的捐赠。

3. 以乡村集体经济为依托，集体经济对合作医疗起一定的扶持作用。

三、我国传统农村合作医疗的形式

（一）按管理体制划分

按管理体制划分可分为村办村管、村办乡管、乡办乡管和乡村二级管理。

1. 村办村管

依靠村集体经济和群众集资，以村为核算单位，由村自己管理。

2. 村办乡管

依靠村集体经济和群众个人集资，仍以村为核算单位，由乡统一管理。

3. 乡办乡管

农工统筹。依靠乡、村集体经济和乡、村企业经济以及农民个人和乡村企业职工集资，以乡为核算单位，统一管理。

4. 乡村二级管理

以村集体经济和群众个人集资为主，乡财政给予一定数额补贴，乡村二

① 张德元. 农村医疗保障制度的昨天、今天和明天. 调研世界. 2003，5

级核算，二级管理。

（二）按“合作程度”划分

按“合作程度”划分可分为合医不合药、合药不合医、合医合药等。

1. 合医不合药

合医不合药即合作医疗参加者就诊的四费（挂号、注射、处置、出诊）全免或某些检验、检查收费按比例减免，而药费全部自费。参加者缴纳的资金主要用于支付乡村医生的报酬（按乡村医生提供的医疗服务数量核算）、预防保健服务费用及办公费用等，所以个人筹资数额不会太高。这种形式是合作医疗的初级形式，具有方便群众就医、筹资数额小及资金管理简便等特点。

2. 合药不合医

合药不合医即合作医疗参加者就诊的医疗费全部自费，药费按比例减免。参加者缴纳的资金主要用于支付药费减免款。所以个人筹资数额的多少直接与药费减免比例高低及减免药物种类多少相关。乡村医生的报酬由其提供的医疗预防保健服务的数量与质量决定，与用药多少及药费收入脱钩，这样可避免以药坑农的现象发生。乡村医生的报酬从医疗费收入及缴费资金中支付。此种合作形式除便于参加者就医外，还具有一定的互助共济精神。

3. 合医合药

合医合药即合作医疗参加者就诊的医疗费及药费均按比例减免。参加者缴纳的资金主要用于支付医药费减免款项、乡村医生的报酬等。个人筹资数额多少与门诊（住院）利用率高低、次均门诊（住院）医药费高低、减免比例高低、预防保健服务项目及数量多少相关。此种合作形式除满足参加者的基本医疗预防保健需求外，还能分担参加者高额住院费用的负担，避免“因病致贫”“因病返贫”现象的发生，具有“互助共济、风险分担”的精神，这是较理想的合作形式，也是“合医不合药”及“合药不合医”形式发展的趋向，适合与乡办乡管、乡办县管的统筹医疗保险形式组合。

（三）按补偿机制划分

按补偿机制划分可分为福利型、风险型和福利风险型。

1. 福利型

福利型的合作医疗对大多数人的“小病”医药费用按比例补偿，又称“保小不保大”。参加者就诊的门诊医药费（小）按比例补偿，住院医药费（大）不补偿，这符合小病发生频率高的规律，能做到“小病不出村”，而使合作医疗服务面宽、群众受益面广。此种形式一般出现在合作医疗发展的初级阶段，常与村办村管形式组合。其特点是群众受益面大，参加者均可得到服务和补偿。

2. 风险型

此型又称“保大不保小”。参加者住院医药费按比例补偿，门诊医药费不予补偿，这种形式符合大病发生频率低、医药费支付高的规律。其特点是只对重病患者以较大比例的医疗费减免补偿，意义在于防止农民因病致贫。

3. 福利风险型

此型又称“保大也保小”，即无论大病小病均给予一定的医药费减免补偿。①

患者的门诊及住院医药费均按比例补偿，这种形式既可满足参加者的基本医疗预防保健需求，又体现合作医疗“互助共济、风险分担”的精神，也符合合作医疗保“两头”的要求。运作时由于资金的乡、村分配比例不同，可有：（1）保小为主：70%合作医疗资金用于村、乡两级门诊医药费补偿，20%资金用于乡卫生院住院医药费补偿；（2）保小保大均等：40%资金用于村、乡两级门诊医药费补偿，40%资金用于乡卫生院住院医药费补偿；（3）保大为主：30%资金用于村、乡门诊医药费补偿，50%资金用于乡、县两级住院医药费补偿，这种形式可与乡办乡管、乡办县管统筹医疗保险形式组合。

▶第二节　新型农村合作医疗

新时期农村合作医疗制度面临着许多新情况和新问题，它的生存与发展面临着新的挑战与选择。在新形势下，怎样建立起符合社会主义市场经济体制要求，能够适应农村经济发展情况，在保障农民健康方面切实发挥作用的医疗保障制度，是亟待研究解决的一个重要问题。2002 年 12 月 28 日九届全国人大常委会第 31 次会议审议通过《中华人民共和国农业法（修订草案）》，并定于 2003 年 3 月 1 日起正式实行该草案。新修订的《农业法》明文规定：“国家鼓励、支持农民巩固和发展农村合作医疗和其他医疗保障形式，提高农民健康水平。”至此，发展和完善农村医疗保障制度开始有了法律规定。2003 年，卫生部、财政部、农业部等部门联合下发了《关于建立新型农村合作医疗制度的意见》，为建立我国新型农村合作医疗制度提出了政策框架和指导意见。

① 卢祖洵．社会医疗保险学．北京：人民卫生出版社，2003

针对传统合作医疗制度存在的不足，20 世纪 80 年代以来，许多学者从合作医疗的不同角度，在理论和实践上作出了大量研究和探索。影响且规模较大的研究有：1985 年美国兰德公司与卫生部联合在四川眉山、简阳两县进行的“中国农村健康保险试验项目”研究，1987 年安徽医科大学与卫生部医政司联合进行的两省一市“农村合作医疗保健制度系列研究”，1988 年卫生部政策与管理研究专家委员会联合进行的“中国农村医疗保健制度研究”，1993 年卫生部与国务院政策研究室等联合进行的“中国农村合作医疗保健制度改革研究”，以及卫生部卫生经济培训与研究网络承担的“中国贫困地区卫生保健筹资与组织”的课题研究等。这些研究既涉及合作医疗的技术问题，也涉及合作医疗的政策和管理等问题，为推动我国农村合作医疗在广大农村地区的进一步发展奠定了理论基础，为实践和操作积累了大量的经验。

新型农村合作医疗制度是指群众互助、政府支持的，具有社会保险特性的，与社会经济发展相一致，为农村居民提供基本医疗保障的农村医疗保障制度。[①] 新时期农村合作医疗不是传统农村合作医疗的简单恢复和重建。若将新型农村合作医疗制度与旧的农村合作医疗制度以及城镇职工医疗保险制度相比较（见表 11—1），我们就会发现，新型农村合作医疗制度带有明显的过渡性，是我国特定经济社会条件下的产物。

表 11—1　　新型农村合作医疗制度与传统农村合作医疗制度的比较

比较项目	传统农村合作医疗制度	新型农村合作医疗制度
法规依据	《农村合作医疗章程（试行草案）》(1979 年)	《关于建立新型农村合作医疗制度的意见》(2002 年)
筹资来源	个人投入为主，集体扶持为辅，政府适当支持	农民承担 10 元/年·人，中央政府 10 元/年·人，地方政府 10 元/年·人（目前两级政府补贴已经达到各 20 元/年·人）
统筹范围	以乡镇为单位，乡、镇之间互不影响	以县为单位
管理和经办机构	乡农经站或卫生院	卫生行政部门，县设专门经办机构
补偿范围	减免检查、住院手术诸项费用和部分药费，自付部分医疗费	以补大病为主
是否强制	否	否

① 中华人民共和国卫生部医政司．中国农村合作医疗实施方法概论．合肥：安徽科学技术出版社，1997

一、新型农村合作医疗制度的发展现状

2002年10月，党中央、国务院作出进一步加强农村卫生工作的决定，提出了建立新农合制度的要求。2003年，国务院将浙江、湖北、云南和吉林四个省作为试点省，试点工作在全国陆续展开，截至2006年，试点工作取得了显著成效。

（一）新农合制度框架及运行机制基本形成

一是建立了从中央到地方由政府领导，卫生部门主管，相关部门配合，经办机构运作，医疗机构服务，农民群众参与的管理运行机制；二是建立了以家庭为单位自愿参加，以县（市、区）为单位统筹，个人缴费、集体扶持和政府资助相结合的筹资机制；三是形成了符合各地实际的统筹补偿方案，建立了参合农民在本县（市、区）范围内自主选择定点医疗机构就医、现场结报医疗费用的结算报销办法；四是建立了有关方面和农民共同参与的以基金运行、审核报销为核心的监管制度；五是形成了医疗服务、药品供应等方面的规范，建立了与新农合制度相互衔接、互为补充的医疗救助制度。新农合的制度框架和运行机制已基本形成。

（二）新农合具有广泛的社会基础

截至2006年年底，参加地区已达全国县（市、区）总数的51%；参合农民逐年增加，已达4.1亿人；受益面逐步扩大，补偿农民4.2亿人次；补偿金额逐年增长，累计补偿242亿元。截至2007年年底，2 451个县（市、区）开展了新型农村合作医疗工作；7.3亿农民参加了新型农村合作医疗，参合率达86.2%；2007年新型农村合作医疗基金累计支出总额为346.6亿元，补偿支出受益4.5亿人次。在开展试点工作的地区，农民医疗负担有所减轻，看病就医率有所提高，广大参合农民得到了实实在在的好处。新农合得到了社会各界的广泛认可并已构建了坚实的社会基础。

（三）新农合为政府卫生资金的有效投放提供了制度平台

新农合制度最大的特点就是突出了政府的责任，从中央到地方，政府投入大量资金给医疗服务的需方。这种政策一方面给参合农民看病就医提供了经济保障，激活并释放了农民的医疗需求。另一方面，由于新农合的统筹补偿方案有利于引导农民到乡村医疗机构就诊，快速增长的医疗服务工作量带动了医疗卫生资源逐步向广大农村医疗机构“下沉”，有效地激发了农村医疗

机构的活力并促使其良性发展。

二、新型农村合作医疗制度的建立原则

（一）自愿参加，多方筹资

农民以家庭为单位，自愿参加新型农村合作医疗。根据有关规定，参与人要按时足额缴纳合作医疗费用，乡（镇）、村集体要给予资金扶持，中央和地方各级财政每年要安排一定的专项资金给予支持。

（二）以收定支，保障适度

新型农村合作医疗制度要坚持“以收定支，保障适度”的原则，既要保证这项制度持续有效运行，又使农民能够享有最基本的医疗服务。

（三）先行试点，逐步推广

建立新型农村合作医疗制度必须从实际出发，通过试点总结经验，不断完善，稳定发展。要随着农村社会经济的发展和农民收入的增加，逐步提高新型农村合作医疗制度的社会化程度和抗风险的能力。

三、新型农村合作医疗制度的主要内容

（一）组织管理

新型农村合作医疗一般采取以县（市）为单位进行统筹，条件不具备的地方，在起步阶段也可以采取以乡（镇）为单位进行统筹，以后逐步向县（市）过渡。

省、地级人民政府成立由卫生、财政、农业、民政、审计、扶贫等部门组成的农村合作医疗协调小组。各级卫生行政部门内部应设立专门的农村合作医疗管理机构，原则上不增加编制。县级人民政府成立由有关部门和参加合作医疗的农民代表组成的合作医疗管理委员会，负责合作医疗的有关组织、协调和管理指导工作。委员会可下设具体的办事机构，负责具体的业务工作，人员由县级人民政府调剂安排。各乡镇可根据需要设立派出机构（人员）或委托有关机构进行管理。

（二）筹资标准

新型农村合作医疗制度实行个人缴费、集体扶持和政府资助相结合的筹

集机制。其中农民个人每年的缴费标准不应低于10元，经济条件好的地区可适当提高缴费标准；有条件的乡村集体经济组织应对本地新型农村合作医疗制度给予适当的支持；政府财政支持分为地方财政支持和中央财政支持。新型农村合作医疗制度规定中央财政对参合的中西部非城区农民每人每年补助10元，地方财政每年对参加新型农村合作医疗的农民的资助人均不低于10元，其他地区地方政府根据当地经济实力和财政状况决定资助农民的具体额度。具体的补助标准和负担比例由省级人民政府确定。从2006年起，为了进一步提高农民的受益水平，中央财政再次承诺对中西部除市区以外的参合农民每人每年的补助由10元提高到20元。对经济发达的东部地区，地方财政可以适当增加投入。根据卫生部和财政部联合下发的文件《关于做好2008年新型农村合作医疗工作的通知》，从2008年开始，各级财政对参合农民的补助标准提高到每人每年80元。此外，政府鼓励社会团体和个人资助新型农村合作医疗制度。

（三）资金管理

农村合作医疗基金是由农民自愿缴纳、集体资助的民办公助的社会性基金，要按照以收定支、收支平衡和公平、公开、公正的原则进行管理，必须专款专用，专户储存，不得挤占和挪用。

农村合作医疗基金由农村合作医疗管理委员会及其办事机构进行管理。农村合作医疗办事机构应在管理委员会认定的国有商业银行设立农村合作医疗基金专用账户，确保基金的安全和完整。基金中农民个人缴费及乡村集体经济组织的扶持资金，原则上按年由合作医疗办事机构在乡（镇）设立的派出机构（人员）或委托有关机构收缴，存入合作医疗专用账户。在资金的使用上，农村合作医疗基金主要补助大额医疗费用或住院医疗费用，有条件的地方，可以实施大额医疗费用补助与小额医疗费用补助相结合的办法，这样既可以提高抗风险能力，又扩大了参保人的受益面。

（四）医疗服务管理

对新型农村合作医疗制度的医疗服务质量管理，要强化对农村医疗卫生机构的行业管理，积极推进农村医疗卫生体制的改革，不断提高农村卫生机构的医疗服务能力和水平，使农民得到较好的医疗服务。各地区要根据情况，在农村卫生服务机构中择优选择合作医疗的服务机构，并加强监督管理的力度，实行动态管理，完善并落实各种诊疗规范和管理规章制度，保证服务质量，提高服务效率，控制医疗费用。

四、新型农村合作医疗制度的特点

（一）筹资的主体发生了变化

传统农村合作医疗的资金问题一直采取农民自筹或由村集体负担的方式解决，政府基本上没有资助。农村实行家庭联产承包责任制以后，“三级所有，队为基础”的分配方式解体，集体承担的合作医疗失去经济支撑，全部由一家一户的农民筹集，筹资渠道单一，使合作医疗缺乏必要的经济来源，不仅难以聚集形成一定的资金规模，有效抵御疾病产生的经济风险，而且在一定程度上影响农民参加合作医疗的积极性。新型农村合作医疗制度要求地方各级人民政府加强对合作医疗的组织领导，按照自愿量力、因地制宜、民办公助的原则，继续完善与发展合作医疗制度。新型合作医疗制度规定个人、集体和政府三方共同出资，且明确规定，从2003年起，中央财政每年通过专项转移支付对西部地区除市区以外的参加新型合作医疗的农民按人均10元进行补助，地方财政对参加新型农村合作医疗的农民每年补助不低于10元。为此，筹资主体经历了一个以农民个人为主转为以政府为主的过程。

（二）覆盖面更宽，统筹层次更高

在覆盖面上新型农村合作医疗制度要求到2010年基本覆盖农村全体居民。在统筹层次上，新型农村合作医疗制度改变了过去以乡、村为单位开展合作医疗的做法，要求以县为单位统筹，条件不具备的地方可从乡统筹起步，逐步向县统筹过渡，增强了抗风险和监管能力。

（三）以大病统筹为主

传统的农村合作医疗制度，除少数地区外，大多数地区将保障的重点放在门诊或小病上，即“保小不保大”，或者“保医不保药”。新型农村合作医疗制度则以大病统筹为主，将保障重点放在了重大疾病风险上。随着社会经济的发展，农村居民的生活水平有所提高，基本上不存在因几次门诊医疗小额费用而致贫的情况，然而重大疾病引起的大额医疗费用成为导致农民贫困的重要原因之一。所以，新型农村合作医疗制度以大病统筹为主，重点解决农民因患传染病、地方病等疾病而出现的因病返贫问题，要求以县为单位进行管理，增强了合作医疗基金抵御风险的能力。

（四）政府管理的力度与管理水平大幅度提高

传统农村合作医疗在管理体制上由卫生部门独家经办，管理松散。新型合作医疗制度规定由省级人民政府制定管理办法，县级人民政府制定具体方案，各级相关部门组成农村医疗合作协调小组，在同级人民政府的统一领导下组织实施。县级农村合作医疗管理委员会必须有农民代表参加，组成了由政府牵头、部门配合、农民代表参与的管理格局。经办机构人员的工资与工作经费列入同级财政预算，保证了合作医疗基金能真正地用于患病农民身上。

（五）农民自愿参加的原则

新型农村合作医疗制度强调农民自愿参加的原则，赋予农民知情权和监督权，提高了制度的公开、公平和公正性。通过农民代表参加合作医疗监督机构和定期张榜公布基金收支情况等措施，切实保证了农民的知情权和监督权，使新型农村合作医疗制度能够真正取信于民和施惠于民。

（六）建立医疗救助制度

新型农村合作医疗制度强调了贫困救助的重要性，规定省级和市（地）级财政的专项资金除了对农村合作医疗给予补助外，还要用于对贫困农民家庭进行医疗救助。我国目前处于贫困线以下的农村人口仍有 4 000 万人，民政和扶贫部门应资助贫困农民参加新型农村合作医疗，照顾贫困人口的医疗需求。县级财政应根据实际需要和财力情况安排资金，对农村五保户和贫困农民家庭实行医疗救助，既可以直接对贫困农民家庭的大病医疗费用给予补助，也可以资助其参加新型农村合作医疗制度。将新型农村合作医疗与农村医疗救助制度相结合，不仅可以调动农民参保的积极性而且还体现了政府对农村贫困群体的关怀。

五、新型农村合作医疗制度存在的问题

新型农村合作医疗制度自 2003 年运行至今，总体运行良好，但是也暴露出一些问题：

（一）保障水平有待提高

2006 年的统计资料显示，住院费用平均补偿水平只有 25.7%，一旦农民患大病住院，仍要自付很高的医疗费用。现有的筹资和补偿水平使农民摆脱因病致贫的目标实现起来还有一定的困难。这不仅影响到制度的运行质量和效果，而且会使不同收入水平农民受益不均。由于医疗救助的资金量有限，仅有 15%的救助对象能够获得 60%以上的医疗费补偿。所以即使参加合作医疗，农民在较低的补偿比例下也难以利用合作医疗所覆盖的所有医疗服务。

（二）尚未建立起稳定的长效筹资机制

稳定、低成本的长效筹资机制是合作医疗持续发展的前提，但目前在政府筹资和农民筹资两方面均存在着亟待解决的问题。对于政府筹资，一是面临政府补助水平随经济发展和医疗费用的增长而逐步提高的问题。目前绝对数额的筹资方法，会导致合作医疗筹资水平相对降低，保障水平难以提高。二是面临政府资金不能及时、足额到位的问题，由于部分财政补助资金往往到下半年才能完全到位，资金的正常使用受到一定程度的影响。此外，个别地区财政困难，农业人口多，资金压力大。

尽管农民筹资的难度逐年下降，但仍然是工作难度最大的环节。参合率在很大程度上取决于基层干部工作的努力程度，筹资成本相对较高。农民筹资难的原因并不是农民负担不起，据调查，仅有5%的农民认为目前筹资水平过高。受农村经济水平、乡村文化特点、农民价值观等综合因素的影响，在相当长的时期内，采用农民自愿缴费的方式筹资仍然会有相当大的难度。

（三）管理资源短缺，管理能力建设亟待加强

随着新型农村合作医疗制度的推进，管理资源短缺和管理能力不足的问题日渐突出，其中，包括人、财、物在内的管理资源数量短缺问题比较严重。

1. 人员数量不足

据统计，现今每名管理人员要管理5.44万参合农民，他们目前的主要工作是审核报销单据和录入数据，而其他工作难以正常开展。不少地区依靠临时借调或兼职的人员开展工作，这影响到工作质量和管理队伍的稳定性。

2. 管理人员经费和日常工作经费不足

部分试点县对合作医疗日常管理经费的投入没有明确标准，随意性大，无法保证管理支出的需要。合管办只能开展最必要的审核报销工作，监管、宣传、数据分析等工作受到严重影响。

3. 一些地方信息管理系统建设滞后，管理效率不高，管理技术力量薄弱

多数基层合作医疗管理人员只能承担最简单的日常管理工作，在方案设计、对供方行为的及时监督、信息分析等方面的能力较差。根据经验开展工作，通过“试错”积累经验，不仅增加了管理成本，也影响到合作医疗的正常运行。

（四）地方监督力度不够，政策执行不规范

新型农村合作医疗注重了制度建设，但由于监督缺位和违规成本过低，

在一些地区不能保证制度和措施的有效实施。尽管各试点县都成立了合作医疗监督委员会，并制定了监督制度，但由于缺乏有效的激励机制，监督委员会有效监督的动力不足，形式化现象比较严重。此外，监督委员会缺乏专业技术能力，不足以对医疗服务提供方实行有效监督。由于地方监督力度较弱，在部分地区的实际操作中存在着违反政策和管理规定的行为。

（五）对医疗机构的监管有待加强

新型农村合作医疗的管理规则受到了服务提供方“对策”的挑战。不少医疗服务提供者采取各种对策谋求自身利益。一些医疗机构存在着不规范的医疗行为，影响到合作医疗资金的使用效率。

（六）基层卫生服务质量有待提高

乡级医院医疗服务质量低，医护人员素质有待提高，乡镇卫生院设备简陋，只能进行简单疾病的诊治与处理；村级医疗服务提供者更是以游医和个人诊所为主，医疗质量无法保证。乡村医护人员职业训练不到位，又长期得不到培训，医疗技术较差。很多农民认为乡村医院技术与设备非常贫乏，医护人员素质差，即使参加新农合也不能满足自身的医疗需求。因此乡村医务人员业务素质的高低，是新农合能否成功的技术关键。

六、新型农村合作医疗制度可持续发展的措施

（一）逐步建立稳定可靠、合理增长的筹资机制，提高保障水平

新型农村合作医疗制度应逐步建立起与社会经济发展及医疗费用增长水平相适应的筹资机制，逐步提高保障水平。可采取措施为：一是农民的缴费水平应随收入水平的增长而提高。二是建立政府筹资的制度保证机制，包括政府筹资水平随财政收入增长而增加的制度，地方政府承担合作医疗管理经费以及政府资金及时、足额到位的保证制度。政府的补助标准要随着经济发展水平和财政收入的增长而逐步提高。此外，中央财政应加大向贫困省份以及贫困地市的财政转移支付力度，保证合作医疗的可持续发展。

（二）建立健全合作医疗管理体系，加强管理能力建设

应根据各级合作医疗管理机构不同的管理职能和实际需要，确定合作医疗管理资源（人、财、物）的配置标准，明确各级政府及其相关部门在合作医疗管理资源配置方面的职责，充分利用现有资源，保证管理资源的足额配

置。继续加强信息化建设，尽快组织建立起信息平台，统一软件标准，建立信息管理规范，提高管理效率。通过多种形式提高地方管理人员的管理水平。同时，要强化中央和省级对地方的技术指导力量。

（三）进一步明确基本制度统一、不同地区实施分类指导的原则

现阶段应以新型农村合作医疗制度的稳固或可持续性作为主要目标。在指导方针上，应遵循基本制度统一、不同地区分类指导的原则，允许各地因地制宜地发展。各级政府出资比例可有所不同，不同地区农民缴费方式和数额也应允许存在差异。在有条件的发达地区，允许和鼓励新型合作医疗逐步向全民社会医疗保险模式过渡。在操作层面，在不违背制度基本原则的前提下，给地方管理者一定的自主选择权，以免统一的政策难以适应各地的实际情况。在补偿模式上，不宜过分强调或统一推行某种模式，而是让各省、区、市在了解各种模式优劣的基础上，根据本地实际作出自主选择。在考评机制上应综合考查基金的抗风险能力和制度运作的公平性，以防地方政府盲目追求"扩面"的目标而带来更多其他问题。

（四）强化新型农村合作医疗监管，提高管理效率

应加强对政府及相关部门和医疗服务提供者的监督，以减少和消除管理方和提供方的不规范行为。一是要建立有效的地方监督链。二是建立健全监管制度，尤其要增大被监管者的违规成本，保证制度的有效实施。三是进一步发挥农民参与监管的作用，并采取多种形式，提高监管的有效性。同时，应完善和规范对提供者行为的激励和约束机制。采用按病种付费和控制医疗机构收入总量增长幅度等措施，使它们自觉控制成本、约束自己的行为。

（五）推进配套制度改革，改善新型农村合作医疗制度的外部环境

一是加强村卫生服务体系建设。首先，建设由政府、集体、社会、个人所举办的各种医疗卫生服务机构组成的社会化农村卫生服务网络，综合利用农村卫生资源。其次，健全农村卫生服务网络的整体功能。在三级卫生服务网络中，形成以市县医院为依托、以乡镇卫生院为中心、以村卫生室为基础的卫生服务体系，为农民群众提供全面、便捷的医疗保健服务。卫生行政部门要依照行业标准和卫生资源合理配置的规律，规范农村医疗卫生机构建设和医疗卫生活动。有重点地支持距县城较远、服务提供能力较低的乡镇卫生院。二是加大培养基层卫生人才的力度，以提高服务质量。三是推进农村医

疗机构管理体制和补偿机制、药品流通体制等相关配套改革。四是加大医疗救助的投入力度，逐步完善和推行与新型农村合作医疗制度相结合的农村医疗救助制度，协调、配合使用各类资金。

建立健全合作医疗组织的管理机构是巩固合作医疗的有力保证。要落实合作医疗管理机构的建制和人员安排，保证办公经费及时到位，改善办公条件，配备计算机设备，组织开展合作医疗信息平台建设，进一步加强规范化管理。重点加强对参与合作医疗的领导干部、管理干部、经办人员和定点医疗机构人员的培训。在加强新型农村合作医疗管理机构建设的同时，还必须加强新型农村合作医疗服务机构的建设，尤其是要加强农村卫生网络建设，强化对新型农村合作医疗定点机构的管理，积极推进农村医疗卫生体制的改革。

▶第三节　我国农村医疗保障制度的现状和发展前景

农村医疗保障制度作为社会医疗保障制度的子系统，同时也是社会保障制度的重要组成部分。因此，建立适宜农村经济发展水平的农村医疗保障制度，不仅仅是保障农民健康的需要，而且对于发展中国医疗卫生事业，促进农村经济和社会的持续、稳定发展，以及最终实现整个社会的和谐，都具有重大的意义。

一、现阶段我国农村医疗保障制度的构成

现阶段我国的农村医疗保障制度，是在我国二元经济条件下，与城镇医疗保障制度相对应的，以合作医疗为主体、大病统筹为特色，同时包括防疫、保健、生育等服务项目的社区性社会医疗保障制度。具体包括农村保健保偿制度、农村健康保险制度、农村合作医疗保险制度、农村居民基本医疗保险制度、农村医疗救助制度等内容。

（一）农村保健保偿制度

农村保健保偿制度是一种为特定人群提供预防保健服务的保偿制度。主要包括计划免疫保偿制度和妇幼保健保偿制度，是具有保障性质的单项健康保险制度，属于健康保险制度范畴。

1. 计划免疫保偿制度

计划免疫是根据疫情监测和人群免疫状况分析，按照规定的免疫程序，有计划地利用生物制品进行人群免疫接种，以提高人群免疫水平，达到控制以致消灭相应传染病的目的。计划免疫保偿制度（compensate plan for immunity plan in rural）所提供的服务是一种带有预付性质的有偿免疫服务，它与定额赔偿相结合，并具有非营利性质。基本做法是：由承担保偿的卫生服务机构，向愿意入保的 7 岁以下儿童收取一定的保偿费，与儿童家长签订保偿合同，保证按计划免疫程序适时为入保儿童接种有关疫苗，以控制相应疾病的发生。在合同规定的有效期内，入保儿童万一发生相应疾病，不但可以及时得到诊治，而且还由保偿者付给一定的赔偿费。

2. 妇幼保健保偿制度

妇幼保健保偿制度是一种具有社会保障和社会福利双重性质的健康保障制度。它以提供妇幼保健服务为手段，以保护妇女儿童健康为根本宗旨，以所提供的保健服务项目为标准收取一定的保健保偿金，是一种有效实施妇幼保健的新型管理形式。基本做法是：符合入保条件的孕产妇和儿童，自愿向其居住地的承保医疗机构缴纳一定数额的保偿金，由承保医疗机构为其提供事先规定的保偿服务，在保偿范围内，如因技术或责任原因致使保健保偿对象患保偿范围内的疾病或死亡时，由承保医疗机构按规定向保健保偿对象支付一定数额的赔偿金。

（二）农村健康保险制度

我国农村健康保险制度的最初探索是 1985 年在世界银行的支持下，由卫生部与美国兰德研究所合作，在四川简阳、眉山 2 县 3 个乡镇 26 个村的 4 万名居民中进行的“中国农村健康保险试验研究”项目。该试验在总结我国农村合作医疗经验教训的基础上，借鉴国外健康保险理论、技术和管理方法，研究开发具有中国特色的健康保险模式。试验结果表明，结合农村实际情况开展健康保险是解决农村医疗保障问题的一种有效方式。健康保险的特点是组织管理和基金管理比较严密。但到目前为止，农村健康保险还处于试验阶段，根据农村卫生服务调查资料，农村地区参加健康保险的人口仅占农村人口的 0.33%，且大部分开展地区经济水平较高，如广东云浮市政府与中国人寿保险公司合作开展的农村健康保险。

（三）农村合作医疗保险制度

农村合作医疗保险制度是与城镇职工基本医疗保险接轨的一种制度。主要特征是：每个参保人员都要建立个人账户，以解决农村基本医疗保险问题，用完个人账户后，医疗保险进入抑制医疗费用上涨的个人自付段，当达到一定的数额后，实行大病社会统筹。这种模式既提高了抗风险的能力又兼顾了参加者的受益面。

（四）农村居民基本医疗保险制度

农村居民基本医疗保险是借用城镇职工基本医疗保险的共同缴费机制、统筹基金和个人账户制度等运行模式和管理经验，为了提高农村居民的医疗保障水平，解决农村居民"因病致贫""因病返贫"问题，根据农村社会经济发展水平、农村居民经济承受能力和农村医疗卫生服务需求水平而建立起来的一种制度。农村居民基本医疗保险制度是新型农村合作医疗制度的创新和发展，是城镇职工基本医疗保险制度在农村的一种实现形式。目前，江苏省昆山市在全市范围内实施了农村居民基本医疗保险制度。

（五）农村医疗救助制度

2002 年 10 月，党中央、国务院下发了《关于进一步加强农村卫生工作的决定》，提出"对农村贫困家庭实施医疗救助"。2003 年 11 月，民政部、卫生部、财政部联合出台了《关于实施农村医疗救助制度的意见》，决定从 2003 年起开始实施农村医疗救助制度，以有效提高中国农村集体人口的健康水平。①

从我国农村医疗保障体系的现状以及实践中各地探索的具体模式可以看出，农村医疗保障问题的解决是需要多方合作的一项系统工程。从公共治理的角度来看，就是要在政府、集体、非政府组织以及农民群众之间形成互动，只有这样各种资源才能有机地组合在一起，从而有效地解决农村医疗保障问题。

二、农村医疗保障的政策方向和制度安排

（一）农村医疗保障政策的指导思想

1. 以政府为主导

我国改革开放以来一直以经济建设为中心，农业以及农业人口为工业的发展作出了极大的牺牲。随着我国经济的迅猛发展，如何让农民分享经济发

① 王保真．医疗保障．北京：人民卫生出版社，2005

展的成果成为我国当期的主要问题。现在已经到了“工业反哺农业”的时期，因此，应以政府为主导，以财政支出为手段，对传统二元社会结构给农民带来的利益损失进行弥补，特别应对农村的医疗保障加大投入。减轻农民的疾病痛苦是政府义不容辞的责任。从经济发展的角度来看，2000 年以后，我国的农村扶贫工作进入了一个新阶段。但农村人口“因病致贫”“因病返贫”的情况非常严重。减少穷人的健康风险，并对灾难性的医疗费用提供保险，是巩固我国前期扶贫工作成果的重要手段。如果政府忽视农村的医疗保障问题，就会造成城乡医疗保障制度的差异，不利于农村的稳定和发展。

2. 从我国国情出发，建立多元化、多层次的农村医疗保障体系

医疗保障形式是与经济发展水平相适应的。政府的保障制度和医疗卫生政策应该做到在公平和效率之间的平衡。现代的农村医疗保障制度应该是由政府通过制度设计与维护、基金筹集与管理、卫生服务调控与监督，保障农村居民获得基本医疗和预防保健服务的一种综合性医疗保障制度。

3. 政策制定要具有多部门的一致性和连续性

农村工作涉及的管理部门多，难免有冲突的地方，这种冲突会给农村医疗卫生政策的制定和实施造成一定困难。农业部等五部委联合下发的《减轻农民负担条例》将“合作医疗”项目视为“缴费”项目，认为它增加了农民负担。两种政策的冲突导致了一些试点地区放弃恢复合作医疗制度。

4. 坚持成本效益原则，提高经费使用效率

在农村卫生投入增长缓慢的情况下，要提高卫生经费的使用效率，将有效的卫生资源用来解决最迫切的问题，这就需要对农村地区的医疗卫生服务进行成本效益分析。目前，农村医疗保障的重点应该是公共卫生和基本临床服务。

5. 在政策工具的选择上，要充分发挥政府的调控和监管作用

过去政府过于依赖直接提供医疗服务，集中控制医疗设施。其实政府的主要责任应该是保护医疗消费者和社会弱势人群。政府应在调配卫生资源、规范医疗服务行业、监督医疗服务质量上发挥作用。同样，对于农村医疗保障制度的构建，政府的主要责任为：（1）为农村医疗保障提供完备的法律框架。（2）加大政府对农村医疗卫生事业的财政投入。（3）加强公共卫生保健工作，完善公共卫生保健体系。（4）改善卫生资源的布局，加大对药价和医疗服务价格的监管。（5）强化政府机构在医保基金的使用和医疗机构的服务质量等方面的监督管理职能。

（二）农村医疗保障的制度安排

农村医疗保障体系的重构体现在设施、人员、资金、制度和计划五个要

素的优化配置上。设施、人员和资金是基本要素，制度是保证，计划是补充。政府应以制度为基础，将各个要素按成本效益原则有机结合起来，并使制度的设计和要素的安排符合中国农村的实际情况。政府可供选择的制度安排有：

1. 加强农村卫生建设

农村是我国卫生工作的重点，也是卫生工作最薄弱的环节。农村卫生建设主要包括农村卫生基础设施和医疗服务网络的建设。卫生基础设施如基本的诊疗设备、消毒设备等；卫生服务网络主要是村乡两级医疗机构及必要的运输工具。基础设施的改善和网络建设，一方面要靠政府资助，同时也要整合农村已有的卫生资源，如乡村卫生服务一体化管理。具体措施有：一是加快农村卫生基础设施建设，巩固和健全县、乡、村三级农村卫生服务体系和网络。重点加强乡镇卫生院的建设，每个乡镇要保留一所公立卫生院，每个村至少要有一个卫生室。二是建立适应农民承受能力的农村医药价格管理体系和农村医疗管理规范，为农民提供安全、廉价的基本医疗服务。三是加强农村卫生人才的培养，农村地区医护人员素质低下是导致医疗服务质量低下的重要原因，也是阻碍农村医疗保障体系建设的重要原因。政府应从激励机制方面进行干预，在农村卫生人员的工资、福利、职称、进修等方面给予政策照顾和倾斜，稳定农村医疗队伍。同时鼓励医学院校学生到农村发展，在医学院校的培养方案中，增加农村医疗卫生服务的内容。加大农村医务人员的培养力度，重点在引进人才、学历教育和在岗培训三方面采取措施，加强农村卫生人才培养和队伍建设。组织城市医生对口支援农村，逐步提高农村医疗服务水平。四是加强农村公共卫生工作，控制地方病，推进农村改水改厕。五是要加强健康教育，采取多种形式普及疾病预防和卫生保健知识，引导和帮助农民建立良好的卫生习惯，倡导科学、文明、健康的生活方式，增强农民的健康意识和自我保健能力。

2. 创新筹资模式和资金使用效率

医疗卫生服务的资金来源主要有四个途径：自费、自愿医疗保险、强制医疗保险和政府的财政投入。资金来源途径不同，体现的权利、义务和经济关系也不同，并分别对应不同的保障形式。在发展中国家，通过适当收费来补充医疗保险资金是必要的，但在低收入人群中采用收费的方式则不利于医疗保障体系的构建。我国农村医疗保障改革的方向是要建立多元化、多层次的医疗保障体系，从资金筹集的来源看，就是要实现资金来源的多样化，扩大资金来源，提高资金总量。从更广义的角度来说，就是要利用一切可以利用的资源，不仅仅是对新资金增量加大，同时对原有的资源存量也要充分利用，如发挥传统家庭保障功能，非营利组织和非政府组织也是重要的可用社会资源。从资金的使用效率上看，政府要资助公共卫生和最基本的医疗服务，从各国的经验和历史发展来看，这也是成本效益较高的项目。另外，要提高医疗服务的效率，在成本总量控制的前提下，也要探索引入市场机制。医疗支付制度决定了医疗服务的消费者和供应者可能受到的激励程度的大小。构建一种既能使农民获得合理的医疗服务而又能遏制医疗费用的过度上涨的支付机制一直是一个难题。本章介绍的一些国家的农村医保制度都十分重视解决支付制度的激励问题，尤其是对医疗服务方的激励。具体包括两方面：一是强化对医疗服务方的激励，如巴西在针对农民的保健计划中，为鼓励医疗服务者到农村工作，政府除给予专项资金保证其正常开业外，还不定期给予他们不低于城市同类人员 2 倍的工资。二是通过医疗费用的偿付方式来影响医疗服务的数量和质量，即利用共付制、按人头付费制或按病种付费制等方式来抑制医疗服务过程中的道德风险及诱导需求，从而尽可能地发挥医疗服务资源的效率。

3. 完善制度和计划

在农村医疗保障体系重构过程中，制度建设可分为两部分：一是与医疗保障形式有关的制度；二是规范和监督方面的制度。国际上各国采取的医疗保障模式各不相同，即使同为发达国家或发展中国家，它们的医疗保障的模式也各不相同。我国农村医疗保障制度创新的核心就是要建立适合我国国情的农村医疗保障制度。它应该是多种保障形式的结合，包括家庭保障、合作医疗、社会医疗保险、商业医疗保险和社会医疗救助。政府应制定标准，作出相应的制度安排。采取什么样的组合需依各地的实际情况而定，根据各地经济水平和风俗习惯的不同，尊重参保者的选择。政府着重建立信息披露制度，保护参保者的权益。政府的制度安排要有一定的弹性，并有相应的配套措施。制度构建的另一个重点是规范和监管医、患、保各方的行为，保证医疗卫生事业的健康发展。

医疗计划是指有预期目标和特定的服务对象，并有专项资金注入的重大的且有良好社会效益的医疗卫生服务项目。医疗计划的组织者可以是政府组织也可以是非政府组织，特别是一些非政府组织，他们对社会需求的反应有时比政府组织更灵敏，计划更灵活，因此，政府可以通过补贴的方式支持和利用非政府组织来开展工作。①

一定的农村医疗保障形式是与一定的生产力水平、生产组织形式和分配制度相适应的。在自给自足的小农经济时代，农村医疗保障的模式主要是家

① 张奇林，杨红燕. 中国医疗保障制度改革研究. 武汉：武汉大学出版社，2007

庭保障和自费医疗；在农业集体经济时代，农村医疗保障的模式以合作医疗为主。现阶段，农业经济的最大特点就是各地的生产力水平发展不平衡，主要体现为收入水平参差不齐，生产组织形式和分配制度强调效率；全国农村大部分地区实行了新型农村合作医疗制度。这些基本特性决定了现阶段我国农村医疗保障模式应是一个以新型农村合作医疗制度为主的、多元化的、充分考虑地区经济社会发展水平的制度。从长远来看，无论是从促进农村经济社会发展的角度考虑，还是从构建和谐社会、统筹城乡发展以及全面建设小康社会的角度考虑，都应当把改变城乡医疗资源分配不公，建立城乡一体化的、无差异的医疗保障制度作为一项重要任务。在制度设计上，应通过农村新型合作医疗制度的不断完善和巩固，待条件成熟时，逐步将农民纳入全国居民医疗保障体系中，并最终实现医疗保障制度的城乡一体化。

本章小结

本章详细介绍了我国传统农村合作医疗的发展历史；分析比较了新型农村合作医疗制度与传统农村合作医疗制度的差异，并对新型农村合作医疗制度的发展现状、特点、内容和亟待解决的问题进行了总结。现阶段我国农村的医疗保障制度，是以新型农村合作医疗为主的、多元化的、充分考虑地区经济社会发展水平的一种制度，包括农村保健保偿制度、农村健康保险制度、农村合作医疗保险制度、农村居民基本医疗保险制度和农村医疗救助制度。本章最后结合发展中国家的做法和经验对我国现阶段农村医疗保障的现状和未来发展前景进行了展望，指出无论是从促进农村经济社会发展的角度考虑，还是从构建和谐社会、统筹城乡发展以及全面建设小康社会的角度考虑，都应当把改变城乡医疗资源分配严重不公，建立城乡一体化的、无差异的医疗保障制度作为其中的一项重要内容。在制度设计上，应通过农村新型合作医疗制度的不断完善和巩固，待条件成熟时，逐步将农民纳入全国居民医疗保障体系中，并最终实现城乡一体化的医疗保障制度。

复习思考题

1. 我国传统农村合作医疗制度的发展经历了哪几个时期？
2. 新型农村合作医疗制度的定义和特点是什么？
3. 我国现阶段农村医疗保障体系由哪些制度构成？
4. 完善我国农村医疗保障制度建设重点需要解决哪些问题？

案例讨论

固始探索服务外出参合农民工新模式：在外和在家一样，享受新农合报销待遇——一种服务外出参合农民工的新模式2006年6月起在我省固始县出现[①]

宋某是在北京市打工的一名固始籍农民，前不久得病在北京的医疗机构治疗，没有想到的是，他竟然从设在北京的“固始县新农合外建定点医疗机构”领到了补助款。如今像宋某一样，参加新农合的固始籍农民工一旦在江苏省吴江市和北京市患病，都能找到“固始县新农合外建定点医疗机构”，享受和在家一样的新农合报销待遇。

“如何让外出农民工享受到与在家农民同样的新农合政策，是各级政府必须采取有效措施加以解决的重要问题。”省卫生厅副处长王耀平说。

固始县有160万人口，其中常年外出务工人员50万人。据固始县卫生局副局长王鹏介绍，从参合农民角度考虑，固始县外出50万农民工分散于全国各地各行各业，同样是普通的农民，同样自愿参加了合作医疗，过去却不能与在家的参合农民享受一样的待遇：拿到合作医疗证后，在务工地看门诊就医还要自己全额付费；因病需要住院治疗，且不能像在县内住院一样享受县内住院补助报销标准。

记者在采访中了解到，造成外出农民工参加新农合困难的原因有：从新农合管理部门考虑，农民工常年在外，获得信息的渠道不够畅通，有时因住院报销资料不规范影响费用减免审核；人均住院费用过高，基金负担过重；补偿沟通难，报销比例和报销额与农民工的期望值差距大。从政府建立新农合制度的目的考虑，由于外出农民平均住院费用过高、补偿比偏低，致使新农合制度对农民的吸引力下降，筹资更难，也不能充分体现新农合制度的公平与效率。

记者在采访中了解到，固始县在外建定点医疗机构的实际操作中，做到了“三个到位”。

组织协调到位。2006年年初，县里先后三次组织专门调研组深入北京、上海、江苏、广东等农民工集中城市开展调研，制定了定点医疗机构入选条件和设置标准。在江苏省吴江市和北京市丰台区，依托“吴江市盛泽人民门诊部”“丰台区长峰医院”两所医疗机构，建立了首批“固始县新农合外建定点医疗机构”。

规范服务到位。县合管办与外建定点医疗机构签订协议，明确其职能、权利、义务及违规行为的处罚条款，促进其规范服务。建立了与县合管中心联网的计算机信息化管理网络。在实际操作中，外建定点医疗机构与当地的外建党组织充分协调、密切配合，开展固始籍农民工登记造册工作，就地向

① 成睿智．河南日报（农村版），2007—03—05

务工农民收取新农合基金，参合农民因病需要看门诊时，可凭“新型农村合作医疗证”在外建定点医疗机构享受直接减免；大病住院医疗由外建定点机构就地先行垫付，然后通过网络直接上传到县新农合中心，实施计算机网络的直接核销、核补。

管理监督到位。县政府聘请外建党支部成员为业余监管员，县合管办设置了咨询热线电话，县卫生局专门成立了稽查股，对外建定点医疗机构经办的新农合补偿病例不定期进行实地回访。建立举报有奖制度，同时在服务机构、驻外办事处、农民工集中居住地建立“三级公示”制度，设置了固定的新农合政策、制度、减免公示栏，实行阳光操作，接受农民工监督。

固始县在组织2007年的农民筹资中，外出农民工积极向家里汇款，举家外出的直接以家庭为单位到当地外建定点医疗机构缴费参合，使全县的参合人数由2006年的95.53万人上升到110.33万人，农民参合率由71.9%上升到83%。

记者还了解到，挂牌的两个外建定点医疗机构，已覆盖固始籍参合农民工10万多人，就地住院获得新农合补偿，每年节省交通费及减少误工损失300多万元。

据悉，固始县将逐步在上海、浙江、广东等外出务工农民较集中的城市外建新农合定点医疗机构，为外出务工农民公平享有新农合政策做好服务。

参考文献

[1]［美］保罗·J·费尔德斯坦．卫生保健经济学（第4版）．费朝晖等译．北京：经济科学出版社，1998

[2]［美］保罗·萨缪尔森，威廉·诺德豪斯．经济学（第17版）．萧琛主译．北京：人民邮电出版社，2004

[3] 蔡仁华．中国医疗保障制度改革实用全书．北京：中国人事出版社，1997

[4] 程晓明主编．医疗保险学．上海：复旦大学出版社，2003

[5] 龚幼龙．社会医学．北京：人民卫生出版社，2001.

[6]［美］雷克斯福特·E·桑特勒，史蒂芬·P·纽恩．卫生经济学——理论、案例和产业研究（第3版）．程晓明等译．北京：北京大学医学出版社，2006

[7] 昆明医学院健康研究所．从赤脚医生到乡村医生．昆明：云南人民出版社，2002

[8] 卢祖洵．社会医疗保险学．北京：人民卫生出版社，2006

[9]［德］彼得·欧伯恩德等．卫生经济学与卫生政策．钟诚译．太原：山西经济出版社，2007

[10] 仇雨临，孙树菡．医疗保险．北京：中国人民大学出版社，2001

[11]［美］舍曼·富兰德等．卫生经济学（第3版）．王庆等译．北京：中国人民大学出版社，2004

[12] 王保真．医疗保障．北京：人民卫生出版社，2005

[13]［美］威廉·科克汉姆．医学社会学（第7版）．杨辉等译．北京：华夏出版社，2000

[14] 吴明．医疗保障原理与政策．北京：北京大学出版社，2003

[15] 杨平，肖进，陈宝珍．医学人文科学词汇精解．上海：第二军医大学出版社，2002

[16] 张大庆．中国近代疾病社会史（1912—1937）．济南：山东教育出版社，2006

[17] 张琪．中国医疗保险理论、制度与运行．北京：中国劳动社会保障

出版社，2003

[18] 张奇林，杨红燕．中国医疗保障制度改革研究．武汉：武汉大学出版社，2007

[19] 张维迎．博弈论与信息经济学．上海：上海三联书店，2004

[20] 张肖敏．医疗保险基本理论与实践．香港：世界医药出版社，1999

[21] 赵曼．社会医疗保险中的道德风险．北京：中国劳动社会保障出版社，2007

[22] 中华人民共和国卫生部医政司．中国农村合作医疗实施方法概论．合肥：安徽科学技术出版社，1997

[23] 周绿林．医疗保险学．北京：人民卫生出版社，2003

[24] 中华人民共和国国家统计局中国统计年鉴，2006

[25] 陈爱云．医疗费用控制的国际比较及对我国的启示．卫生经研究．2006，3

[26] 陈凯，汪晓帆．市场导向理论在医疗服务领域的适用性研究．当代经济管理．2007，3

[27] 陈文，应晓华等．补充医疗保险的需求理论及其政策意义．中华医疗管理杂志．2004，11

[28] 陈卓蕾等．医药费用控制相关政策分析（三）：药品费用控制政策．中国卫生资源．2007，4

[29] 代志明，何洋．国外农村医疗保障制度的解读与借鉴．经济纵横．2005，2

[30] 丁纯．当代四大医疗保障制度模式典型国家绩效实证比较．世界经济文汇．2005，4

[31] 丁纯．美国医疗保障制度现状、问题与改革．财经论丛．2006，5

[32] 杜仕林．医改的抉择：政府主导还是市场化——基于医疗卫生服务及其市场特殊性的分析．河北法学．2007，5

[33] 甘培艳．城镇医保病人住院费用的影响因素动态分析．中国卫生事业管理．2007，10

[34] 高芳英．美国医疗保险体系的特点及对中国的启示．江海学刊．2006，4

[35] 高连克．德国医疗保障制度变迁及其启示．社会科学辑刊．2005，6

[36] 高连克．美国医疗保障制度的变迁及启示．人口学刊．2007，2

[37] 顾昕．走向有管理的市场化．中国改革．2005，10

[38] 国锋，孙林岩．医疗保险中的逆选择问题研究．上海经济研究．2003，11

[39] 胡样等．政府控制医疗费用增长的政策研究．医学与社会．2007，10

[40] 黄强．论我国医疗保险制度深层次改革的对策．医学与社会．2005，12

[41] 蒋虹丽等．医药费用控制相关政策分析（一）：卫生部门主导政策．中国卫生资源．2007，2

[42] 侯海元．关于我国医疗社会保险制度的思考．兰州交通大学学报．2006，2

[43] 李建梅等．新加坡医疗保健制度改革进展与借鉴．中国医院管理．2002，4

[44] 李丽．医疗服务市场政府规制研究述评．产业经济研究．2006，5

[45] 李莉，刘志强．英国国家卫生服务制度改革及对我国的借鉴．改革与战略．2006，9

[46] 黎民．社会保障领域的道德风险及其规避．社会科学研究．2004，5

[47] 黎民，崔璐．社会医疗保险中的道德风险与费用控制．人口与经济．2007，4

[48] 李准涌等．改革机制加强管理抑制医疗费用过快增长．中国卫生经济．2006，11

[49] 毛燕燕等．医药费用控制相关政策分析（二）：基本医疗保险政策．中国卫生资源．2007，3

[50] 毛中正．中国城市医疗服务系统的现状与变化趋势．卫生经济研究．2000，2

[51] 清华大学经济管理学院课题组．中国医疗体制改革与卫生服务业的发展．人类发展论坛2006健康与发展国际研讨会背景报告．2006

[52] 沈甜甜，彭美华．社会医疗保险费用约束机制的构建．中国卫生事业管理．2006，11

[53] 世界卫生组织．西太平洋地区和东南亚地区国家卫生筹资战略(2006—2010年)．2006

[54] 苏爽．如何控制高额医疗费用．合作经济与科技．2007，7

[55] 汤晓莉．英国国家卫生服务制度的起源及几次重大改革．中国卫生资源．2001，4

[56] 唐云霞. 医疗费用增长对医疗保险基金的影响及对策研究. 江西财经大学学报. 2007，4

[57] 唐芸霞. 论我国医疗服务市场的失灵及对策. 理论月刊. 2007，5

[58] 张德元. 农村医疗保障制度的昨天、今天和明天. 调研世界. 2003，5

[59] 张芳，黎玉柱. 社会医疗保险中道德风险的表现与成因分析. 中国卫生事业管理. 2007，5

[60] 张建平. 发展中国家建立农村医疗保障制度的经验及其启示. 西北大学学报（哲社版）. 2007，2

[61] 张晓燕. 医疗保险中的道德风险分析与控制. 江苏卫生事业管理. 2004，1

[62] 汪金鹏. 1996 年至 2002 年我国卫生总费用筹资水平和结构分析. 中国卫生事业管理. 2006，1

[63] 王锦锦. 论社会医疗保险中的道德风险及其制度化解. 卫生经济研究. 2007，3

[64] 魏兰菊. 现代化视野下农村合作医疗保障制度的变迁. 长沙铁道学院学报. 2007，8

[65] 夏宗明. 发展中国家医疗保障制度简述. 国外医学（卫生经济分册）. 1997，4

[66] 杨惠芳，陈才庚. 墨西哥和巴西的农村医疗保险制度及其对中国建立农村新型合作医疗制度的几点启示. 拉丁美洲研究. 2004，5

[67] 张群. 美国的医疗保险制度现状及引发的思考. 中国卫生经济. 2007，6

[68] 赵郁馨，万泉，应亚珍，张毓辉. 2005 年中国卫生总费用测算结果与基本卫生服务筹资. 中国卫生经济. 2007，4

[69] 中国社会保险学会医疗保险分会. 医疗保险筹资与医疗费用的宏观影响因素及对策研究. 内部资料. 2007

[70] 郑荣鸣. 社会医疗保险的经济学分析. 经济学动态. 2004，7

[71] 北京市劳动和社会保障局，北京市统计局. 2001 年北京市劳动和社会保障事业发展公报. http：//news. sohu. com/95/27/news201652795. html

[72] 成都市住院补充医疗保险办法一. http：//www. cdldbz. gov. cn/PD0308280024/WD0603023073. asp

[73] 补充医疗保险最高可保 16 万元. http：//www. xm. gov. cn/sm/kstd/ybz/200709/t20070929 _ 183581. htm

[74] 商业保险开办补充医疗保险的探索与实践. http://insurance. jrj. com. cn/news/20070524/000000133533. htm

[75] 社会医疗保险改革对商业医疗保险发展的影响. http://www. ins. com. cn/material/2006/08/04/2006080414364669. html

[76] 中国保监会. 商业保险开办补充医疗保险的探索与实践. http://insurance. cnfol. com/070530/135，1518，3013915，00. html

[77] 中华人民共和国卫生部统计信息中心. 2003—2007 年中国卫生发展情况简报. http://cn. chinagate. com. cn/reports/2008 – 05/05/content _ 15073031. htm

[78] 中华人民共和国国家统计局. 2005 年全国 1%人口抽样调查主要数据公报. http://www stats. gov. cn/tigb/rkpcgb/qgrkp cgb/t20060316 _ 402310923. htm

[79] 老龄化社会的特点、问题和对策. http://www. cpirc. org. cn/yjwx/yjw2 _ detail. usp? id=2039

[80] 厦门补充医疗保险为大病患者减负. http://wisehr. com. cn/sys/sbfl/2007—2/14/133122782. html

[81] 厦门率先全国实现"全民医保". http://news. sohu. com/20070207/n248091340. html

[82] 周静. 五十万职工受益于互助保险. 工会博览. 2005，8：40~43

[83] Chollet D. J. and Lewis M. Private insurance：principles and practice. World Bank Discussion Paper 365：Innovations in Health Care Financing. Schieber G. J. (ed). Proceedings of a World Bank Conference，March 10-11，1997：77-114

[84] Emmons，W. Credence goods and fraudulent experts. RAND Journal of Economics，1997，Vol. 28：107-119

[85] Feldstein. The welfare loss of excess health insurance. Journal of Political Economy. 1973，2：251-280

[86] Health Care Financing Administration. 2000 guide to health insurance for people with medicare. the Federal Medicare Agency . 2000. 参译：陈文. 商业医疗保险与补充保险. 中国卫生资源 . 2001，3

[87] GAO (U. S. General Accounting Office). Health insurance regulation，varying State requirements affect cost of insurance. GAO/HEHS-96-161. Washington，D. C，1996. 参译：陈文. 商业医疗保险与补充保险. 中国卫生资源. 2001，3

[88] Patrick Krause. Non-profit insurance schemes for the unorganized sector in India. Social Policy Institute, Working Papers, No. 22

[89] Robert G. Evans. Supplier induced demand: some empirical evidence and implications1991

[90] Economics of health and medical care. New York: Heat steady Press, 1974

[91] Rothschild, M. and J. Stiglitz. Equilibrium in competitive insurance market. Quarterly Journal of Economics 1976, 90: 629～649

[92] Stiglitz J · E. Economics of The Public Sector, 2nd edition. New York: W. W. Norton & Company, Inc. 1998